한국교육정치학회 연서(YEARBOOK) 제1권

한국 교육개혁 정치학

한국교육정치학회 편

김용일 · 김재웅 · 신현석 · 안기성 · 안선회 · 윤여각 · 이석열 · 정재걸 · 최준렬 공저

학지사

한국교육정치학회가 창립총회를 거쳐 출범한 해가 1994년 4월이므로 벌써 20년이 되었다. 그동안 학회가 양적으로 많은 성장을 이루었지만 우리의 학문 세계에서는 교육정치학이 아직도 신생학문이기 때문에 생소한 학문 분야로 인식되고 있다. 학회가 1994년 처음으로 교육정치학의 불모지인 이 땅에 씨앗을 뿌릴 때만 해도 교육과 정치는 무관한 것이어야 한다는 기존의 낡은 신화적 믿음에 사로잡힌 사람들이 적지 않았다. 당시에는 교육을 전문적으로 연구한다는 사람들조차도 그 믿음에 오히려 철저하려 하였다. 그들은 그러한 믿음에 사로잡힌 정도가 강하면 강할수록 교육과 정치의 관계를 규명하는 학문으로서의 교육정치학을 인정하려 하지 않았다.

하지만 이제 우리 주변에서 아직도 그러한 신화적 믿음에서 해방되지 않은 극소수의 사람들을 제외하고는 많은 사람이 더 이상 교육과 정치는 무관하여야 한다고 생각하지 않게 되었다. 교육정치학의 학문적 성격과 정체성에 대한 논쟁이 여전히 진행되고 있지만, 우리 학문세계에서 교육정치학 분야의 중요성과 필요성을 인정하고 있고 현재 손꼽히는 연구자들이 활동하고 있는 만큼, 머지않아 교육정치학이 교육과 정치를 융합한 중요한 학문 분야로 자리매김할 것으로 생각한다.

한국교육정치학회가 학회로서 위상을 정립하기 위해서는 생각을 같이하는 학문공동체의 구성원들의 왕성한 연구활동으로 생산적인 학술대회와 논문집 발간이 필수적이다. 이와 더불어 교육정치학 관련 저술활동도 빼놓을 수 없는 중요한 요소다. 학자들마다 교육정치학 관련 다양한 저서를 출간하였지만, 지금까지 한국교육정치학회의 이름으로 출간된 저서는 학회가 설립되는 해인 1994년도의 『교육정치학론』과 1998년도의 『한국 교육개혁의 정치학』이 전부다.

한국교육정치학회는 창립 20주년을 맞이하여 매년 교육정치학 시리즈 발간을 기획하였고, 그 일환으로 여러 학자들의 참여로 저술한 지난 『한국 교육개혁의 정치학』(1998)을 전면 수정 · 보완하여 이 책 제1권으로 발간하기로 하였다. 이 책은 우리 교육 현실의 하나를 교육정치학의 접근법을 동원하여 살펴본 것으로 매우 귀중한 글을 담고 있기 때문이다. 아울러 우리의 교육개혁은 지금까지 정치와 깊이 연동되어 추진되어 왔기 때문에 이 책에서 논의하는 내용은 시공간을 초월해 중요하기 때문이다.

우리 교육은 정치와 관련하여 특히 정권이 바뀔 때마다 항상 손질을 받아야 했다. 우리의 경우 교육개혁은 대체로 정권교체기에 활발하게 추진되는 것이 보통이었다. 그런 점에서 우리의 교육은 교육의 논리보다는 정치의 논리에 따라 손질을 받은 것이 일반적이었다. 다시 말해, 우리 교육은 교육의 논리가 아닌 정치의 논리에 크게 영향을 받아온 것이 사실이다. 당초 이 책이 저술되었던 배경은 바로 어떤 정치논리가 우리 교육을 바꾸게 하였는가 하는 것, 그리고 이것이 교육논리와 어떻게 충돌하게 되는가를 규명하는 데 초점을 두고 있다. 이번에 개정된 이 책은 해방 이후부터 지난 이명박 정부의 교육개혁들을 문제 삼고 있다. 이는 교육정치학적 관찰을 통하여 우리의 교육개혁의 기제를 규명함으로써 교육과 정치의 관계를 확인하기 위해서였다. 지금까지 우리가 경험해 왔듯이, 정치권력, 행정권력 등에 의해 교육개혁이 추진되는 것은 위험하다는 목소리를 이 책을 통해 담고자 한다. 아울러 교육개혁과정에서 진정한 교육의 논리가 무엇인가 하는 부분도 말하고자 한다. 정치의 기능을 '가치의 권위적 배분'으로 받아들인다면 국민을 대상으로 '교육가치'를 어떻게 공정하게 배분할 수 있어야 하느냐가 교육개혁 방향의 핵심이기 때문이다. 우리는 어느 당파성을 가진 사람들에 의해 그 '교육가치'가 독점되는 일을 철저하게 막지 않으면 아니된다. 우리는 교육개혁의 참모습을 드러나게 하고 그 위에 공정한 교육가치의 배분이 이루어지게 하는 일이 바로 교육정치학의 몫이라고 생각한다. 이는 학회가 20주년을 맞이하여 새롭게 시리즈를 기획하면서 교육개혁의 정치학을 다루려는 주목적이기도 하다.

이 책의 구성과 내용은 다음과 같다. 제1장(김재웅, 신현석, 안기성, 최준렬)에서는 한국 교육개혁의 정치학 개요를 소개하고 있다. 여기서는 교육개혁의 정치적 의미와 구조, 교육개혁의 정치학적 분석 틀을 개관하고 있다. 그리고 제2장부터 제11장까지는 시대별로 진행되어 온 교육개혁의 정치학을 각각 담고 있다. 제2장(안기성)에서는 1945년 해방 이전 교육개혁의 정치학적 의미를 살펴보고, 제3장(김용일)에서는 해방 전후 교육개혁의 정치학적 의미를 살펴본다. 제4장(신현석)에서는 제1공화국인 이승만 정부의 교육개혁이 지닌 정치적 해석, 제5장(정재걸)에서는 박정희 정부가 이끈 제3, 4공화국 교육개혁의 성격과 정치적 해석을 분석하였다. 제6장(김재웅)은 제5공화국인 전두환 정부, 제7장(최준렬)은 제6공화국인 노태우 정부, 제8장(신현석)은 문민정부, 제9장(윤여각)은 국민의 정부, 제10장(안선회)은 참여정부, 제11장(이석열)은 이명박 정부 등 각 정권에서 추진했던 교육개혁의 전개과정과 주요 내용, 그리고 개혁정책의 형성 및 집행과정의 정치적 성격을 분석하고 있다.

이 책의 내용과 구성이 어떠하든 간에 이 책 하나로 우리가 담고 싶은 모든 것을 다 다루었다고 할 수 없다. 다만 우리는 이 책을 통하여 우리가 경험해 온 교육개혁에서 체험한 정치학적인 경험을 망라해 보려고 하였을 뿐이다. 매번 정권이 바뀔 때마다 다반사로 해 오던 교육개혁의 관행에 대하여 이 책은 어떤 의미든 우리 교육이 가야 할 이정표를 제공해 줄 수도 있을 것이라고 믿는다.

이번 책을 기점으로 한국교육정치학회에서는 각종 교육정치학 관련 주제로 매년 연서(yearbook)를 발간할 예정이다. 연서의 발간은 미국 교육정치학회 (The Politics of Education Association: PEA)에서는 오래 전부터 해오던 것으로, PEA는 해마다 그 해의 중요한 교육개혁 및 정책 사안과 쟁점을 교육정치학적 으로 분석하고 진단하는 작업을 통해 교육정치학의 학문적 입지를 공고히 해 오고 있다. 이러한 창조적 모방을 통해 우리 풍토에서 교육정치학이라는 새로 운 학문적 형식과 방법을 실제 우리 교육에 적용하여 정치적 기제를 규명해 보 고, 나아가 교육정치학의 학문적 정체성을 자리매김하고자 하는 것이 이 책의 궁극적인 출판 의도다. 그런 점에서 이 책의 출간은 학술적으로 매우 의미 있 는 일이라고 생각된다.

끝으로, 이 책을 출간하는 데 도움을 주신 많은 분에게 감사를 드리고 싶다. 이 책의 집필에 헌신해 주신 저자 여러분, 출판 시장의 어려움에도 불구하고 이 책의 출간을 흔쾌히 결심해 주신 학지사의 김진환 사장님, 그리고 편집과 교정에 바쁜 일을 마다하지 않은 편집부 선생님들에게 깊은 감사를 드린다.

2014년 8월
제11대 한국교육정치학회장 신현석

차 례

머리말 3

제1장   교육개혁의 정치학 개요 11
    1. 교육개혁의 정치적 의미와 구조 11
    2. 교육개혁의 정치학적 분석 19

제2장   1945년 해방 이전 교육개혁의 정치학 29
    1. 근대 이전의 교육개혁 29
    2. 근대 이후의 교육개혁 34

제3장   1945년 해방 전후 교육개혁의 정치학 43
    1. 들어가는 말 43
    2. 일제 잔재의 청산과 민주적인 교육제도 건설 45
    3. 성인층의 문맹퇴치와 의무교육제도 실시안 60
    4. 맺음말 65

제4장   제1공화국 교육개혁의 정치학 69
    1. 들어가는 말 69
    2. '이승만 정부' 교육정책의 배경과 경과 71
    3. 교육정책의 평가 틀 82

4. 교육정책의 영역별 평가　84

5. 맺음말　110

제5장　제3, 4공화국 교육개혁의 정치학　113

1. 들어가는 말　113

2. 새마을교육과 중학교 무시험 진학제도　120

3. 제3, 4공화국 교육개혁의 정치학적 분석　130

4. 맺음말　135

제6장　제5공화국 교육개혁의 정치학　139

1. 들어가는 말　139

2. 7·30 교육개혁의 전개과정과 주요 내용　141

3. 7·30 교육개혁의 정치적 의미와 교육적 의미　148

4. 맺음말　164

제7장　제6공화국 교육개혁의 정치학　171

1. 들어가는 말　171

2. 교육개혁정책 형성과정 분석　175

3. 교육개혁정책 집행과정 분석　182

4. 교육개혁정책 평가과정 분석　193

5. 맺음말　194

제8장　문민정부 교육개혁의 정치학　197

1. 들어가는 말　197

2. 문민정부 교육개혁의 주요 내용　200

3. 문민정부 교육개혁 형성과정의 정치학적 분석　203

4. 맺음말　221

제9장 국민의 정부 교육개혁의 정치학 225

　　1. 들어가는 말 225

　　2. 국민의 정부의 정치구조와 교육구조 226

　　3. 국민의 정부 교육개혁의 전개과정과 주요 내용 229

　　4. 국민의 정부 교육개혁정책의 특성 250

제10장 참여정부 교육개혁의 정치학 263

　　1. 들어가는 말 263

　　2. 참여정부의 정치구조와 교육구조의 특성 267

　　3. 참여정부 교육개혁의 전개과정과 주요 내용 279

　　4. 참여정부 교육개혁정책 형성과정 분석 297

　　5. 참여정부 교육개혁정책 집행과정 분석 322

　　6. 맺음말 346

제11장 이명박 정부 교육개혁의 정치학 355

　　1. 들어가는 말 355

　　2. 이명박 정부의 정치구조와 교육구조 356

　　3. 이명박 정부의 교육정책의 전개과정과 주요 내용: 고등교육

　　　개혁을 중심으로 361

　　4. 이명박 정부 교육개혁정책의 특성 367

　　5. 맺음말 387

참고문헌 391

찾아보기 407

제1장

교육개혁의 정치학 개요

1. 교육개혁의 정치적 의미와 구조

1) 교육개혁의 정치적 의미

우리 사회는 정권이 바뀔 때마다 교육개혁안을 수립하고 추진하는 것이 반복되고 있다. 이는 일면 현실적인 교육의 현안을 해결하고, 미래 국가발전을 준비하기 위하여 우리의 교육을 개혁할 필요가 생겼기 때문이다. 이미 우리는 1945년 광복 이후부터 현재 박근혜 정부에 이르기까지 수많은 교육개혁을 경험하였다. 그러나 이러한 교육개혁 방안의 출현에도 불구하고 우리의 보다 큰 관심은 이 방안들의 내용이 적절한가 아닌가에 있기보다는 오히려 그 방안이 현실적으로 온전하게 실천될 수 있을 것인가 하는 데 있다. 그것은 교육개혁 방안 자체가 정치적 선택이었기 때문이다.

정치적 선택에는 언제나 이를 지지하는 사람과 그렇지 않은 사람이 공존하기 마련이다. 정치적 선택이 아무리 공명정대하다 하더라도 그에 따라 이익을 얻는 사람과 불이익을 경험하는 사람이 상존하는 까닭에, 그 선택으로 불이익을 경험하게 될 사람에게 지지를 기대할 수는 없는 일이다. 정치적 선택이 충분한 지지를 받지 못할 경우 정치체제는 그에 대한 저항으로 적지 않은 부담을 받게 되며, 뿐만 아니라 환경으로부터 들어오는 요구를 적절히 수용하지 못할 때도 똑같이 그 선택된 현안은 순탄한 운영은 물론 현실 속에서 뿌리를 내리는 일에 방해받기 마련이다.

그러므로 새롭게 선택된 교육개혁 방안이 국민적 지지를 바탕으로 순탄하게 순항하려면, 물론 그 개혁안으로 불이익을 경험하는 사람들의 수도 줄여야 하지만, 아울러 환경으로부터 들어오는 요구들을 적절히 수용하지 않으면 안 된다.

그런데 교육개혁에 대한 정치적 선택이 이루어지는 과정은 매우 다양하다. 그 개혁안이 수립되는 과정에는 그 수립에 절대절명의 유일한 원리가 있다고 생각하는 '합리적 종합이론(合理的 綜合理論, rational comprehensive theory)'의 입장과 반대로 상황이나 문제에 따라 제한된 방법이 따로 따로 존재한다는 '점진주의 이론(漸進主義 理論, incremental theory)'의 입장, 그리고 이 두 가지 입장을 절충하여 그때 그때 상황에 맞추어 적절하게 혼용한다는 타협적인 '혼합 정사 이론(混合 精査 理論, mixed scanning theory)'의 입장이 작용하게 된다. 이 세 가지 입장 중 어느 하나가 교육개혁 방안 선택에 작용하지만, 그렇다 하더라도 그 선택에 영향을 주는 요인은 그 밖에 정치적·사회적 압력, 경제적 조건, 관여하는 사람, 법률적 절차, 시간의 압력 등 수없이 많다. 그러나 무엇보다도 그 선택에 적지 않게 영향을 미치게 하는 것은 선택자의 가치관이다. 선택자가 정치와 조직 그리고 인간 자신, 정책, 이념 등에 대하여 갖는 가치관이 어떠하냐에 따라 선택은 얼마든지 달라질 수가 있는 것이다(Anderson, 1984: 7-13). 따라서 정권마다 수립된 교육개혁안의 순항 여부는 그 방안이 선택된 입장과 정치적·사회적 요인, 그 선택에 참여한 사람들 각자의 가치관에 달려 있다고도 할 수 있다.

그러나 그에 추가하여 선택된 개혁안에 영향을 주는 것은 우리 사회의 정치문화다. 우리 사회의 정치문화는 개혁안의 선택과정부터 실행과정에 이르기까지 크게 영향을 미친다. 원래 정치문화란 주어진 시간에 나라 안에서 풍미하는 정치에 대하여 가지는 태도, 신념, 감정 등의 총체를 의미한다. 이러한 정치문화는 나라의 역사와 현행의 사회적 · 경제적 · 정치적 활동을 통하여 형성된다(Almond & Powell, 1966: 25-51). 달리 말하면, 이는 어느 날 갑자기 생기는 것이 아니고, 누적된 과거의 경험이 그와 같은 태도, 신념, 감정 등 문화 일반을 익혀 몸에 배게 되는 것이다. 이에 따라 과거의 경험에서 형성된 일련의 태도는 미래의 정치적인 행동에 직간접적으로 영향을 주는 중요한 요소가 되는 것이다.

그리고 교육개혁 방안을 분석하는 틀로서는 '정치체제 이론(政治體制 理論, political system theory)' '집단 이론(集團理論, group theory)' '엘리트 이론(elite theory)' '제도주의 이론(制度主義 理論, institutionalism)' 등 상반되거나 일치하지 않는 이론들이 동원되기도 한다. 여기서 교육개혁을 포함하는 공공정책에 대한 정치체제 이론은 체제를 둘러싼 환경으로부터 들어오는 요구에 대한 정치체제의 반응으로 이해하려는 입장이며, 집단 이론은 집단 간의 상호작용과 갈등의 산물로 이해하는 입장이다. 그리고 엘리트 이론은 그 정책을 지배적 소수 집단의 가치가 반영된 것으로 보려는 입장인 반면, 제도주의 이론은 제도 자체의 연구를 통하여 정책을 해명할 수 있다고 믿는 입장이다(Almond & Powell, 1966: 13-18).

그런데 진정한 의미의 교육개혁 방안은 바르고 정밀하게 현실과 미래를 진단하고 그에 걸맞게 짜인 것이라야 한다. 그러나 그러한 진단은 실제에서는 용이하지 않다. 그것은 인간 간에 존재하는 상반되는 사고의 틀과 이론, 그 밖의 다양한 가치관과 방법 때문이다. 따라서 교육개혁안에 대한 관찰은 그 안의 좋고 나쁨을 묻는 가치의 문제보다는 그것이 어떤 것인가를 묻는 사실의 문제를 중요시할 수밖에 없다.

그런데 우리는 오랫동안 교육과 정치는 관련이 없어야 한다는 '미신(迷信)[1]'

에 사로잡혀 왔다. 바로 이러한 현실은 정치와 관련된 교육의 현실에 대하여 바르고 정직하게 사고하지 못하게 하였다. 일상으로 교육은 정치적 선택에 따라 결정되는 경우가 적지 않음에도 불구하고 정치와 관련지어서는 안 된다는 무의미한 관념 때문에 정치를 교육에서 배척하는 데만 골몰하였다.

그러므로 우리가 이제부터 그릇된 미신에 따라 '정치는 교육과 관계가 없어야 한다.'고 하는 시각에서 벗어나 자신을 기만하지 않고 정직하게 우리 교육의 정치적 현실을 고려하여 그 개혁안에 대하여 관찰하게 된다면 무엇인가 바른 해답을 얻어 낼 수 있을 것이다. 즉, 교육개혁안은 정치체제가 만들어 낸 정치적 산물이라는 사실을 바르게 이해하고 이에 관해 접근한다면 우리 교육개혁의 바른 모습을 확인할 수도 있을 것이다.

2) 교육개혁의 구조

언젠가부터 우리 사회에는 교육의 실패에 대하여 이원적 미신이 자리 잡아 왔다. 즉, 교육계에 몸담고 있는 사람은 교육의 실패가 교육전문가가 아닌 비교육계 인사(주로 정치집단) 혹은 학부형의 지나친 간섭으로 비롯된 것이라는 것이고, 반면에 비교육계 인사와 학부형은 교육을 담당하는 교육당국과 교원들에

....

1) 여기서 '미신(迷信)'이라 한 것은 영어의 'non-political myths'나 'apolitical myths of education'을 가리켜 말한 것이다. 간혹 이를 '신화(神話)'로 이해하려는 사람들이 있기는 하지만, 이는 우리말로 표현하는 한에는 '미신'으로 이해하는 것이 바람직하다고 생각된다. 우리가 일상으로 믿어서는 안 되는 것을 믿는 것은 '미신'이라고 하고, 반면에 사실 같지 않거나 혹은 있을 수 없는 일이 현실로 현현하였다고 믿을 때를 '신화'라고 한다. 그런 의미에서 미신은 부정적인 의미를 가지고 있고, 신화는 긍정적인 의미를 갖는다. 간혹 정치학에서 '단군의 건국신화'나 '한강의 기적'과 같은 신화와 같이 신화가 민족을 통합하고 독려하는 민족의 신념체계를 구성하고 하나의 통치의 수단으로 기능할 때 이를 정치이념과 결부시켜 생각할 때가 있다. 그러나 여기서 '교육이 정치와 무관해야 한다.'는 신념체계는 현실적으로 이룩될 수도 없고 사실도 아닌 일로서 믿음조차 가지지 않는 일이므로 그러한 신화와 구분된다. 우리가 교육이 정치와 무관계하지 않다는 것을 논의하는 교육정치학을 문제삼으면서, 그렇게 믿음도 가지지 않는 그릇된 신념체계를 긍정적인 의미인 '신화'라는 용어로 표현하려 하는 것은 우리를 자가당착적 논리에 빠지게 하는 일이다.

게 실패의 원인이 있음을 주저하지 않고 지적하는 것이다. 이것은 교육개혁의 실패에 대한 귀인에서도 여실히 입증되고 있다. 교육계 인사들은 아무리 부족함이 없는 교육개혁안이라도 그것이 제도화되는 정책과정에서 일단 정치권의 정치적 행위와 과정의 소용돌이 속에 휩쓸리게 되면 그 훌륭한 교육개혁안은 구상 자체로 끝나 버릴 수밖에 없다고 지적한다. 그러므로 교육계 인사들은 한결같이 교육개혁의 운명은 정치적으로 희석되어 한낱 구호로 끝날 수밖에 없음을 과거의 경험을 바탕으로 비판적 시각에서 보고 있다.

한편, 비교육계 인사들은 교육개혁의 주체가 교육당국과 교육담당자라는 오해로부터 출발하여 교육계의 사회 현실에 대한 이해 부족을 지적하고, 이에 따라 비전 있는 미래지향적 교육개혁을 수립하지 못하고 단편적 · 표면적 문제해결 위주의 해법을 도모한다는 비판을 서슴거리지 않고 있다. 양측의 이러한 공방은 과거 우리나라와 미국의 교육개혁 경험에서 여실히 입증되어 왔다. 따라서 교육개혁의 구호가 시작되는 초입 단계에서부터 많은 사람은 종국적 '실패'를 어느 정도 예견하고 있는 셈이다.

교육계와 비교육계의 입장은 어쩌면 당연한 것이고, 모두 사실일 수도 있고 또한 거짓일 수도 있다. 교육개혁의 과정이 그 구상을 이끌어 내는 기획 단계부터 구체화되어 제도적인 장치로서 표현되는 정책 형성, 집행, 평가의 단계를 거치는 동안, 모든 국민은 교육개혁의 정책적 수혜자인 동시에 입안자이기도 하다. 그중 가장 영향력이 있는 두 당사자가 교육권과 정치권이라고 할 때, 교육권 인사는 교육개혁을 교육적으로 하려 하고, 정치권 인사는 정치적으로 이해하려는 것은 당연한 일이다. 즉, 교육계에서는 교육개혁안을 입안하는 데 전문적이고도 기술적인 합리성(professional and technical rationality)에 근거해서 구상하고 그것을 정책적으로 실천해야 한다는 교육개혁의 원칙을 갖고 있다. 반면에 정치권에서는 현실세계를 구성하고 있는 교육개혁 관련 이해 당사자들(stakeholders)의 요구와 지지를 바탕으로 하는 정치적 행위와 과정(political behavior and process)을 통해 교육개혁안이 수립되고 정책화되어야 한다고 주장한다. 따라서 교육계에서는 현실의 교육문제에 대한 최적·최선의 대안을 추구하는 합리적 선택이 곧 정책결정의 주요 근거일 수밖에 없고, 이에 비해 정치권에서는 현재의 교육문제를 둘러싼 갈등을 해소하기 위하여 정치적으로 정책을 결정하는 정치 논리에 입각하여 교육해결을 추진할 수밖에 없는 것이다.

교육개혁에 관한 양측의 입장의 차이에서 정작 문제가 되는 것은 서로의 입장에 대한 이해의 부족으로 교육개혁의 실패가 예견될 수밖에 없다는 것이다. 구체적으로 미국의 1980년대 제1차 교육개혁은 정치권이 사회적 요구와 지지를 바탕으로 교육계의 현실을 무시한 채 교육개혁안을 입법화·제도화하여 상명하달식의 교육개혁을 추진함으로써 미국판 복지부동을 유발하여 결국 실패로 끝날 수밖에 없었다. 우리의 경우에도 문민정부 이후 교육의 권한을 교육청, 더 나아가 단위학교에 위양하여 교육개혁의 구상 계획에서부터 정책적으로 집행할 수 있는 권한을 부여함으로써 현장 중심의 교육개혁을 지향하자는 논의가 지속적으로 전개되기도 하였다.

한편, 우리의 경우 과거 제5공화국 이후 참여정부에 이르기까지 정치적인 필요와 의지에 의해 교육개혁 관련 전담기구가 편제된다. 교육개혁 전담기구는 교육계 인사를 비롯하여 다양한 출신으로 구성되지만, 교육개혁안의 구상 과정에서 주로 교육계 인사들의 전문적·기술적 합리성에 근거한 교육개혁안이 완성되고 통치권자에게 보고된다. 그런 다음, 개혁안이 제도적으로 구체화되는 교육정책의 과정에서 적용되는 정책결정의 논리는 교육적 특성을 고려한 전문적·기술적 합리성에 의한 것이 아니라 정치적 행위와 과정을 통해서 이루어지게 된다. 교육계의 인사가 배제되고, 설사 존재하더라도 미소한 영향력밖에 행사할 수 없는 이러한 정치적 현실 속에서 교육개혁안에 담긴 교육계의 전문적·합리성의 원칙은 축소 지향될 수밖에 없고, 결국 희석된 교육개혁은 또 실패라는 운명에 놓일 수밖에 없는 것이다.

3) 정치를 위한 교육개혁과 교육개혁을 위한 정치

우리나라는 '교육의 정치적 중립성'을 「헌법」에서도 밝히고 있지만, 여러 교육정치학 관련 논문들은 교육이 결코 정치적으로 중립일 수 없음을 보여 주고 있다(교육정치학연구 창간호, 1994 참조). 이 논문들은 대체로 교육이 정치적 목적으로 이용되고 있음을 밝히는 데 초점을 맞추고 있다. 다시 말하면, 이러한 교육정치학 연구들은 '교육을 위한 교육개혁'이라는 이름하에 실제로는 '정치를 위한 교육개혁'을 해 오고 있음을 지적하고 있다. 교육정치학은 교육의 과정 속에 또는 교육개혁 속에 스며들어 있는 정치적 현상과 특성을 정치학적 관점으로 들여다보게 하는 데 도움을 주고 있다. 이러한 교육정치학은 정치학의 학문적 발전에 기여할지는 몰라도 교육학의 발전에는 기여하는 바가 없다는 지적이 있다(김재웅, 1994). 교육개혁에 관련된 교육학의 관심은 정치적 과정으로서의 교육개혁이 지니고 있는 교육적 의미를 분석해 내고 '교육을 위한 정치'의 구조와 과정을 탐구하는 것이어야 할 것이다.

교육과 정치가 각각 자율적 구조를 지닌 세계 또는 현상이라면, 논리적으로 이 양자의 관계는 '정치를 위한 교육'과 '교육을 위한 정치'로 나누어 살펴볼 수 있다. 먼저, '정치를 위한 교육'의 입장에 따르면, 교육은 정치사회화, 정치적 통합, 정치인 양성 등의 기능을 통하여 정치 발전에 이바지한다는 것이다. 그러나 교육이 정치 발전에 기여하는 바가 중요하기는 하지만, 교육이 정치 부문의 이해관계에 의해 계획되고 운영되면 교육이 겨냥해야 하는 본질의 실현이 뒷전으로 밀려날 가능성이 많다. 심한 경우, 교육이 정치를 주도하고 있는 특정 집단의 이익을 옹호하고 정당화하는 수단으로 전락하기도 한다. 때때로 정치집단은 '국가의 이름으로' 자신들의 이해관계를 극대화하기 위한 교육개혁을 서슴지 않고 수행한다.[2] 이 점에 관심을 갖고 탐구해 온 학문이 바로 교

----

2) 김기수, 정재걸(1994)를 참조함

육정치학이라고 할 수 있다.

다음으로, 교육과 정치의 관계는 '교육을 위한 정치'라는 관점에서 분석될 수 있다. 이 관점은 교육을 중심에 놓고 정치를 주변에 놓는 관점이다. 이 관점에 따르면, 교육의 목적 또는 관심이 먼저 온전하게 실현되고 이루어져야 정치를 비롯한 사회 제 부문이 제대로 기능하고 발전할 수 있다. 따라서 교육의 발전을 위해서 정치는 교육을 불필요하게 간섭하고 통제하는 대신 교육이 그 자체의 본질을 실현하며 운영될 수 있도록 지원하여야 한다.

전통적 교육정치학이 '정치를 위한 교육'의 관점(교육이 정치를 위해야 한다는 것이 아니라 위하고 있다는 사실에 초점을 맞추고)에서 정치학적 방법론을 동원하여 양자의 관계를 분석했다면, '교육을 위한 정치'라는 관점은 정치학보다는 교육학으로부터 빌려 와야 할 것으로 생각된다. 이렇게 볼 때, '정치를 위한 교육'은 '정치학 지향 교육정치학'의 관심이라고 할 수 있고, '교육을 위한 정치'는 '교육학 지향 교육정치학'의 관심이라고 할 수 있다.

교육을 여러 가지 방식으로 규정할 수 있겠지만, 여기서는 교육을 '인간이 인지적 · 심미적 · 도덕적 관심을 가지고 세상과 인간을 이해하고 이에 따라 행동하도록 하는 내면의 능력을 길러 주는 일'로 보고자 한다. 이러한 교육은 성격상 획일화되지 않은 다양한 교육적 경험을 통하여, 그리고 통제받지 않는 교사의 자율적 역량의 발휘에 따라 이루어질 때 가능하다. 즉, 교육은 교육 이외의 부문에 의해 통제되면 제대로 기능할 수 없는 본질적 측면이 있으며, 따라서 교육은 나름대로의 원리에 따라 자율적으로 조직 · 운영되어야 한다. 그러면서도 교육은 다른 사회 부문과 갈등하기보다는 다른 사회 부문이 성장하고 발전하기 위해 반드시 필요한 지력과 감수성 등과 같은 내면의 능력을 제공한다. 그러므로 이 경우에서 사회 전 부문의 발전을 의도하고 계획하는 정치가 교육에 대해 마땅히 해야 할 일은, 교육을 정치적 목적으로 이용하기 위하여 간섭하고 통제하는 것이 아니라 교육이 제대로 기능할 수 있도록 지원하고 조장하는 일이다. 이것이 '교육을 위한 정치'라는 아이디어의 기초다.

우리나라는 해방 이후 교육제도를 획기적으로 변경하려는 교육개혁이 국가 차원에서 여러 차례 이루어져 왔다. 교육개혁은 교육과 정치가 직접 만나 교육에 큰 변화를 꾀하려는 일련의 노력이라고 할 수 있다. 이때 교육에 작용하는 힘으로서의 정치가 어떠한 성격의 것이며, 그것이 어떤 목적을 가지고 교육의 어떠한 면을 어떠한 방식으로 어떻게 바꾸고자 하는가, 그리고 이러한 교육개혁의 과정이 함의하는 교육적 의미는 무엇이고 교육을 위한 정치의 구조와 과정은 어떠해야 하는가 하는 것 등은 교육정치학의 중요한 연구 문제라고 할 수 있다. 이 문제는 우리나라에서의 교육과 정치의 관계를 이해하고 또 그 관계를 올바로 정립하려는 노력을 행사하고자 할 때 반드시 다루어야 할 중요한 문제다. 대표적인 예로, 1980년대의 교육개혁, 특히 7·30 교육개혁, 그중에서도 대표적 개혁안이라고 생각되는 졸업정원제와 과외금지정책은 국민적 합의를 기반으로 하여 군부 기반의 정치세력이 자신들의 정통성 확보와 대중적 기반 마련을 위하여 교육에 정치적 힘을 행사했던 정책사례다. 이는 정치의 수단으로 교육을 보는 사고를 전형적으로 보여 주는 사례다.

2. 교육개혁의 정치학적 분석

1) 교육개혁 현상의 정치학적 분석

지금까지 교육개혁은 전문적·기술적 합리성의 관점과 정치적 행위와 과정의 관점에서 조명될 수 있고, 이 두 가지 관점은 교육개혁의 과정을 통해 현실화될 수 있다. 그리고 두 관점이 교육개혁의 과정에서 서로 오해되고 상충될 때 교육개혁은 결국 실패로 끝날 수밖에 없다는 것을 미국과 우리나라의 교육개혁 경험에서도 찾아볼 수 있다. 과거의 교육개혁 경험을 통해 교육개혁이 왜 실패할 수밖에 없었는지의 원인을 찾을 수 있다면 어떻게 하면 교육개혁을 성공시킬 수 있는지 그 해법 또한 발견할 수 있는 여지가 있기 마련이다.

교육개혁이 성공하려면 무엇보다도 사회 현상으로서 교육개혁이 전개되는 과정에서 필연적으로 작용하는 이중적 논리 구조인 전문적·기술적 합리성과 정치적 행위와 과정은 사회 구성체의 공공선을 추구하는 정의의 실현이라는 대의적 견지에서 통합될 필요가 있다. 이를 위하여 교육계에서는 교육개혁의 과정에서 나타날 수 있는 정치적 행위와 과정에 대한 이해를 바탕으로 교육의 정치적 현상에 대한 체계적 연구가 필요하고, 정치권에서는 교육계의 전문적·기술적 합리성에 바탕을 둔 교육개혁의 구상이 공정성의 원칙하에 현실세계에서 최대한 발현되어 정의가 실현될 수 있도록 뒷받침해야 할 필요가 있다. 따라서 우선 교육개혁의 과정에서 추구되는 관련 이해집단들의 관심 표명과 가치 갈등은 시시비비의 차원을 넘어서서 정치적 현상으로서 객관적으로 이해되고 연구되어야 한다.

교육이 정치적 환경 속에서 여러 정치적 집단들과 상호작용하는 가운데 존재하는 활동으로 간주되는 한 교육은 거시적으로 정치-생태학적 장면의 부분일 수밖에 없다(Frey, 1970: 359-362). 특히 교육체제의 현 상태에 변화를 가하는 형태로 진행되는 교육개혁은 교육 관련 집단들의 이익과 관심이 집중되는 전쟁터(battlefield)를 방불케 하기 마련이다. 관련 집단들의 상호 영향력 행사로 특징지어지는 교육개혁의 정치적 현상을 프레이(Frey)의 도식을 변형하여 제시하면 [그림 1-1]과 같다.

[그림 1-1]을 살펴보면, 교육개혁은 정부가 주도하는 전유물도 아니고 그렇다고 교육계의 관심이 전적으로 전제되어야 하는 교육전문가의 독점물은 더더욱 아니라는 것을 알 수 있다. 그러므로 이제 교육개혁은 모든 교육 관련 주변 집단들의 관심과 이익이 표현되고 상대방에 대한 영향의 상호 교환 과정 속에서 분석되어야 할 사회 현상인 정치적 사태(political events)로서 우리 앞에 남아 있을 뿐이다. 여기서 바로 교육개혁 현상이 정치학적으로 탐구되어야 할 필요성이 제기된다. 교육개혁의 정치학적 분석은 교육개혁의 정치적 현상에 대

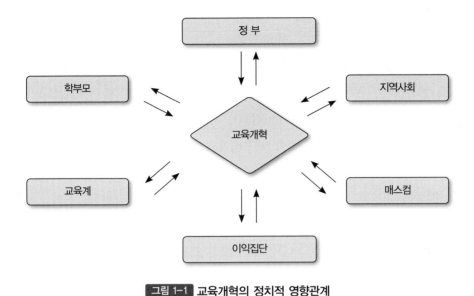

그림 1-1 교육개혁의 정치적 영향관계

한 단순한 기술과 예화의 제시 차원을 넘어서서 현상 자체에 대한 객관적 분석과 검증을 통해 가치중립적 법칙과 이론을 도출해 낸다는 측면에서 상식을 바탕으로 한 교육개혁의 정치적 분석과 구별된다. 따라서 교육개혁의 정치학적 분석을 위한 준거 틀(framework of references)은 교육개혁 현상에 대한 면밀한 관찰과 분석을 바탕으로 현상을 객관적으로(또는 상호 주관적으로 혹은 비판적으로) 설명하고 예측할 수 있는 토대를 마련해 주어야 한다.

교육개혁의 현상은 교육개혁안이 공식화되어 발표되는 시점을 기준으로 교육개혁안이 구상되고 결정되기까지의 절차, 그리고 교육개혁안의 발표 이후 정책의제화 단계를 거쳐 정책적으로 집행되는 절차 등 2단계의 절차들로 구성된다. 교육개혁의 이러한 절차들은 교육개혁의 생태학적 측면에서 볼 때 전체적인 교육개혁의 과정적 틀 속에서 분류될 수 있다. 즉, 교육개혁의 과정은 교육개혁안이 결정되기까지의 형성과정과 교육개혁안이 결정된 후 개혁안을 실행하는 집행과정으로 나누어 볼 수 있다. 교육개혁 현상은 교육개혁안의 형성과정과 집행과정에서 나타나는 교육개혁 관련 각 정치집단들의 권력관계와 영향의 상호작용을 수반하면서 정치적 양상을 띠게 된다. 바로 이때 각 집단들은 집단이 의도적으로 계획하는 목표와 논리가 타 집단의 그것과 상충되면서 교육개혁안의 형성과 집행을 둘러싼 관심의 갈등이 야기되고, 갈등을 해소시키기 위한 각 집단 특유의 전략이 마련되는 가운데 교육개혁은 바야흐로 정치적 각축장(political battleground)이 되어 버리고 만다.

이와 같이 교육개혁 현상은 절차상 형성과정과 집행과정으로 나누어 교육개혁과 관련된 각 집단들의 정치적 관심과 영향의 상호작용 과정에서 제기되는 권력관계와 갈등 등을 분석할 수 있다. 교육개혁을 정치학적으로 분석하고 기술하기 위한 교육개혁의 과정별 주요 정치집단(key political groups)들의 역학관계를 그림으로 나타내면 [그림 1-2]와 같다.[3)]

[그림 1-2]에서 교육개혁안의 형성 및 집행 과정에 영향력을 행사하는 정치적 성격의 집단은 크게 정부, 교육 관련 위원회, 교육계, 이해집단 등 네 집단으로 분류할 수 있다. 우선 정부는 대통령을 위시한 교육부 및 정부 부처들을 의미하는 것으로 교육개혁안의 형성과 집행에서 가장 강력한 영향력을 행사하며 주도적 역할을 하는 교육개혁의 파워 엘리트들을 의미한다. 둘째, 교육 관련 위원회는 대통령 직속 자문기구로서 교육개혁안을 직접 구안하고 실행 전략을 제안하는 연구 집단으로서 전문적 기술 엘리트들로 구성된다. 셋째, 교육계는 교육개혁안이 실제로 적용되어 구현될 교육현장에서 근무하는 개인 및 집단으로 교육개혁의 실무적 집행인으로서의 역할을 한다. 마지막으로, 이해집단은

....

3) 스프링(Spring)은 교육정책의 형성과정에 영향을 미치는 정치적 집단을 크게 정부(governments), 이익집단(interest groups), 지식산업(the knowledge industry)으로 구분하고, ① 정부에는 정치가, 교육정치가, 교육위원회, 법원을, ② 이익집단에는 재단, 기업체, 교원노조, 교육 관련 이익집단, 학생, 학부모를, ③ 지식산업으로는 연구자, 기금 조성 기관, 지식 브로커, 평가기관, 출판사를 들었다(Spring, 1988: 3). 한편, 김창곤은 교육정책 집행에 영향을 미치는 요인으로 교육정책 결정자, 관료조직, 언론, 수혜자를 들었다(김창곤, 1990: 45-46).

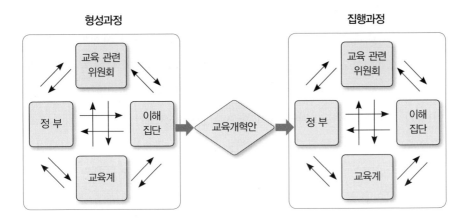

그림 1-2 교육개혁 과정의 정치학적 분석을 위한 준거 틀

주로 여론의 형성과 전파를 담당하는 매스컴과 교육의 수요(혜)자인 학부모 개인과 집단을 의미하며, 이해집단은 교육개혁안의 형성과 집행에서 중요한 준거 집단으로서의 역할을 한다.

2) 교육개혁정책의 정치학적 분석을 위한 준거

교육개혁의 정치적 요소를 분석하기 위해서는 분석의 틀이 마련되어야 한다. 교육개혁에 대한 정치적 요소를 분석하기 위한 모델로는 일반체제 모델, 엘리트주의 모델[4], 이상적 모델[5], 대중참여 모델, 비교기술 모델, 정치심리학 모델(한국교육정치학회, 1994: 90-114) 등이 제시되고 있다.

....

4) 교육정치학론에서는 계급전략 모델이라 칭하고 있으나 의미 전달이 적절하지 않아 엘리트주의 모델이라고 변경함
5) 교육정치학론에서 이념적 모델로 설정하고 있으나 내용상 이상적 모델의 의미를 띠고 있어 모델의 명칭을 변경함

일반체제 모델은 체제과정을 중심으로 투입-전환-산출에 나타난 정치적 요소를 살펴보며, 엘리트주의 모델은 정치적 의사결정력이 사회의 특정계급(군대 · 기업)에 있음을 가정하고 분석하는 모델이다. 이상적 모델은 상반된 두 입장이 이상적 상태에서 조화를 이룬다는 점을 강조한 모델이다. 즉, 엘리트적인 정치 속성과 대중주의적인 정치 특성의 상반된 요소가 적정 시점에서 조화를 이루어 정치가 이루어짐을 분석하는 모델이다. 대중참여 모델은 의사결정에 대중이 참여한다는 과정을 분석하는 모델이며, 비교기술 모델은 두 정치체제 간의 비교를 통해 분석하는 모델이다. 끝으로, 정치심리학 모델은 정치적 태도, 신념, 가치 등의 요소를 분석하는 모델이다. 이 모델들은 각기 특징을 지니고 있기 때문에 어떤 모델이 더 우수하고 설명력이 있다기보다는 주어진 여건과 상황에 따라 선택하여 사용하게 하는 것이다.

여기서는 일반적으로 교육개혁이 이루어지는 정책과정을 중심으로 정치적 요소를 분석하기 때문에 일반체제 모델을 소개하고자 한다. 일반체제 모델은 그 특성에 따라 상위 · 하위 체제의 구성적 특성을 보이고 있거나 진행과정을 중심으로 하는 과정적 특성을 보인다. 구성적 특성은 정치를 구성하는 요소를 중심으로 대집단과 그 속에 내재한 소집단과의 관계이며, 과정적 특성은 일이 진행되는 과정을 중심으로 투입-전환-산출의 절차를 밟는다.

여기서는 과정적 특성을 중심으로 교육개혁의 정치적 특성을 소개하고자 한다. 교육개혁이 어떻게 성립되었으며 집행되고 평가되는가의 과정을 중심으로 어떻게 영향을 주고받으며 권위적으로 사회적 가치를 배분하는가 하는 문제가 주요 관심이기 때문이다. 과정을 중심으로 교육개혁의 정치적 요소를 분석하기 위해서는 각 과정별 분석요소를 살펴보아야 한다. 과정별 분석요소에는 정책형성과정, 정책 집행과정, 정책평가과정이 있는데, 이러한 과정을 분석하고 평가해야 하는 준거가 제시되어야 이 작업을 용이하게 할 수 있다. 분석의 준거를 살펴보면 다음과 같다.

(1) 교육개혁정책 형성과정에서의 분석 준거

교육개혁정책 형성과정에서는 누가 정책형성에 참여하며 어떻게 영향을 미치고 있느냐를 분석한다. 정책과정에 참여하는 사람이 다수의 대중이냐, 소수의 엘리트냐에 따라 정책형성과정이 달라진다. 다수의 대중이 정책결정에 영향을 행사하는 경우는 투입이 산출에 영향을 미친다. [그림 1-3]에서 보여 주듯이, 국민 대다수가 교육개혁에 관한 방안을 정부에 제안하여 이를 채택하도록 한다. 이 과정에 다수의 개인과 집단 및 정당이 개입한다.

대중이 주체가 되어 교육개혁에 영향을 미칠 때 참여하는 방법에는 두 가지가 있다. 하나는 개인적 자격으로 참여하는 방법이고, 다른 하나는 집단으로 참여하는 방법이다. 대중이 주체가 되어 정책결정에 영향을 가하는 경우, 일반적으로 다수의 개인이 정책결정에 미치는 영향력은 그리 크지 않다. 교육개혁의 사안이 대단히 중요할 경우 다수의 개인이 자신의 목소리로 영향력을 행사하지만, 그렇지 않은 경우 대부분은 침묵의 다수가 된다. 그렇지만 집단은 사안별로 교육개혁에 많은 영향력을 행사한다. 이때 집단이 교육개혁에 영향력을 행사할 수 있도록 여건을 조성해 주었느냐가 관건이 된다.

집단이 교육개혁에 영향을 미칠 수 있는 조건은 두 가지 측면에서 논의될 수 있다. 먼저, 집단 결성을 자유로이 허용하여 동일한 직종에 복수 이상의 이

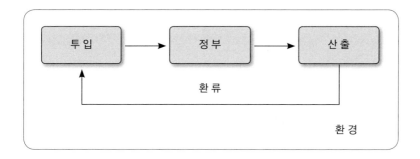

그림 1-3 정치과정의 투입-산출 모델

출처: 구영록 외(1987). p. 172.

익집단을 허용하고, 집단 간에 자유로이 정책을 개발하게 하고 건의하도록 하는 다원주의적 입장을 취하는 것이다. 다음으로, 한 집단에 하나의 이익집단을 만들게 하고, 집단에의 가입은 강제적이고, 집단조직은 위계적으로 되어 있으며, 집단 상호 간의 관계는 경쟁적이고, 기능적으로 분화된 범주에 따라 조직되어 있고, 국가의 공인을 받고 있으며, 또 그 분야의 이익을 독점적으로 대표하는 코퍼러티즘적(구영록 외, 1987: 187) 입장을 취하는 것이다.

교육정책결정에 엘리트가 주가 된다면 투입-산출의 과정이 [그림 1-4]와 같이 된다. 여기서는 투입이 산출을 결정하는 것이 아니라 산출을 결정하고 이를 투입자에게 물어본다. 즉, 교육개혁에 대한 정책결정을 끝낸 뒤 국민에게 동의를 구하는 형태의 정책형성과정이다.

이와 같이 교육개혁정책 형성과정에 대한 두 가지 기준을 살펴보았다. 정책결정과정에서 투입이 산출을 결정하느냐 또는 산출이 투입을 결정하느냐가 정책형성과정에서 검토되어야 할 기준이 될 수 있으며, 아울러 집단이 영향을 행사하도록 여건을 부여할 때 다원주의를 택하느냐 코퍼러티즘을 택하느냐도 정책형성과정에서 분석해야 할 사항이다.

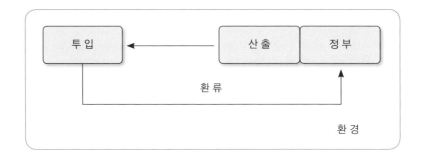

그림 1-4 정치과정의 산출-투입 모델

출처: 구영록 외(1987). p. 176.

(2) 교육개혁정책 집행과정에서의 분석 준거

결정된 교육개혁안을 집행할 때 문제가 있는가를 분석하는 것이 집행과정에서 파악해야 할 사항들이다. 이때 정책의 명료성, 행정부의 집행 의지, 교육개혁 대상자들의 호응도 등을 고려하여야 한다.

정책의 명료성은 교육개혁안이 비교적 구체적으로 명료화되어 있는가 또는 시기가 분명한가의 정도다. 정책이 명료한 경우 이를 실행할 가능성이 높지만, 그렇지 않은 경우 이를 구체화하기 어렵다. 행정부의 집행 의지는 정책 집행의 가장 중요한 부분이지만, 주관적 측면과 내면적 특성이 강해 이를 전부 파악하기는 쉽지 않다. 끝으로, 교육개혁 대상자들의 호응도가 집행과정에서 분석되어야 하지만 이것 역시 분석이 쉽지 않은 영역이고 표출된 상황에 한해 미루어 짐작할 뿐이다.

(3) 교육개혁정책 평가과정에서의 분석 준거

정책평가는 정책형성 및 집행과 더불어 교육개혁의 3대 중요한 영역이며, 이중 가장 어려운 부분이다. 그 이유는 정책 집행의 효과가 단기간에 나타나는 것이 아니고 장기간에 걸쳐 이루어지며, 그 효과가 제1차 효과(primary impact), 제2차 효과(secondary impact), 체제적 효과(systematic impact)로 나타나기 때문이다(구영록 외, 1987: 255). 여기서 제1차 효과는 교육개혁 후 직접 혜택을 보는 효과로 학급당 학생 수의 감소로 교원 적체가 해소되고 학급 수가 증가된 것과 같은 효과를 말한다. 그 여파로 건설업자들이 혜택을 보았다면 이는 제2차 효과이며, 교육에 대한 재정투자의 증가로 국가경제에 지장을 주었다면 이는 체제적 효과다. 이와 같은 효과의 복잡성과 장기성으로 말미암아 교육개혁정책 평가에 많은 제한점이 있는 것도 사실이다.

제2장

1945년 해방 이전 교육개혁의 정치학

1. 근대 이전의 교육개혁

이 장에서는 근대 이전의 교육개혁을 살펴보는데, 그 근대의 기점은 한반도가 항구를 외국인에 개방하던 개항의 시기로 삼았다. 물론 한반도의 근대화의 여명은 이미 16, 17세기의 실학사상의 대두에서 시작하고 있었으므로 이때부터를 근대의 기점으로 삼아야 하겠지만, 이 책의 주요 관심이 교육개혁에 있으므로 편의상 서구의 학교제도가 수용되던 시기를 기점으로 한다.

개항을 기점으로 한 근대 이전의 교육개혁은 주로 종교와 연관하여 생각해 볼 수 있다. 그러나 여기서 종교와 관련시켜 교육개혁을 살펴보는 것은 어떤 의미에서 좀 과장된 감이 있다고 생각한다. 그럼에도 불구하고 여기서 종교와 관련지어 이 시대의 교육개혁을 고찰하는 것은 흔히 근대 이전의 나라들이 종교를 통치이념으로 하고 이를 국민교육의 기본으로 하였기 때문이다. 근대 이전의 한반도의 국가들의 경우도 비록 정밀한 의미의 신정체제에 의해 국가를 운영하지 않았다 하더라도 국정 운영에 종교의 영향이 컸던 것은 사실이다. 대체로 이때의 국가운영의 정치체제들은 종교를 국정 운영의 정신적 지주로 삼고 이를 배경으로 정치적인 리더십을 유지하였다. 그러므로 이때의 교육체제는 정치체제가 선택한 종교에 맞추어 짜이는 것이 일반적이었다.

1) 불교에 따른 교육개혁

서력 372년 소수림왕 2년에 최초로 불교가 고구려에 전래된 것은 어떤 의미에서 한반도 일부에 교육개혁을 가져다 준 셈이라 할 수 있다. 이는 종래의 교육 형태에 변화를 주었을 것이기 때문이다. 이 시기에는 성문사, 이불란사, 금강사, 평양구사, 반룡사 등의 사찰이 여기저기 세워져 새로운 사조인 불교가 고구려인들에게 전파되기에 이르렀다. 고구려는 불교의 번창으로 왜국에까지 불교를 전파하는 외교 역량을 발휘하기도 하였으며, 이에 따라 군사력을 강화할 수도 있었다.

백제는 서력 384년 침류왕 1년에 불교에 접하게 되어 고구려보다 늦게 불교를 수용하였으나, 특히 왜국에 많은 고승을 파견하여 왜국 불교의 개조(開祖)가 되었으며, 이들은 불교뿐 아니라 역법, 천문, 지리, 술수 등의 새로운 지식과 기술을 전파하였다. 백제에서도 역시 한산불사, 왕흥사, 미륵사, 수덕사, 경복사 등 많은 사찰이 세워져 불교의 발흥에 힘썼으며, 백제가 멸망의 위기에 처했을 때 백제의 재건에 기여하였다.

신라의 불교는 서력 527년 법흥왕 14년에 가서야 이차돈(異次頓)의 순교로 공인을 받아 수용되기 시작하였다. 사천왕사, 황룡사, 망덕사, 봉성사, 봉덕사, 감은사, 불국사, 부석사, 월정사, 법주사, 통도사, 해인사 등 수많은 사찰이 건립되어 불교교육에 힘썼고, 이를 통하여 귀중한 문화 유산을 남겼을 뿐 아니라 신라의 문화와 사상에 지도적 역할을 담당하였다. 또한 세속오계(世俗伍戒)를 제시하는 등 불교 사상을 통해 국민 도의를 확립하여 정치적 안정에도 기여하였고, 또 이후에 신라의 삼국통일에도 공헌하였다. 신라는 원효, 혜초 등 명승

들을 배출하여 당나라와 왜국 등 나라 밖의 여러 나라들에도 명성을 날렸다.

고려는 태조가 건국 후 불교를 국교로 삼아 그 교리를 국가의 지도이념으로 하였고, 승려는 귀족 이상의 신분으로 대두하였으며, 팔만대장경을 간행하여 훗날 호국신앙의 상징으로 삼았다.

고려에 이어 새로이 건국된 조선은 배불정책을 써서 불교를 유학으로 대체하는 정책을 전개하였다. 심지어 이 정책은 승려의 출가 억제나 환속 혹은 천대하는 조치까지 이어져 결과적으로 불교의 쇠퇴를 가져오기도 하였다. 그럼에도 불구하고 조선 왕조에서는 태조, 세조, 세종 등 많은 호법왕(護法王)이 출현하였으며, 이들에 의해 사찰에 비판(碑版) 하사, 불경 간행, 훈민정음 제정 등 많은 불사(佛事)가 이루어지기도 하였다.

2) 유학에 따른 교육개혁

우리나라에서의 교육개혁의 정치학은 유학(儒學)의 전래와 그 궤를 함께한다고 할 수 있다. 유학은 정교일치의 학문으로 '인(仁)'을 도덕의 최고 가치로 하고, 수신(修身), 제가(齊家), 치국(治國), 평천하(平天下)를 목표로 하는 윤리학의 체계이자 정치학의 체계다. 유학의 보급은 종래의 토착 교육제도에 대한 커다란 변혁을 의미하며, 이는 곧 '치국'과 '평천하'의 정치적 과제를 우리 생활에 스며들게 한 교육의 정치학이었다. 유학으로의 개혁은 이미 삼국시대에 국자학(國子學)의 설치에서 찾아볼 수 있으나, 이보다 훨씬 이전에 시작되었다고 할 수 있으며, 고구려는 372년 소수림왕(小獸林王) 때의 태학(太學)에서, 백제는 그 이전인 285년 왜국에 왕인(王仁)을 통해 논어와 천자문을 전한 데서, 그리고 신라는 682년에 국학(國學)의 건립에서 그 흔적을 찾아볼 수 있다. 이때의 유학의 목표는 경전과 사기의 통달로 정치나 법률 제도 등을 잘 이해하고 잘 운용할 수 있는 유능한 관리를 양성하는 일과 문장과 사부(詞賦)를 능하게 하는 일에 두었으므로 이 교육은 정치와 보다 밀착되었다.

고구려 6대 성종에 이르러 국자감(國子監)의 설치로 다시 유학으로의 교육개혁이 이루어졌으나 그다지 성행하지 않아 성공하지 못한 개혁이 되었다. 또 11대 문종 때 최충(崔沖)이 구제(九齊)를 설치하여 유학을 가르쳐 한때 유학이 세를 떨치기도 하였으나 전란 등 여러 국가적 불운이 겹쳐 다시 유학은 잠잠해졌다. 그 후 25대 충렬왕 때 정주학(程朱學), 이른바 주자학(朱子學)을 수입한 안향(安向)의 건의로 국학(國學)이 건립되고, 이에 따라 주자학에 의한 교육개혁이 이루어졌으며, 백원정(白願正), 우탁(禹悼), 권부(權溥) 등의 문하생이 나오는 등 그 반향이 매우 컸다. 이 개혁의 반향은 고려 왕조가 멸망할 때까지 이어져 이제현(李齊賢), 이색(李穡), 정몽주(鄭夢周), 권근(權近) 등의 석학을 배출하는 등 오래 지속되었다.

고려 태조 왕건(王建)의 불교숭상에 의해 유교는 쇠미하였다. 이는 어떤 의미에서는 유학으로부터 불교로 전환하는 커다란 변혁으로 일종의 교육개혁으로도 읽을 수 있다.

한편 조선 초기 정도전(鄭道傳)은 『불씨잡변(佛氏雜辨)』을 통해 주자학의 입장에서 불교 배척의 필요를 역설하고 유교의 주자학을 적극적으로 수용하는 교육개혁을 단행할 것을 제의하였다. 이는 조선의 정치 원리가 불교에서 유학으로 전환되는 정치적 상황을 연출하였다. 정도전의 주자학적 전통은 길재(吉再), 김숙자(金叔滋), 김종직(金宗直)으로 이어졌으나, 그중 김종직과 그를 이은 김굉필(金宏弼), 정여창(鄭汝昌)은 그들의 주자학으로 무오사화(戊午士禍)의 화를 입게 되어 김굉국(金宏國), 김정국(金正國), 이장곤(李長坤), 조광조(趙光祖) 등에 의하여 그 전통이 이어지게 되었다. 그러나 그를 계승한 조광조(趙光祖)는 그 주자학의 주치주의(主治主義)와 왕도주의를 실현하는 일을 서둘렀지만 기묘사화(己卯士禍)와 같은 정치적인 수난에 휘말리어 몰락하게 된다.

이와 같은 연이은 수난의 사화로 결국 주자학자들은 산림에 숨어 학문에만 전심하는 도피주의적 경향에 빠지게 하였다.

그 결과, 주자학은 현실과는 떨어진 채 사색과 이론에 치우치게 되었다. 그리하여 이황(李滉, 退溪)과 이이(李珥, 栗谷)로 이어진 주자학은 그에 대한 두 사람의 접근 방법의 차이로 영남학파와 기호학파로 갈리는 등 마침내는 사색당파의 정치색으로까지 발전하여 당쟁에도 휘말리게 되었다. 그럼에도 불구하고 이와 같은 연이은 사화로 도피주의자가 된 유학자들은 오히려 산림에 묻혀 깊은 사색을 통하여 학문에만 전념할 수 있게 되었으므로 주자학(朱子學)은 이론적으로 보다 많은 발전을 하게 되었다. 그러나 그와 같은 이론의 발전은 많은 이론상의 이견을 낳게 함으로써 주자학은 통일을 잃게 되었고, 이는 결국 그 이론을 달리하는 사람들 간에 명분론을 내세워 붕당(朋黨)을 구성하여 파벌을 조성하고 서로 끊임없는 다툼을 계속하게 하였던 것이다. 조선의 사색당파로 빚은 정치적 갈등은 바로 그러한 주자학의 해석을 두고 갈라진 유학자들의 이견에서 비롯된 것이었다.

이와 같이 주자학의 해석으로 빚은 당파적 분쟁은 그 반동으로 '이용후생(利用厚生)'의 기치를 들고 실용적 가치에 비중을 두는 실학파(實學派)의 학풍을 새롭게 탄생시켰다. 이는 또 다른 의미의 조선의 교육개혁이었다. 어떤 의미에서는 이 실학파의 학풍 탄생은 역사상 가장 철저했던 미증유의 교육개혁이었다고 할 수 있다. 이는 종래 형식적 명분론에 치우쳤던 유학과는 전적으로 다르게 실질적 가치를 중시하였던 새로운 학풍이었기 때문이다. 실학파에 속하는 교육개혁가들은 이익(李瀷), 안정복(安鼎福), 신경준(申景濬), 정약용(丁若鏞), 박지원(朴趾源), 홍대용(洪大容), 이덕무(李德懋), 박제가(朴齊家) 등으로, 이들은 ① 이용후생의 도와 경제제민(經濟濟民)의 술 강구, ② 나라의 실정을 조사하여 국사, 지리, 물산, 풍토 등의 연구 제목화, ③ 외국의 문물 제도와 학술의 수입 활용, 그리고 ④ 고증학(考證學)의 연구 등을 표방하여 기존의 유학이 공리공론에 치우쳐 사회의 갈등을 조장하는 현실에 반기를 들었다. 이들은 당대의 개혁 세력으로서 조선 왕조에 대하여 쇄국정책을 풀고 외국에 대하여 문호를 개방할 것을 요구하였다. 그러나 이들의 요구는 수구적인 유학파에 의하여 거부되고, 심지어는 정치적으로 탄압을 받기도 하였다. 이는 수구와 개혁을 지지하는 두 정치적 세력 간에 갈등을 예고하는 징조이기도 하였다. 그럼에도 불구하고 이 움직임은 이후 보다 본격화될 근대화에 맹아의 구실을 하게 됨으로써 현실적으로 한반도의 근대화에 크게 기여하게 되었다. 이 실학파의 세력은 이후 한반도의 근대화를 위한 개혁세력으로 점차 발전해 갔다.

2. 근대 이후의 교육개혁

1) 조선 왕조 후기와 대한제국의 교육개혁

조선 왕조는 1876년 병자년의 운양호(雲揚號) 사건을 계기로 왜국과 '병자수호조규(丙子修護條規)'를 체결함으로써 수개의 항구를 개방하게 되어 오랜 쇄국정책을 풀고 여러 외국들과 문호를 트게 되었다. 이로부터 외국, 특히 구미의 문물과 함께 그들의 교육제도를 국내에 유입 · 수용하게 되었다. 그런 의미에서 이때의 개항은 또 다른 하나의 적극적 교육개혁의 시발이었다고 할 수 있다.

이로부터 조선은 종래의 조선 고유의 교육제도에 서구의 교육제도를 부분적으로 접목하는 형식으로 교육개혁을 유도하게 되었다. 기존의 교육제도에 따라 조선 정부의 각 관아(官衙)에 외국인 전문가를 교사로 고빙(雇聘)하여 도제 제도의 형식으로 신문물을 가르치거나[1], 혹은 육영공원(育英公院)이나 영어학교[2]와 같이 정부 안이나 밖에 외국인 교사가 주도하는 학교를 설립함으로써 서구적 교육을 실시하고, 또는 배제학당이나 이화학당과 같이 조선 정부가

....

1) 1882년에는 독일인 목린덕(穆隣德, Mollendorff)을 관리로 초빙하였고, 1885년에는 미국인 알렌(Allen)이 역시 미국인인 스크랜턴(W. B. Scranton)과 함께 왕립 병원인 제중원(濟衆院)에, 미국인 메일(Merrill)이 총세무사에, 독일인 극립불방(克立弗邦, Kuiffler)이 해관에, 독일인 크라우서(格老斯)가 전원국 교사에, 미국인 덕니(德尼, Denny)가 내무협판에 각각 고용되었으며, 그 이후에도 수많은 외국인 전문가가 조선 정부의 여러 기관에 고용되어 교육의 임무에 종사하였다.

외국인을 지원하여 사립학교 형식의 학교를 설립하게 함으로써 마치 서원이나 서당과 같은 기존의 학교제도가 그랬듯이 같은 방법으로 새로운 학교제도를 수용해 갔다. 이는 매우 소극적 교육개혁이기는 하였으나, 반면 대단히 자연스러운 개혁으로 종래의 제도와 크게 마찰 없이 부드럽게 개혁을 이끌어갈 수 있게 하였다. 그러나 이러한 완만한 개혁의 흐름은 오히려 급진 개혁세력들에게는 불만을 가져다주어 훗날 정치적 분쟁의 원인이 되기도 하였다.[3] 끝내는 신구의 정치적 충돌은 단순한 분쟁에 끝나지 않고 동학란(東學亂)과 같은 대중의 분쟁으로까지 확대되었다. 그러한 분쟁으로 국력을 소모한 조선 정부는 끝내 외국군대의 개입을 불러들여 그 난을 수습하여야 했고, 이는 결국에 외국 국제세력의 지지를 받은 개혁세력에 정치적 승리를 안겨 주었다. 이때부터 조선 사회는 이 개혁세력들의 의도대로 여러 영역에 본격적인 개혁의 메스가 빠른 속도로 가해지기 시작하였다. 그러므로 교육 영역에도 그 개혁세력의 의도대로 개혁이 단행되기에 이르렀다. 1894년 갑오경장(甲午更張)이라는 이름으로 단행된 역사적 개혁조치가 바로 그것이었다. 그러나 이 개혁은 당초 한반도 안에서 진행된 단순한 국정개혁에 불과하였지만, 이는 국내의 문제로 끝나지 않고 한반도를 둘러싸고 서로 국익을 다투던 뭇 열강들의 깊은 관심사 안에서 전개되었다. 국제세력들은 어떤 때는 이 개혁을 지지하기도 하고, 또 어떤 때는 이를 방해하기도 하였다. 따라서 국내의 어떤 개혁이 있을 때마다 국내의 정치세력은 그들이 지지하는 그 국제세력의 이해 판도에 편승하여 2분, 3분으로 분열되어 정쟁을 일삼기도 하였다.

....

2) 독일인 묄렌도르프(P. G. von Mollendorf)와 영국인 할리팩스(T. E. Halifax)는 영어학교를 개교하였으며, 미국인 길모(吉模, G. W. Gilmore), 벙커(房巨, D. A. Bunker), 헐버트(轄甫, H. G. Hulbert)는 육영공원(育英公院, Royal School)에 교사로 고용되었다.

3) 김옥균(金玉均)과 박영효(朴泳孝) 등의 개혁세력인 개화당(開化黨)은 1884년 10월 민씨 일파를 죽이는 갑신정변(甲申政變)을 일으켰고, 이에 따라 청군과 왜군이 충돌하는 국제분쟁까지 발생하였다. 이 사건으로 김옥균은 외지로 망명까지 하여야 했다. 그 밖에도 수구적 경향을 가진 정치세력과 그렇지 않은 개혁적 정치세력 간 충돌은 그 후에도 무수히 많았다.

그러나 1894년부터 국가조직을 근대국가체제로 개편하기 시작했던 조선 정부는 이듬해인 1895년에는 국호를 1896년부터 대조선제국(大朝鮮帝國)으로 하고 국왕의 위호를 황제(皇帝)로 바꾸는 일을 의정하고, 또 태양력을 사용하고 단발령을 내려 머리를 깎게 하며, 그리고 연호를 건양(建陽)으로 하는 등 국가 전체를 개혁하려는 의지를 보다 명백하게 하였다.

이 개혁에서 교육개혁은 종래의 교육행정기관인 예조(禮曹)를 파하고 그를 대신하여 학무아문(學務衙門)을 설치하게 된 데서 비롯되었다. 이듬해인 1895년부터 이 학무아문은 학부(學部)로 이름을 바꾸고 본격적으로 모든 국민을 대상으로 하는 근대적 교육제도를 수용하기 시작하였다. 이 해에 서원, 향교, 서당과 같은 종래의 학교제도를 대신하여 한성사범학교, 소학교, 법관양성소, 외국어학교 등의 근대학교 제도가 마련되었다. 그리고 이로부터 4년 후인 1899년에는 중학교(中學校), 의학교(醫學校), 상공학교(商工學校) 등과 같은 근대적인 중등교육, 실업교육, 전문교육 등의 제도가 각각 마련되었다. 이때의 교육개혁이야 말로 진정한 의미의 근대적인 교육개혁이라 할 수 있다. 이는 국가가 국민 전체를 대상으로 하는 교육제도를 고려하여 마련한 교육개혁이기 때문이다.

그리고 조선 정부는 1897년 8월부터 국호를 대한제국(大韓帝國)으로 바꾸고 연호를 다시 광무(光武)로 변경하는 개혁을 단행하였다. 그리고 같은 해 12월에는 황제 즉위식을 거행하여 국왕이 황제로 위호를 바꾼 사실을 만방에 알렸다. 따라서 1899년 확립된 중학교, 의학교, 상공학교 제도는 바로 이러한 일련의 정치적 개혁조치에 뒤따라 나타난 교육개혁이었다.

대한제국 정부하에서 커다란 교육개혁이 단행된 것은 1906년이었다. 이 해에 있었던 교육개혁으로 한반도의 교육은 보다 진전된 근대적 교육제도의 모습을 보이게 되었다. 이때 소학교를 보통학교로, 중학교를 고등학교로 개칭하였고, 한성(漢城) 한 곳에만 있던 사범학교를 전국에 확산할 수 있도록 그 제도를 바꾸었다. 이 개혁으로 학교계제(學校階梯) 간의 연결이나 체제가 비교적 합리적으로 정돈되었다. 그리고 대한제국 정부는 1908년에 처음으로 여성을 위한 중등교육제도를 확립하여 고등여학교를 설립하는 한편, 사립학교령을 제정하여 사립학교를 통제하는 제도개혁을 단행하였다. 또한 1909년에는 상공학교, 농림학교 등 종래의 여러 실업학교를 통합하여 실업교육제도를 정비하는 개혁이 이루어졌다. 이때의 이러한 일련의 개혁은 이후 국권이 완전히 박탈된 식민지하에서도 여전히 계승되거나 그 교육의 기초가 되었다.

그러나 대한제국 정부 말기에 있었던 이 교육개혁은 당시 정부로서는 정치적으로 가장 불행했던 시기에 있었던 개혁이었다. 1904년은 러 · 일 전쟁을 도발할 목적으로 한반도에 군사적 거점을 확보하려는 왜국에 의해 무력으로 강제되어 그들이 대한제국의 황실을 보호한다는 조건과 함께 군사기지의 사용을 인정하는 의정서가 교환되던 해였고, 이듬해인 1905년은 다시 미국과 결탁[4] 하고 러 · 일 전쟁의 승리로 고무된 왜국에 의해 한반도의 침략 의도를 보다 명백히 하는 제2차 협약이 강제되던 시기였다. 이 협약으로 왜국 정부가 지정하는 2명의 고문이 대한제국 정부에 고용되어 외교와 재정에 관여하게 되었고, 이로써 국권의 일부가 침탈된 분위기가 연출되었다. 그러므로 1906년의 교육개혁은 그러한 불행한 국제정치가 진행된 연후에 전개된 일련의 개혁이었다. 그러므로 오늘날에도 우리 주변에서는 이러한 정치적 상황만을 고려하여 이 개혁이 왜국 침략세력에 의해 이루어진 것으로 잘못 이해하는 사람이 많다.[5]

....

4) 미국의 국방상 태프트(Taft)와 왜국의 외상 가쓰라(桂) 간에 체결된 이른바 '가쓰라-태프트 밀약'으로 미국과 왜국은 서로 결탁하여 각각 필리핀과 한반도에 영향력을 행사하는 일을 양해한다고 합의하였다. 다음 자료는 그 내용을 상세하게 밝히고 있다.
Curenr, N. Richard et al., *American History: A Survey*, Alfred A Knopf, 1965, pp. 640~641.
"Shortly before the Portmouth conference opened, President Roosevelt dispatched Secretary of War Taft from Manila to Tokyo to reach a Far Eastern understanding with Japanese. In the resulting Taft-Katsura executive agreement of July, 1905, the Japanese acknowledged American sovereignty in the Philippines, and the United States recognized the suzerainty of Japan over Korea."
5) 우리의 일반 교육사에는 이 협약의 내용을 검토하지도 않고 맹목적으로 고문정치가 판을 쳐 대한제국

그러나 실제로는 이때의 교육개혁은 오히려 국권회복에 대한 국민적 각성에 힘입어 대한제국 정부에 의하여 주도적으로 이루어진 것이었다.[6] 그러한 정치적 상황이 당시의 교육개혁을 가속화시켰다. 물론 그 계획과정에서 왜인 전문가 한 명이 대한제국 정부에 의해 한때 한시적으로 고용되어 교육사무를 담당하기는 하였으나, 그 개혁의 결정은 대한제국 정부에 의해 내려진 것이었다.

1908년과 1909년의 교육개혁은 여성교육과 실업교육에 대한 개혁이었을 뿐 아니라 사립학교를 통제하는 제도를 강화하는 개혁이었다. 이 두 개혁은 왜국에 의해 제3차 협약이 강행된 직후의 일로 왜인의 관료가 대한제국 정부의 관료로 임명되어 왜국 통감부의 간섭이 극심하던 때의 개혁이었다. 그러므로 이때의 교육개혁과 같은 주요 국사의 결정은 그의 의사결정과정에서 왜인 관료가 참여한 가운데 진행되었으므로 여기서는 국익을 확보하려는 대한제국의 관료와 착취의 목적을 달성하려는 왜인의 관료가 서로 대결 · 갈등하는 미시적 정치학이 존재하였다. 그러한 이유로 이때 이루어진 교육개혁들은 어떤 것은 대한제국 관료들의 의사에 따라 선택되기도 하고 또 어떤 것은 왜국의 의사

....

정부의 국정이 왜국의 손에 의해 임의로 좌지우지된 것처럼 과장되어 기록된 경우가 많다. 그러나 이는 사실이 아니다. 협약의 문맥상 침략세력은 단지 외교와 재정에만 한정하여 고문을 지정할 수 있었던 것이다. 오히려 교육은 그들의 침략 의도를 확인한 한민족에 의해 교육입국의 차원에서 적극적으로 대응하여 스스로 그 제도를 확립하여 갔다. 다만 왜국의 간섭이 보다 격심해진 시기는 1907년 7월, 역시 강제된 제3차 협약으로 왜인의 관료가 대한제국 정부기관의 관료로 파견되기 시작한 때부터였다. 그러므로 그 이전의 교육개혁은 비교적 왜인의 간섭에서 자유롭게 독자적으로 결정할 수 있었다고 할 수 있다. 한편 이때는 왜인에 의해 침략의 마수가 강화되면 될수록 그 반동으로 오히려 교육개혁은 국민적 지지 속에 보다 치밀하게 확립되던 시기였다.

6) 한 · 왜 제1차 협약이 강제된 직후 대한제국 황제는 1904년 5월 정부에 학교의 증설을 명한 것을 밝히는 성명을 발표하였고, 또 10월에는 제실제도정리국(帝室制度整理局)을 설치하여 제도개혁을 가속화하였다. 또 사회 전역에서는 여기저기 사립학교가 설립되어 각 학교마다 학생들이 운집되기 시작하였다. 이 무렵 이용익(李容翊)이 설립한 보성전문학교는 널리 학교를 열어 인재를 교육하여 국권을 되찾자는 '청광개교 교육인재 치복국권(請廣開校 敎育人材 治復國權)'을 설립취지로 하고 있었다. 이때 설립된 대부분의 학교들은 역시 같은 취지하에 설립되었다 하여도 무리는 없다. 그리고 정부 안에서는 적지 않은 근대학교 제도의 확충 요구가 잇따랐으며, 1906년 3월 황제는 인재교육이 무엇보다 앞서는 선무(先務)라는 조칙을 내리고 자녀를 학교에 보내지 않으면 논죄한다는 강경책까지도 강구하였다.

가, 관철되기도 하였으며, 또 어떤 것은 양쪽의 의사가 절충되기도 하였다. 이 시기의 교육개혁 가운데 여성교육제도는 대한제국의 의사가, 사립학교 제도는 왜국의 의사가, 그리고 실업교육제도는 양쪽의 의사가 절충된 정치적 결정이라고 할 수 있을 것이다.

그 이유는 여성교육은 대한제국의 국익에 유익했기 때문이고, 실업교육은 대한제국의 산업발전에 필요하고 왜국에게는 그들의 수탈의 목적에 한반도의 산업발전이 필요했던 까닭이며, 사립학교제도는 왜국이 그들의 악랄한 야욕에 저항하는 사립학교를 통제하기 위해서였다.

2) 왜국 식민지하의 교육개혁

1910년 8월 한반도는 불법적으로 강제된 약정에 의해 왜국에 귀속되는 식민지체제에 돌입하게 되었다. 침략자인 왜국은 그들의 수탈 목적이 일단 완성되자 그로부터 1년여를 넘긴 1911년 10월에 그들의 삼엄한 계엄 상황에서 그의 수탈 목적에 맞는 교육개혁을 단행하였다. 이 개혁에서 침략세력은 대한제국의 교육제도를 기초로 그들의 침략 의도에 따라 '조선교육령'이라는 교육기본법을 제정하고 함께 초 · 중등 교육법제 등 하위 법들을 제정하였다. 이때부터 한반도의 교육은 경찰행정, 내무행정 그리고 군사행정의 일환으로 재편성되었다. 한민족을 감시하고 성장을 억제하는 교육개혁이 단행된 것이다.

이러한 교육개혁은 한민족에게는 환영될 리가 없었다. 그러므로 한반도 전역 방방곡곡에서 독립을 포함하는 요구와 함께 교육제도에 대한 불만도 만만치 않아 저항 물결이 넘치기 시작하였고, 이 흐름은 나라 밖에서도 넘쳐 침략세력에게는 정치적 압력이 되었다. 이 저항운동은 한민족의 거대한 항쟁의 상징인 1919년의 3·1 운동으로 대표되고 있다. 이러한 한민족에 의한 정치적인 저항은 침략세력에게 충격을 주어 그들로 하여금 또 다른 교육개혁을 마련하도록 하였다. 그 개혁이 바로 1922년의 교육개혁이다.

1922년의 개혁은 이른바 '문화정책'이란 허울 좋은 정치적 슬로건을 내세워 마치 한민족에 대하여 선의의 정책을 전개하는 것처럼 위장한 개혁으로 한민족의 저항을 무마해 보자는 데 속셈을 둔 정치색이 짙은 계략적 교육개혁이었다. 즉, 침략 행위의 지속과 그 체제의 생존을 위하여 위장된 개혁을 단행한 것이다. 이는 침략 행위를 무마하기 위한 일종의 유화책이기도 하였다.

이 개혁은 한민족의 거족적인 저항운동인 3·1 운동이 있은 직후에 전개되었다. 이때에 침략세력은 침략대리인인 총독을 민간인으로 바꾸는 등 겉으로는 부드러운 분위기를 연출하였으며, 또 임시교육조사위원회를 구성하여 장차 교육개혁이 있을 것을 예고하고 2년여의 긴 숙고 끝에 교육개혁을 단행하였다. 이 개혁으로 한민족과 한반도에 거류하는 왜인이 같은 교육행정체제의 통제하에 있게 되고 비록 학교의 명칭은 보통학교와 소학교, 고등보통학교와 중학교 등 왜인의 그것과 여전히 다르나 그 체제는 동질의 것으로 되었다는 것이 왜국 침략자의 정치적 선전이었다. 이 개혁으로 형식상 한민족의 학교 제도와 왜국의 그것이 동질의 것이 되었을 뿐 아니라 교원양성기관인 사범학교가 부활하고 고등교육기관인 경성제국대학(京城帝國大學)이 탄생되는 등 다소 발전된 듯한 모습을 보이게 되었다. 그러한 의미에서 이 개혁은 한민족의 저항이 빚어 낸 정치적인 전리품이었다고 할 수 있다. 이는 침략세력에게서는 그들의 생존을 위한 수단이었던 반면, 한민족에게서는 민족의 생존을 위한 항쟁의 성과였다.

그러나 그러한 정치적인 전리품으로 인하여 한민족의 저항은 다소 무뎌져 갔다. 더구나 왜국은 침략 의도의 만행을 자행하여 만주사변을 일으키는 등 중국을 포함하는 극동지역에 그들의 군사적 영향력을 확대하고 있었다. 이른바 '신동아 건설(新東亞 建設)'이라는 정치적 목표를 세우고 세계에 대하여 도발하는 전쟁 준비에 골몰하고 있었다. 그러한 침략세력의 위세는 한민족의 저항에도 영향을 주었다. 침략세력은 무뎌진 한민족의 저항이 그들이 시행해 온 유화정책이 이룩한 효과로 생각하고 한 단계 더 높은 교육개혁을 1938년에 단행하였다. 이 개혁으로 한민족과 왜국의 학교제도는 명칭은 물론 그 내용도 통일하였다. 이 개혁으로 양측의 학교가 다같이 소학교, 중학교로 명칭을 통일하고, 수업년한이나 교과 내용 또한 표면상 통일되었다. 그러나 이러한 개혁에는 또 하나의 그들의 침략의 마수가 숨겨져 있었다. 즉, 그들은 그 개혁을 통해 한민족의 저항을 재차 무마하고, 또 그에 한 단계 술책을 높여 한민족을 그들의 전쟁 도발 목적에 동원해가기 위해 사탕발림으로 그러한 개혁을 제시하였던 것이다.

그리고 1941년에는 제2차 세계대전에서의 태평양전쟁을 도발하기 위하여 왜국 침략세력은 다시 한반도에서 교육개혁을 착수하였다. 이 개혁에서 소학교를 초등학교로 바꾸는 군국주의적이고 전체주의적인 교육체제로 전환하였다. 또한 교육조직을 전시체제로 개편함으로써 전쟁 도발을 위하여 한민족의 동원을 강제하였다. 이는 결과적으로 자신의 종말의 묘혈을 판 결과가 되었고, 이로써 그들은 패전의 자멸을 자초하였으며, 한반도와 한민족은 그들의 억압으로부터 해방될 수 있게 되었다.

제3장

1945년 해방 전후 교육개혁의 정치학

1. 들어가는 말

8·15를 전후하여 비교적 활발하였던 교육개혁에 관한 논의는 한반도가 분단되면서 새로운 국면을 맞게 된다. 당시의 교육개혁론이 적어도 한반도 전체 차원에서 의미를 갖는 것이었다면, 남북한 정권 수립 이후에는 나름의 이념과 정치체제를 배경으로 교육 재편작업이 가속화됨으로써 교육개혁론의 의미 자체가 달라진다. 결과적으로는 8·15 전후의 얼마간을 제외하고서 분단 50년이 지난 현재까지도 한반도 전체 차원에서의 교육개혁에 관한 논의는 현실적 의미를 갖지 못하게 되었다. 그간 많은 연구자는 이러한 현실을 이른바 '분단교육체제'라고 묘사해 왔는데, 거기에는 그러한 교육체제의 모순 내지 파행성을 밝힘으로써 '통일된 교육체제' 내지 앞으로 통일된 사회가 지향해야 할 교육의 모습을 추출하려는 문제의식이 자리잡고 있었다.

우리나라에는 갑오경장을 계기로 일찍이 근대적인 교육체제 수립을 위한 위로부터의 노력이 있었다. 그러나 통감정치가 실시되면서 일제의 의존적인 교육체제가 현실화될 수밖에 없는 조건을 갖게 되었다. 그러다가 일제의 전면적인 침략과 더불어 수행된 식민지 교육정책으로 인해 위로부터의 근대적인 교육체제 수립 노력이 좌절되고 만다. 그러나 이러한 상황에도 불구하고 뜻있는 조선인들은 서당(개량서당), 민족계 사학, 각종 학습소(농민·노동 야학), 민립대학 설립운동과 학생운동 등을 전개하면서 자민족의 손에 의한 근대적 교육제도의 수립을 위한 노력을 게을리하지 않았다. 이들이 지녔던 생각과 활동이 한반도 전체 차원에서 추구된 것임은 재론할 필요가 없다.

그런 점에서 8·15를 전후하여 전개되었던 교육개혁에 관한 논의는 한말 이후 식민통치를 거쳐 지속되었던 근대적 교육체제 수립을 위한 노력의 연장선상에 있다고 할 수 있다. 이전 시기에 전개되었던 교육 실천과 이론의 응축물이 바로 당시의 교육개혁론이었던 셈이다. 또한 한반도 전체 차원의 교육에 관한 종합적 구상이라는 기준에서 볼 때, 시기적으로도 가장 근접해 있는 논의이기도 하다. 그러나 연구자료와 접근방법의 제약으로 지금까지 '8·15 전후의 교육개혁론'에 관한 연구는 거의 부재한 실정이었다.

이 글은 '통일교육체제 수립'에 관한 당시의 논의를 복원하는 데 일차 목적을 두고 있다. 즉, 한반도 전체의 차원에서 이루어진 8·15 전후의 교육 재편에 관한 구상을 재음미함으로써 미래의 과제를 해결하는 데 일정한 시사점을 얻고자 하는 것이다. 이는 한국의 현대사가 분단이라는 역사적 단절의 계기만이 아니라 통일이라는 연속성의 계기를 담고 있다는 사실을 확인하는 방대한 작업의 일환이기도 하다. 분단 60년이 지나 통일에 관한 논의가 그 어느 때보다 활발히 전개되고 '현실화 가능성'이 높다고 하는 현 시점에서 한반도 전체의 차원에서 제기되었던 교육개혁론의 정치적 역동성을 살펴보려는 이유가 바로 여기에 있다.

이를 위해 이 글에서는 주요 정당 및 사회단체의 공식 문건과 관련 자료 등을 대상으로 한 문헌분석 연구방법을 취하였다. 또한 당시의 다양한 논의를 일관된 체계에서 해석하기 위해 다음과 같은 분석의 틀을 적용하였다. ① 주요 정당 및 사회단체를 크게 좌익진영, 우익진영으로 분류한 다음, ② 교육이념 및 교육제도에 대한 이들의 개혁론(이념태)을 정리 · 해석하고, ③ 다음으로 성인 문맹퇴치 대책, 의무교육 실현의 방안 등(현실태)을 남북한 교육체제의 수립과 관련지어 살펴보는 절차를 밟았다. 여기서 개혁론을 이념태와 현실태로 나누어 살펴본 이유는, 개혁론의 내적 논리 구성을 그 실현 가능성 여부에 초점을 맞추어 해석하기 위함이다.

2. 일제 잔재의 청산과 민주적인 교육제도 건설

식민통치에서 벗어나 새 국가 건설의 과제에 임하여 당시 여러 정당 및 사회단체는 교육개혁의 청사진을 제시한다. 자신들의 정치 이념 내지 노선에 입각한 이들의 교육개혁론은 교육의 미래에 대한 계획 내지 구상으로 이해할 수 있는데, 우리는 이를 '이념태'와 '현실태'로 구분하여 살펴볼 필요가 있다.[1] 이념태란 대개 "우리 교육의 미래가 어떠해야 한다."라는 당위적 차원의 주장으로서 교육이념과 제도에 관한 구상에 잘 드러나게 마련이다. 다른 한편, 현실태는 "당면한 교육의 과제를 풀어나가는 구체적인 방도"에 관한 주장으로서 제3절에서 다루고 있는 문맹퇴치 대책, 의무교육제 실시 방안 등이 그 좋은 예다.

교육 부문에서 일제의 잔재를 청산하고 민주적 교육제도를 건설해야 한다는 주장은 하나의 이념태라 할 수 있다. 당시 모든 정당 및 사회단체들이 공통적으로 제기하고 있다는 점에서도 그러하다. 그러나 우리는 그 주장의 강도나

---

1) 모든 개혁론은 본질적으로 하나의 '이상론'이라 할 수 있다. 때문에 이상론과 현실론이라는 표현을 사용하는 것은 적절치 않다고 생각한다. 굳이 '이념태'와 '현실태'로 나눈 이유는, 모든 개혁론이 양 측면의 내적 통일성을 갖고 있을 것으로 기대해서는 안 되겠지만, 대개 '현실태'는 개혁론이 현실화할 수 있는 조건을 잘 보여 준다는 점에서 '이념태'의 실현 가능성 여부를 판단할 수 있는 논거로 보았기 때문이다. '이념태'와 '현실태'의 구분은 이러한 방식으로 논의를 전개하기 위한 개념적 장치로 사용한 것이다.

접근 방식에서 교육개혁에 대한 좌익진영과 우익진영의 입장의 차이, 나아가 개혁론 자체의 성격의 차이를 규명해 볼 수 있다.

1) 교육개혁론의 이념적 기초

교육개혁론의 이념적 토대는 "교육에서 일제의 잔재를 청산하고 민주적인 교육제도를 건설해야 한다."라는 주장으로 집약된다. 8·15 직후의 교육현황[2]을 놓고 볼 때, 이는 당연한 요구로서 당시 제 정당 및 사회단체는 공통으로 이 과제를 제기하고 있다.[3] 이렇게 큰 틀에서는 각 정파들의 주장이 일치하지만, 조금 자세히 살펴보면 크게 좌익진영과 우익진영의 입장으로 대별됨을 알 수 있다.[4] 식민통치하의 교육에 대한 인식과 새로이 건설될 국가의 성격에 대한 생각의 차이가 교육개혁의 기본 방향과 현안에 대한 해결 방식의 차이를 가져 오게 한 것이다.

....

2) 당시 교육 현황은 여러 지표를 통해 볼 수 있는데, 이는 '민족동화(民族同化)와 차별교육(差別敎育)' 이라는 식민지 교육정책의 결과였다. 초등학교 취학률(1945. 8. 15. 기준)은 적령 아동 4,819,830명 대비 2,290,610명(47%)으로 절반 이상의 아동이 미취학 상태임을 알 수 있다. 또한 진학률에서는 중등학교 7.67%(일인 74.18%), 고등교육 3.85%(일인 8.16%)로서 교육기회 면에서 절대적 차별을 받고 있었음을 알 수 있다. 8·15 직후 교원 현황 역시 한인 교원 대 일인 교원의 비율이 초등학교 64: 36, 중등교육 33: 67, 고등교육 31: 69로 나타나 상급 단계로 올라갈수록 일인 교원의 비중이 높아 일인 교원이 물러간 뒤 질적인 면은 차치하고 수급대책이 커다란 문제였다(김용일, 고려대학교 대학원 박사학위논문, 1994, pp. 36~40).

3) 식민지 교육의 잔재 청산의 문제와 관련하여서는 다음과 같은 지적을 참조하라. "병합 이래 36년간의 교육은, 말하자면, 조선의 역사를 말살하며 조선의 전통을 무시하며 조선의 글과 말을 없애며 조선동포로 하여금 일본민족으로 환골탈태시키려는 교육이었다. 25세 이하의 조선 남녀는 대부분 우리 글을 모르며 역사를 모른다. 그들은 일본어로 글이나 편지를 쓰며 노래를 부르는 현상이 아닌가. 과언일지 모르나 조선 태생 일본인이 상당히 많다. 이를 철저히 재교육하여 참된 조선사람을 만들어여다. 오늘부터의 교육은 먼저 일헛들 조선의 「얼」을 차지며 조선의 역사전통 등을 알게 하여 조선사람으로서의 책무를 다하는 동시에 새운 조선의 억센 일꾼을 양성하는 데 그 목표를 두지 안으며 안 된다." 月秋山人 編, "朝鮮同胞에게 告함-自主獨立과 우리의 進路-"(京城府: 1945), pp. 46~47, 김남식 엮음, 한국현대사 자료총서, 1945-1948(서울: 돌베개, 1986), 제10권, pp. 237~238.

4) 이보다 세밀한 분류가 가능하지만, 여기서는 글의 목적에 따라 크게 이 두 가지로 나누고, 대한민국 임시정부, 민주주의 민족전선(민전), 시국대책 협의회(시협) 등의 교육개혁론을 필요에 따라 살펴본다.

　　좌익진영의 교육개혁론은 1945년 9월 6일 조선인민공화국 중앙위원회 명의로 발표된 27개의 시정방침에 그 대강이 나타나 있다. "1. 일본제국주의 법률 제도의 폐기…… 23. 일반대중의 문맹퇴치, 24. 국가 부담에 의한 의무교육제 실시, 25. 민족문화의 자유발전을 위한 신문화정책 수립"(한국현대사 자료총서, 제7권, p. 673) 등이 그 주요 내용이다. 이후 조선공산당 중앙위원회는 1945년 9월 25일자로 발표한 이른바 '8월 테제'에서 "국수주의적 반민주주의적 교화(敎化) 제도를 철폐하라!"(조선공산당 중앙위원회, 1984: 122)는 주장을 하고 있다. 식민치하의 교육의 본질을 국수주의(제국주의), 반민주주의로 규정하고 있는 것이다. 같은 주장이 조선공산당 경성시위원회 명의의 격문에서 발견된다. 이 격문에는 일제하의 교육제도를 제국주의적이라 규정하고 그 목적이 노예교육에 있었음을 지적하면서 새 조선의 민중을 위한 교육제도와 문화정책을 확립하고, 전 동포에게 균등한 교육기회를 주어야 한다고 역설하고 있다(심지연, 1986: 113). 이 밖에 8·15 이후에도 '제국주의적 주구배'들이 문화와 교육의 책임적 지위에 그대로 남아 노예교육을 획책하고 있다고 우려[5]하면서 새 조선의 민중을 위한 교육제도와 문화정책 수립을 요구하고 있다. 그 방안으로 전 동포에게 균등한 교육기회를 부여해야 함을 주장하는 한편, 이를 위해 국가 부담의 의무교육 실시를 주장하고 있다.

　　당시 좌익진영이 "봉건유제와 일제 잔재의 숙청에서 교육과 문화정책의 기초를 확립하고자 했다."(심지연, 1989: 104)라는 사실은 1946년 9월 6일자로 독립신문에 발표된 남로당 준비위원회의 문건에서도 확인된다. 동 문건의 내용을 보면[6], 특히 봉건유제와 일제 잔재의 청산이 곧바로 민주적인 교육제도 건

----

5)　인민공화국을 지지하던 한 사회단체에서는 "일본제국주의의 교육잔재 즉시 철폐, 반민주주의적 반동적 교육의 배척, 제국주의 일본의 탄압교육에 의하야 제적당한 학생의 무조건 복학 등"을 주장하고 있다. 留學生宣傳部, "朝鮮學徒隊留學生의 슬로강"(일자 미상, 자료 36), 沈之淵, 韓國民主黨硏究 Ⅰ(서울: 풀빛, 1982), p. 189.

6)　주요 내용은 다음과 같다. "8. 여자에게 남자와 동등한 정치적·법률적·경제적 사회적 권리를 주며 가정생활 풍속관계에서 봉건적 유습을 청산하며 어머니와 아동의 보호를 위하여 투쟁한다. 9. 교육 기관

설의 과제와 연결되어 있다는 사실을 잘 알 수 있다. 구시대의 악폐를 청산한
다는 소극적 의미에서 일제 잔재 청산과 새롭게 국가를 건설한다는 적극적 의
미에서 민주적인 교육제도 건설의 동시성 내지 계속성을 갖는다는 인식이라
할 수 있다. 교육에서 일제 잔재를 청산하는 것과 민주적 교육제도를 건설하는
과제는 교육개혁의 두 축이면서 동시에 연속적인 하나의 과제였던 것이다.

　이렇게 산발적으로 제기되던 좌익진영의 주장은 1947년 7월의 미·소 공동
위원회에 답신서 형태로 제출된 남로당과 북로당의 교육이념이나 제도에 대한
구상으로 집약된다.[7] 남로당은 국가 부담에 의한 초등교육을 받을 권리를 민
권, 즉 국민의 기본권으로 규정하고 있으며(심지연, 1989: 271), 북로당은 "조선
인민은 국가의 부담으로 하는 초등의무교육을 받을 권리를 가지며 기타 교육
을 받는 데 있어서 평등한 권리를 가진다."(심지연, 1987: 309)고 하여 사실상 같
은 입장을 견지하고 있다.

　특히, 북로당의 답신(심지연, 1989: 355-356)에는 일제의 교육을 '정신적 노
예화의 정책'으로 규정하고 이와 같은 일제 잔재를 완전히 숙청하고 민족문화
를 건설해야 할 과제를 언급하면서 이를 정치·경제의 민주적 건설과정과 결
부시키고 있다. 이러한 입장에서 북로당은 민주주의 교육의 근본이념을 ① 일
제 잔재의 청산, ② 민족문화의 수립(에 주안), ③ 일제시대에 교육·문화에서
배제되었던 모든 인민에게 널리 문호개방(교육을 받을 자유와 권리 부여), ④ 모
국어, 즉 조선어 교육 실시, ⑤ 민주조선의 우수한 인민적 자질을 양성하는 교

─────────────

에서 일본교육제도를 청산할 것과 전조선인민에게 지식 정도의 향상을 목적한 인민교육 개혁의 실시,
모든 국민에게 재산유무, 신앙, 성별의 차이를 불문하고 교육받을 권리의 보장, 의무적 일반무료의 초등
교육, 조선민족 문화, 예술, 과학의 발전을 위하여 투쟁한다." 남조선노동당 준비위원회, '노동당 강령초
안'(1946. 9. 6. 자료 26), 심지연, 朝鮮革命論硏究 – 해방정국논쟁사 Ⅱ (서울: 실천문학사, 1987), p. 309.
7) 비슷한 시기에 근로인민당 준비위원장 여운형 명의로 교육개혁에 관한 기본 입장이 제시된다. "국고부
담에 의한 의무교육제도를 실시하고, 문맹퇴치 계몽운동을 전개하며, 교육자의 질을 향상시키고 우대하
며, 획일적인 형식교육을 타파하고, 생산노동교육제도를 완비한다. 과학기술의 진흥, 고등교육의 기회
균등, 학령전 교육기관 급 성인교육기관의 확충을 주장한다." '근로인민당 행동강령초안'(1947. 5. 자료
3), 심지연, 앞의 책(1987), p. 373.

육내용 등으로 주장하고 있다. 또한 온갖 비과학적 · 비진보적 경향을 물리치고, 과학적 · 진보적 교육, 미신 타파의 교육, 종교와 교육의 분리 등이 교육이념을 구현하는 데 필수요건임을 지적하고 있다.

좌익진영은 ① 교육개혁을 민족문화의 재건, 나아가 정치 · 경제의 민주적 건설과정과 동일 선상에서 파악하는 기본 관점을 유지하면서, ② 교육에서 일제 잔재 청산이 긴급한 과제임을 주장하고, ③ 이는 곧바로 민주적 교육제도의 건설, 즉 교육의 기회 균등 실현, ④ 구체적 방도로서 국가 부담에 의한 의무교육 실시 등을 주장하고 있다. 특히, 교육을 정치 · 경제의 건설과정과 동일 선상에서 파악하는 그들의 입장은, 이른바 '생산교육(生産敎育)[8]' 내지 종합기술교육(polytechnical education)(김종철, 1977: 80)으로 표현되는 사회주의의 교육원리를 반영하고 있는 것이다. 이만규는 "……그러므로 이 과학(科學)과 기술(技術)과 노동(勞動)과 경제(經濟) 네 가지를 종합적으로 교육하는 것이 생산교육이다. 국민은 누구나 이 네 가지 종합교육을 받아야 한다. 국민은 다 국문을 배워야 하듯이 다 생산교육을 받아야 한다. 상급학교도 이 생산교육을 받지 않고는 갈 수가 없게 되어야 한다."(이만규, 1947: 46-47)라고 지적하고 있다.

다른 한편, 우익진영을 대표하는 한민당은 9월 7일 '한민당 창당 준비위원회'를 결성하고 9월 16일 당을 결성하는데, '창당 선언문'에서 "……우리 민족

---

8) 당시 좌익진영의 대표적인 교육 이론가였던 이만규는 생산교육이 요구되는 역사적 배경과 필요성을 다음과 같이 지적하고 있다. "조선은 과거 40년간 소위 신교육을 일본식으로 받아왔었다. 이 이원성은 일본 교육 자체에서 완전한 해결을 못하였으므로 조선에서도 1911년부터 1919년까지는 실용주의로 1920년부터 1927년까지는 거의 인문주의로 1928년부터는 다시 실용주의로 지나왔다. 그러나 이 실용주의는 미국 것이다. 소비에트 것과 근본적으로 다르니 다만 농상의 실업교과서를 일주일에 한두 시간 강의한 데서 지나지 못하였었다. 새 나라 교육의 이원문제를 일본식처럼 처리한다면 큰일이다. ……우리는 지난 과오를 다시 범하지 말고 생산교육으로 이원성을 해소하여야 한다. ……(생산교육이란) 직업교육이나 실업교육을 의미하는 것이 아니다. 소중학교에서 생산적인 인생관을 훈련시키는 것이다. ……생산교육을 받은 청년은 지식이기 때문에 생산인이 되어야 한다는 새 철학적 인생관을 갖게 하는 것이다." 이만규, '임정수립과 교육정책', 개벽(1947년 8월호, 제75호), pp. 46-47, 한국현대사 자료총서, 제6권, p. 59.

이 장대한 세계의 신문화건설에 뚜렷한 공헌이 있기를 꾀할진대 무엇보다도 완벽무결한 자주독립국가로서 힘차게 발전해야 할 것이다. 이는 오직 전제와 구속없는 대중본위의 민주주의 제도 앞에 개로개학(皆勞皆學)으로써 국민의 생활과 교양을 향상시키며……"(심지연, 1984: 266)라고 하면서, 정강(政綱)과 정책에서는 "(4) 민족문화를 앙양하여 세계문화에 공헌함" "(5) 교육 급 보건의 기회 균등"(김남식, 1986: 제7권, 676)이라고 하여 교육의 기본 방침을 언급하고 있다. 특히, '政策細目' '5. 문화 · 시설의 부'에서는 비교적 상세히 자신들의 견해를 피력하고 있는데, "① 주요한 문화기관 급 오락기관의 국영, ② 조산 원 · 탁아소 · 양로원 · 유치원의 공영(公營), ③ 특별교육비의 국가부담, ④ 이공교육의 대확충과 광공기술자의 적극 양성, ⑤ 교육기관의 적정 분포와 도시집중의 제한, ⑥ 교원급 기술원의 우대[9]" 등이 그 주요 내용이다.

여기서 보듯이, 한민당은 8·15 직후 얼마간 교육에 대한 방침을 정강이나 정책에 담아 단편적으로 제시한다. 우익진영이 '홍익인간(弘益人間)'을 자신들의 교육이념으로 삼게 된 계기는 1945년 12월 20일 '조선교육심의회' 제1분과에서 교육이념이 결정된 때부터다.[10] 그러다가 1947년 7월 1일 한민당을 중심으로 한 조선민주당, 대한노총 등 공동위원회 참가파 170여 개 단체는 한민

....

9) 이밖에도 한민당은 1946년 2월 5일 「7개항의 정책세목」에서 "6. 교육: 국민교육제의 급속 실시와 현 교육자의 재교육, 초등학교 수업료의 철폐, 직업교육의 확충 및 공영, 理工교육의 대확충과 이공기술자의 적극 양성, 교원 및 기술자의 우대" 등 교육에 관한 구체적인 방침을 발표한다(東亞日報, 1946. 2. 8; 沈之淵, 1982, pp. 158-159에서 재인용).

10) 우익진영의 '弘益人間'의 교육이념이 출현하게 된 경위에 관해 백낙준은 다음과 같이 기록하고 있다. "……軍政時代에 敎育理念에 관한 이야기가 처음으로 나왔었습니다. 그때 委員中에 鄭寅普, 玄相允, 河敬德, 安在鴻, 諸先生 그리고 내가 있었습니다. 여기서 여러분들이 교육이념을 두세 개 제출해 가지고 토론했는데, 처음에는 우리 교육이념이 될 만한 것을 하나도 발견하지 못하였습니다. 그러다가 나중에 어떻게 되어서 내가 생각이 나서 '弘益人間'이라고 정하는 것이 어떠냐고 말을 할 때, 그때 모두가 좋다고 하였습니다. 이것이 분과위원회에서 결정이 되어서 밖으로 나갈 때에 어느 정도 반대가 있었던 것입니다. 그중 이 문제에 가장 반대하던 사람이 북한에 간 白南雲氏였습니다. 왜 '홍익인간'을 반대하였는가 하면, 반대하는 이유가 '八宏一宇'의 再版이라고 해서 반대하였던 것입니다." 白樂濬, 韓國의 現實과 理想(서울: 연세대학교 출판부, 1977), p. 93.

당 주도하에 '임시정부수립 대책협의회(임협)'를 구성하여 미·소 공동위원회 답신안을 공동으로 제출하는데, 바로 여기에 우익진영의 교육에 관한 체계적인 구상이 담겨지게 된다.

우선 제5호 자문에 대한 답신안 중 '6. 평등권' 항목에서 "(경제적 기본 생활의 균등권, 문화급 후생의 균점권을) 확보하기 위하여는 국민의 기본 생활을 확보할 계획경제의 수립, 의무교육의 실시, 노동권 보호의 국가시설을 비롯한 광범위의 경제·사회 급 문화·후생 정책의 헌법적 보장이 필요하다."(새한민보社, 1947. 8: 154; 김남식, 1986: 제13권, 154)고 주장하고 있다. 이후 제6호 자문에 대한 답신서에서는 초·중·고등교육으로 나누어 교육목표를 언급하는 가운데[11] 공히 '홍익인간'을 교육의 이념으로 제시하고 있음을 알 수 있다.

백낙준의 회고에서 보듯이 우익진영이 제시한 '홍익인간'의 교육이념은 1945년 12월 20일 '조선교육심의회'에서 결정된 사항 그대로 반영한 것으로 보인다. 그런데 '홍익인간'의 이념은 이미 1943년 12월 28일 「大韓民國建國綱領(大韓民國 23年)」 제1장 '政綱' 2에서 "우리나라 건국 정신은 三均制度에 역사적 근거를 두었으니…… 이는 사회 각층 각급이 智力과 權力과 富力의 향유를 均平하게 하여 국가를 진흥하며 태평을 보유하리라 함이. ……弘益人間과 理化世界하자는 우리 민족이 지킬바 최고 公理임"(李炫熙, 1982: 389)이라고 천명된 바 있다. 이어 제3장 '建國'의 제7항에서는 "(가) 教育宗旨는 三均主義로 원칙을 삼아 革命公理의 민족정기를 配合發揚하며 국민도덕과 생활기능과 자치능력을 양성하여야 완전한 국민을 조성함에 둠"(李炫熙, 1982: 392)이라고 교육의 이념적 토대를 밝히고 있다. 이를 보아 우익진영의 교육이념 제시는 '우연

....

11) "1. 초등의무교육의 목표: '홍익인간'의 精神으로써 초등교육을 베풀어 애국정신이 투철하고 성실 유능한 민주국가의 공민을 양성한다. 2. 중등교육의 목표: '홍익인간'의 정신으로서 고등보통교육 또는 실업교육을 실시하야 애국정신이 투철하고 민주주의 국가에 유위한 중견 국민을 육성시킨다. 3. 고등교육의 목표: 조선교육의 근본이념인 '홍익인간'의 건국이념에 입각하여 민주국가의 건설과 발전의 지도적 인격을 도야한다." 새한민보社, 앞의 자료, pp. 35-36, 한국현대사 자료총서, 제13권, p. 163.

한' 것이 아니라 대한민국 임시정부를 받들고 그 법통을 이어받는다는 명분을 내세운 한민당의 노력의 소산으로 해석할 수 있다.

우익진영의 교육개혁론에 담겨 있는 교육의 이념적 기초와 관련하여 당시 우익진영의 대표적인 교육이론가이면서 활동가였던 오천석은 이를 "傳統的 敎育 對 民主主義的 敎育 吳天錫"[韓國新敎育史(下), 1975: 392]'이라는 대립구도로 설명하고 있다. 당시 38선 이남에서 전개되었던 새교육운동[12]은 결국 전통적 교육을 지양(止揚)하고 민주주의 이념 위에 교육을 세우려는 노력이었다는 것 이다.

이상의 고찰과 더불어 관련 자료에서 발견되는 양 진영의 이념적 기초를 몇 가지 항목으로 나누어 정리해 보면, 〈표 3-1〉과 같다.

우선 좌익진영은 교육 부문에서 일제의 교육을 제국주의 · 반민주주의 노예화 교육으로 규정하면서 이에 대한 청산을 강력히 요구하고 있다. 자신들의 정치이념을 이른바 '진보적 민주주의'로 내세우면서, 교육은 이러한 이념에 입각하여 교육기회 균등의 원리를 실현해야 한다고 주장하고 있음을 알 수 있다. 또한 교육에서 '생산적 인간', 즉 사회주의적 인간상을 지향해야 한다고 하면서 구체적인 방안으로 실업교육의 강화를 역설하고 있다. 의무교육은 "모든 학교를 국립으로 한다."는 방침에서 확인할 수 있듯이 당연한 것으로 여겨지며, 현실적 여건을 감안하여 그 연한을 초등학교에 한정하고 있음을 알 수 있다. 또한 정치와 교육의 문제와 관련하여 양자의 결합을 주장하고 있는데, 이는 교육은 정치이념을 내면화하고, 자신들의 체제에 대한 긍정적 태도를 갖도록 하여야 한다는 '정치사상 교육 우선의 원리'에 따른 것으로 볼 수 있다. 이러한 입장은 이른바 '종합기술교육'으로 표현되는 사회주의 교육원리의 핵심을 그

....

12) 홍웅선은 '새 교육'에 관해 "새로운 교육을 의미하는 것으로, 처음에는 전제주의 교육의 틀에서 벗어나, 민주주의를 지향하는 교육이라는 뜻으로 쓰이기 시작하였으나, 나중에는 아동 중심, 경험 중심의 진보주의 교육을 가리키는 말이 되었다."고 분석하고 있다. 홍웅선, "해방 후 진보주의 교육사조의 수용과정", 한국정신문화연구원, 정신문화연구(통권, 제37호, 1989), p. 153.

| 표 3-1 | 8·15 전후의 교육개혁론에 나타난 이념적 기초 비교 |

비교기준		좌익진영	우익진영
일제 잔재에 대한 인식		적극적인 청산 대상(제국주의 · 반민주주의 · 국수주의 · 노예화 교육)	청산 대상(계급주의 · 차별주의 · 도구화 교육 · 획일주의)
지향해야 할 교육원리		진보적 민주주의 → 교육의 기회 균등 ← 실업교육의 강화(방계학제)	민주주의 → 교육의 기회 균등 ← 실업교육의 강화(단선형학제 내에서)
추구하는 인간상		생산적인 인간 ← 사회주의적 인간상	홍익인간 → 有能한 自由人, 協助하는 社會人
기타	영향을 받은 교육사조	종합기술교육 ← 사회주의교육 원리(생산교육)	미국의 진보주의(새 교육운동)
	정치-교육관	정치와 교육의 일원적 관점 ← 종교와 교육의 분리(공산주의 정치사상교육)	정치(및 종교)와 교육의 분리

대로 반영하고 있는 것으로 평가된다.

　다른 한편, 우익진영은 일제하의 교육을 계급주의 · 차별주의 · 도구화 교육으로 규정하면서 이의 청산을 주장하지만, 교육에 관련된 공식 문건에서는 그다지 적극적 표현이 없는 것으로 보아 다소 미온적 입장임을 알 수 있다. 그렇지만 자신들이 지향하는 정치이념으로 자유민주주의를 제시하는 대목에서 알수 있듯이, 일제 잔재의 문제는 이들에게도 중요한 관심사일 수밖에 없었다. 일제의 차별적 교육의 결과에 대한 인식을 토대로 교육의 기회 균등을 새 교육의 기본 원리로 제시하고 있는 대목이 이러한 점을 확인해 준다. 실업교육을 강화하자는 주장은 당시 새 국가건설에 필요한 인력을 양성해야 한다는 생각으로서, 좌익진영과 마찬가지의 인식을 하고 있었던 것으로 보인다. 나아가 교육에서 추구되어야 할 인간상으로 '홍익인간', 구체적으로 '유능하고 협동하는 自由人'을 제시하고 있는데, 이념 설정에서 자유민주주의의 보편성(普遍性)이 강조된 것으로 볼 수 있다. 이러한 이념의 설정은 일제 잔재에 대한 인식 및 청산 의지와도 관련이 있는 것으로, 매우 추상적이라는 비판이 제기되기도 하였다. 정치와 교육의 철저한 분리를 주장하고 있는 대목도 좌익진영과는 다른 점인데,[13] 이러한 입장이 결국 우익진영의 개혁론을 미국의 진보주의 교육원리의 영향을 강하게 받은 것으로 평가되게 하는 근거라 볼 수 있다.

2) 단선형 학제의 수립과 민주교육론

일제하의 학제는 '파행적' 복선형 학제였다. 민족의 차별에 입각하여 교육연한에 차이를 두고, 학교 간의 연계성을 고려하지 않은 학교제도[14]를 유지시켜왔던 것이다. 이러한 민족차별적 복선형 제도는 계층 및 성차별적 요소 또한 강하게 갖고 있어, 결국 근대교육의 발달과정에서 나타난 유럽형 학교제도의 복선형적 요소에 더하여 민족차별·성차별이라는 이중 삼중의 차별교육을 근간으로 하는 것이었다. 이러한 교육제도를 구상하는 데 일제가 내세웠던 주장이 '실(實)에 충실한 제도'를 마련해 주겠다는 것이었음은 주지의 사실이다. 이러한 사정에 따라 당시의 교육개혁론에는 대체로 '단선형학제'를 기간학제로 하는 이른바 '민주적 교육제도' 건설을 주요 과제로 제시하고 있다.

좌익진영의 교육제도 개혁안은 8·15 직후 산발적으로 제시되었는데, 교육기회를 확대하기 위해 교육기관을 확충할 것과 실업교육의 강화, 나아가 설립과 운영에 대한 철저한 국민교육제도의 운영 등이 그 주된 논지를 이루고 있었다. 그러나 좌익진영의 교육제도에 관한 종합적인 구상은 역시 앞서 살펴본

....

13) 정치와 교육에 대한 좌익진영의 입장은 다음과 같은 말에 잘 나타나 있다. "교육·예술·언론 기타 문교 일체를 통하야 정치와 긴밀히 연결시켜 가장 진보적인 민주주의 사상의 배양에 노력할 것"(咸逸敦, '當面의 文敎政策', "科學戰線"(1946년 4월호, 제2호), p. 37, 한국현대사 자료총서, 제6권, p. 218)

14) 교육제도는 학교제도, 사회교육제도, 교육행정 제도를 포괄한 개념이다. 학교제도를 중심으로 살펴보는 이유는 그것이 교육제도의 핵심이라 일컬어지기 때문이다.

미·소 공동위원회 답신안에서 찾아볼 수 있다.

남로당은 제6호에 대한 답신서에서 5년제(만 7세 입학, 만 12세 졸업) 초등교육을 무상 의무교육으로 하고, 중등교육은 수업 연한 4년의 중등전문학교에서 실시하며, 해당 학교 수료 후 1년 이상 의무적으로 실무에 종사한 후 대학에 진학함을 원칙으로 하고 있다. 아울러 4년제(단, 의학은 5년) 고등교육은 기술자 교육에 치중하여 이공계통 교육시설을 확장하는 것 등을 골자로 하고 있다(심지연, 1989: 320). 이에 따르면, 5-4-(실무종사)-4(5)제의 단선형 학제를 골격으로 하고, 대개 중등교육 이상에서는 각종 기술 단과학교 및 종합학교, 이공계통의 대학 등에 치중하고 있음을 알 수 있다. 아울러 노동자 및 주간 근무자를 위한 야간 중등전문학교의 수료기간을 4년에서 1년 연장하거나 근로자교육을 위하여 소학교 졸업 정도를 자격으로 하는 공장학교[15] 설치 주장에서 볼 수 있는 것처럼, 생산과 교육을 결합한다는 사회주의 교육의 기본 방침[16]이 반영되어 있음을 알 수 있다.

한편, 북로당의 답신서(심지연, 1989: 356)에는 교육제도가 "민족문화를 전 인민적 차원에서 재건하기 위해 국민적 교육의 혜택을 입도록 조직되어야 할 것"임을 언급하면서 "① 모든 학교를 국립으로 할 것, ② 교과서를 편찬하기 위해 국가가 교과서편찬위원회를 조직하며, 교수의 성과를 제고하기 위하여 교수방법연구위원회를 조직할 것, ③ 민주주의 건설을 급속히 발전시키며 효과적으로 진전시키기 위하여 기술교육을 확충하여 우수한 교육자를 증원 확보하기 위하여 사범교육을 강화 확대할 것 등"을 골자로 하는 교육제도의 수립

....

15) 제1공장학교는 숙련노동자 양성을 위하여 2년제로 하고, 제2공장학교는 단인수 종업을 요하는 직업(석탄, 광산, 야금, 건축사업)의 노동자를 양성하기 위하여 수업기간을 6개월제로 하고 있다. 남조선노동당, '남로당 답신안'(1947. 7. 4), 심지연(1989), p. 320.

16) 근로인민당 또한 '생산·노동교육제도 완비'를 기본 방침으로 '과학기술교육의 진흥, 학령전 교육기관 급 성인교육 기관 확충'을 표방하고 있는 데서 좌익진영의 공통의 교육제도 개혁의 논지를 알 수 있다. '근로인민당 행동강령 초안'(1947. 5, 자료 53), 심지연(1987), p. 373.

을 주장하고 있다. 이러한 방침에 따라 수립될 정규학교 학제는 인민학교 5년
(7세부터), 초급중학교 3년, 고급중학교 3년, 기술(초급기술학교 3년, 고급기술
학교 3-4: 중등교육), 단과 및 종합대학 4~5년(교원대학 2년), 연구원 3년 등의
5-3-3-4(5)제의 단선형을 골격으로 하고 있다.[17] 특기할 만한 점은 중등 단계
에 기술학교를 두어 복선형적 요소를 도입하였다는 점인데,[18] 이것은 당시의
경제적 · 사회적 현실을 감안한 것으로 해석된다.

　이만규는 이러한 교육제도 개혁안에 담겨 있는 의미를 다음과 같이 언급하
고 있다. "건국 초에 있어서 인간자원과 국가경제의 국민 개인의 생산 정도를
먼저 참작하지 않으면 아니 된다. 피교육자의 질과 양을 다 고도로 발전시키는
것은 우리의 가진 이념이요, 목표다. 그러나 경제나 생활이 허락하지 않는 것을
억지로 할 수는 없는 것이다. 그럼으로 민주주의 국가로서 국민 권리평등의 원
칙을 실현시키는 것을 목표로 하여야 하고, 또 급소기 다수(多數)한 건설부대를
양성하여야 할 객관적 현실의 요구에 응하여야 할 것이니 이것이 건국 초에 요
구되는 교육이다. 그럼으로 연한을 가능한 한도에서 단축하고 소학(小學)의 의
무교육 실시는 물론 중등교육 기관도 양을 될 수 있는 한도로 늘리고 전문교육
을 확장하여 기술자를 대량으로 양성하여야 한다."(이만규, 1947: 47) 학제를 마
련함에 있어 교육기회의 균등을 기할 수 있는 제도를 마련함은 물론, 건국 초기
의 경제적 여건을 고려하여 가급적 연한을 짧게 하며,[19] 생산에 필요한 인력을

....

17) 북조선 임시 인민위원회(1946년 2월 8일 발족)는 1946년 3월 5일 「학교사업 개선책에 관한 결정서」를
　　채택하여 러시아제도를 모방한 인민학교 5년, 초급중학교 3년, 고급중학교 3년, 대학 4년의 5-3-3-4제
　　를 결정하였다. 金東圭, 북한의 교육학(서울: 문맥사, 1990), p. 100 참조.

18) 민전의 학제안도 이와 유사하다. 즉, 초등학교 5년이고, 4년의 중등교육은 중등학교와 중등전문학교의
　　2중으로 하는 한편, 고등교육은 4년으로 계획하고 있다. 김남식 엮음, 남로당연구-자료편(서울: 돌베개,
　　1988), pp. 187-188.

19) 초등교육 연한이 짧은 것은 사회주의 교육제도의 공통점이다. 이러한 점에서 관해 金永植은 "… 흔히
　　4년제로 실시하고 있는데, 이는 국가나 가정에 의존하는 소년기를 단축하고 보다 성숙하고 독립적인 일
　　군에의 意識을 일깨우려는 의도가 담겨진 것 같다. 말하자면, 成人式을 앞당기는 셈이다."라고 해석하고
　　있다(김영식, 1975: 151).

양성하는 데 주력할 수 있는 교육제도를 갖추어야 한다는 생각이 담겨져 있다.

다른 한편, 우익진영은 '6-3-3-4'의 단선형 학제를 중심으로 한 이른바 민주주의 교육제도를 주장하게 된다. 학제가 구상된 경위에 대해 오천석은, "사실에 있어, 해방 직후 서울에서는 미군이 멀지 않아 내도(來到)할 것을 예상하면서, 한국인 사이에 장래 한국의 교육을 설계하여 본 회합(會合)이 있었다. 이 회합에 참여한 교육계 인사는 김성수, 유억겸, 백낙준, 김활란 및 오천석이었는데, 새로 세워질 학제를 논의하는 자리에서, 6-3-3-4제를 강경히 주장한 사람이 미국 유학생이 아닌 김성수였다는 것은 주목할 만한 일이다."(오천석, 1975: 28)라고 기록하고 있다. 그의 기록에 따르면, 8·15 직후 이른바 '천연동 모임'[20]에서 이미 '6-3-3-4'의 단선형 학제가 논의·결정되어 이후 우익진영의 교육제도 개혁의 기본 틀이 정해졌다고 볼 수 있다.[21]

우익진영의 정당이나 사회단체의 종합적인 교육제도 개혁안은 앞서 살펴본 미·소 공동위원회 답신안[22]에 담겨져 있다. 초등교육의 명칭은 초등학교로만 6세에 입학하여 6년의 수업 연한을 거치는 것으로 되어 있다. 중등교육은 초급중학교(전수과)와 중학교(보통중학교·실업중학교)의 이원적 체제로 하고 수업 연한은 각각 3년과 6년으로 하여, 초급중학교 졸업자나 중학교 3년 이수자에게 전수과 1년을 거치게 하여 사회에 나가는 것을 원칙으로 하였다. 특히, 초급중학교를 둔 것은 당시의 경제적 여건이나 사회적 요구를 참작하여 이를 종국교육(終局敎育)으로 설정하고 있다는 사실을 보여 주는 것이다. 중학교 3년을 졸업한 자는 후기 중등교육 단계인 3년 과정의 사범학교(15~18세)에 진학

....

20) 이 자리에 참석자들은 대개 한민당과 연계된 인사들로서 이들의 논의가 한민당을 중심으로 한 우익진영의 교육정책에 기초가 되었음을 어렵지 않게 알 수 있다. 김용일, '미군정기 조선교육심의회에 관한 교육정치학적 고찰', 고려대교육문제연구소, 교육문제연구(제6집, 1994), pp. 323-324 참조

21) 이와 관련하여 대한민국 임시정부의 학제안을 보면, 초등교육('초등기본교육'이라 함)을 6세부터 12세까지로, 중등교육('고등기본교육'이라 함)을 12세 이상으로 정하고 있음을 알 수 있다. '대한민국 건국강령' '大韓民國臨時政府憲法 및 各種獨立運動關係資料', 李炫熙, 앞의 책, p. 392.

22) 새한민보社, 앞의 책, pp. 69-72, 한국현대사 자료총서, 제13권, pp. 180-181.

할 수 있다. 고등교육 기관인 대학은 4년의 수업 연한(의학은 6년)으로 하고, 남녀공학을 실시할 것으로 계획하고 있다. 이 밖에도 맹아 등 불구자에 대한 교육에 관해 초급훈육기 1년, 기술전수기 2년의 수업 연한으로 하며, 비용은 전부 국비로 변출(辨出)하되 전국에 3개소(北, 南, 中)로 한다고 되어 있다. 이로 보아 기간학제는 6-6[3-1-1(3)]-4(6)제의 단선형을 기본으로 하되, 초급중학교 3년을 종국교육으로 설정함으로써 복선형적 요소를 도입한 것으로 볼 수 있다.[23]

이와 같은 학제를 구상함에 있어 다음의 몇 가지 사항이 중요하게 언급되고 있다. 우선 중등교육에서 보통중학교 수용인원과 실업학교 수용인원의 비율을 7:3을 원칙으로 하고, 실업중학교 수용인원의 각 분과별 비율은 농업 40%, 공업 30%, 상업20%, 수산 10%로 한다는 설립 계획이 나타나 있다. 중등학교는 1군 1교 이상의 목표로 하고, 중등교육의 확충책으로 2부수업(야간)을 실시한다는 점도 언급되어 있다. 끝으로, 고등교육은 국립대학을 1도 1교 이상의 조속 설립을 기하고 인문계통과 과학계통의 비율을 3:7로 하여, 유능한 학생을 국비로 외국에 파견하여 장래 교수를 양성(외국인 교수 초빙 포함)하는 동시에 대학원을 확충한다는 계획을 세우고 있다.

이상 좌익진영과 우익진영의 교육제도 개혁안을 비교·정리한 것이 〈표 3-2〉다. 기간학제는 모두 단선형 학제를 주장하고 있는데, 이는 일제의 복선형 학제의 차별적 성격을 극복하고 교육기회 균등의 원리를 실현하고자 하는 생각이 반영된 것이다. 물론 당시 '단선형학제 = 민주주의적인 교육제도'[24]라는 등식이 널리 퍼지게 되었다는 사실도 간과할 수 없다. 그러나 수업 연한에서

....

23) 미군정 학무당국 역시 1945년 12월 5일 「조선교육심의회」에서 결정된 안을 토대로 6-3-3-4제의 학제를 1946년 9월부터 시행하기로 결정하였다. 김용일, 앞의 논문(1994), pp. 331-332 참조

24) 복선형 학제를 단순히 '비민주적인 학제'라고 평가하는 것은 동 제도의 장점을 과소평가하는 것이다. 사실 학제는 각국의 사회문화적 배경에 따라 선택되는 것이고, 특히 복선형 학제는 사회에 필요한 인력의 양성·배분에 효율적 제도로 평가되기 때문이다.

도 다소 차이가 있는데, 전체적으로 좌익진영의 수업 연한이 우익진영의 그것보다 짧게 제시되어 있다. 초등 단계의 수업 연한이 짧은 것은 당시의 경제적인 여건에 대한 고려만이 아니라 보다 근본적으로, 앞서 지적한 바와 같이, 사회주의 교육원리에 따른 것이라 볼 수 있다. 좌익진영은 대개 초등교육 연한을 5년으로 하고, 중등 단계에서 실업·기술 교육 계통을 병행함으로써 복선형적 요소를 가미하고 있다. 특히, 남로당은 중등교육 4년을 마치고 1년 이상의 실무종사 기간을 마친 후 고등교육으로 진학할 수 있도록 하여 사회주의 교육이념을 보다 원리적으로 적용한 것이라 평가된다.

반면, 우익진영은 자신들의 교육이념을 잘 실현해 줄 수 있는 제도를 6-3-3-4의 단선형 학제에서 찾고 있다. 좌익진영이 러시아의 학제를 기본으로 하고 있음에 반해, 이들에게 민주주의 교육 건설의 과제는 미국식 교육원리와 제도의 도입으로 인식되었다. 그러나 이들 역시 중등 단계에서 초급중학교 3년

표 3-2 | 학제를 중심으로 한 교육제도 개혁안 비교

구 분		학 제	기 타
좌익 진영	남로당	5-[4-실무종사(1년 이상)]-4(5)	고등교육: 국대안 철폐
	북로당	5-[3-3]-4(5)〈복선형적 요소〉	취학 전 및 성인교육 기관의 확충
	민전	5-4-4〈복선형적 요소〉, 만 7세 입학	
우익 진영	임협	6-6-4(6)/6-[3-1-1(3)]-4(6) 〈복선형적 요소〉	
	심의회[1]	6-[3-3]-4(6)	
중간/ 기타	임정	6-[중등]-[고등]	
	시협	6-[3-3]-4(5)/6-6-4(5)	
	입법의원	5-4-4〈복선형적 요소〉, 만 7세 입학	

주: 1) 조선교육심의회의 학제개혁안을 말함
　　2) [ ]로 묶은 것은 중등학교 단계를 의미함
　　3) 별도의 표기가 없는 것은 만 6세 입학

을 종국교육으로 설정함으로써 복선형적 요소를 도입하고 있다. 이는 다른 무엇보다도 당시 경제적 여건과 교육수요자의 요구에 기인한 것으로 해석할 수 있다. 아울러 실업교육에 대한 강조를 하고 있는 점은 좌익진영의 주장과 같은 맥락에서 이해될 수 있다.

3. 성인층의 문맹퇴치와 의무교육제도 실시안

1) 성인층의 문맹퇴치안

성인 문맹자 대책은 사업의 주체 면에서 양 진영의 커다란 시각 차이를 나타내고 있다. 우선 좌익진영은 정부의 직접적인 사업과 민주주의 정당 및 사회단체의 자주적인 사업, 아울러 이 양자의 상호 협력을 주장한다는 점에서 공통적인 입장을 보이고 있다. 남로당의 경우(심지연, 1989: 275), 문맹퇴치를 단순한 문자 해득 교육으로 보지 않고, '생산 면과 결부된 계몽운동'으로 보고 있다. 이들은 조선의 문맹률이 전 국민의 약 7할 이상이며, 특히 여자의 경우에는 9할 이상임을 들어 생산 면과 결부된 계몽운동과 병행하여 문맹 상태를 단기간 내에 일소해야 한다고 주장하고 있다.[25] 이는 이들이 문맹퇴치 사업을 하나의 사회운동 내지 사회교육적 차원[26]으로 성격을 규정하고 있다는 사실을 의미한다.

....

25) 좌익진영의 이같은 입장은 다음과 같은 자료에 잘 나타나 있다. "……이 땅의 노선인 進步的民主主義國家建設에 이바지할 수 있는 敎育의 긴급과제의 하나는 成人文盲의 徹底的 撲滅運動에 있다고 할 것이다. 全敎育界가 들어 日帝의 遺物 8할이나 되는 文盲과 無知의 완전타파에 총궐기하지 안으면 안될 것이다. 한글 舊習會도 좋다. 그러나 한글만으로서는 무지는 청산되지 안는다. 문맹을 깨트리면서 가치 그무지를 청산하야 각자가 다가치 우리 신국가건설의 위대한 일꾼이라는 것을 자각케 하여야 한다." 趙勤, "朝鮮建國과 敎育", 新世代(1946. 3), pp. 36-37, 한국현대사 자료총서, 제7권, pp. 756-757.

26) 좌익진영의 사회교육에 대한 인식은 다음과 같은 말에서 잘 드러난다. "조선은 특히 사회교육이 문화면

민전 역시 제6호 자문에 대한 답신서 가운데 성년층의 문맹퇴치 대책을 밝히고 있는데, 주장의 요지는 남로당의 대책안과 동일하다. 다만, 정부의 역할과 사회단체의 역할이 일일이 요목화하여 열거하고 있다는 점[27]에서 남로당의 안보다 구체적이라는 특징이 있다.

북로당의 대책안은 "문맹퇴치를 하기 위한 한글학교, 성인학교, 성인중학교를 하나의 학교체계로 할 것"(심지연, 1989: 356)을 주장하고 있다는 점에서 그 특징을 찾아볼 수 있다. 정규 학교체계와 더불어 정부 주도의 또 다른 '문해학교체계'를 통해 문맹 해소를 기하였다는 점에서 38선 이남에서 활동하던 좌익진영의 주장과 차이가 난다. 즉, 문맹퇴치 사업을 매우 중요한 현안으로 인식하고 있다는 점에서 같은 입장이었지만, 북로당의 대책은 소군정하에서 개혁론을 실천하기에 유리한 정치 상황을 반영하여 제도적 차원의 대책을 제시하고 있는 반면, 남로당의 대책안에는 자신들의 생각을 현실화하기에 매우 불리한 정치 상황이 반영되어 있다. 이러한 사정 때문에 미군정하에서 활동하던 남로당이나 민전은 문맹퇴치 교육을 단순한 문해교육이 아니라 하나의 사회운동 차원에서 활용되어야 할 것임을 한층 강조하였던 것이다. 이처럼 좌익진영 모두 교육이념이나 제도상의 개혁안이라는 커다란 틀에서는 근본적 차이가 없으나, 자신들이 처한 정치적 상황과 긴밀히 연계되어 있는 구체안에서는 입지의

....

26) 에 있어서 제일 약한 환(環)으로 되어 있기 때문에 금후 박물관, 구락부, 학생회관, 교원회관, 노동자회관, 영화관, 극장, 예술전람회, 발명회관, 과학연구소를 확충 또는 신설할 것이다. 동시에 각 사회단체, 특히 직업동맹, 농민동맹, 여성동맹, 민청 등의 문화부 사업과 문학, 예술단체 또는 기타 단체의 활발한 활동 전개를 위한 국가적 사회적 조건을 만드러 줄 것이며 이 모든 것들은 학교교육과 유기적 연관을 가지게 하야 교육문화의 방대한 사업성과를 보장 발휘케 하는 시책을 세울 것이다." 북조선노동당 중앙위원회, 앞의 자료, 심지연, 앞의 책(1989), p. 357.

27) "2) 정부는 문맹퇴치의 전국적인 계획을 작성하여 일반의 문맹퇴치 사업을 지도 원조하는 한편, 지역별 성인학교의 운영, 특수교재 편집, 문맹퇴치 강사의 훈련 등의 직접적인 사업을 하여야 한다. 3) 도시에 있어서는 노동자의 민주주의적인 노동조합이 주최가 되어 직장별 또는 산업별로, 또 그 외의 계급에 대하여서는 민주주의 각 사회단체가 주최가 되어 강습회 등을 열고 농촌에 있어서는 농촌의 민주주의 사회단체가 주최하여 강습회 등을 열어 국문과 계산법을 가르쳐야 할 것이다." 김남식 엮음, 앞의 책(1988), p. 187.

차이가 반영될 수밖에 없다는 점을 알 수 있다.

다른 한편, 문맹퇴치는 우익진영에게도 매우 중대한 과제일 수밖에 없었다. 이에 입협은 미·소 공동위원회 답신안을 공동으로 제출하는 가운데(새한민보社, 1947. 8: 34-35; 김남식, 1986: 제13권, 162-163), "일반 성인 급(及) 적령 초과 아동을 대상으로 단기간에 계몽교육을 실시하여 공민으로서의 자질 향상을 도(圖)한다."라고 그 목적을 밝히고 이를 위한 구체적인 방법을 제시하고 있다. 우선 정부는 중앙청에 성인교육국을 설치하고, 지방행정기관을 통하여 學校, 校舍學校, 부락 집회소 등의 장소에서 야간 단기 강습회 등을 설치하여 계몽교육을 적극 실시해야 한다고 하면서, 이에 필요한 지도 직원을 시·도 및 군·읍·면 단위에 설치하자고 주장하고 있다. 또한 기존의 교육기관은 피계몽 대상에 따라 강습회·기동교육반·공민학교·민중대학강좌 등을 널리 개방하고, 이에 필요한 교직원을 공립·사립학교 교원 및 민간 계몽, 종교교화 단체의 협력으로 동원하여 실시한다고 하고 있다. 아울러 민간협회 기관으로 성인교육협회를 조직하여 물심양면으로 성인교육 사업을 원조하게 하자는 방안을 제시하고 있다.

우익진영에서 내놓은 대책안의 특징은 관(官) 주도하에 문맹퇴치 사업을 전개하자는 데 있다고 볼 수 있다. 사업 수행의 주체가 중앙정부와 지방행정기관이고, 민간기관 차원에서 '성인교육협회'를 조직하여 사업을 돕게 하자는 것이다. 이는 남로당과 민전 등의 좌익진영에서 제출한 대책과 크게 차이가 나는 부분으로, 제도적 또는 행정적 차원에서 이 문제를 접근하려 했다는 점에서 오히려 38선 이북의 소군정하의 북로당이 제시한 대책과 유사함을 알 수 있다.

그러나 수행 주체에 대한 입장의 차이에도 불구하고, 성인문맹을 일제 교육의 잔재로 인식하면서 8·15 이후 교육기회 균등의 차원에서 적극 대처해야 할 교육현안으로 인식하고 있다는 점과 이를 단순히 문해교육 차원이라기보다는 각각 '사회운동(교육)' '계몽운동' 차원으로 이해하고 있다는 점에서 그 공통점을 찾아볼 수 있다. 개혁안 자체의 유사점 말고도 남의 우익진영과 북의 좌익진영 모두 군정기간에 문맹퇴치 사업에 주력하여 일정한 성과를 보게 된 것이 사실이며,[28] 이를 통해 자신들이 지향하는 정치이념과 체제에 대한 긍정적 태도와 의식을 기르는 데 일정한 성과를 거두고 있다는 점에 주목할 필요가 있다.

2) 의무교육제도 실시안

좌익진영과 우익진영 모두 초등 단계의 국가에 의한 무상교육을 의무교육에 대한 구체안으로 제시하고 있다. 앞의 학제에 관한 고찰에서 보았듯이, 초등 단계의 수업 연한은 대개 5~6년으로 만 6~7세에서 만 12세까지의 적령아동을 취학 대상으로 하고 있다. 사실 의무교육 실시에 관한 대책은 교육의 기회 균등을 확보하기 위한 가장 효과적 조치로서 그 핵심은 무상성(無償性)에 있다 할 것이다.[29] 이에 모든 나라에서는 아동을 교육시키는 데 필요한 재원을 마련하여 무상으로 교육시킴으로써 실질적인 교육의 기회 균등을 보장하기 위한 노력을 경주해 온 것이다.

좌익진영은 8·15 직후 얼마간 '국가 부담의 9개년 이상의 의무교육 실시'[30] 주장에서 보듯이 9개년의 의무교육을 주장하였다. 그러나 이는 다분히 교육

....

28) 8·15 직후 80%를 상회하는 12세 이상의 성인문맹자 비율이 정부 수립기에는 전국 평균 42%로 줄어들어 군정기간만 하더라도 커다란 성과를 거두고 있음을 알 수 있다[한국교육십년사간행회, 編, 韓國教育十年史(서울: 풍문사, 1960), p. 110]. 같은 시기에 이북의 문맹퇴치 사업에 대한 보고에서 "해방 후 3년 동안에 우리는 벌써 230만 명의 문맹자를 퇴치하였으며 전북조선을 통하여 지금에는 불과 20만 명의 문맹자밖에 남지 않았다는 것을 지적할 수 있습니다."라고 하여 이 보고 내용을 그대로 받아들인다면 91%에 달하는 성과를 보인 셈이 된다. 8·15 해방 3주년 기념보고(1948년 8월 1일), 김준엽 外 共編, '북한'연구자료집 제1집(서울: 고대아세아문제연구소, 1969), p. 430.

29) 이와 관련하여 대한민국 임시정부의 의무교육에 관한 주장을 보면, 1919년 9월 11일 제1차 개헌을 거친 「대한민국 임시헌법」 제10조 3에 '普通教育을 受할 義務'라는 간략한 규정에 나타나 있다. 이후 '大韓民國 建國綱領'(대한민국 23년: 1941년 11월 28일)에서 이를 보다 구체화하여 "6세부터 12세까지의 초등기본교육과 12세 이상의 고등기본교육에 관한 일체의 비용은 국가가 부담하고 의무로 시행케 함."이라 하여 다소 현실적이지 못하지만, 교육 전반에 관한 국가 부담의 의무교육제를 주장하고 있음을 알 수 있다. "大韓民國臨時政府憲法 및 各種獨立運動關係資料", 李炫熙, 앞의 책, pp. 374-392.

30) 朝鮮共産黨 京城市委員會, 앞의 자료, 같은 면.

의 기회 균등을 폭넓게 실현해야겠다는 생각에서 나온 이념적 급진성의 한 표현으로 보아야 할 것이다. 남로당과 북로당 대책안에서 보듯이, 얼마되지 않아 좌익진영의 의무교육 대책안은 대개 5년의 초등 의무교육으로 통일된다.

우선 남로당은 의무교육을 5년제(만 7세에서 만 12세까지)로 하여 즉시 실시할 것을 주장하면서 의무교육에 필요한 경비 · 시설(운용) · 교원의 대책을 밝히고 있다(심지연, 1989: 319). 의무교육에 관한 경비를 국가 부담으로 하되 '의무적 교육세'를 부과하여 재정 기반을 마련할 것을 주장하고 있다. 또한 의무교육 실시에 따른 학교 내용시설의 증설 대책으로는, ① 2부교육제를 실시할 것(2만 학급이 증설됨), ② 3개년 계획으로서 3만 학급을 증설할 것 등을 지적하고 있다. 의무교육 실시에 따른 교원의 대책에 관해서도 언급하고 있는데, ① 8·15 전 사범학교의 교원양성 능력을 3배로 증대시킬 것이며, 이것은 현 사범학교의 확충 및 신설에 의해야 할 것, ② 초등교원 임시양성소를 사범학교, 기타 중등학교에 부속시켜 중등졸업 학력 이상을 갖은 자를 단기 강습시켜 초등학교 교원을 대량 양성하도록 한다고 하였다.[31]

북로당의 경우(심지연, 1989: 356)에는 "조선인민은 국가의 부담으로 하는 초등 의무교육을 받을 권리를 가지며……"라고 하여 초등 의무교육을 민권으로 규정하는 한편, "초등 의무교육을 실시할 것"을 언명하고 있지만, 그 방도에 관해서는 상세히 언급하고 있지 않다. 그 이유는 교육체계를 통한 교육사업을 논하는 가운데 제일 먼저 "모든 학교를 국립으로 할 것"이라는 기본 방침에서 구체적 방도를 포괄하고 있기 때문이다. 사회주의 교육의 기본 방침과 실제로 추진하고 있는 과정에서 굳이 의무교육에 관한 방책을 일일이 열거할 필요성을 느끼지 못하였을 것으로 보인다.

....

31) 민전 역시 초등 의무교육을 국민의 기본권으로 규정하는 한편, 재정에 관해 "의무교육 실시에 따르는 경비조달을 위하여 의무교육세를 부과징수하여야 한다(단, 빈민에게는 대하야는 상당한 면세점을 설정한다)"고 하여 남로당의 안과 커다란 차이를 보이지 않고 있다. 미국 라성과 하와이 재미한족연합위원회, '해방조선'(1948), p. 124, 한국현대사 자료총서, 제10권, p. 682.

우익진영의 중심인 한민당은 앞서 보았듯이 1946년 2월 4일 '초등학교 수업료 철폐'[32]라는 표현을 통해 초등 의무교육의 의지를 표하고 있다. 그러다가 의무교육에 관한 구상은 임협의 답신안[33]에서 체계화되어 나타난다. 우선 만 6세에서 12세에 이르는 6개년의 초등 의무교육을 언급하면서 '애국정신이 투철하고 성실·유능한 민주국가의 공민 육성'을 교육의 목표로 내세우고 있다. 그 시행에서는 ① 적령아동(만 6세) 전원(매년 중 평균 70만 명)을 수용시킬 목표로 초등학교의 정규 학급을 매년 평균 5,500학급을 증설하고, ② 적령 초과 미취학 아동(만 7세에서 만 11세) 지망자 전원을 수용시킬 목표로 초등학교의 2부 교수제를 전면적으로 실시한다(총 학급 수 약 11,540개)고 하여 상당히 구체적 방도를 제시하고 있다. 또한 의무교육 실시에 필요한 교원에 관한 대책도 언급하고 있는데, 매년 소요되는 교원 수의 약 70%를 사범학교 및 기타 적당한 학교에 임시 교원 양성소를 설치하여 양성하자는 방안을 내놓고 있다.

4. 맺음말

8·15 전후의 개혁론 가운데 일부는 단정(斷政) 수립이 확고해지면서 본격적으로 정책으로 전환되어 실현된다. 한민당을 중심으로 한 우익진영의 개혁안은 38선 이남에서 그리고 북로당을 중심으로 한 좌익진영의 개혁안은 38선 이북에서 교육현실의 변화를 이끌어 냄으로써 각각 새로운 교육체제 수립의 기초가 되었다. 물론 양 진영의 개혁론(특히, 교육현안에 관련된 개혁안)은 이미 8·15 직후부터 미·소 군정당국의 교육정책 수행과 일정한 연계성을 가지면

----

32) '의무교육'이라 하지 않고, 이러한 표현을 사용한 것은 그 실제적인 의미를 대중에게 쉽게 전달하기 위해 사용했을 가능성이 높다.
33) 새한민보社, 앞의 자료, p. 35, 한국현대사 자료총서, 제13권, p. 163.

서 구체화되었지만, 이것이 본격화된 것은 단정 수립 이후의 일이다.

일반적으로 개혁론은 정책으로 전환되지 않으면 하나의 '론'으로 끝나 버리고 만다. 그런 점에서 한민당을 중심으로 한 임협의 개혁론과 북로당의 개혁론이 가장 '현실적인 것'으로 평가될 수 있다. 이 두 가지 개혁론이 남북에 구현되는 과정이 한국 현대교육사라고 할 수 있기 때문이다. 그러나 그렇다고 해서 현실에 구현되지 않은 개혁론은 모두 '비현실적인 것'이라고 단정해 버릴 수는 없다. 사실 이 글은 이러한 문제의식에서 출발하여, 현실에 구현되지 못한 개혁론들과 분단교육체제로 구현된 이른바 '선택된 개혁론'을 함께 살펴보고자 하였던 것이다.

지금까지의 고찰에서 우리는 다음의 몇 가지 사실을 발견할 수 있었다. 우선 양 진영의 개혁론에 담겨 있는 교육의 이념적 기초 면에서는 상이한 정치노선으로 인해 근본적으로 다르지만, 예견한 것보다는 상당히 많은 공통점을 갖고 있음을 알게 된다. 상이한 측면으로는 다른 무엇보다 사회주의('진보적 민주주의' 표방) 대 자본주의('자유민주주의' 표방)라는 대립구도하에서 교육에서 각기 서로 다른 인간상 ― '생산적 인간(전면적으로 발달된 인간)' 대 '홍익인간(자유인)' ―을 추구하고 있으며, 한쪽은 소련의 종합기술교육의 원리에 터하고, 다른 한쪽은 미국의 진보주의 원리에 기초하고 있다는 점 등을 들 수 있다. 즉, 대안적 교육이념 및 제도 구상의 단계에서는 양 진영의 일치성 내지 통일성이 매우 낮음을 알 수 있다.

다른 한편, 양 진영의 공통점은 '8·15 직후의 현황 및 문제점 진단'과 이 글에서 살펴본 '문맹자대책이나 의무교육 실시 대책 등이 교육현안에 대한 견해'에서 찾아볼 수 있다. 그런 점에서 교육현황 및 문제점 진단과 교육현안에 대한 대책에서는 부분적인 불일치성이 존재하기는 하지만, 비교적 높은 일치성 내지 통일성이 존재한다고 볼 수 있다. 일제 식민지 교육의 잔재 청산에서 좌익진영은 철저한 청산을 강력히 주장하고 있는 반면, 우익진영에서는 이에 대한 구체적인 언급이 없고, 미온적인 입장을 보이지만, 양 진영 공히 일제 식민지 교육정책을 전제적·차별적 교육으로 인식하고 그 청산에서 새로운 교육의 이념적 토대를 구하고자 하였던 것이다. 이러한 점은 지향해야 할 교육원리로서 양 진영 모두 교육의 기회 균등, 즉 '민주적인 교육'의 원리를 표방하고 있다는 사실에서도 확인된다. 이로부터 실업교육을 강화하기 위해 복선형적 요소를 가미하는 단선형 학제가 성립하게 되는 것이다. 좌익진영이 소련의 학제를 근간으로 단선형 학제 위에다 복선형적 요소를 가미하였다면, 우익진영은 미국의 학제를 모델로 단선형 학제에 복선형 학제를 가미하였다. 양 진영의 일치성은 교육현안에 대한 조치 단계에서 더욱 높게 나타난다. 성인 문맹퇴치 대책안에서 80%에 달하는 성인문맹의 현황을 일제 교육의 잔재라 인식하고 이를 정부차원의 우선적 과제로 인식한다든지, 의무교육 실시를 교육의 실질적인 기회 균등 보장 방안으로 받아들여 무상 의무교육의 제도화에 노력을 경주하는 모습은 이 부분에 관한 한 적어도 양 진영의 공동적인 접근이 가능했음을 보여 주는 것이다.

남북한의 통합적인 교육체제 모색에 있어 그 경로는 ① 현황 및 문제점 진단의 단계, ② 남북한의 교육현안에 대한 과제 추출의 단계, ③ 대안적 교육이념 및 제도(정치·경제 중심의 체제통합 여건의 성숙 정도에 따라) 통일성 부여 단계 등 일련의 과정을 거칠 것으로 보인다. 물론 이 과정은 정치 이념과 노선의 차이에 의해 원칙적으로 접근이 불가능할 수도 있지만, 한반도를 둘러싼 내외의 정세 변화가 이를 용인할 경우, 우리는 교육체제의 통합을 위해 일치성이 높은 부분에서 낮은 부분으로 접근해 나가는 현실적인 방도를 모색해야 할 것이다. 그럴 경우, 남북한 당국자나 민간이 주체가 되어 다른 무엇보다도 양측의 교육현황 및 문제점 진단을 공동으로 수행해 나가고, 이를 바탕으로 현안에 대한 공동의 과제를 추출하며, 끝으로 국내외적 정치 상황의 변화를 참작하여 추출된 과제의 우선순위를 정해 실천해 나가는 문제해결 경로를 가질 수 있게 된다.

그러나 이것이 가능하려면, 남북한 당국자가 기득권적 지위를 강하게 고수하여서는 안 된다는 선결요건에 대해서도 생각해 보지 않을 수 없다. 지금까지의 고찰에서 서로의 입장을 강하게 고수하면서 문제를 접근하여 대안을 제시할 때는 체제 간 격렬한 단절 현상이 초래될 가능성이 높다는 사실을 알게 되었다. 소군정의 우산하에 북로당의 교육개혁론, 미군정의 후원하의 한민당 중심의 우익진영의 교육개혁론이 바로 그러한 사례였다. 이에 더하여 당파적 입장에서 현실에 눈감는 태도, 특정 이데올로기에 과도하게 집착하는 경향 등이 민족의 통합, 나아가 교육의 통합에는 장애요인이 될 수밖에 없는 것이다. 그러나 고찰결과를 토대로 한 논리적인 해결 방도 내지 접근 방법의 제시에도 불구하고, 남북한의 교육통합을 가져오는 데 관련된 변수는 너무나 많고, 어떤 측면은 간단히 당사자 간의 타협이나 절충으로 해결될 수 없다는 데 우리의 고민과 숙제가 있음을 지적하지 않을 수 없다.

제4장

제1공화국 교육개혁의 정치학

1. 들어가는 말

이승만 정부(李承晚 政府, 1948. 7~1960. 4)는 1948년 8월 15일 정부수립 이후부터 1960년 4·19 혁명으로 6월 15일 제2공화국이 탄생하기까지 존속하였던 한국 역사상 최초의 공화헌정체제의 정부다. 일제식민치하에서 1945년 8월 15일 광복한 이래 지속되었던 미군정을 끝내고, 1948년 8월 15일 광복 후 3년 만에 대한민국 초대정부가 출범하게 되었다.

초대정부의 출범 배경에는 미국과 소련이 한반도를 세력권에 두려는 시대적 상황이 맞물려 있었다. 제2차 세계대전 이후에 소련은 독일이나 다른 서방 국가들로부터의 군사적 위협에 대비하고 동유럽에서의 영향력을 확대하기 위해 동유럽의 모든 국가에 좌익 정부를 세우려 하였다. 한편 미국은 마샬플랜을 통해 서유럽을 영향권 안에 두려하였고, 그 결과로 유럽은 적대적인 두 진영으로 나누어지게 되었다. 이와 맥락을 같이하여 한반도를 둘러싸고 일본에서 독립한 작은 나라 조선은 남과 북으로 나뉘어 미국과 소련의 두 대리 정부가 들어선 상태였다(유종선, 1995: 339). 당시 소련과 미국 사이의 냉전이 지속되면서 한반도 분할논쟁이 끊이질 않고 있었다. 이승만은 미국 내의 인맥과 정치력을 이용하여 트루먼독트린 발표 이후 미국 내의 실력자들과 정치적인 관계를 유지하면서 신탁통치에서 벗어나 자주독립의 새 정부를 위한 계획을 세웠다. 미국이 소련에 대한 강력한 공산진영과의 싸움을 내건 트루먼독트린이 발표된 이후 한반도의 상황은 급격하게 변화하기 시작하였다. 결국 5년간 신탁통치를 하겠다는 모스크바 회의의 내용을 뒤로 한 채로 대한민국의 독립된 첫 정부가 1948년 8월 15일 수립되었다.

초대정부 수립과정을 보면, 1948년 5월 10일 남한만의 총선거가 실시되어 5월 31일 제헌국회가 개원되었고, 제헌국회는 7월 17일 '대한민국 헌법'을 제정 공포하고 7월 20일 초대 대통령으로 이승만을 선출하였다. 이후 이승만 대통령은 장기 집권을 위해서 자유당을 창당하였고, 자유당 정권의 장기 집권으로 독재 정치와 부정 · 부패는 더욱 심해졌다. 이승만 정부는 '발췌 개헌안' 통과, '사사오입 개헌' '3·15 부정 선거'를 자행함으로써 결국 4·19 혁명을 야기시켜 이승만 대통령이 하야하게 되었다.

시대사적으로 이승만 정부는 대한민국이라는 국호를 쓰게 된 첫 정부이며 대통령 중심제의 나라를 세운 첫 정권이라는 의미를 가진다. 현재까지도 이어지는 미국과의 관계는 이때부터 시작되었다고 할 수 있다. 이승만 정부의 지도력은 현대의 선진한국을 위한 초석이 되었으며, 당시의 행정, 교육, 외교 등 전반에 걸친 나라로서의 기틀을 마련하였다. 그러나 이승만 정부의 배경과 건국의 배경 뒤에는 세계사적인 흐름과 미국이 우리나라를 동아시아의 안보를 위한 정책적 요충지로 선택한 것이 자리잡고 있었다. 때문에 이승만 정부는 미군의 도움에 힘입어 세워진 정부의 성격이 강하며, 독립적 정부의 탄생이라기보다는 미국의 원조와 협력에 의해서 세워진 정부라고 보는 것이 타당할 것이다.

이승만 정부의 주요 교육정책을 보면 의무교육 확대, 교육제도 정비, 1인 1기 · 반공 · 도의 · 실업교육의 강조, 과학기술 도입, 학도호국단 조직, 해외유학 붐과 엘리트 집단의 형성, 지역사회학교의 추진, 재건국민운동 전개 등을 들 수 있다. 대표적인 정책 역점 사업은 1949년의 교육법 제정, 1950년대의 초등무상의무교육 정착과 성인의 문해교육, 대학설치 기준령 제정 등이 있다. 이 시기에 학제 등 교육의 기본 틀이 마련되었고, 이후 교육발전을 위한 최소한의 기초를 확보하고자 노력하였다. 당시 국민의 문맹률은 70~80%에 가까운 아주 저급한 수준이었으며, 나라의 선진국 진입은 결국 국민의 교육 수준이 올라가야 한다는 이승만 대통령의 교육입국사상이 반영된 교육정책을 펼쳤다.

초대 정부의 수립을 통해 국가의 기틀을 다지는 가운데 전쟁과 분단의 아픔을 겪은 이승만 정부의 교육은 시대적 상황에 따라 질곡이 많았지만 교육입국의 중요성 인지에 따라 지속적인 변화와 성장이 이루어졌다. 이 장에서는 이승만 정부 교육정책의 시대적 배경과 수립 과정 그리고 특징들을 살펴보고, 관련 교육정책의 평가를 통해 교육정책의 의의와 시사점을 제시하고자 한다.

2. '이승만 정부' 교육정책의 배경과 경과

1) 교육정책의 배경

이승만 대통령은 1945년 광복 이후 3년간의 미군정이 끝나면서 1948년 대한민국 초대 대통령에 당선되었다. 광복 이후 3년간 미군정 체제의 교육은 우리 민족 중심의 역량으로 수행한 것이라고 하기보다 미군정청이 주도한 과도적인 성격이 강한 것으로 우리 민족의 자주적인 교육체제를 구현한 것은 대한민국 정부를 공식적으로 수립한 이후라고 할 수 있다. 대한민국 정부수립 이후 4·19 혁명이 있기까지 '이승만 정부' 교육정책의 전반적인 내용을 살펴보면 취임 후 먼저 '홍익인간'을 교육이념으로 '민주주의 민족교육'과 '일민주의 사상'을 강조하였고, 교육법 제정에 따른 '홍익인간' 이념을 명문화하였다. 이어

한국전쟁의 발발로 국토·문화·인간의 재건을 내세웠으며, 3년간의 전쟁으로 무너진 국민의 정서와 경제부흥을 위해 교육의 과학화 운동과 과학기술교육을 강조하였으며, 이후 '중앙교육연구소'와 '한국교육학회'가 창립되는 등 학문적 활동의 기반을 마련하였다.

구체적으로 이승만 정부의 교육정책 배경을 정치적·경제적·사회문화적·교육적 측면에서 살펴보면 다음과 같다.

첫째, **정치적** 배경 측면에서 남북 분단이라는 특수한 상황에서 남북 정치 대립과 전쟁의 재발 위기의식으로 전 국민에게 반공 이데올로기를 강조하고 순응시키고자 하였다. 하지만 이승만 대통령의 권력기반 강화 및 장기 집권을 유지하기 위하여 창당한 자유당 정부의 독재와 부패로 학생운동이 일어나게 되었다. 또한 인간주의와 민족주의를 바탕으로 한 일민주의 교육이념에 따라 1949년에 '중앙학도호국단'을 결성하였으나, 1960년 4·19 의거를 계기로 학생들의 사상 통일을 목적으로 하는 하향식 관료체제라는 비판이 제기되면서 폐지되었다.

둘째, **경제적** 배경 측면에서 보면, 대한민국 현대사에서 일제 36년에서 벗어난 이후 광복에서 한국전쟁에 이르는 일련의 과정은 엄청난 혼란과 변화를 가져왔다. 1950년 6월 25일 한국전쟁으로 많은 교육시설이 파괴되었고, 교육시설의 복구와 군비 지출은 교육재정의 큰 어려움을 가져오게 되었다. 학교별 인적·물적 피해 상황 또한 심각했다. 그중 가장 피해가 극심했던 교육기관은 고등교육기관이었다. 이는 고등교육기관의 상당수가 서울에 집중되어 있었기 때문이며, 이에 따라 전쟁 이후 지역사회의 균형발전과 고등교육기관의 지방분산 정책으로서 '1도 1교의 국공립대학 설치방침'을 수립하는 계기가 되었다. 이러한 시대적 배경으로 인해 이승만 정부는 국가 안보에 민감할 수밖에 없었고, 외교·안보에 정책비중을 강하게 두고 전후 복구를 위한 경제부흥에 비중을 두었으며, 교육과 문화에 대한 관심은 임기 말에 나타나기 시작하였다. 이 시기에 미국은 경제 원조를 통하여 미국식 자유 기업제도를 정착하고자 하였고, 한국은 경제 재건을 위하여 미국의 경제적 원조에 의지하였다.

반면, 한국전쟁은 우리 민족의 공동체의식과 반공사상을 강화시키는 계기가 되었다. 문교부는 1951년 '전시하 교육특별조치요강'을 발표하였고, 전란 중에도 피난학교를 설치하여 수업을 하는 등 한국의 전시교육은 어려움 속에서도 계속되었다. 한국전쟁으로 정치적 · 경제적 · 사회적 · 문화적 격동 속에서 교육 역시 큰 시련을 겪으면서 전시하의 문교정책이 수립되었다. 이때 제시된 문교정책으로는 '인격교육중시, 기술교육장려, 국방교육실시, 지식교육의 철저'라는 새 이념 새 운동이었다.

셋째, **사회적 · 문화적** 배경은 다음과 같다. 한국은 36년간의 일제 식민 통치하에서 우리의 말과 글을 빼앗긴 채 수탈당한 결과 전 국민의 78.2%가 비문해자로 남게 되었다(교육부, 1998: 603). 당시 사회교육의 제1차 과제는 문맹률을 퇴치하고 공민적 자질을 함양하는 것이었다. 따라서 1945년 광복 이후부터 1950년대 말까지 문맹퇴치형 국문 보급 사업을 통한 국민 기초교육 강화형 사회교육을 강조하였다. 또한 학생 계몽운동을 통한 사회계몽을 추진하였다. 학생들로 조직되어 문맹퇴치, 국문보급교육, 계몽강연회, 강좌, 좌담회, 간이진료, 노력봉사, 활동개선 등 여러 분야에 걸친 농어촌 계몽활동을 추진하였다.

한편으로, 한국전쟁을 거치면서 한국 사회는 대규모의 인구 이동을 경험하며, 농촌사회의 피폐와 구조 변화, 서울을 중심으로 한 도시화의 양상 등으로 도시화가 급속하게 진행되었다. 미국의 잉여 농산물의 원조와 농지개혁의 실패로 생산력이 저하된 농촌사회의 몰락은 이농화 현상을 가속화시켰다. 이러한 경향은 도시의 경제성장에 의한 것이라기보다 전쟁과 농촌의 피폐에 의한 것이었고, 결과적으로 도시빈민을 양성하게 되었다.

넷째, **교육적** 배경이다. 미군정의 종식과 함께 1948년 8월 15일 대한민국 정부의 수립 이후 50년간의 한국 교육은 비약적으로 발전하였다. 한국의 교육정책에서 1940~1950년대는 교육의 기본 틀을 마련한 시기라 할 수 있다. 이승만 정부에서는 미군정의 종식과 더불어 일제의 잔재를 청산하고 새로운 교육이념을 수립하고 각종 교육제도를 정비하여야 했다. 1948년 제헌국회가 구성되고 헌법의 제정과 함께 대한민국 정부가 수립되면서 모든 교육제도를 통괄하는 교육법이 제정되었다. 물론 미군정의 교육정책 내용이 일부 계승되어 있기는 하지만, '홍익인간'의 이념을 교육이념으로 삼고, 각종 교육제도를 정비함으로써 교육기반을 확립하게 되었다. 1949년 교육법의 제정으로 교육기회 균등과 의무교육 실시를 위한 기반이 조성되었고, 문맹퇴치교육이 전국적으로 실시되었다. 1951년 교육법의 개정으로 6-3-3-4의 다선형 학제가 확정되었으며 의무교육 6개년 계획이 1959년에 완성되어 의무교육 보편화가 이루어지게 되었다.

2) 교육정책의 경과

'이승만 정부'의 교육정책은 1948년 대한민국정부수립 시 교육법 제정으로 교육제도의 정비와 교육이념을 법제화했다는데 중요한 의미를 가지며, '홍익인간'의 교육이념에 기초하여 교육기반을 확립하게 되었다. 이후 문교부에서는 당면과제를 대내적으로는 민주주의 수립에, 대외적으로는 민주주의와 공산주의로 양분된 국토와 사상통일에 두고 교육정책을 펼쳐 나갔다. '민주주의 민족교육' '일민주의 사상'은 민족공동운명체적 의식을 기반으로 한 것으로, 당시 정부의 지도 이념이었다.

'이승만 정부'에서 실행된 교육정책들을 재임한 장관별로 살펴보면 다음과 같다.

■ 안호상 장관(1948. 8∼1950. 5)

▶ 일민주의 사상보급(1949): 인간주의와 민족주의를 바탕으로 한 민주주의. 같은 혈통과 운명을 갖는다고 하는 민족공동 운명체적 의식을 기반으로 한 것으로, 서구식 자본주의나 공산주의와는 달리 인간과 인격에 바탕을

둔 우리 고유의 민주주의를 말함

▶ 학도호국단의 결성(1949. 3): 일민주의로서 민족의 기둥인 학도층의 사상 통일이 필요하다고 보았고, 단체훈련을 통하여 신체를 연마하고 정신을 연마하여 좌익계열의 책동을 분쇄하며 민족의식을 고창함으로써 애국적 단결심을 함양하겠다는 취지에서 중등학교 이상의 각급 학교에 조직. 학도호국단 조직요강 공포(1949. 1), 학도호국단 정식으로 결정(1949. 3), 중앙학도호국단 결성, 문교부 내에 학도호국단 사무국 설치(1949. 4), '대한민국 학도호국단 규정' 공포(1949. 9)

▶ 교육법 공포(1949. 12): 새로운 교육법을 제정하고 홍익인간을 교육이념으로 반영. 신교육법은 전문 제11장 제173조(뒤에 제177조로 개정됨)로 구성된 것으로서, 우리나라 교육이념과 교육목적, 행정체계, 교육의 종류와 계통 등을 규정한 기본법임. 제5회 국회 본회의에 교육법 상정(1949. 10), 교육법 통과(1949. 11), 교육법 공포(1949. 12)

▶ 기타
  – 학제개정안 공포(1950. 3): 6-3-3-4제의 단선형 학제 수립
  – 안호상 문교부 장관의 다섯 가지 장학방침: ① 민주주의 민족교육, ② 국민사상의 귀일, ③ 반공정신의 함양, ④ 일민주의 사상교육, ⑤ 1인 1기 교육(1인 1기 교육은 백낙준 문교부 장관 때 구체화됨)

■ **백낙준 장관**(1950. 5~1952. 10)

▶ 도의교육(1952. 1): 한국전쟁 중 도의교육을 제창하게 된 것은 국토건설 · 문화건설 혹은 교육재건에 앞선 조건으로 인간재건을 하자는 데 그 목적이 있음

▶ 1인 1기 교육[기술교육](1951. 6): 모든 학생으로 하여금 한 가지 기술을 습득하도록 함. 기술을 습득하여 전란으로 파괴된 이 나라를 우리의 손으

로 재건하자는 데 의의가 있었지만, 기술을 습득하는 동안 정신수양이 된다는 것을 중요하게 여기고 중학교 이상의 학생들에게 하여금 1인 1기 기술연마에 정진시킴. '1인 1기 교육 실시요항' 발표(1951. 6), 전국 중·고등학교 1인 1기 교육 생산품 품평회 개최(1952. 11)

▶ 국방교육: 한국전쟁 전후에 걸쳐 공산군의 침략을 막고 국토를 수복하기 위해, 중등학교 이상의 각급 학교에 국방교육 실시

▶ 국민사상 지도원 설치: 한국 국민사상의 올바른 확립과 아울러 그의 계몽 선전을 위하여 지도원 발족, 국민사상의 연구와 지도 담당

▶ 기타

- '전시하 교육특별조치요강' 제정 발표(1951. 2)

- 연구학교 규정 제정(1951. 3)

- 과학·기술교육 진흥을 위하여 '과학교육위원회'를 둠(1951. 3)

- '대학교육에 관한 전시특별조치령' 공포(1951. 4)

- '학교 학도호국단 운영요강' 제정, '대한민국 학도호국단규정' 개정 (1951. 12), 중앙집권적인 학도호국단을 학교 중심, 과외활동 중심의 학생자치단체로 개편

- '학교군사훈련 실시령' 공포(1951. 12)

- 백낙준 문교부 장관의 문교시책: 학제변경에 의한 중학교육기관의 개편, 중학교 입학지원자에 대한 국가고사, 학도호국단의 개편, 유네스코 원조 도입 10만 달러, 라디오학교 방송 실시, 유실녹화운동의 전개, 임시교사 1천 교실건축 진행, 교과서 용지 1천 톤 도입, 기초어휘 조사, 교육공무원법안의 제정, 교육법시행령(안)의 제정, 학교군사훈련 실시, 도서 및 국보의 소개, 국립공원 설치계획 등

  • 이 밖에도 피난학교 개설, 과학기술용어 제정, 생벽돌 임시교사 축성, 전시교재 발행, 상용한자 교수 실시, 문교재단 재산전환의 실시, 학제 변경에 의하여 중·고등학교 분리됨

- 1도 1개교 국립종합대학 설치방침, 4년제 초급대학 2년제 초급대학
  으로 개편, 대학생의 징소집 유예제도 실시
- 1951학년도의 장학방침: 자치능력, 1인 1기 교육, 미덕 발휘, 국토 방위
- 1952학년도의 장학방침
  - 3대 방침: 자활인의 양성(개인), 자유인의 양성(국민), 평화인의 양성
    (국제인)
  - 4대 중점교육: 지식교육, 기술교육, 도의교육, 국방교육

■ 김법린 장관(1952. 10~1954. 4)

▶ 건국문교: 자유·평등·협동·공정의 네 가지 목표를 세우고, 그 목표를
향하여 지도하는 전인교육

▶ 전시문교: 교육 전체를 통하여 국방력을 강화하려는 것

▶ 독립문교: 문화 면의 조직과 문화사업의 진흥과 아울러 교육 독립을 기
함. 이의 시책으로서 문화보호법에 의한 민족문화의 보호 발전을 위한 학
술원·예술원의 창설, 민족문화의 종합예술의 전당으로서 국립극장 개설,
찬란하고 유구한 민족의 정화를 사해만방에 널리 선양하고자 국보 해외
전시 기도

▶ 기타

- 학술원과 예술원의 창설, 연구학교 지정, 교육행정의 자주적 강화로 내
  무행정으로부터의 교육자치제 수호, 의무교육완성 6개년 계획 수립, 중
  앙교육연구소 창설, 외국 우량도서의 번역·간행 장려
  - 이 밖에도 중학교 입학 연합고사 실시, 학교재해 복구, 공제사업, 중
    학교 교장 미국 파견, 외국유학정책, 과학실업교사양성, 라디오학교
    운영, 1인 1기 교육 실시, 어린이 예금, 국민도의 진작, 계몽교화의 강
    화, 호두나무 1인 1교 식목사업

- 6 · 3 · 3 · 4제의 학제 완성, 1도 1개교 국공립대학 설치방침 수립
- UNKRA, ICA, AFAK, CAC, CRIC 원조사업: 교실건축, 직업교육 시설, 사범계 학교시설, 고등교육 시설 등 교육시설 복구사업 전개
- UNKRA 계획(1953): 한국전쟁으로 폐허화된 각 대학의 도서관과 이화학 실험실의 기초비품 보충, 3만 6천 215권의 영 · 독 · 불어로 된 농업 · 생물학 · 공학 · 교육학 · 문학 · 화학 · 물리학 · 의학 · 치과학 · 약학 등에 관한 서적 1955년도 말까지 배부
- 1953학년도의 장학방침: 건국문교(건국교육), 전시문교(전시교육), 독립문교
- 1954학년도의 장학방침: 반공사상 및 민주도의 생활 확립(통일독립), 과학기술 진흥 및 생산 증가(경제재건), 건강교육 철저 및 학도의 체위 향상(국토방위)

■ 이선근 장관(1954. 4~1956. 6)

▶ 반공 민주교육 추진: 반공의식을 함양함으로써 교육을 통해 국민적 사상 통일 도모
▶ 현직교육의 실시: 교원의 직업적 성장과 질적 향상에 공헌하는 여러 활동
▶ 도의교육 강조: '정신교육' '생활교육'이라고 표현하기도 함
▶ 기타
  - 한글파동 야기, 대학설치 기준령 책정
  - 1955년도 예상편성 방침과 사업계획: 의무교육의 계획적 완수와 도의교육의 확립, 직업교육의 철저, 교육의 질적 향상, 성인교육과 문맹퇴치, 국사 및 조선왕조실록의 간행을 목표로 예산 요구
  - 1956학년도의 장학방침: 반공사상(정신교육), 과학 · 기술의 습득(생산교육), 체위의 균등향상(건강교육)

■ **최규남 장관**(1956. 6~1957. 11)

▶ 학교 설치기준과 운영기준의 책정: 대학의 자연과학 계통과 특수학과·
체육장 등에 대한 기준 제정·추진, 중·고등학교 설치 기준령 제정, 사
립 중·고등학교 재단법인에 대하여는 기본 수익의 확보책 종용

▶ 국민교육의 향상과 학구제: '국민교육'은 국민으로서 받아야 할 의무교육,
'학구제'는 일정한 지역 내의 아동을 특정한 학교에 취학하도록 하는 제도

▶ 생산교육의 장려: 실업학교 시설 기준령·실업학교 교과과정 제정, 실업·
기술교육 5개년 계획 수립, 전국 학도의 퇴비증산 운동 및 1인 1수 운동
전개

▶ 도의교육의 진흥: '학생 생활지도 강화의 건'(1956. 7), '외국인에 대한 예
의지도 강화의 건'(1956. 9), '학생맹휴 단속의 건'(1956. 10)을 각급 학교
에 통첩, '불량학생단속에 관한 건'(1956. 11) 발표

▶ 사범교육과 현직교육의 강화: 사범교육의 충실로 교육의 정상화를 기할
것을 강조, 여름·겨울 방학을 이용하여 현직자의 재교육 실시

▶ 교육행정의 강화: 학원의 규정에 의한 부담금 이외의 잡부금 징수 단속,
위반학교는 강력한 행정조치 취함, 학교분포 상황 재검토, 시·도 교육행
정의 지도, 교육구의 행정 감시 실시

▶ 원자력에 관한 시책: 원자력법안의 조속 통과 추진

▶ 재일교포의 교육시책과 외국유학생의 지도육성: '해외유학생에 관한 규
정' 공포(1957. 1), '해외유학생 심의위원회' 설치

▶ 사회교육의 강화: 농촌문화 보급운동 전개, 농촌문고 설치, 전국 공민학교
도는 애향학원에 의무교육반 설치

▶ 문화재의 보호와 교류: 문교부는 대내적으로 문화재의 보호 보존을 위하
여 연차적으로 국고금을 지출하여 보수, 대외적으로는 우리문화의 해외
전시 추진

▶ 기타
- 체육행정의 강화, 영화·연극의 육성, 편수행정의 쇄신
- 1957학년도의 장학방침: 민족의 얼 고취(도의교육), 경제능력 함양(생활교육), 건전한 신체발육(건강교육)

■ 최재유 장관(1957. 11~1960. 4)

▶ 도의교육[학교환경 정화운동]: 강력한 학교환경 정화운동 전개, '학교환경 정화위원회 요강' 작성(1959. 9)
▶ 과학·기술 교육의 추진: '실업교육진흥법안' 통과(1959. 2)
  ● 이 밖에도 실과의 충실화, 과학·기술 교육을 위한 시설의 확충, 과학·기술 교육자의 재훈련과 확보, 과학·기술 진흥을 위한 법제의 확립, 과학관 재건계획의 추진, 자연과학계 대학의 충실, 과학전시회의 개최, 자연과학계 교환교수계획의 적극 추진, 과학진흥을 위한 국민의 계몽 등에 노력
▶ 기타
- 교육세법의 제정 실시, 교육공채 발행, 실업교육진흥 5개년 계획, 중·고등학교 시설기준 설정, 도의교육의 실태조사
- 문교시책: ① 조국 혼과 자유민주정신의 진작, ② 형식주의 교육을 지양하고 실질 제일주의로서 교육의 질적 향상 도모, ③ 의무교육과 과학·기술 교육의 적극 추진, ④ 순미한 민족문화 발달의 촉진, ⑤ 사도 쇄신으로 도의교육 강화
- 1958학년도의 장학방침: 인격도야 및 견실한 학도기풍(도의교육), 과학 진흥 및 자주적인 생활능력(과학·기술 교육), 보건위생 및 건강한 신체 육성(건강교육)
- 1959학년도의 장학방침 중점: 학교환경의 정비, 생활지도의 개선, 실

험 · 실습의 중시, 취업준비의 철저, 체력검사의 실시

지금까지 살펴본 '이승만 정부' 교육정책들을 역대 문교부 장관별로 요약하면 〈표 4-1〉과 같다.

표 4-1 '이승만 정부' 역대 문교부 장관의 주요정책

장관	재임기간	주요정책	
안호상	1948. 8~ 1950. 5	- 일민주의 사상보급 - 학도호국단 결성 - 교육법 공포 - 학제개정안 공포(6·3·3·4제)	- 의무교육 6개년 계획 수립 - 중앙 학도호국단 결성 - 국정교과용도서 편찬 규정 공포 - 교과용도서 검인정규정 공포
백낙준	1950. 5~ 1952. 10	- 도의교육 - 1인 1기 교육(기술교육) - 국방교육 - 국민사상 지도원 설치 - 6년제 의무교육 실시 - 중학교 입학지원자에 대한 국가고사 - 시·군 단위 교육자치제 실시 - '전시하 교육특별조치요강' 제정 발표	- 연구학교 규정 제정 - '대학교육에 관한 전시특별조치령' 공포 - '학교 학도호국단 운영요강' 제정 - '대한민국 학도호국단 규정' 개정 - '학교군사훈련 실시령' 공포 - 교육공무원법안, 교육법시행령(안) 제정
김법린	1952. 10~ 1954. 4	- 건국문교 - 전시문교 - 독립문교 - 중학교 입학 연합고사 실시 - 대학입시 연합국가고사제 실시 결정 - 사친회 해산, 교육세법 개정 계획 수립	- 학술원과 예술원의 창설 - 연구학교 지정 - 의무교육 6개년 계획 수립 - 중앙교육연구소 창설 - 학교부흥 5개년 계획 수립 - 의무교육 10개년 계획 수립
이선근	1954. 4~ 1956. 6	- 반공 민주교육 추진 - 현직교육 실시 - 도의교육 강조	- 대학설치 기준령 책정 - 한글간소화안 발표 - 초·중·고교용 교과서 개편 완료

(계속)

최규남	1956. 6~ 1957. 11	- 학교설치기준과 운영기준 책정 - 국민교육의 향상과 학구제 - 생산교육 장려 - 도의교육 진흥 - 사범교육과 현직교육 강화 - 교육행정의 강화	- 원자력에 관한 시책 - '해외유학생에 관한 규정' 공포 - 농촌문화 보급운동 전개, 농촌 문고 설치 - 문화재의 보호와 교류
최재유	1957. 11~ 1960. 4	- 도의교육(환경정화운동) - 과학·기술 교육의 추진 - 국회, 교육세법안 의결 - 의무교육재정교부금법 시행	- 교육세법 제정 실시 - 실업교육진흥 5개년 계획 - 중·고등학교 시설기준 설정 - 맹·농학교 증설 계획 발표

3. 교육정책의 평가 틀

정책이란 공공문제를 해결하고자 정부에 의해 결정된 행동방침으로 교육정책을 포함하여 국방정책, 사회복지정책, 인구정책, 육아정책, 금융정책, 환경정책, 경제정책, 부동산정책, 경찰정책 등 다양한 정책들이 있다. 교육정책이란 사회적·공공적·조직적 활동으로서의 교육활동을 위하여, 국가와 공공단체가 국민 또는 관련 주민의 동의를 바탕으로 하여 공적으로 제시하며, 공권력을 배경으로 강행성을 가지는 교육에 관한 기본 방침 또는 지침을 의미한다(김종철, 1990). 또한 교육정책은 공공정책으로서 교육활동을 위해 국가나 공공단체가 국민 또는 교육 관련 집단 및 수혜집단을 대상으로 전개하는 교육의 지침으로 정의할 수 있다(정일환, 2000). 교육정책은 다른 부문의 정책과 달리 독특한 특성을 지닌다(김성렬 외, 1999; 한국교육행정학회, 1995).

교육정책은 다른 어느 정책보다 관련된 대상과 집단이 광범위하여, 교육정책에 대한 이해상반 관계에 따라 충돌이 심하고, 교육정책의 결정과정에서도 정책변동에 대한 요구와 압력이 심하며, 정치적 개입이 나타난다. 또한 교육정책은 단기간에 그 정책의 효과가 나타나는 것이 아니라 장기간에 걸쳐 효과가 나타나므로 해당 정책에 대한 평가를 하기가 쉽지 않으며, 이에 따라 단기간에 효과를 드러내기 위해 무리하게 정책을 추진하는 현상을 볼 수 있다. 정책의 집행과정에서 단기적 성과를 위하여 추진된 정책은 여러 가지 부작용이 따를 수 있으므로, 단기적 · 계량적으로 성과 결과를 비교적으로 쉽게 평가할 수 있는 일반정책과는 구분되어야 한다. 특히, 교육정책은 다른 일반정책과는 달리 교육에 대한 전문성이 요구되며, 교육활동의 당사자인 학생은 일반인과는 또 다른 접근이 필요하며, 교육의 현장인 학교도 일반 행정기관과는 다른 접근방식이 필요하다. 이러한 교육정책의 특성에도 불구하고 교육의 전문성과 독자성이 간과되거나 무시되어 집행되는 경우가 많다. 교육정책은 다른 어떤 영역보다 교육에 대한 국민의 관심과 요구가 광범위하고 이해관계의 상충 정도가 심하기 때문에 교육정책의 특수성을 감안하여 정책을 수립하여야 한다.

교육정책의 평가는 교육정책이 추구하는 공통적이면서도 기본적 가치를 준거로 하여 이루어진다. 이러한 가치들은 교육정책의 과정을 투입(목표), 과정, 산출(성과)의 체제론적 관점에서 분류할 때 각 단계별로 다양하게 구성되어 있다.

여기서는 '이승만 정부'의 교육정책 전반을 크게 ① 교육 철학 · 이념, ② 분야별 세부정책, ③ 추진방식의 3개 영역으로 구성하여 각 영역별로 설정된 별도의 준거에 따라 평가하고자 한다.

▶ 투입: 교육정책의 철학 · 이념(환경적응성, 국민통합기능, 유기적 연계성)[1]
▶ 과정: 추진방식(민주성, 일관성, 체계성)[2]
▶ 산출: 분야별 세부정책(성과를 통한 추구하는 가치의 목표달성도)[3]

....

[1] 교육정책의 철학 · 이념에 대한 평가준거로서 '환경적응성'은 '철학 · 이념이 시대적 · 환경적 요청에 부응하고 적합한가'를 판단하기 위한 것이다. '국민통합기능'은 정책들에서 일반적으로 기대되는 준거로서 '교육정책의 철학 · 이념이 교육문제에 대한 관심의 차이에 따라 발생하는 국론의 분열과 갈등을 통합하는 기능을 하고 있는가'를 판단하는 것이다. '유기적 연계성'은 '교육정책의 철학과 이념이 세부정

'이승만 정부' 교육정책을 영역별로 나누어 각 영역의 평가준거를 포함하는
정책평가 틀은 다음과 같다.

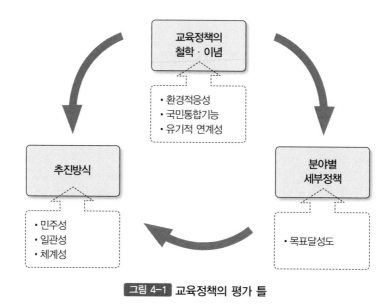

그림 4-1 교육정책의 평가 틀

4. 교육정책의 영역별 평가

1) 교육정책의 철학 · 이념

1948년 8월 15일 대한민국 초대정부부터 우리나라는 강대국 사이의 정치

....

책에 반영되고 있는가'를 판단하는 것이다.

2) 교육정책 추진방식의 평가준거로서 '민주성, 일관성, 체계성'은 '교육정책의 추진방식이 전반적으로 민
   의를 수렴하여 민주적으로 추진되었는가, 정책의 기획과 실천이 일관되어 있는가, 그리고 정책의 형성
   및 집행이 정연한 체계에 의해서 이루어졌는가'를 판단하는 것이다.

3) 분야별 세부정책의 평가준거는 '성과를 통해 추구하는 가치의 목표달성도'다. 이 준거는 '정책목표가 추
   구하는 가치를 정책이 추진된 결과에 비추어 볼 때, 얼마나 도달되었는가'의 정도에 의해 판단된다.

적 소용돌이 안에 갇혀 있는 상태로 시작되었다. 이승만 초대정부는 일제치하 36년, 미군정 3년을 지내고 건국 당시에도 미·소 냉전 속 공산진영과 자유진영 사이의 정치적·이념적 역학관계 사이 너무도 열악한 환경에서 건국이라는 첫 발을 내딛게 되었다. 국민의 문맹률이 78%에 달하는 교육 후진국에서 교육정책을 바로 잡아 '교육입국'을 이루기 위해 이승만 정부는 1949년 12월 31일 법률 제86조로 교육법을 제정·공포하여 교육행정의 기틀을 잡기 시작하였다. 이때 초대정부의 교육 철학과 이념을 교육법에 명시하였는데, 교육법 제1조에 우리나라 교육의 근본이념을 다음과 같이 천명하였다.

"교육은 홍익인간의 이념 아래 모든 국민으로 하여금 인격을 완성하고 자주적 생활능력과 공민으로서의 자질을 구유(具有)하게 하여 민주국가 발전에 봉사하며 인류공영의 이상실현에 기여하게 함을 목적으로 한다".

'홍익인간'은 미군정청이 1945년 12월 23일 교육계와 학계의 권위자 73명을 위촉하여 만든 한국교육심의회 중 제1분과였던 한국교육의 새로운 이념 설정을 위한 위원회에서 장시간 논의 끝에 백낙준이 제안한 교육이념이었다. 민경배(2008: 242)는 홍익인간이란 단군의 건국이념으로『삼국유사』와『제왕운기(帝王韻紀)』등의 고전에 실려 있는 사상으로서, 우리나라 개국 이래 계속 우리의 정신 속에 살아 있는 민족적 이상이라고 하였다. 이 사상 속에는 편협한 국수적 독선은 없다. 거기에는 오히려 인류공영이나 민주주의의 정신과 일치하는 정신이 그 근간을 이루었다고 보았다. 미군정이 종식되고 대한민국 정부가 수립될 때도 다시 교육법을 제정하게 되었는데, 그때도 역시 백낙준이 그 기초위원(장이욱, 오천석, 현상윤, 유진오, 백낙준)으로 활동하면서 군정시대에 쓰던 홍익인간의 이념을 그대로 계승하기로 하고, 그것을 교육법 제1조에 명기하게 되었다. 초대정부는 군정시대에 쓰이던 홍익인간을 다시 교육법 제1조의 교육이념에 등장시켰다. 이처럼 이승만 정부만의 고유한 교육 철학이나 교육이념이라고 한다면 초대정부 이전 임시정부 시절부터 내려오던 '홍익인간' 사상이었지만 실상 초대정부의 지난 교육정책의 행적을 돌아보면 당시 정부의 교육 철학과 이념은 무엇보다도 교육으로 나라를 바로 세우자는 '교육입국' 사상과 공산주의를 배격하고 민주주의 기차 아래 다 같이 힘을 모으자는 '일민주의' 등의 '반공' 사상이었다.

이승만 대통령은 나라를 바로 세우기 위해서는 국민교육에 반드시 힘써야 한다는 교육 철학을 가지고 있었고, 대통령이 된 후 자신의 교육 철학과 이념을 교육정책에 반영하여 시행하려고 하였다. 이승만은 대통령이 되기 전부터 교육문제에 남다른 사명감을 가지고 있었는데 1919년 4월 필라델피아에서 개최된 '대한인총대표회의'에서 이승만을 위시한 대회 참가자들은 '한국인의 목표와 열망(Aims and Aspirations of the Koreans)'이라는 제목의 결의안을 채택하였다. 여기서 그들은 "우리는 국민교육을 믿나니 국민교육은 정부의 모든 활동 중에 가장 긴절(緊切)한 일"이라고 명시함으로써 국민교육의 중요성을 특별히 부각함으로써 자신의 교육 철학과 이념을 전부터 드러냈다. 또한 해방 후 귀국한 이승만은 1946년 2월 말에 발표한 『과도정부 당면 정책 33항』 중에 "강제 교육령을 발해 학령(學齡)에 참여한 남녀 아이는 학교에 안 가지 못하게 할 것이며 교육 경비는 정부의 담보로 할 것"[4]과 "국민 문화를 발전하되 정부에서 경비를 담임할 것"[5]을 포함함으로써 장차 새로이 수립될 정부가 의무교육 제도를 도입, 실시할 것을 예시하였다.

초대정부 이승만의 교육정책은 이승만의 교육 철학과 이념이 투영되어 나온 것이라고 볼 수 있다. 청년기부터 유달리 국민교육에 많은 관심을 두었고, 대한민국 건국과 더불어 교육 우선 정책을 펴나감으로써 자신의 신념을 실천에 옮기게 된 데에는 이승만 개인의 교육이념과 교육적 배경이 많은 작용을 하였던 것으로 보인다(유영익, 2013: 104). 이승만 초대정부의 교육정책의 근간은 교육으로 나라를 바로세우겠다는 '교육입국'에 근거한 것이었다.

....

4) 『과도정부 당면 정책 33항』 제17항
5) 『과도정부 당면 정책 33항』 제18항

이승만 정부의 초대 안호상 문교부 장관의 문교시책이 일민주의 사상보급과 이에 따른 학도호국단의 결성이었음은 '반공'이 당시 교육 철학과 이념 중에 다른 한 축임을 알 수 있도록 해 준다. 일민주의란 구미식 개인 자본주의적 민주교육과 소련식 공산주의적 민주교육과 구별하기 위한 민주적 민족주의 교육을 표방한 것이라고 하였다(손인수, 1998). 하지만 일민주의를 위한 단체훈련을 통한 신체단련과 정신연마라는 학도호국단의 조직 뒤에는 '반공'으로 학생들의 사상통일을 목적으로 하였다. 안호상 문교부 장관의 '일민주의' 배경에는 그가 구상한 정신적 지도방안인 국민 전체에 대한 문화계몽운동 강화, 교원숙청과 재교육, 학생 사상통일과 군사훈련 등이었다(하유식, 2003: 321). 취임 직후부터 안호상은 전국 교원에 대한 사상경향 조사와 서울대학교 교수 10여 명의 권고사직, 초·중등학교 교원 130여 명의 파면 등으로 반공사상을 강화하기 위한 작업에 나섰다. 또한 교원숙청과 학생 사상에 대한 통제가 강화되는 가운데 학도호국단이 1949년 4월 22일에 결성되었다.

안호상의 일민주의를 직접 실천하여 구체화한 것이 학도호국단이다. 반공에 있어서 1950년대 중반이 되면 도의(道義)교육은 이승만 정권의 하강세를 타는 시점에서 더욱 강조되고 학교교육을 통해서 확대되는데, 당대 도의교육에는 민주, 반공, 민족이 서로 결합되는 양상을 보였다. 이는 반공을 일상화하고 국민의 전 생활에 대해 획일적 도덕관과 윤리관을 주입시킴으로써 순종적 국민을 만들어야 한다는 당위성을 청소년에게 계몽하려는 것과 밀접한 관련을 갖는다(이유리, 2007: 50-55). 사실 '반공'은 한국전쟁을 치르면서 강하게 생겨나게 되었다. 한국전쟁은 청소년으로 하여금 '반공'을 배타적 이념으로 내면화하는 계기를 마련하였고, 전쟁체험은 청소년의 의식 안에서 전쟁을 '도의(道義)'와 '성전(聖戰)'[6]으로 내면화하고 반공이 분단국가의 존립 기반임을 각인시키

....

6) 조병옥(1955)은 "조국의 영원한 행복과 진정한 자유를 위하여 용감히 총칼을 들고 성전(聖戰)에 참렬한 용사들"이라고 함으로써 한국전을 성전(聖戰)으로 파악하였다.

는 계기가 되었다. 교육을 통한 반공주의가 하나의 교육실체로 절대화되었으며, 전쟁 중 실시된 반공교육은 전후 반공교육의 모태가 되었다(장수경, 2009).

① 환경적응성: "철학 · 이념이 시대 · 환경적인 요청에 부응하고 적합한가?"

교육정책의 환경적응성 면에서 이승만 정부는 역대 정부 중 가장 뛰어난 정부라고 평가할 수 있다. 이승만 정부의 교육정책은 훗날 '교육혁명' '교육기적'으로 일컬어질 정도로 높은 평가를 받고 있기도 하다. 1950~1961년에 미국이 한국에 제공한 경제원조는 총 27억 달러에 달하는 상황, 즉 국가총수입의 85%가 미국의 원조였던 대한민국은 가난하고 무지한 나라였다(이영훈, 2013). 이는 가난하고 무지한 국민은 '이승만 초대 대통령'이라는 인물의 교육 철학과 이념에 기댈 수밖에 없는 실정이었다. 이승만 정부는 당시의 시대적 요청에 부응하여 전 국민의 78% 가량이 글을 알지 못하는 상황에서 국민교육을 위한 정책을 시행하여 엄청난 성과를 이루어냈으며, 1960년대의 경제발전의 밑거름을 만들어갔다. 또한 교육의 영역도 초등학교 의무교육 수준을 넘어 고등교육에서도 엄청난 양적 발전을 이루어 중요한 교육성과를 이루어 내기도 하였다.

② 국민통합기능: "교육정책의 철학 · 이념이 교육문제에 대한 관심의 차이에 따라 발생하는 국론의 분열과 갈등을 통합하는 기능을 하고 있는가?"

이승만 정부의 교육정책에서 국민통합기능도 높게 평가할 수 있다. 1960년대를 거치며 우리나라가 고도의 성장을 이룩할 수 있었던 것은 1950년대 이승만 정부 당시 교육정책을 통하여 풍부한 인적 자본을 축적하였기 때문이고, 국민교육의 기초를 충실히 다져 두었기 때문이다. 1950년대에는 이른바 교육혁명이라고 할 만한 국민교육에서 획기적 진전이 있었다. 어려운 경제 여건하에서 정부는 청소년에게 풍부한 교육의 기회를 제공하였으며, 국민은 교육만이 삶의 질을 바꿀 수 있다는 생각에서 자제들의 교육에 놀라운 열정을 보여 주었다. 해방 후 13세 이상의 성인 가운데 학교에 다닌 적이 없는 불취학자의 비율은 거의 80%에 가까웠다. 성인의 문맹률이 어느 정도인지는 정확한 자료가 없으나 대체로 그 정도였다고 보아도 무방하다. 그런데 1959년이 되면 성인 문맹률은 22%로 떨어져 있었다. 동 기간 학교교육이 널리 보급된 덕분이었다. 건국 헌법은 "모든 국민은 평등하게 교육받을 권리가 있다. 적어도 초등교육은 의무적이며 무상으로 한다."(제16조)라고 규정하였다. 그에 따라 1950년부터 초등학교 의무교육제가 시행되었다. 이를 위해 정부는 빈약한 재정 형편에도 불구하고 재정의 10% 이상을 교육에 투자하였다. 초등학교의 수는 1948년 3,443개에서 1960년 4,653개로 늘었으며, 학생 수는 242만에서 366만으로 증가하였다. 초등학교 취학률은 의무교육제가 시행된 1950년에 83%였는데, 1965년에 100%를 넘어 의무교육제의 목표가 달성되었다.

중학교 이상의 고등교육도 널리 보급되었다. 전문학교와 대학교는 해방 직후에 19개교에 불과하였는데, 1952년에 41개교로 증가하였다. 1950년대 걸친 교육혁명은 새로운 지식과 기술을 습득하고 개량함에 우수한 능력을 갖춘 인적 자본을 두텁게 축적하였다. 1950년대가 축적한 높은 수준의 인적자본은 1960년대 이후 자본과 자연자원이 빈약한 한국 경제가 고도성장을 개시할 수 있었던 가장 중요한 밑거름이 되었다. 단, 오랜 독재를 바탕으로 하향식 정책이었기 때문에 4·19 의거에 의해서 결국 이승만 대통령이 하야하게 된 것을 두고 보면 이 국민통합기능에 대한 논란의 소지가 있다. 초기에는 상당한 국민적 지지를 받았지만 일인 독재체제 구축을 위한 선거부정 등 윤리적 측면에서 많은 비난을 받았고, 이를 모면하기 위해서 '반공'으로 국론을 모으려는 시도는 이 정부의 오점이라고 볼 수 있다.

③ 유기적 연계성: "교육정책의 철학·이념이 세부 정책에 반영되고 있는가?"
이승만 정권의 '교육입국'에 입각한 교육정책은 대한민국 건국의 문맹 상황을 고려하여 헌법에 의무교육 조항을 넣고 의무교육정책을 위한 제도 정비와 교육법령 정비에서 시작으로 초·중등교원 정책을 수립하고, 전시 상황에서

전시교육에 관한 법령으로 초·중등 교육과 대학교육에 관한 정책과 제도를 마련해 나갔다. '교육입국'의 교육정책 철학은 이와 같이 세부적 교육제도를 마련하고 행정 개선을 이뤄 나가는 과정에서도 꾸준히 적용되었다. 일례로, 전시대학정책과 1도 1교 국립대학설치정책, 그 이후 대학의 무분별한 설립을 막고 대학의 질 관리를 위한 대학설치령 등의 정책을 보면 건국 초기에서부터 정권 말기에 이르기까지 교육입국의 기치하에 일관성 있게 정책을 추진하였음을 알 수 있다.

2) 분야별 세부 정책

이승만 정부에서 실행된 교육정책을 교원정책 분야, 학교정책 분야, 교육환경개선 분야, 교육행정체제 분야, 고등교육정책 분야 등 5개 분야로 나누어 세부 정책을 평가하면 다음과 같다.[7]

■ 교원정책 분야

(1) 초등교원 양성

▶ 정책목표

대한민국 건국 이후 '교육입국'의 기초는 초등학생들의 교육이었다. 이에 따라 교육법 제정 이후 의무교육에 따른 초등교원의 폭발적인 수요가 있었으나 당시에는 교원이 절대적으로 부족한 상황이었다. 초등교원의 원활한 수급을 목표로 교원양성 정책을 시행하였다.

....

7) 각 정책은 정책목표가 추구하는 가치를 얼마나 달성했는지의 정도에 따라 평가하였다. 이때 평가 결과는 선행문헌 고찰을 중심으로 긍정적인 측면과 부정적인 측면의 공과를 포함하는 방식으로 제시하였다.

▶ 추진경과

- 임시교원훈련소(Teacher Training Center: T.T.C) 설립(1948. 8. 1)

  – 증가된 교원의 수요충당을 위해 설립, 6개월간 운영

- 교육법 제정(1949. 12. 31)

- 대구 사범학교를 제외하고 전국 16개의 도립사범학교를 국립화함(1950. 4)

- 전국 사범학교 18개로 증대(1951)

- 교사징용 완화에 관한 건의안 통과(1951. 3)

- 전국 초등교원 25,000명에 대한 징집보류조치 취함(1952. 11)

- 교육공무원법의 제정, 교육공무원 임용령(1953. 11. 1 대통령령 제828호)

- '교원양성과 재교육에 관한 임시기관 설치령' 제정 · 공포

- '교육공무원 자격검정령' 제정 · 공포(1953)

  – 교사 재교육을 위한 법적 근거 마련

- 교육공무원 보수규정(1954. 12. 8 대통령령 제964호)

- '교육특별심의회'를 구성하여 교육대학 설치에 관한 문제제기(1955. 12)

- 종래의 사범학교에 설치되어 있는 연수과 폐쇄(1956)

- '교직교육심의회'를 설치하여 2년제 교육대학 설립안 논의(1957)

- 초등교원 임시 양성소 폐쇄(1958)

  – 폐지 후 전문양성기관인 사범학교로 일원화됨

▶ 평가

광복 직후 미군정기에는 각급 학교의 개교를 서두르면서 교원 인력이 부족하여 학력기준이나 자격기준을 엄격히 할 수 없었다. 따라서 초기에는 중등학교를 마친 사람이면 다른 절차 없이 초등교원이 될 수 있었다. 사범학교는 일제 때 세워진 사범학교 19개교가 있었는데 그중 15곳이 초등교원 양성기관으로 운영되었다. 또한 초등교원 양성을 위해 미군정은 10개의 기존 사범학교를 개편하여 초등교원 양성기관으로 발족시켰고, 1951년까지 8개교를 증설하였

다. 그리고 이들 사범학교에 초등교원 임시양성소를 부설 운영하다가 1958년
에는 모두 폐지되었고, 이후부터는 전문양성기관인 사범학교로 일원화되었다.

　교원자격제도는 1953년 제정된 교육공무원법에 교원자격제도를 명시하였
고, 1953년 10월에 공포된 교육공무원자격검정령에서 자격검정의 종류와 자
격증 수여 대상 및 자격증의 효력 등의 사항을 구체적으로 규정하였다. 즉, 자
격검정에는 무시험검정과 시험검정이 있고, 시험검정은 다시 전형검정과 고시
검정으로 구분하였다. 또한 교사자격증의 유효기간을 10년으로 하고 자격증의
효력을 갱신할 때에는 소정의 강습을 받도록 하였다. 초등교원 양성정책을 통
하여 초등교원 부족 사태를 해소하고 양질의 교사양성을 위한 법적인 기반을
마련하였으며 교사의 재교육에 힘쓰는 한편, 전문양성기관을 일원화하고 체계
화하여 안정적인 교사양성에 힘을 기울였다.

(2) 중등교원양성

▶ 정책목표

양질의 중등교원의 원활한 수급을 위한 행정체제를 정비하는 것을 목표로
하였다. 교원양성 및 재교육의 획기적인 개선으로 기존의 교원양성기관에 대
한 운영 개선을 위한 전문적 지원으로 교사교육을 개선하고자 하였다.

▶ 추진경과
- 공주사범대학 설립(1948)
- 교원자격증제 실시(1948. 5)
- 교육법 제정(1949. 12. 31)
- 경북사범대학 설치(1951)
  - 대구사범학교를 모체로 함
  - 법률 제86호에 따라 사범대학이 교육법상 명문화됨

- 교육공무원법 제정(1953. 4. 18 법률 제285호)
  - 교사의 자격기준을 법제화, 중등교원양성기관 제도화
- 교원의 양성과 재교육에 관한 임시기관 설치령 제정(1953. 4 대통령령 제781호)
  - 임시 중등교원 양성소를 둘 수 있도록 함
- 공주국립사범대학 설치(4년제)(1954)
  - 공주사범대학이 개편됨
- 일반대학의 교직과정 법령공포(1955. 11. 11 문교부령 제39호)
  - 일반대학의 우수한 졸업자 교육계 유치, 확보
  - 사범대학에서 양성 못하는 교과의 담당교원 양성, 중등교원 수급 원활화 목적
- 일반대학에 교직과제도 설치함
  - 일반대학에서 교양 및 전공의 이수 외에 소정의 교직과목을 이수하면 2급 정교사 자격증을 수여하는 제도
- 중등교원 임시 양성소 폐쇄(1958)
  - 교원 수요 감소에 따른 폐쇄
- '중학교 · 고등학교 · 사범학교 시설기준령'과 '중학교 · 고등학교 · 사범학교 설치기준령'이 제정되어 사범교육의 내실화가 이루어짐(1959)

▶ 평가

초등교육양성과 마찬가지로 양질의 중등교원양성을 위한 법적 기틀을 마련하였으며, 일반대학에 교직과정을 설치하여 사범대학에서 양성하지 못하는 교과의 담당교원을 양성하는 등 원활한 수급을 위한 정책을 정비하였고, 1958년도에는 교원 수급의 원활화의 목표를 이루어 중등교원 임시양성소를 폐쇄하였으며, 시설 기준령 등을 통한 사범교육의 내실화를 성공적으로 이루었다.

(3) 교원 재교육

▶ 정책목표

교원의 훈련과 재교육으로 교육의 질적 저하 방지와 개선을 도모하고자 하였다. 또한 현직 교사를 대상으로 교원의 자질을 향상하고 학력미달 교사의 구제, 진학기회의 제공 등을 목적으로 재교육을 실시하였다.

▶ 추진경과
- 교원 재교육(1948)
  - 중앙교원훈련소 강습회 개최
  - 한국교육자들의 민주교육을 모색하는 데 큰 영향을 줌
- 대한교련에서 새롭게 제정된 교육법에 대한 강습회 개최(1950. 1)
- 미국의 제1차 교육사절단 방한(1952. 9)
  - 생활 중심 교육과정, 민주적인 교육행정, 학습 지도의 개선을 위한 지도조언
- 제2차 사절단에 의한 현직교육(1953~1954)
  - 교육 철학과 생활지도, 교육과정, 학습 지도법의 개선
- '교원양성과 재교육에 관한 임시기관 설치령' 제정·공포
  - 교사 재교육을 위한 법적 근거 마련
- 교원의 증가에서 비롯된 교육의 질적 저하를 방지하고, 그 개선을 도모하기 위한 현직교육 강화(1954)
- '교육공무원 자격검정령' 제정·공포(1954. 11)
- 제3차 교육사절단은 서울사대, 경북사대 등에서 실지 교수를 하였고, 교사의 지도와 동시에 교육과정 검토, 학교 운영 전면에 걸쳐 교장에게 조언 함(1955. 6)
- 조지 피바디 사범대학 교수단 방한으로 교사양성 및 교사 재교육 개선

을 위한 기술 원조와 지도 조언을 받음(1956. 10~1962)

▶ 평가

교원의 질 관리를 위한 교원 재교육정책에서 미국에서 교육을 받은 이승만 대통령과 당시 정부 관료들의 영향으로 미국의 교육 원조를 받게 되었으며, 그 정책은 교원의 질 관리 차원에서 새로운 장을 열었다고 평가할 수 있다. 새로운 학습지도법의 모색을 위한 노력에 선도적 역할을 한 것이 1952년에 내한한 제 1차 미국교육사절단이 현직교사 재교육을 목적으로 문교부의 협력으로 설치한 '중앙교원 훈련원(Teacher Training Center)'이었다. 미국의 교육전문가 6명을 맞이하여 제1회 강습회가 열린 것은 1952년 11월이었는데, 이에 참집한 회원은 전국의 중견교사 180명이었고, 그 강습 내용은 주로 학습지도법에 관한 것이었다. 여기서 미국에서 연구되고 실천되고 있던 진보적 교수방법이 소개되었고, 이에서 자극을 받은 교사들은 각기 임지로 돌아가 새로운 학습지도법을 실천에 옮겼다.

1950년대에 한국교육의 재건과 개선에 도움을 주고자 미국의 교육사절단이 내한하여 활동하였는데, 1952년 8월부터 1956년 6월까지 3차에 걸쳐 미국교육사절단이 내한하였고, 1956년 10월부터 1962년 6월까지는 조지 피바디 사범대학 교수단이 내한하였다.

1952년 8월부터 1956년 6월까지 내한하였던 제1, 2, 3차 교육사절단은 주로 생활 중심 교육과정운동에 자극을 주었으며, 민주적인 교육행정, 학습지도법 개선, 현직교육 및 교사양성 등을 위하여 지도·조언을 하였다. 그리하여 당시 한국전쟁을 겪은 우리가 교육의 여러 분야에서 새롭게 건설하려는 때여서 교육사절단의 조언은 한국교육의 발전에 많은 도움을 주었다.

1952년 8월에 내한한 제1차 교육사절단은 10개월 가까운 한국 내의 활동을 마감할 무렵 문교부와 대한교육연합회의 공동으로 교육연구소를 설립할 것을 정부에 건의하였다. 여기에 또 같은 시기에 내한하였던 UNESCO-UNKRA 교육계획사절단도 한국에서의 교육연구의 필요성을 강조하였다. 이러한 내외적 요청에 응하여 문교부와 협의한 결과 1953년 3월 9일 중앙교육연구소를 설립하게 되었다. 이처럼 미국교육원조와 교원재교육정책은 우리 교원들의 수준을 한 단계 높여 주는 계기를 마련한 정책으로 평가할 수 있다.

■ 학교정책 분야

(1) 의무교육제도 시행

이승만 대통령이 교육 분야에서 이룬 가장 중요한 업적은 의무교육제도의 도입과 정착이었다. 해방 당시 한국인의 문맹자 비율은 78%였다(김기석, 강일국, 2004; 문정인, 김세중, 2004: 531-533).[8] 이는 일제 통치하에서 초등교육을 받은 한국인이 전체 인구의 22%에 불과했음을 뜻한다. 그중 전문학교 이상 대학 졸업의 학력소지자는 전체 인구의 0.2% 미만이었다(교육부, 1998: 42; 김기석, 강일국, 2004: 531).

▶ 정책목표

일정한 학령기의 취학을 제도적으로 의무화하여 모든 국민이 사회적 신분이나 경제적 지위의 차별 없이 그 능력에 따라 교육을 받을 수 있도록 하여 교육의 기회 균등과 민주화를 실현할 기본 조건을 만들고 교육으로 나라를 바로 세우는 데 있다.

▶ 추진경과
- 교육법에서 "모든 국민은 6년의 초등 교육을 받을 권리가 있다."라고 천

....

8) 여기에서의 '문맹자'는 '식민지 교육기관에 취학하지 않은 인구'를 의미한다. '문맹자'의 비율을 79~80%로 보는 견해도 있다(교육부, 1998: 42).

명(1949. 12. 31)

- 의무교육 6개년 계획 수립 및 시행(1950. 6. 1)
- 한국전쟁 발발로 일시 중단(1950. 6. 25)
- '교육법시행령'이 공포되어 의무교육 추진 전담기구인 구교육위원회와 시교육위원회 발족(1952. 4. 23)
- 각 군 교육구와 시교육위원회는 학령 아동을 조사하고 학령부 작성 (1953. 6)
- 신설교실 1,192개, 개축교실 917개, 가교실 5,532개 건축(1953)
- 의무교육 완성 5개년 계획 실시(1954~1959)
  - 전체 학령아동 취학률 96%
- 초등학교 교원정원을 학급수와 동일하게 하고, 교실건축비로 7,500개 교실분 책정되어 재정지원 활발해짐(1955)
- '교육세법'으로 의무교육 재원 확보에 커다란 기여(1958)
  - 실제 수입액의 3배, 예산액의 70% 증수
- 의무교육 완성 5개년 계획으로 취학아동 증가(1959)
  - 1954년도 2,678,978명, 1959년도 3,558,142명
- 문교예산에 대한 의무교육비 비율: 1953년 62.8%, 1960년 80.9%(1960)
- 취학률: 일제말기 54%, 1960년 95.3%

▶ 평가

헌법공포(1948)로 헌법에 기초한 취학의 의무, 학교설치의 의무, 교육 보장의 의무 등으로 구성하여 헌법에 교육받을 수 있는 권리와 교육의 기회 균등을 규정한 것은 선진국보다 100년이나 늦게 시행된 의무교육이었으나 현재 100% 초등학교 진학률을 기록하고 있을 정도로 완벽하게 뿌리내린 정책이라 할 수 있다. 교육법 공포(1949)로 헌법에 명시된 아동의 무상 초등교육은 교육법에서 6년 초등교육을 받을 권리를 구체적으로 명시하였다. 의무교육에 법령

98

정비를 적극적으로 시행하였고, 의무교육완성 6개년 계획을 수립하는 등 체계적인 교육정책을 추진함으로써 이에 따른 의무교육제도 시행결과, 목표 연도 취학률이 96.64%를 기록하여 목표를 초과달성하는 등 1950년대 초등교육정책의 근간을 이루었다. 하지만 임시 토지수득세 환부금제도, 교육세, 의무교육 재정교무금법 등의 재정 확충을 위해 노력하였으나, 당시에는 교육재정의 부족으로 학교시설과 교실 증축은 미달된 상태였고, 교원 확보도 47.6% 증가에 그쳤으며, 인구 증가에 따른 학력아동의 증대 등으로 교육의 질이 다소 낮은 것이 문제라고 할 수 있다.

(2) 학제개편

▶ 정책목표

국민 개개인의 능력을 최고로 발휘할 수 있고, 균등한 교육기회, 교육의 보급과 향상을 신속하게 달성할 수 있는 발전적인 내용, 우리의 국가 사정에 적절하고 국제 교육 수준에 대응할 수 있는 제도를 설정하는 데 있다.

▶ 추진경과
- 교육법 국회 통과(1949. 11)
- 교육법 공포로 6-4-2-4학제를 채택하였으나 시행하지 못하고 수정 (1949. 12)
- 학제개정안 국회통과(1950. 2)
- 교육법 수정으로 학제개정안 공포(1950. 3). 6-3-3-4 단선형 학제 수립
- 중학교 3년으로 단축, 고등학교 사범학교 입학자격을 중학교 졸업자로 정함. 학기 초 시작 9월안 폐기(3. 20)
- '교육법 개정에 따르는 현존 학교에 관한 조치령' 발표(8. 24)
  - 교육법 개정에 따른 후속 조치

- 초급 중학교 4년제 중학교 및 6년제 중학교는 8월 31일까지 개정된 교육법에 따라 중학교 또는 고등학교로 개편
- 중학교로 개편되는 6년제 중학교는 현존 제4학년 재학자의 제6학년 졸업년도 말까지 존속하며, 고등학교로 개편되는 4년제 중학교 및 6년제 중학교는 제1학년 재학자의 제3학년 졸업년도 말까지 개정된 교육법에 의한 중학교로서 존속하도록 함
- 오늘날의 학제와 같은 6-3-3-4(6)제로 완전 개편 실시(1951. 9)
- 신학기제에서 4월 학기제로 환원(1952)
- 전시하 교육특별조치요강 발표 중단된 학교 수업재개(1952. 2)

▶ 평가

학제는 국가의 기본법에 바탕을 둔 교육이념의 실현을 목표로 하여 경제 사회의 여건과 그 변화를 추세에 적합하게, 그리고 교육 내적으로는 인간발달과 교육내용의 선정과 조직에 관한 타당한 원칙을 존중하는 방향으로 개선 운영되어야 하는데도 이러한 요구를 무시한 채 제정 당시의 학제가 경직되게 운영되어 왔다.

(3) 교육과정 개정

▶ 정책목표

교육내용을 교육목표와 과학적 체계에 기초하여 학생들의 연령, 발달단계에 따라 계통적으로 배분하는 것을 목표로 하였다.

▶ 추진경과
- 교육법 제정 · 공포로 시작(1949. 12. 31)
- '교수요목제정심의회규정' 공포(1950. 6. 2)

- 한국전쟁 발발로 일시 중단(1950. 6. 25)
- '교과과정연구위원회' 설치(1951. 3. 30)
  - 교과과정 시간배당 기준안 작성하여 법제화
- 제1차 '교육과정심의위원회' 소집(1953. 3. 11)
  - 전체위원회와 교과별 분과위원회로 구성
- '국민학교 · 중학교 · 고등학교 및 사범학교 교육과정시간 배당 기준령'
  공포(문교부령 제44호. 4. 20)(1954)
  - 중등학교 교육과정 제정
    · 교육법 시행령 제115에서 교과 선정
    · 국어, 사회, 생활, 수학, 과학, 체육, 실업, 가정, 음악, 미술, 외국어
- 국민학교 · 중학교 · 고등학교 및 사범학교 교육과정 제정안 공포(1955.
  8. 1)
  - 1차 교육과정 운영

▶ 평가

교육과정의 생활화와 과학화를 위한 교육과정 개편은 광복 후부터 1955년
교과과정 제정 전까지 국어교육과 민주주의 교육에 중점을 두었으나, 미국의
새로운 교육 사조를 받아들이기 전이어서 일제 시대의 교육내용을 답습할 수
밖에 없었다. 1954년 교육과정 시간배당 기준령과 1955년 각급 학교의 교과과
정이 공포되어 최초로 학교 교육과정의 기틀을 세웠다.

1955년에 제정된 교육과정의 특색은 종래의 지식 중심의 교육과정을 지양
하고, 학생의 경험을 존중하는 교육과정으로 편성한 것으로 이것은 미국의 진
보주의 교육의 영향을 받은 것이라고 할 수 있다.

1955년 8월에 제정한 교육과정은 지역별 · 학교별 여건에 맞게 운영할 수
있도록 하였으며, 교과과정의 비중을 교과목의 학습과 학교 학습활동을 같은
비중으로 보아서 특별활동을 교과과정 시간과 동등하게 배정하여 적성, 취미,

관심 등을 끌어올리는 교양교육을 가능하도록 도모하였다.

당시는 정치적으로 미국의 영향을 많이 받을 수밖에 없는 상황을 감안하여 미국 교육의 교과과정에 상당한 영향을 받아서 미국식 교과과정을 모방하였다는 단점을 꼽을 수 있다.

■ 교육환경개선 분야

(1) 문맹자 교육

▶ 정책목표

일제의 한국인 우민화정책으로 광복 당시 우리나라의 12세 이상의 전체인구 중 78%가 문맹자였다. 광복 후 가장 시급하고 중요한 사회교육사업은 당연히 문맹퇴치를 위한 한국어교육이었다. 이승만 정권시대에 규정된 문맹은 초등학교 2학년 수료 정도의 국문 해독력에 미급한 자였는데, 문맹자 교육은 국민이 초등학교 2학년 수준의 국문 해독력을 가질 수 있도록 교육하는 것이었다.

▶ 추진경과
- 교육법 제정으로 문맹퇴치교육 발전(1949. 12. 31)
  - 계몽교화 강좌, 성인교육 지도서의 한글 보급용 교재 등의 활동 전개
- '문맹퇴치 5개년 계획' 수립으로 문맹퇴치를 위한 본격적 작업 착수 (1953)
- 국무회의에서 전국 문맹자 완전 퇴치 계획 수립, 강력한 국문보급운동 추진(1954. 2. 16)
- 5개년에 걸쳐 문맹퇴치교육을 실시한 결과 총인구에 대한 문맹률이 4.1%까지 감소(1954~1958)

▶ 평가

문교부의 문맹타파와 계몽운동은 다양하게 이루어졌으며, 무엇보다도 정부의 문맹퇴치 5개년 사업은 사업을 진행한 5년 간 문맹률이 78%에서 4.1%로 급감하는 커다란 성과를 거두었다. 1949년 제정된 교육법에서 초등교육을 정상적으로 받지 못한 청소년과 성인에게 국민생활에 필요한 보통교육과 공민적 사회교육을 실시하는 공민학교가 문맹퇴치사업의 주체적 역할을 담당했으며, 이어 어머니 학교와 성인교육반 등이 설립되어 문맹자는 크게 감소하게 되었다.

■ 교육행정체제 분야

(1) 교육자치제 실시

▶ 정책목표

교육 전문성의 원칙, 주민의 참여와 통제의 원칙, 자주성의 원칙 등 세 가지 기본 원칙의 실현을 목표로 하였다. 또한 지방교육행정조직에서는 교육자치제도를 도입하여 시행하면서 초·중등 교육을 위한 안정 재원을 확보하는 것이 우선 과제였다.

▶ 추진경과
- 지방분권의 원칙을 명시한 교육구의 설치 및 교육구회(教育區會) 설치에 관한 법령 공포(1948)
- 교육법(1949)과 교육법시행령(1952)에서 교육자치제의 실시에 앞서 지방자치제가 선행되어야 한다는 조건 명시
- 군교육구와 시교육위원회 발족(1952)
- 서울특별시 교육위원회 성립을 마지막으로 교육자치제의 완전한 실시(1956)

▶ 평가

교육자치제는 미국의 교육위원회제도를 우리나라에 도입한 것으로 전문성의 원칙, 주민의 참여와 통제의 원칙, 자주성의 원칙 등 세 가지 기본 원칙의 실현을 목표로 하며 교육행정에 대한 전체적 의미와 방향을 결정하는 데 중요한 기반이 되었다. 전문성의 원칙은 교육에 대한 전문적 지식이 있는 사람에 의해 효율적으로 관리·운영될 수 있도록 해야 한다는 것이고, 주민의 참여와 통제 원칙은 지역 사회의 특성에 알맞은 교육활동을 전개할 수 있도록 지방주민에 의해서 선출된 대표로 하여금 교육정책을 수립하고 집행하도록 하는 것이다. 자주성의 원칙은 교육의 특수성과 전문성을 신장시키고, 정치적·종교적 중립성을 보장하기 위해 교육을 중앙과 일반 행정으로 부터 분리·독립시켜 교육자치단체로 하여금 운영하게 한다는 것이다. 하지만 교육자치제는 시행 1년도 못되어 도지사 및 내무부 장관이 경비절감을 이유로 교육청을 폐지하며 교육감 및 200여 명의 인원을 감축하는 건의를 대통령에게 내는 등의 큰 시련을 겪기도 하였다(최석태, 1999).

교육자치제가 실시되기 전까지는 지방교육의 행정권이 내무부에 예속되어 일반 행정기관 관리 밑에 있었던 만큼, 독립시켜 따로 자주적인 교육행정기구를 만든다는 것은 내무부 관계 관리의 기득권을 상실하는 것을 의미하는 것이었다. 따라서 독자적 교육행정기구 설치에 반대한 것은 있을 법한 일이기도 하였다. 이러한 수난 가운데서도 계속하여 수복지구, 한수(漢水) 이북지구로 교육자치제도는 급속히 확장 실시되었으며, 서울특별시 교육위원회의 성립을 마지막으로, 대한민국 주권의 행사가 가능한 전 지역에 걸쳐 교육자치제의 완전한 실시를 보게 되었던 것이다(문교부, 1958). 교육자치제의 수립은 교육의 자주성, 중립성을 위한 중대한 결정이었다(손인수, 1998: 430).

■ 고등교육정책 분야

(1) 전시연합대학

▶ 정책목표

문교부가 1951년 2월 26일자로 〈전시하 교육특별조치요강〉을 제정·발표하여, 그동안 중단되었던 수업을 재개한 것과 같이 약 3개월 후 당시 전시 상황이 나아짐에 따라 민족문화의 정수라고 생각된 대학도 재개할 것을 생각하고 대학교육의 재개를 목표로 하였다. 1951년 5월 4일에 '대학교육에 관한 전시특별조치령'을 공포하면서 부산, 대전, 전주, 광주 전시연합대학을 세워서 대학교육을 재개하고자 하는 것이다.

▶ 추진경과
- '대학교육에 관한 전시특별조치령' 공포(1951. 5. 4)
  - 부산에서 발족하여 점차 광주, 전주 및 대전에서도 실시
  - 부산, 광주, 전주, 대전 등 전시연합대학에 수용된 학생 수는 6,455명, 동원된 교수 수는 444명임
  - 약 1년 동안의 대학교육 공백기를 보충하는 역할을 함
- 전시 연합대학 해제
- 정부 환도와 더불어 서울 본교로 대부분의 대학 복귀

▶ 평가

전시연합대학은 수업 분위기의 산만함 등으로 양질의 교육은 이루어지지 않았으나 전시임에도 불구하고 인재양성이라는 임무를 게을리하지 않았다는 데 큰 의의가 있다. 그러나 전쟁이 장기화되면서 각 대학의 피난 도시에서의 대학운영이 안정을 되찾게 되자 피난대학들의 독자적인 개강이 활발해지고,

소위 일류대학에서는 적어도 최종 학년 만큼은 자기의 대학에서 수강하지 않
으면 졸업을 인정할 수 없다고 주장함으로써 전시연합대학이라는 전시대학체
제는 1952년 5월 31일자로 해체되었다. 한국전쟁 중의 전시연합대학은 전쟁
중의 교육문제에만 관여되었던 것이 아니고, 그 이후의 한국사회 발전의 원동
력이 되는 교육기반의 확립에도 기여한 바가 컸다. 전시연합대학 설치·운영
을 계기로 국립대학이 서울에만 집중되어 있던 점의 문제점을 발견하게 되고,
지방에도 국립대학을 설치해야 한다는 필요성을 인식시켜 준 계기가 되었다.
이 전시연합대학의 운영 경험이 지방 국립대학의 설립으로 연결되었다는 점에
서 교육발전의 획기적인 성격을 보여 준다(손인수, 1995: 61).

(2) 1도 1개교 국립종합대학설치

▶ 정책목표

백낙준 문교부 장관 시절 우리나라 대학의 3분의 2에 해당하는 학교가 서울
에 집중되어 지방 청년들에게 고등교육을 받을 수 있는 균등한 기회를 제공하
지 못할 뿐 아니라, 또 같은 지방에 수 개교의 국공립 단과대학이 존재하여 노
력의 중복, 재정의 낭비를 보이는 실정에 비추어 1도 1개교 국립종합대학을 설
치할 방침을 세우고, 한국전쟁의 역경 속에서도 지방문화의 육성 발전과 지역
사회의 특수성을 살리고, 대학의 서울 집중으로 인한 폐단을 시정하려는 정책
목표를 시작하였다(손인수, 1998).

▶ 추진경과
• 종합대학교 설립
 −경북대, 전북대, 전남대(1952)
 −부산대, 충남대, 중앙대, 조선대, 성균관대, 동국대(1953)
 −건국대, 동아대, 한양대(1959)

- 단과대학 설립

  -효성여자대학, 근화 여자초급대학(현 명지대학교 전신)(1952)

  -충북대(1953)

  -인하대학, 숭실대학, 수도여자사범대학(현 세종대학교), 한국외국어대학, 조양간호초급대학(현 경기대학), 포항수산초급대학(1954)

  -제주대학, 대전보육대학(1955)

  -계명기독교대학, 대전대학(1956)

  -대전보육초급대학(1957)

  -동덕여자대학(1958)

  -관동대(관동학관의 승격), 서울신학대학(1959)

  -서울여자대학, 삼육신학대학(1960)

▶ 평가

대부분 서울에 집중되어 있던 대학시설이 전시연합대학을 경험한 후에 1도 1개교 국립대학설치 정책으로 이어지면서 전국에 대학이 고르게 자리 잡아 가기 시작하였고, 지역의 균형발전에 일익을 감당하게 되었다. 지방에 대학이 설립되면서 정작 국립대학보다는 사립대학을 중심으로 전국에 대학 신설이 이어졌다. 하지만 대학설치 기준령 공포와 대학정비를 거치면서 빠르게 확산되던 대학 설립이 줄어들기 시작하였다. 하지만 전반적으로 이때는 대학의 균형적인 설립 및 발전에 기여했다고 평가할 수 있다.

(3) 대학설치 기준령 공포 및 대학의 정비

▶ 정책목표

대학의 무분별한 증가와 비리 억제를 목표로 추진하였다. 대학의 양적 규모 확대로 정부에서는 공공성을 확보한다는 명분 아래 통제 위주의 정책을 펼쳤고, 일부 법인들이나 사학설립자들은 대학경영과 학사 운영 등에 지나친 간섭이나 영향력을 행사함으로써 사학에 대한 사회적 신뢰가 약화되었다. 그리하여 정부에서는 질적 통제정책을 행하고자 하였다.

▶ 추진경과
- 휴전 이후 고등교육 재건 시기(~1960년)
- 4년제 대학의 학점체제 조정(160~180학점)
  - 학기 당 취득학점 24학점 이하로 제한
  - 대학 교과과정 운영의 자율성 부여, 교수의 재량권 확대 계기
- 대학설치기준령 제정(1955. 8. 4)
  - 대학 설립시 시설과 교원 등에 관한 소정의 기준 제시
  - 중등교원 양성을 위한 일반 대학 내 교직과를 설치하는 교직과제도가 도입
- 대학설치기준령에 따른 1차 정비 단행
  - 빈약한 국제대학 · 경기초급대학 2개교 학생 모집 정지 조치
  - 서울대학교의 일부 단과대학 설치학과 폐지 · 통폐합
  - 전국 55개교 495학과 학생정원 총 83,580명 중 32개교에 대하여 28개 학과 학생정원 6,710명의 감축조치 단행
- 대학설치기준령에 따른 2차년도 정비 단행
  - 전국 55개 대학 학생정원 연 77,170명 중 10개 대학에 대하여 학생정원 연 1,060명 감축조치 단행
  - 대통령령 제1063호 대학설치기준령 공포(1955)
  - 시설이 빈약한 국제대학 · 경기초급대학 2개교에 대한 학생모집 정지 조치
  - 제1차년도 정비계획에 따라, 서울대학교 일부 단과대학에 대한 설치학과의 폐지 · 폐합을 비롯, 전국 55개교 495개 학과 정원을 총 83,580명

중 32개교에 대하여 28개 학과 학생정원 6,710명의 감축조치 단행
(1956)

-동령에 의한 제2차년도 정비계획에 따라, 전국 55개 대학 학생정원 연
77,170명 중 10개 대학에 대하여 학생정원 연 1,060명의 감축조치 단
행(1957)

▶ 평가

'대학설치 기준령'은 대학의 설립인가를 위한 각종 시설의 기준을 제시하고
아울러 교원배치기준을 규정하였다. 그리고 이의 적합 여부를 심의하기 위한
대학조사위원회의 설치 · 운영도 아울러 규정하였다. 그리하여 대학설치 기준
령의 제정은 1950년대 후반기에 이르러 일부 대학의 정비를 위한 근거를 마련
하였다. 이 기준령은 교원 배치 기준, 시설 기준, 자산과 경비, 대학조사위원회
에 대한 기준 또는 조직에 대한 기준을 엄격하게 명시해 실제로 대학을 설립하
는 데 너무 까다로운 규정이라는 비판이 제기되었다. 순수하지 못한 목적을 가
지고 대학이 설립되어 사적 욕심에 이용당하거나 대학이 무분별하게 증가하는
것을 시설 면에서 억제하자는 것을 주목적으로 삼았기 때문에 대학설치기준령
에 명시된 기준 자체의 현실성은 부족했다는 평가를 할 수 있다.

3) 추진 방식

이승만 정부의 교육정책 추진방식의 평가준거로서 민주성, 일관성 및 체계
성을 설정하였다. 민주성은 교육정책의 추진방식이 전반적으로 민의를 수렴하
여 민주적으로 추진되었는지, 일관성은 정책의 기획과 실천이 일관되어 있는
지, 그리고 체계성은 정책의 형성 및 집행이 정연한 체계에 의해서 이루어졌는
지를 판단하고자 한다.

① **민주성**: 이승만 정부의 교육정책 추진은 민의를 수렴한 민주적인 추진보다는 일방적인 정부주도하에 계획·추진되었다고 볼 수 있다. 당시에는 국민의 교육 수준도 일천하거니와 한국전쟁을 거치고 북한과의 대립으로 사상이 자유로울 수 없었기 때문에 민의를 수렴한 정책을 시행하기에는 시기상조였다고 할 수 있다. 사상적 자유를 허용할 수 없는 환경이었던 이승만 정부에서의 가장 커다란 오점이 바로 민주성이 결여된 것으로 볼 수 있다. 이승만은 '부산정치파동'과 '사사오입'이라는 기상천외의 계산법으로 두 번이나 개헌을 감행해 장기 집권의 기반을 다진 후, 진보당을 탄압하고 '3·15 부정선거'를 통해 대통령에 당선되었다가 결국 4·19 학생의거로 권좌에서 물러나야 했다. 거창 양민학살사건, 국민방위군 사건 등으로 결국 이승만은 '평생 자기 조국에 봉사한 대가로 국민으로부터 권력을 선물받았으나 그 권력에 빠져 타락한 애국자'라는 낙인이 찍히게 되었다(Allen, 1960: 12). 때문에 이승만은 우리나라 교육의 기틀을 마련하고 인재 양성의 큰 업적을 쌓아 지금의 국가 위상에 오르기까지 발판의 역할을 했음에도 불구하고 역사의 판단은 긍정적인 부분보다 부정적인 부분으로 평가되고 있다.

② **일관성**: 이승만 정부는 다양한 교육제도의 기틀을 마련하고 정착시켜야 하는 과제를 안고 있었던 정부로 시행착오가 많았기 때문에 교육정책에 있어서 지속성과 일관성이 결여되었다는 비판을 받아 왔다. 또한 당시 정권의 장기집권을 위해서 정책을 때에 따라 바꾸어야 하는 정치적인 부분도 일면 작용하여 일관성을 유지하기가 쉽지 않았다. 일례로, 교육자치제도에 있어서 교육위원회가 도교육위원회는 자문기관, 시교육위원회는 집행기관, 군 단위 교육위원회는 의결기관으로 3원화되어 조직상의 일관성이 결여되어 있었다. 이는 대한민국 정부수립 이후 계속 지연되어 왔던 지방자치제와 교육자치제의 실시 그 자체가 정치권력의 집권연장을 위한 정치적 이해에서 비롯되었기 때문이었으며, 그에 따라 지방교육행정조직과 교육행정조직은 이승만 정권기 내내 정권

의 집권연장을 위한 선거에 동원되었다.[9]

③ 체계성: 이승만 정부의 교육정책은 문교부를 중심으로 교육법 제정 이후 각종 위원회를 중심으로 정책을 구상하고 체계적으로 진행되었다고 할 수 있다. 우선 다양한 교육정책 추진을 위한 법령을 정비하였고, 법령에 맞추어 체계적 정책을 수립하고 추진하였다. 다만, 시행과정 중의 시행착오 내지는 환경변화에 따라 '조령모개'식의 정책 추진이라는 비판이 있을 수 있지만, 당시 상황을 감안할 때 적합하게 체계적인 교육의 기틀을 마련하였다고 볼 수 있다.

5. 맺음말

대한민국 건국 이후 열악한 교육상황 개선과 국민교육을 기틀을 바로 잡기 위한 초대정부의 교육정책은 교육법령 정비부터 초 · 중 · 고등학교 및 대학 정책은 물론 일반 국민을 위한 문맹퇴치운동, 공민학교 등에 이르기까지 실로 다양한 정책을 추진하였다. 일부 정책에서는 상황 변화에 따라 일관성을 갖추지 못하고 변화하기도 하였지만, 대부분의 정책이 시대 상황을 잘 반영한 정책으로 성공을 거두었다고 할 수 있다. 이러한 성공의 바탕에는 이승만 초대 대통령의 남다른 교육관과 열정이 있었다.

이승만은 교육에 남다른 열정을 갖고 한성감옥에서 수감자로 지낼 때부터 이미 옥중 학교를 열었고, 미국 하와이에서도 오랫동안 교육 사업을 통한 인재양성에 몰두했다. 교육을 통한 계몽과 인재양성의 중요성을 누구보다 잘 알고 있고, 오랫동안 교육을 실천해 왔던 이승만은 대통령의 자리에 오른 후 교육진

....

9) 인터넷 브리태니커 백과사전, 교육자치제의 역사(http://100.daum.net/encyclopedia/view.do?docid=b02g1687b001)

흥사업에 역점을 두었다.[10] 세부적으로 보면, 이승만은 교육 인프라를 대대적으로 확충해 나갔으며, 그 결과 1945년 78%가 넘던 13세 이상 문맹률이 1959년에 가서는 15~20%까지 낮아졌으며, 초등학교 취학률은 1946년 53.4%에서 1958년에는 95.2%의 완전 취학에 근접한 모습을 보여 주며 초등교육 의무화를 이루어냈다. 더욱 놀라운 것은 1948~1960년 고등학교와 대학교 진학률이 4배 이상 오르고 대학의 수가 급증하면서, 이승만 정권 말에는 대학진학률이 당시 제2의 경제대국이었던 영국보다도 높은 수준을 달성하는 등 기적 같은 모습을 연출하였다.

또한 이승만은 AID의 기술원조계획을 이용하여 많은 국내 대학을 육성하였으며, 이 대학들과 해외 많은 대학을 연결하였다.[11] 뿐만 아니라 각 기업과 산업체의 많은 기술자를 해외로 장기간 연수를 보내 외국의 발달한 기술력을 빨리 배워 오도록 장려하였으며, 이들이 고국에 돌아와 한국 산업화에 지대한 영향을 미치는 결과를 낳았다. 이렇듯, 만약 이와 같은 이승만의 인재육성 정책과 교육정책이 없었다면, 이후에 대학 인력 부족 문제로 박정희 시절 그 찬란한 근대화와 경제 성장은 이루어지기 매우 힘들었을 것이다. 요컨대, 이승만 대통령 집권기에 한국에서는 '교육 기적'이 일어났고, 이 기적으로 말미암아 이 땅에서 민주주의가 정착할 수 있는 토대가 마련되었으며, 1960년대 이후의 '경이적' 경제 발전의 지적 기반이 조성되었다고 볼 수 있다.

....

10) 이승만은 역대 그 어떤 대통령보다도 인재의 등용을 강조했으며, 그러한 모습은 그의 교육정책이나 기술 원조를 통한 인재 육성 정책을 통해 발견할 수 있다. 일단, 1950년대에 정부 예산을 살펴보면 그 중 절반가량이 국방비로 지출되었음에도 문교(교육) 예산을 약 20% 정도로 유지하는 과감한 예산 운영을 보여 준다.

11) 특히 700만 달러를 들여 서울대학교와 미국 미네소타 대학교 간에 협정을 맺게 하여 우리 학생이 외국에서 많은 것을 배워오도록 하였다. 우리나라 해외 박사 중 미네소타 대학교 출신이 가장 많은 것도 이 때문이다. 이 밖에도 연세대학교, 고려대학교를 미국 워싱턴 대학교와 협정을 체결하였고, 기술원조자금을 이용하여 수많은 대학교 시설을 설립하였다. 가난한 나라였음에도 그의 대통령 재임 시에 5,000명에 가까운 정규 유학생이 미국을 비롯한 선진국으로 유학을 떠났으며, 한 · 미 동맹의 이행에 따라 도입되는 최신 군사 장비에 관한 기술을 습득하기 위해 1만 명 이상의 군인이 미국으로 연수를 떠났다.

　　마지막으로, '이승만 정부'에서 실행된 교육정책의 평가 결과를 종합해 보면 다음과 같은 특징을 지니고 있다고 볼 수 있다. 첫째, 이승만 정부의 교육정책은 국가의 정치적·사회적 상황에 민감한 교육정책을 추진하였다. 둘째, 이승만 정부의 교육정책은 공동체의식과 반공사상 등 시대적 특성이 그대로 투영된 교육정책이었다. 셋째, 이승만 정부의 교육정책은 교육체계를 정비하고 교육의 민주화를 위한 교육정책을 실시하였다. 넷째, 이승만 정부의 교육정책은 유능한 인재를 확보하기 위한 인재육성 교육정책을 중점적으로 추진하였다. 다섯째, 이승만 정부의 교육정책은 한국인의 정체성 회복 및 확립을 위한 교육정책을 정권적 차원에서 추진하였다.

제5장

제3, 4공화국 교육개혁의 정치학

1. 들어가는 말

1960년 학생의거는 제1공화국을 중단시켰고 제2공화국의 탄생을 보게 하였다. 그러나 제2공화국은 학생들에 의해 주도된 미완의 혁명으로 기성정치인에 의해 이끌려 너무나 짧은 수명을 누렸다. 그 때문에 제2공화국은 그 짧은 일정으로 교육개혁에까지 손을 댈 만큼 시간적 여유가 없었다.

더구나 이 4·19 학생의거는 독재에 저항하는 반독재 정치운동이었다. 의거를 주도한 학생세력은 학원의 민주화에도 깊은 관심을 가지고 있었으나, 그보다는 일반 정치제도의 민주화에 더 많은 관심을 쏟고 있었다. 따라서 이 의거의 주도로 발언권이 강화된 학생들은 정치체제에 끝없는 요구를 퍼부었고, 그요구는 정치체제에 큰 부담이 되었다. 또한 그러한 분위기에 편승하여 사회 각층의 정치세력들 역시 같은 요구를 무차별적으로 퍼부었으므로 이를 감당하지 못한 정치체제는 사회에 대한 통제력을 잃고 혼란과 무질서 그리고 심지어는 좌절을 경험해야 했다. 교원들이 정치적 집단인 노동조합을 구성하고 체제에 대하여 이의를 제기하기 시작한 것도 이때가 처음이었던 것이다.

따라서 제2공화국은 정치적으로 무력했던 만큼 어떤 교육개혁에도 착수하지 못한 채 사회적 무질서만 연출하고, 종국에는 1961년의 5·16 군사혁명으로 중단되어야 하였다. 정치적인 무력과 혼란은 교육 영역은 물론 사회의 다른 어떤 영역에도 변혁을 기대할 수 없게 하였던 것이다. 그러나 이 4·19 학생의거를 기점으로 이 땅에는 많은 변화의 조짐이 태동되었던 것이다.

1961년 발발한 5·16 군사정변은 제2공화국의 무력한 정치체제에 대한 하나의 반동이었다. 이 정변으로 등단한 정치세력은 그들의 정치목적을 위해서라면 그 전횡의 강력한 군사권력을 사용하는 일도 주저하지 않았다. 그러나 그 강력한 정치 행위가 당시 사회에서 긍정적으로 정당화되어 수용되기도 하였다. 그것은 과거에 무력했던 정치체제에 대한 혐오와 불안감 때문이었다. 그러나 이 군사정변은 무력한 정치체제에 대한 반동이기도 하지만 4·19 학생의거에 대한 군사권력의 반동이기도 하였다. 그러므로 이 정변은 처음부터 학생세력과의 대결구조 위에 잉태된 새로운 정치세력의 정치 행위였던 것이다. 따라서 제3공화국은 집권 기간 계속해서 학생세력으로부터 도전을 받고 있었으며, 이 기간 동안 공화국은 줄곧 학생들의 시위로 고통을 받아야 했다. 특히 교육현장인 대학이 본격적으로 정치장화(政治場化)된 것은 최초 미군정기에 국대안으로 정치장화된 것을 제외하고는 이때가 가장 절정이었다고 할 수 있을 것이다.

그러므로 5·16 군사정변으로 새롭게 탄생한 제3공화국은 국민으로부터 지지를 확보받기 위해서도 더욱 강력히 사회체제전체에 대하여 변화를 촉구하였다. 여기서도 그의 정치체제가 사회 각 영역에 변화를 적극적으로 추구한 것은 역시 그 체제의 생존을 위해서였다. 우선 헌법을 전면적으로 개정하여 교육 조항에 교육의 자주성과 정치적인 중립성을 보장한다는 조문을 삽입하는 교육개혁을 단행하였다. 이와 병행하여 국민재건운동 등 인간개조사업을 벌였는가 하면, 또 정변 초기에는 그의 전단적인 권력을 바탕으로 많은 교육제도에 급작스러운 개혁의 손질을 가하였다. 물론 장기 경제발전계획을 통하여 경제체제에도 변화를 주기 시작한 것도 이때부터였다. 그러나 그러한 급작스러운 개혁은 때로는 미숙과 속단으로 적지 않은 시행착오를 경험하게 하였으며, 결국에는 그 개혁이 다시 원래대로 환원되는 사례가 적지 않았다. 교육자치제의 중단, 대학교수 정년의 단축 등이 그러한 예들의 일부였다. 그러나 초등교원 양성기관의 고등교육 기관화, 대학의 정원제 확립, 의무교육 시설의 확충계획 수립 등 긍정적인 괄목할 만한 개혁도 있었다.

5·16 정변세력은 점차 국가경영에 익숙해지자 우리 교육사에 남을 만한 획기적인 교육개혁을 단행하였다. 사립학교 제도 확립, 국민교육헌장 제정, 민족주의 교육의 확립, 새마을교육 추진, 중학교 무시험 입학제도 시행, 고등학교 입시제도개혁과 중등교육 평준화책 수립, 서울대학교 종합 캠퍼스 구상, 방송통신 교육제도의 정립, 실험대학 안에 의한 대학개혁의 추진 등 수많은 개혁이 줄기차게 이어졌다. 뿐만 아니라 교육에 대한 장기계획이 사전에 마련되어 그 계획에 따라 주밀하게 교육이 경영되기 시작한 것도 이때부터였다. 이러한 개혁은 교육정책 심의회란 기구가 교육부 안에 설치되어 있어서 이 기구를 통하여 부단히 개혁안을 마련해 내고 있었다. 군사정권인 박정희 정부는 집권기간이 길었던 것만큼 교육개혁에도 많은 손을 대었지만, 위에서부터 내려진 개혁일 뿐 아래로부터 다져진 자발적 개혁은 아니었다. 독단과 전횡의 부정적인 측면 때문에 박정희 정부의 공과에 대한 논쟁이 지금도 여전하다. 무엇보다도 지역주의에 의한 정치학, 사회적 갈등은 지금도 우리 사회의 핵심의제로 남아 있다.

실제로 정치의 지역주의의 고착화는 이미 오래전이다. 1996년 4월 11일에 실시된 15대 국회의원 선거 결과, 국내 언론기관과 외신은 당시 선거의 최대 승리자는 자민련과 김종필 총재라고 말한 바 있다. 당시 자민련이 승리한 원인은 무엇인가? 망국적인 지역감정 때문인가? 그렇다면 김종필 총재의 연고지가 아닌, 대구 지역에서 자민련이 승리한 원인은 무엇인가? T. K 정서 때문인가? T. K 정서의 실체는 무엇인가?

T. K 정서를 대구 지역 사람들은 '상실감'이라고 표현한다. 어느 인사는 보

다 분명하게 '박정희에 대한 향수'라고 말하기도 한다. 한 가지 분명한 사실은 목하 시행 중인 '역사 바로세우기'가 박정희에게까지 거슬러 올라갈 경우 대구 지역의 반감은 보다 강화될 것이라는 점이다.

박정희는 어떤 인물인가? 우리 국민을 가난의 질곡에서 해방시킨 위대한 지도자인가? 아니면 민주주의를 수십년간 후퇴시킨 독재자인가? 경제발전을 위해 어느 정도의 권위주의는 불가피한 것인가? 아니면 박정희 시대의 경제 성장은 1950년대 이루어진 내포적 공업화의 필연적 결과이지 그의 공과는 아닌 것인가?

박정희와 그의 시대를 어떻게 평가할 것인가? 이 문제가 최근 학계에서도 주요 쟁점으로 부상하고 있다. 지난 1996년 3월 30일 건국대학교에서 개최된 한국정치학회 월례발표회에서도 이 문제가 발표와 토론의 주제가 되었으며, 참석자들은 박정희 시대에 대한 객관적인 연구와 평가가 필요하다는 데 의견의 일치를 본 것으로 알려지고 있다(류상영, 1996).

교육 부문에서도 박정희와 그의 시대에 대한 평가가 몇 차례 이루어졌다. 그 대표적인 것이 한국교육학회 교육사연구회 창립 24주년 발표대회다. 이 대회의 전체 주제는 '현대 한국 군정교육의 역사적 평가'로서 발표자들은 한결같이 박정희 시대의 교육정책이 '관료적' '권위주의적' '군대식' '획일적'인 것으로서 민주교육에 역행하는 것이었다고 평가하였다(한국교육학회 교육사연구회, 1993). 기껏 긍정적인 평가가 있다면 박정희 정권의 철저한 반공교육이 열악한 근로조건과 저임금을 감내하면서 1960~1970년대 높은 경제성장을 가능하게 한 인력을 양산해 냈다는 정도가 고작이다(한국교육학회 교육사연구회, 1993). 정말 그런가?

국민교육헌장을 예로 들어 그러한 평가가 과연 옳은 것인지 살펴보기로 하자.

주지하다시피, 국민교육헌장은 1968년 6월 15일 박정희 대통령이 권오병 문교부 장관에게 제정을 지시함으로써 시작되었다. 이에 권 장관은 문교부의 박성탁, 김동욱 장학관과 은용기, 김종빈 편수관으로 하여금 헌장에 들어갈 덕목들을 검토하도록 지시하였다. 이들은 처음에 150개 정도의 덕목들을 나열해 놓고 토의를 거쳐 이를 50개 정도로 압축하였다. 이후 정부는 사회 각계 각층을 망라하여 헌장 기초위원과 심의위원 44명을 선출하여 전체회의 4회, 소위원회 4회 및 6차에 걸친 수정작업을 통해 마침내 총 393자의 헌장 전문을 완성, 11월 26일 국회에서 여야 만장일치로 통과시켰던 것이다.

그러나 1993년 7월 8일자 국민일보에서 박연호 논설위원은 국민교육헌장을 다음과 같이 비판하고 있다(손인수, 1994: 24에서 재인용).

> ……태동과정부터 그것은 순수하지 못했다. 정치권력의 도구화를 위해 박정희 정권이 반대의견을 봉쇄한 채 만든 것으로 권력의 절대화와 유신정권의 기본 가치를 뒷받침했다. 일제의 교육칙어를 모방한 것이라는 견해는 처음부터 불순한 사상으로 몰렸다. 박정희 정권은 선포하자마자 전국의 학생, 공무원들에게 이를 암송케 하고, 각급 행사 때마다 반드시 낭독케 했고, 각종 교과서의 속표지에는 전문을 수록토록 강제 규정했다. 그리고 각종 입학시험과 공채 시험에는 반드시 출제토록 했다. 이런 강압적인 지시에 대한 반감과 거부감이 많은 국민들 사이에 자리 잡았지만 감히 이를 드러낼 수 없었다.

국민교육헌장이 권력의 절대화와 유신정권의 정당화를 위해 제정되었다는 주장은 다분히 결과론적인 평가에 불과하다. 박정희 스스로 국민교육헌장 선포 4주년 기념식에서 유신이념이 국민교육헌장의 이념과 동일하다고 하기는 했지만, 헌장제정 당시 박정희가 4년 후에 단행할 10월 유신을 염두에 두었는지는 박정희 자신만이 알 수 있는 일인 것이다. 뿐만 아니라 국민교육헌장은 반대의견을 봉쇄한 채 만든 것은 결코 아니었다. 국민교육헌장의 기초위원과 심의위원은 교육계, 문화계, 종교계, 언론계, 경제계, 정계, 정부대표를 망라하는 인물로 구성된 바, 결코 박정희 개인에 대해 호의적인 인물만을 선정한 것

은 아니었다. 헌장위원 명단은 다음과 같다.[1]

> 교육계: 박종홍, 이인기, 최문환, 임영신, 이종우, 김옥길, 이선근, 엄경섭, 한
>   홍수, 고황경, 권오익, 유형진, 백현기, 정범모(이상 14명)
> 문화계: 이병도, 박종화, 김팔용, 이은상, 안호상(이상 5명)
> 종교계: 한경직, 최덕신, 이청담, 김수환(이상 4명)
> 경제계: 박두병, 홍재선(이상 2명)
> 언론계: 고재욱, 장기영, 장태화, 최석채(이상 4명)
> 정   계: 이효상, 윤제술, 길재호, 박순천, 육인수, 백남억, 김성희, 고흥문(이
>   상 8명)
> 정부대표: 정일권, 박충훈, 권오병, 이석제, 홍종철, 김원태, 박희범(이상 7명)

이러한 인물들이 모두 훌륭한 사람들이라고는 하지 않겠다. 그러나 이들은 어쨌거나 당시 사회 각계를 대표하는 인사들임에 분명하며 또한 강요에 의해 억지로 참가한 것도 아니었다. 그리고 국민교육헌장은 결코 반대의견을 봉쇄한 채 만들어진 것은 아니었다. 이것은 당시의 헌장에 대한 여론을 통해서도 살펴볼 수 있다. 즉, 당시의 여론은 헌장의 제정과정이 너무 빠르다, 너무 팔방미인적이다, 표현에 불비한 점이 많다는 지적은 있었지만, 헌장 제정 그 자체에 대해서는 적극 찬성을 표명하였다. 또 일제의 교육칙어를 모방한 것이라는 견해가 불순한 사상으로 몰렸던 것이 아니라, 일제의 교육칙어와 같이 낭독하면 구두에 그칠 염려가 있다는 견해가 제기되었던 것이다(박성탁, 1971: 16-20).

박정희 정권하에서 얼마나 많은 사람이 국민교육헌장에 대해 '반감'과 '거부

----

1) 헌장기초위원과 심의위원 명단에 대해서는 이견이 있다. 즉, 유형진은 50명이라고 하고('국민교육헌장 제정의 비화', 교육평론 1978. 11: 23) 국민교육협의회의 국민교육헌장의 자료총람(pp. 22-23)에서는 44명, 한국청년문화연구소의 한국교육 2000년사(p. 377)에는 48명으로 기록하고 있다.

감'을 가지고 있었는지는 확인하기 어렵다. 그러나 국민교육헌장에 대한 공개적인 비판은 1978년 전남대학교 송기숙 교수와 연세대학교 성내운 교수가 주도한 '우리의 교육지표사건' 이전까지는 결코 제기되지 않았다. 그러나 1993년 7월 국회에서 오병문 문교부 장관에게 야당 국회의원이 폐지 용의를 묻자, 오장관은 "폐지쪽으로 방향을 잡고 관계기관과 협의하겠다."고 답변하였다. 다음 달 오장관은 서울대학교 교육연구소에 '국민교육헌장' 폐지 타당성 여부를 연구하도록 의뢰하였다. 그리고 그 연구결과에 관계없이 1994년 이후 모든 교과서에서 국민교육헌장을 삭제하였다.

현재 국민교육헌장에 대한 평가는 제정 당시와는 분명히 다르다. 그리고 많은 사람은 앞서 인용한 박연호 논설위원과 같은 생각을 가지고 있다. '모든 역사는 현대사다.'라는 현재 사학이 실증사학보다 우위에 있기 때문인가? 아니면 국민교육헌장 자체는 나쁘지 않지만, 그것이 박정희의 유신독재에 이용되었기 때문에 부정적인 평가를 내리는 것인가?

교육정치학이라는 학문 분야는 교육을 정치적 과정의 한 범주로 다루어 연구하는 분야다. 즉, 교육이란 필연적으로 정치적 영향의 범주 속에 포함될 수밖에 없으며, 교육 내부의 과정 또한 정치적 과정과 동일하다는 가정하에 성립하는 학문인 것이다. 그러나 이런 가정하에 박정희 시대에 대해 접근할 경우 우리는 필연적으로 교육을 정치에 귀속시키게 될 것이고, 또 당연한 귀결로서 박연호 논설위원과 같은 결과론적 평가에 이를 수밖에 없게 되어 있다. 결론부터 미리 이야기하자면, 박정희 시대는 교육이 정치의 한 범주로 이해될 수 있는 것이 아니라, 정치가 교육의 한 범주로 이해될 수 있는, 말하자면 모든 것이 국가 혹은 그것을 대표하는 박정희 개인의 교육적 지도력에 의해 이루어졌던 것이다. 이 말이 무슨 말인지 보다 구체적으로 살펴보기로 하자.

2. 새마을교육과 중학교 무시험 진학제도

박정희 시대에 이루어진 교육정책은 무수히 많이 있다. 앞서 언급한 국민교육헌장의 제정과 함께 유신교육, 국적 있는 교육, 충효교육과 같은 이데올로기 교육정책으로부터 중학교 무시험 진학제도, 고등학교 평준화 정책, 대학입학 예비고사 제도와 같은 입시정책, 그리고 새마을교육, 교육대학의 설립, 교육자치제의 변형 실시, 사립학교법의 제정과 같은 정책에 이르기까지 내용과 범주가 다른 수많은 교육정책들이 입안되고 실시되었다. 이 많은 정책을 이 자리에서 일일이 다 검토하기는 어렵다. 여기서는 박정희 시대의 교육개혁 사례 중 가장 정치적 색채가 강하다고 판단되는 정책 중의 하나인 새마을교육정책과 또 가장 정치적인 색채가 엷다고 생각되는 정책 중의 하나인 중학교 무시험 진학제도를 검토해 본다. 먼저 새마을교육정책부터 살펴보면 다음과 같다.

1) 새마을교육정책

새마을교육은 1970년 4월 22일 전국 지방장관 회의에서 박정희가 다음과 같은 말을 함으로써 시작되었다는 것이 정설로 되어 있다.

> 우리 스스로가 우리 마을을 우리 손으로 가꾸어 간다는 자조, 자립정신을 불러일으켜 땀흘려 일한다면 모든 마을이 머지않아 잘 살고 아담한 마을로 그 모습이 바뀌어지리라고 확신한다. ……이 운동을 새마을 가꾸기 운동이라 해도 좋을 것이다.

박정희가 제안한 이러한 새마을 가꾸기 운동은 1971년에는 하나의 실험사업으로 추진되었다. 마침 정부는 수출 부진과 과잉 생산으로 골치를 썩이고 있는 시멘트를 산더미처럼 쌓아 놓고 있었다. 이 시멘트는 바로 새마을 가꾸기 운동을 위해 활용되었는데, 정부는 전국 33,267개의 이(里)·동(洞)에 각각 시멘트 335부대씩을 무상으로 지원하였다. 이 시멘트는 마을 진입로 확장을 비롯, 하천 정비, 공동 우물, 공동 빨래터, 퇴비장 설치 등 10대 사업에 활용되어 16,600개의 마을에서 가시적인 성과를 나타냈다. 이러한 가시적인 성과에 고무된 박정희는 이듬해 이 마을들에 다시 잉여 시멘트 500부대와 철근 1톤씩을 추가 공급하였다. 그리고 마침내 1972년 3월 7일 대통령령 제6104호로 위원장 1인과 15인의 위원으로 구성되는 새마을 운동 중앙협의회를 출범시켰다. 그리고 같은 해 10월 17일 특별선언을 통해 '새마을 사업이 국가 시책의 최우선 사업'이라고 선포하였다.

'새마을 운동 약진의 해'로 지정된 1975년에 이르러서는 중앙협의회의 기능이 대폭 확대되어 모든 정부 부처의 차관급 이상의 간부가 중앙위원으로 참여하게 되고, 또 각 부처 실무국장으로 구성되는 실무협의회가 구성되어 새마을 운동은 중앙협의회–시·도 협의회–시·군 협의회–읍·면 촉진협의회–이·동 개발위원회에 이르는 전국 조직으로 확대되었다. 최말단 조직인 이·동 개발위원회는 청년부, 부녀부, 향보부(鄕保部), 감사회로 구성되며, 또 각 부서는 15명 내외로 이루어지는 산림계, 흥농계(興農契), 농협 부락회, 농사개량 구락부, 새마을 청소년회, 부녀 교실, 자생조직, 마을금고를 두도록 하였다. 이쯤되면 우리는 새마을 운동이 국가사업의 한 부분인지 국가사업이 새마을 사업의 한 부분인지 의심할 수밖에 없게 된다. 그리고 새마을 운동이 그 이름만 다르지 5·16 직후 만들어진 '재건국민 운동본부'와 그 구성과 내용에 있어서 조금도 다르지 않음을 알 수 있다.[2]

....

2) 새마을 운동의 기원이 되는 것으로 5·16 직후 전개된 향토학교 운동을 언급하는 경우도 있다. 향토학교는 원래 1961년 2월 문교부가 14명의 교육학자(서명원, 성내운, 정원식, 이영덕, 김난수, 유영준, 김선호, 이문영, 김종철, 김기석, 백현기, 황종건, 홍순철, 이도선)를 참여시켜 제작한 '향토학교란?'이라는 제목의 소책자를 발간하면서 처음으로 그 개념이 사용되기 시작하였다. 그 이전에 사용되던 개념은 '지역

주지하다시피, 재건국민 운동은 국가재건 최고회의의 직속기관으로 혁명의 정당성을 홍보하고 주민들을 계몽하는 것을 주 임무로 삼는 기구였다. 1961년 6월 12일 최고회의를 통과한 '재건국민 운동에 관한 법률'에 따르면, 재건국민 운동은 중앙본부 밑에 시·도 지부를 두고 그 밑에 국민교도부, 향토개발부, 교육원, 총무실, 부녀실, 기획실로 구성된 시·군·구 지부를 두었으며, 읍·면·리·동마다 재건위원회, 재건청년회, 재건부녀회를 둔 방대한 조직이었다. 재건국민 운동에 관한 법률이 통과된 6월 12일 서울에서 전국촉진대회를 시발로 재건국민 운동은 각 지부별 촉진 대회를 거쳐 전국적으로 390만 명에 이르는 회원을 확보하게 되었다. 이 숫자는 당시 인구의 10%를 훨씬 상회하는 숫자였

....

사회 학교'였다. 5·16 혁명 직후인 6월 10일 문교부 장관이었던 문희석은 전국 장학관, 교육감, 사범계통의 직할 학교장, 초·중·고등학교장 650여 명을 소집하여 군사혁명 이후의 문교정책을 시달하였다. 이 자리에서 그는 "영리적인 사고방식을 지양하고 인간개조 혁신을 위해 자아비판할 것"을 주문하고, "교육자는 혁명과업 완수의 핵심체이니 국민 운동의 선봉이 되어야 하며 빈곤타파의 원동력이 되라."고 지시하였다(한국교육문제연구소, 1974: 352). 그리고 그해 11월부터 12월에 걸쳐 혁명과업 완수를 위한 향토학교 교육과정 임시운영요강을 통해 교육과정과 교과서가 개정되기 전까지 교과서의 모든 단원마다 지도 요점을 삽입하여 학생들이 혁명과업에 대해 분명한 인식을 갖도록 했다. 각 교과서에 삽입키로 된 지도 요점을 몇 가지 예로 들면 다음과 같다[문교부, 혁명과업 완수를 위한 향토학교 교과과정 임시운영요강(중학교), 단기 4294년, 12월 20일 발행: 28-31].

(예 1) 중학교 국어 2. 일기(1)

이 단원에서는 특히 생활을 반성하며 군사혁명 후의 인간개조를 위한 생활개선의 기록을 일기체의 글로 쓸 경우를 예상한 지도가 있어야 할 것이다.

(예 2) 국어과 6. 노래하는 마음 (1) 1. 시의 세계(2)

이 단원에서 지도하는 운문 가운데 특히 군사혁명 이후의 혁명정신을 노래한 작품을 포함하여 지도할 것이며, 그러한 작품들과 학생들의 작품을 모아 작품집을 만들게 한다.

(예 3) 6. 낭독과 발표

……특히 혁명공약에 나타난 정신을 널리 지역사회 인사들에게 발표하고 설명하는 기회를 주도록 함으로써 이 단원의 학습의 발전단계로 삼도록 하기 바란다.

(예 4) 2. 노래와 표현

……분단별로 조사할 제목으로서는 혁명 후 국민생활에 있어 시급히 개선되어야 할 점을 중점적으로 다루도록 하고, 그러한 지역사회의 연구조사가 우리의 당면한 문제들인 빈곤타파와 간접침략의 분쇄, 문화혁신 등에 직결되도록 할 것이다.

이와 같은 사례에서 알 수 있듯이 5·16 직후의 향토학교 운동은 말만 향토학교라고 했지 사실은 재건국민 운동의 한 부분이었다고 할 수 있는 것이었다.

던 것이다. 재건국민 운동은 초기에는 정부 시책의 홍보 및 계몽 운동을 위주로 하다가 이후 자조 자립적인 향토건설 운동과 자매결연 사업으로 그 활동 영역을 확대하게 된다. 사업의 방식은 강연회, 각종 단합대회, 전시회, 문맹퇴치 교육, 문고 보급, 우물 개량, 변소 개량, 울타리 개량, 아궁이 개량 운동 등을 위한 순회 강습회로 이루어졌으며, 도시의 경우 간소복 착용, 직장체조, 시간엄수, 청소 운동, 식생활 개선 등을 위한 운동 형식으로 전개 되었다.

이와 같은 조직과 운영 내용에서 알 수 있듯이, 재건국민운동은 모든 국민을 대상으로 하는 일종의 '교육사업'이었다고 평가할 수 있다. 물론 교육자는 박정희를 정점으로 하는 군부 지도자들이고 피교육자는 어리석고, 불결하고, 비합리적이며, 비도덕적인 일반 국민이었던 것이다. 이러한 사업방식은 새마을 운동에서도 그대로 재현된다.

새마을 운동을 통해 정부가 목표로 내세운 것은 두 가지였다. 그 한 가지는 농민의 근면, 자조, 협동하는 정신계발이고, 또 한 가지는 농촌의 생활환경을 개선하여 실질적으로 농촌의 소득을 증대시키는 것이었다. 사실은 이 후자의 목표가 있기 때문에 새마을 운동은 재건국민 운동과 구별할 수 있는 것이며, 또 이 후자로 인해서 성공할 수 있었던 것이다. 그리고 이러한 성공은 이후 도시 새마을 운동, 공장 새마을 운동으로 확대되는 동력이 되었으며, 새마을 운동은 명실공히 전국민을 대상으로 한 운동으로 전개되었던 것이다.

새마을 운동과 새마을 교육은 어떤 관계에 있는 것일까? 새마을교육에 대한 정의는 다음과 같다(내무부, 1980: 281).

　　새마을 교육은 일부 국민만을 대상으로 하는 교육이 아니라 전 국민을 대상으로 하는 국민교육이다. 직업별, 성별, 연령별, 계층별, 신앙별 차별이 (없이: 인용자) 실시되는 교육이다. 농어민만을 교육하는 것이 아니라 공장의 근로자도 상업인도 군인도 관리도 교육자도 누구나 받는 교육, 다시 말하여 농공, 상, 군, 관, 사(士) 할 것 없이 전국민이 받는 교육이고, 이 점에서 종래의 어떤 교육과도 다르다. 남자나 여자나, 어른도 아이도, 지위가 높은 자도 낮은 자도, 시골에서나 도시에서나 어디서나 실시되는 것이 새마을 교육이다.

새마을 교육은 형식상 학교 새마을 교육과 사회 새마을 교육 그리고 새마을 기술교육으로 대별된다. 그러나 학교 새마을 교육은 그 목표가 "국민교육헌장의 이념하에 학교교육을 통하여 학생과 향토 주민에게 새마을 정신을 함양함으로써 향토 개발과 국가발전에 공헌하는 실천적인 한국인을 육성한다."고 되어 있다. 달리 말해, 그 대상은 학생들에게 한정되지 않고 있음을 알 수 있다. 실제로, 학교 새마을 교육은 가정과 학교를 직결한 어머니 교실, 주부교실의 장소가 되고 있으며, 학교 주변환경 정비, 미화작업, 청소, 이웃돕기, 교통정리, 사회정화 캠페인, 봉사활동 등의 제반활동에서도 학생과 지역 주민이 함께 참여하고 있다. 1972년부터는 전국 2000여 개의 학교를 개방하여 새마을 학교를 개교, 일반 성인을 대상으로 정신계몽교육을 시행하고 158개의 실업계 고등학교를 상설 새마을 학교로 만들었다. 새마을 학교의 교육내용은 정신계몽이 절반이고 나머지 절반은 새마을 기술교육으로 1973년부터 10년간 47만 명의 국민에게 증산기술, 건전한 국민윤리, 합리적인 생활태도 등에 대한 교육을 시행하였다. 그리고 1974년부터는 모든 마을을 순회하며 농민을 대상으로 영농기술교육, 가족계획교육을 실시하였다.

이와 같이 학교를 중심으로 한 새마을 교육뿐만 아니라 1972년 7월 2일 수원에 새마을 지도자 연수원을 설립한 것을 시작으로 전국에 80여 개의 교육기관을 설립하여 새마을 지도자, 사회 지도층 인사, 고급 공무원부터 일반 국민에 이르기까지 정신교육 및 기술교육을 실시하였는데, 1980년 10월 말까지 교육실적은 연간 인원 6천 8백만 명에 이른 것으로 집계되고 있다(내무부, 1980: 313). 이 밖에 TV, 영화, 라디오, 신문, 잡지, 사진전시, 포스터, 새마을 문예창작, 종합월간지, 학술 강연회, 연구논문 발표대회, 연구논문 책자 발간, 기타 유인물 등의 방법을 통해 새마을 운동을 광범위하게 홍보하였다.

결론적으로 새마을 운동과 새마을 교육은 두 가지가 별개의 것이 아닌 형태로 전개되었다. 새마을 운동의 주관 부서인 내무부에서도 새마을 교육은 "주지주의적 교과나 지식의 전달이 아닌 체험적 상호교육의 방법을 채택하고 있으며" 따라서 "결과적으로 새마을 사업 자체가 국민교육의 과정이었으며, 잘 살 수 있는 길이 무엇인가를 배우고 익히는 주민 훈련장으로서의 역할(내무부, 1980: 285)"을 하였다고 말하고 있다.

　이상의 논의과정에서 알 수 있듯이, 새마을 교육은 정치적 정당성 창출을 목적으로 전개된 정치적 과정으로는 이해하기 어려운 측면을 많이 포함하고 있다. 우리가 새마을 교육을 보다 잘 이해하기 위해서는 그것을 단순히 정치적 과정으로서가 아니라 그 전체를 교육의 과정으로 파악하는 것이 필요하다고 생각된다.

2) 중학교 무시험 진학제도

　1968년 7월 15일에 발표된 중학교 무시험 진학제도는 그것을 '7·15 교육혁명'이라고 부를 만큼 급작스러운 것이었다. 1967년 5월 21일 제17대 문홍주 문교부 장관이 물러나고 제18대 장관으로 취임한 권오병은 다음해 2월 중학교 무시험 진학을 골자로 하는 입시제도 개선안을 발표하고, 그해 10월에는 대학입학 예비고사 제도의 실시를 공포하고, 그리고 마침내 그해 12월 전술한 국민교육헌장을 제정하였던 것이다. 이 세 가지 교육개혁을 당시 언론은 세 개의 폭탄에 비유하였다.

　중학교 무시험 진학제도의 골자는 1969학년도부터 중학교 입학시험을 폐지하고, 중학교를 군으로 나누어 추첨으로 입학을 결정한다는 것이었다. 그리고 세칭 일류 중학교로 불리우는 공사립 중학교 50여 개를 연차적으로 폐지하고 그 시설을 고등학교로 전용한다는 것이었다. 문교부가 발표한 중학교 무시험 진학제도로의 개혁 이유는 철저히 '교육적'인 것이었다. 첫째, 충분한 수면과 운동을 통해 어린이의 정상적 발달을 촉진한다. 둘째, 초등학교의 입시준비 교육을 지양하고 과열과외 공부를 해소하며, 입시로 인한 가정의 부담을 경감한다. 셋째, 극단적인 학교차를 해소하고, 학교의 균형적 발전을 도모한다는 것이었다.

무시험 제도 발표 당시 문교부가 세운 실시 계획에 따르면, 추정된 중학교 지원자 수는 101,409명이었다. 그리고 이 지원자들을 수용하기 위해 소요되는 학급 수는 1,406개로 계산하였다. 이 계산에 따르면 482개의 학급 증설이 필요하게 되는데, 문교부는 이에 대해 263개 학급은 23개 학교를 신설하여 해결하고 나머지 219개 학급은 기존의 64개 학교에 증설하겠다고 발표하였다. 그리고 추첨 실시에 따른 사무처리를 위해 각 학군별로 초등학교장, 중학교장, 학부모, 법조계, 언론계, 행정기관 대표로 구성되는 추첨관리위원회를 구성하겠다고 발표하였다 .

그런데 7·15 입시개혁이 발표되던 당시 서울시내 초등학교에 재학하고 있는 학생 수는 10만 1천 명이 아니라 10만 4천 명이었으며, 여기에 무시험 진학에 자극되어 시골에서 2,500명의 학생이 전입하였다. 그리고 중학교 수용능력도, 폐지하기로 한 경기, 서울, 경복, 경기여중, 이화여중을 제외하면 6만 5천 명에 불과하였다. 이러한 상황에 직면하여 문교부가 행한 대처방식은 철저하게 '비교육적'인 것이었다. 먼저, 문교부는 서울시 교육위원회로 하여금 전입 학생 중 공무원, 군인, 국영기업체 직원의 직계 자녀만을 전입생으로 인정하고, 나머지는 본래 학교로 되돌려 보냈다. 이렇게 해서 6학년 재학생 수는 10만 5,600명으로 줄게 되었으나 이 숫자도 수용능력의 160%를 상회하는 것이었다. 다음으로, 문교부는 교육법 시행령을 개정하여 당시 64명 한도로 되어 있는 중학교 학급당 학생 수를 70명으로 늘리고, 또 학년당 학급 수도 15학급으로 늘려 과밀학급, 과대학급을 조장하였다.

뿐만 아니라 문교부는 소위 '진학지도'라는 것을 통해 지능이나 경제적으로 능력이 없는 학생들과 신체적으로 학업을 계속하기 어렵다고 판단되는 아이들을 선별하여 진학을 포기하도록 종용하였다. 이러한 진학지도는 문교부의 독려에 의한 일선 교사들의 적극적인 협조로 성공적으로 수행되어 무려 3천 명의 학생이 진학을 포기하였다. 그럼에도 불구하고 학교 신설과 학급 증설이 계획대로 진행되지 않자 문교부는 또 한 가지 교묘한 방법을 사용하게 되는데, 이것은 소위 수혜자 부담의 원칙하에 등록금을 사립학교 수준으로 인상하고, 인상된 등록금을 사전에 예치한 학생에게만 추첨권을 준다는 것이었다. 이 방법은 특히 7·15 개혁의 표방 명분인 '중학교 의무교육의 실시'라는 주장과 정면으로 배치되는 것으로서, 당시 여론에서도 등록금 사전 납부제를 '추첨권의 매입'이라고 격렬히 비판하였다. 그럼에도 불구하고 이 방법은 가장 큰 효과를 거두어 1969년 1월 25일 마감된 등록금 예치자는 9만 451명에 불과하였던 것이다.

수용능력의 문제와 함께 해결해야 할 또 한 가지 시급한 과제는 중학교의 평준화 문제였다. 평준화 문제는 크게 교원과 시설의 평준화로 나눌 수 있는바, 이 두 가지는 결코 단기간에 해결할 수 있는 것이 아니었다. 그럼에도 불구하고 문교부는 행정명령을 통해 즉각적인 해결을 시도하였다. 먼저 교원평준화를 위해 1968년 9월 공립 중학교 교사를 대폭 이동시키고, 또 무능한 교사를 적발하여 교단에서 추방하겠다는 것이었다. 그러나 중등학교 교사는 5년 순환주기가 이미 관례화되어 있어 교사들은 이 조치에 크게 반발하였다. 결국 힘싸움 끝에 문교부는 폐쇄되는 5개 중학교 교사들을 신설 학교에 배치하고, 또 5년 기한이 찬 교사만 소폭 이동하는 것으로 그치고 말았다. 무능 교사 적발도 결과는 비슷해서 200명의 무능 교사를 적발하였지만, 결과적으로는 25명의 무자격 교사들만 자격이 정지되고, 자격 상치 교사들에 대해서는 1969년 2월에 자격증 변경 시험을 보도록 문교부가 주선하는 것으로 그치고 말았다. 그리고 나머지 무능 교사들에 대해서는 겨울방학을 이용하여 5일간의 강습을 받도록 조치하였으나 해당 교사들의 반발과 심리적 영향을 고려하여 일반교사들을 포함하여 2,000여 명의 교사들이 같이 강습을 받는 것으로 매듭되고 말았다. 결과적으로 교원 평준화는 교사의 권위와 사기만 떨어뜨리고 실질적인 효과는 없었다고 평가할 수 있겠다(정영수 외, 1987: 164).

시설 평준화의 경우도 무시험 제도 발표 당시에는 거액의 국고 지원을 통해 해결하겠다고 해 놓고 결국 '예산상의 이유'로 유명무실하게 되었다. 그리고 문교부는 화살을 사립학교로 돌려 시설이 미비된 사립학교에 대해서는 학생 배정을 중지하겠다고 협박하였다. 그리고 실제로 19개 사립학교에 대해서는 11월 말까지 시설 보완 명령을 내렸다. 그리고 시설이 크게 미비된 5개 사립학교에 대해서는 학생을 배정하지 않겠다고 발표하였다. 그런데 이 5개 학교 중 서울남중, 선일여중 두 학교는 인가된 지 1년도 채 안 되는 학교였다. 따라서 이처럼 곧 폐쇄될 학교를 인가한 것이 정당한 것이었는지에 대한 비판도 적지 않았다(박승령, 1968: 45). 최복현 서울시 교육감은 1969년 1월 기자회견을 통해 추첨 전까지 교원 평준화와 시설 평준화 실적을 발표하겠다고 해 놓고 추첨 전에도 후에도 그 결과를 발표하지 않았다. 그리고 결과적으로 서울 남중, 동양중, 대동중 등 3개 교를 제외하고는 모두 학생배정을 받게 되었다. 그러나 그나마 이러한 시설 보완 지시의 대상이 된 사립학교들은 신설 학교에 비해 사정이 월등히 좋은 편이었다. 왜냐하면 중학교 입학식을 위한 예비 소집일에 아직 골조 공사도 마치지 못한 학교, 교구가 거의 갖춰지지 않은 학교가 다수 존재하였기 때문이었다.

무시험 제도 실시 이후 입시지옥과 과열과외 문제는 크게 해소되었다. 무시험 진학이 처음 실시된 1969년 8월의 한 연구결과에 따르면, 초등학교 학부형의 82.5%, 중학교 학부형의 75.1% 그리고 초등학교 교사의 81.5%가 무시험 진학이 과열된 과외공부를 해소하는 데 공헌하였다고 반응하였다(새교육 편집부, 1969: 63). 그러나 중학교 교육은 심각한 혼란에 빠져 버렸다. 당시의 비판적인 논의가 7·15 개혁이 '학교 간 차이'를 '학교 내 차이'로 전환한 것에 불과하였다는 것이었듯이, 중학교 교육은 다양한 이질 집단의 지도가 심각한 과제로 등장하였다. 무시험으로 배정된 학생들의 IQ는 80~150이고, 몇몇 기초 과목의 성적 차이는 0점부터 100점까지 크게 벌어졌다. 교사들은 한 학년 내에 실질적으로 2~3개 학년이 존재한다고 불평하며, 학습지도 및 교육과정의 정상적운영이 불가능하다고 주장하였다. 그리고 학부형들은 학부형대로 학교교육에 대한 신뢰를 상실하여 학원이나 과외 공부에 의존하려는 경향을 나타냈다. 또한 평준화가 확대 실시되면서 도시의 중학생 수용능력의 한계로 농어촌 학생들의 도시 전학이 사실상 불가능해짐에 따라 지역 간, 계층 간 학력격차를 심화시켰다는 비판도 제기되었다. 그리고 사립학교들은 등록금 인상이 제한받게 됨에 따라 심각한 재정난에 빠져들게 되었고, 특히 종교계 사립학교들은 종교교육의 실시금지 조처에 강력한 반발을 보이게 되었다.

중학교 무시험 진학제도를 현재의 입장에서 보면 일견 당연한 것처럼 보인다. 특히 전후 베이비 붐 시기에 태어난 아동이 중학교에 진학하게 되는 1965년 이후 중학교 진학 경쟁은 '무즙 파동'과 '창칼 파동'과 같이 커다란 사회 문제로 부각될 만큼 심각한 것이었다. 그리고 당시 중학교의 진학 여부가 오늘날의 대학입학과 같이 사회적 출세를 위한 결정적인 계기였다는 점을 생각한다면, 중학교 무시험 진학제도는 하루라도 빨리 실시해야 하는 필연적인 것이었다고 생각하기 쉬운 것이다. 그러나 살펴본 바와 같이 중학교 무시험 진학제도는 1968년 당시에 실시하기에는 너무나도 무리한 정책이었다. 지금도 마찬가지이기는 하지만, 당시의 상황은 초등학교 의무교육도 제대로 하기 벅찬 상황이었으며, 이를 위한 의무교육 시설 확충 제2차 5개년 계획이 한참 추진 중인 상황이었다. 하물며 중학교 의무교육은 계획조차 마련되지 못한 상황이었다. 그럼에도 불구하고 중학교 무시험 진학제도는 강행되었다. 그것도 아무런 준비나 계획도 없이 급작스럽게 실시되었다. 그 이유는 다음에 살펴보겠지만 철저하게 정치적인 것이었다.

3. 제3, 4공화국 교육개혁의 정치학적 분석

정치적 요구는 끊임없이 권력의 확대 재생산을 추구한다는 것은 동서고금을 통해 변함없는 진리일 것이다. 어느 정권이든지 그 정권의 궁극적인 목적은 권력의 확대 재생산이며, 그 정권에 의해 이루어지는 제반 정책들은 궁극적으로 권력의 확대 재생산과 관련을 갖게 된다. 교육정책 또한 예외가 될 수는 없다. 교육정치학이라고 하는 학문의 범주는 결국 교육정책이 권력의 확대 재생산과 어떤 관련을 갖는지 탐구하는 것이라고 할 수 있다.

일반적으로 교육정책의 정치적 기제는 국민의 교육적 욕구에 대해 적절한 처치를 가하여 그것이 결과적으로 권력의 확대 재생산에 기여하는 방식으로 나타나도록 한다. 말하자면, 교육정책의 동인이 표면화되면 그것을 해결하기 위한 정책입안부터 정책결정에 이르는 과정이 정치적 속성을 띠게 된다는 것이다. 이처럼 교육정치학이라고 하는 학문이 교육정책의 정치적 기제가 전개되는 과정을 연구하는 학문 분야라고 한다면, 그 학문은 정치학이라고 하는 기성 학문의 종속물이 될 수밖에 없다. 어느 학자의 표현대로 이는 '때까치 학문'의 전형적인 사례가 될 수 있다. 그러나 앞에서 검토한 새마을 교육의 사례에서 알 수 있듯이, 박정희 시대의 교육정책은 그것이 정치적 기제라기보다는 교육적 기제로 나타나고 있다. 이것이 어떻게 가능했는지 좀 더 구체적으로 살펴보기로 하자.

박정희 시대의 교육정책이 정치적 기제를 포함할 수 있었던 것은 일차적으로 박정희 개인의 특성에 기인한다고 할 수 있다. 주지하다시피, 박정희는 경북 선산의 가난한 농가에서 8남매 중 막내로 태어났다. 구미 보통학교를 수석 졸업하고 1932년 전국에서 몰려 온 1,900명의 수재들 중에 선발된 90명의 조선인 가운데 한 사람으로 박정희는 대구 사범학교에 입학하게 된다. 그리고 1937년 대구사범을 졸업하고 문경에서 3년간 보통학교 교사생활을 한 박정희는 "훌륭한 사람이 되어 돌아오겠다."는 말을 남기고 만주 신경군관학교 제2기 생으로 입교한다. 신경군관학교에서 2년의 예비과정을 우등으로 마친 박정희 는 1942년 모든 사람들이 동경하는 일본 육사에 들어간다. 1944년 만주 제6관 구 보병 제8연대 견습사관으로 배속되고, 7월에는 마침내 육군 소위로 임관하 여 백여회의 공비토벌 작전에 참가하였다. 해방되기 직전인 1945년 7월 박정 희는 중위로 승진하여 중대장 직무 대행을 하다가 아쉽게 해방을 맞아 귀국하 게 된다. 미군정하의 국방경비대 제2기로 들어간 박정희는 5·16에 이르기까지 군대에서 대부분의 생활을 하게 된다. 이러한 성장과정에서 알 수 있듯이, 박 정희의 세계관에 결정적인 영향을 미친 것은 교사와 군인으로서의 세계관이라 고 할 수 있다. 이러한 세계관에 영향을 미친 요인을 한 가지 더 언급한다면 박 정희가 가장 존경하고 따랐다고 하는 그의 셋째형 박상희의 영향이라고 할 수 있을 것이다. 박상희는 해방 후 좌익 운동에 가담하여 구미 인민위원장을 역임 하였으며, 1946년 10월 대구 폭동의 주동자의 한 사람으로 활약했던 것으로 알려지고 있다.

이러한 그의 개인적인 배경이 소위 '혁명 주체의 청교도적 접근 방식'이라 고 하는 5·16 직후의 과감한 사회개혁으로 나타나게 된다. 즉, 4,200명의 깡패 들을 소탕하여 "나는 깡패입니다."라는 등판을 달고 거리를 행진하게 하거나, 영화 검열을 철저하게 하여 조금이라도 풍기문란과 관계되는 부분은 과감하게 잘라버리도록 한 것, 여자들의 립스틱을 전부 수거하여 태워 버리도록 한 것, 그리고 전국에 걸쳐 다방, 찻집, 바, 댄스홀 등의 업소를 폐쇄하도록 한 것 등의 조치로 나타났던 것이다.

우연인지 모르지만 박정희 시대 전기간을 제2인자로 자처했던 김종필도 박 정희와 비슷한 배경을 가지고 있다. 김종필은 박정희와 같이 충청남도의 가 난한 농가에서 태어나 서울대학교 사범대학을 다니다가 자퇴하고, 고등학 교 교사생활을 한 것으로 알려져 있다. 그러나 그도 곧 교편생활을 마감하고, 1949년 육군사관학교에 입학하여 그해 6월 8기생으로 임관하였다. 이후 김종필은 4·19 직후의 항명 사건으로 예편하기 전까지 주로 정보 계통의 업무에 종사하였다. 이러한 그의 배경은 5·16 이후 중앙정보부와 민주공화당의 조직에서 여지없이 드러난다. 먼저 1961년 6월에 조직된 중앙정보부는 김종필의 군부 내 기반이었던 특무 부대요원 3,000여 명으로 출발하여 3년 후인 1964년에는 37만여 명의 직원을 둔, 한국 사회에서 가장 응집력 있는 조직으로 팽창하였던 것이다(김정원, 1984: 160). 이러한 중앙정보부를 이용하여 김종필은 1962년 여름 민주공화당 조직에 착수하여 소위 민주집중체제에 의해 고도로 집중된 조직구조를 갖는 정당조직을 만들어 냈던 것이다. 5·16 당시 서울 장악 병력을 동원했던 해병대의 김동하 장군이 민주집중제가 공산당체제와 유사하다는 이유로 공화당을 탈당한 데서 알 수 있듯이, 민주공화당 조직은 강력한 사무국조직과 중앙 상임위원회가 모든 당무와 정부활동을 통제하도록 만들어졌던 것이다.

새마을 교육의 전개과정에서 상세하게 살펴보았듯이, 새마을 교육은 중앙정보부나 김종필이 애초에 구상했던 민주공화당의 조직과 같이 고도의 조직화와 동원화를 통해 이루어졌다. 그리고 박정희를 떠나서 새마을 교육을 상상할 수 없듯이 새마을 교육은 박정희 자신이 시종일관 그 정점에 서서 전 과정을 지휘하였다. 이처럼 정치 지도자 한 사람이 선두에 서서 모든 어리석은 국민을 가르치고 이끄는 상황을 어떤 틀로서 설명할 수 있을까? 봉건 잔재의 하나라고 할 수 있을지 모르지만, 이러한 상황은 과거 조선시대의 목민(牧民)의 개념과 너무나 유사하다고 할 수 있다. 주지하다시피, 조선시대의 관료들은 단순히 국가 공무원이 아니라 국민의 지도자요 어버이였다. 그리고 이러한 관료의 정점에 임금이 위치하고 있었던 것이다.

서구의 개념에서 보면, 정치와 교육이 미분화된 사회는 미성숙 사회로 간주될 것이다. 그러나 현재란 단순히 과거의 축적물일 뿐이다. 지도자로서의 교사보다 서비스업 종사자로서의 교사가 있는 것이 더 성숙한 사회라고는 볼 수 없을 것이다. 새마을 교육을, 경제개발계획을 성공적으로 추진하기 위한 저곡가

정책, 그리고 이에 따른 농촌 인구의 도시 유입으로 생겨나는 산업예비군, 그리고 산업예비군의 증가에 따른 노동력 증가와 임금의 안정화, 그리고 이러한 과정 속에서 소외된 농촌 주민의 정치적 이반을 막기 위한 보상정책으로 설명하면 보다 더 정교한 이론이 만들어질 수도 있을 것이다. 그러나 이러한 설명 틀로는 새마을 교육의 세부적인 과정을 도저히 이해하기는 어렵다고 생각한다. 역시 새마을 교육은 철학자 왕과 같은 위치에 있는 박정희가 정치가인 동시에 교육자로서 '정치적 과정 = 교육적 과정'으로 시행한 것으로 보아야 보다 더 그 실체에 근접할 수 있다고 생각한다.

그렇다면 중학교 무시험 진학제도는 어떻게 설명하는 것이 적절한가? 중학교 무시험 진학제도의 주체는 박정희가 아니라 권오병 문교부 장관이다. 그러나 권오병 장관은 박정희의 분신이었다고 할 만큼 박정희의 신임이 두터웠다. 즉, 그는 이미 1965년 8월부터 1966년 9월까지 제16대 문교부 장관을 역임하여 박정희의 신임을 얻은 인물이었던 것이다. 그러다가 당시 정일권 내각이 김두한 의원 오물투척 사건으로 일괄 사표를 제출할 때 잠시 법무부 장관으로 자리를 옮겼다가 다시 문교부 장관으로 복귀하였다. 그의 독선적 자세는 당시 여당 국회의원들도 못마땅하게 받아들여 소위 6·27 항명 파동까지 일어나게 되어, 양순직 의원 등 5명의 여당 중진의원이 제명되는 사태가 발생하게 되는데, 이러한 과정은 박정희의 김종필 세력에 대한 견제의 의미도 있지만 박정희가 그만큼 권오병 장관을 아꼈다는 의미도 있는 사건이었던 것이다.

과연 박정희의 기대대로 권오병 장관은 취임 직후인 1967년 6월 15일 전국 28개 대학과 57개 고교에 휴학령을 내려 부정선거 반대 데모를 저지하는 등 각종 학생 운동에 강경책으로 대응하였다. 여기서 잠시 박정희 시대 중 1968년의 의미를 잠시 살펴볼 필요가 있다. 바로 전 해 5월 3일 실시된 제6대 대통령 선거에서 박정희는 윤보선을 100만 표 이상의 표차로 따돌리고 대통령에 당선되었다. 그리고 6월 8일 실시된 국회의원 선거에서도 비록 상당한 부정이 있었다는 것이 밝혀지기는 했지만, 전체 175석 중 129석을 차지해 안정적인 권력기반을 확보하였다. 돌이켜 보면, 1961년 5월 16일 이후 1967년까지는 한시도 마음을 놓을 수 없는 상황이었다. 1963년 실시된 대통령 선거에서 박정희는 윤보선을 겨우 15만 표 차로 가까스로 이겼을 뿐만 아니라 그 이후에도 한일협정 반대 데모 등 거센 도전이 끊임없이 이어져 왔던 것이다. 다행히 1967년에 끝난 제1차 경제개발 5개년 계획이 성공적으로 끝나게 되고, 이에 따라 민족이니 통일이니 하는 구호 대신 성장률, GNP, 국민소득 등이 주요 관심으로 부상하게 되면서 비로소 박정희 시대의 탄탄한 권력기반이 마련되었던 것이다.

뿐만 아니라 1968년은 대외적으로도 위기의식이 고취되어 이를 대내적 통합으로 이용할 수 있는 사건이 많이 발생하였다. 1968년 1월 21일 김신조 등 31명의 무장공비가 서울에 침입하는 사건이 발생하였으며, 이틀 후인 1월 23일에는 동해상에서 미해군 정보수집 보조함 푸에블로 호가 승무원 83명을 태운 채 납북되어 미핵항모인 엔터프라이즈 호가 원산 앞바다에 긴급 출동하였으며, 오키나와 주둔 2개의 미전투 비행 대대가 한국으로 이동하여 긴장이 극도로 고조되었다. 이런 상황 속에서 박정희는 2월 7일 향토예비군의 창설을 지시하여, 4월 1일 대전에서 향토예비군 창설식이 거행되었다. 그리고 4일 후인 4월 5일 국방부는 전국 고등학생과 대학생 전원에 군사훈련을 실시키로 결정하였다.

중학교 무시험 진학제도는 바로 이러한 정치적인 상황 속에서 전격 발표되었다. 따라서 중학교 무시험 제도를 교육정치학의 일반적인 설명 방식인 국민의 다양한 교육적 욕구가 있고, 이에 대해 정치 지도자들이 자신들을 지지하는 계층의 욕구를 선별적으로 수렴하는 방식으로 교육정책을 입안하여 집행하는 것으로 설명하기는 어렵다고 할 수 있다. 앞에서 살펴본 바와 같이, 중학교 무시험 진학제도는 다양한 정책대안 중 하나를 선택하는 방식으로 이루어진 것이 아니라 국가의 일방적인 구상으로 시행되었다. 물론 대한교원단체총연합회의 주장과 같이 당시 교육단체를 비롯한 사회 각계에서 "600만 어린이를 입시

지옥으로부터 구출하자."라는 슬로건하에 '과외추방 운동'과 '즐거운 과외 공부 펴기 운동' 등의 운동이 전개되고 있기는 하였다. 또한 1950년대 중반 중학교 입시폐지론이 몇 차례 대두되기는 하였지만, 이것은 입시 대신 내신이나 다른 방법으로 선발하자는 것이지 선발 자체를 폐지하자는 것은 아니었다. 그리고 1968년을 전후해서도 교육계의 관심은 입시제도보다는 시험 출제방식에 쏠려 있었다. 중학교 무시험 진학제도와 관련하여 사전에 수행된 유일한 연구가 있다면, 1968년 4월 26일 발표된 대한교련 '교육 혁신 추진위원회'의 '중학교 입시 제도 개선 방안 연구'다. 그러나 이 연구는 문교부의 위촉에 의해 시행된, 그것도 4월 12일에 위촉받아 2주도 안 되는 짧은 기간에 이루어진 것이었다.

또한 중학교 무시험 진학제도는 계층이나 계급의 이해관계를 반영한 정책이라고도 보기 어렵다. 앞에서 살펴본 바와 같이, 당시 무즙 파동이나 창칼 파동과 같은 입시파동은 경기중학교를 비롯한 소수의 학교와 관련되어 일어났으며, 파동의 주범인 학부형들은 막대한 재판 비용을 부담할 수 있으며, 또한 이를 여론화시킬 수 있는 계층의 사람들이었다. 따라서 이 학부형들에게 중학교 무시험 진학제도는 결코 바라던 바는 아니었던 것이다.

결론적으로, 중학교 무시험 진학제도는 새마을 교육과 같이 교육자로서의 국가가 피교육자인 국민에게 강압적으로 베푼 교육정책이었다고 평가할 수 있다. 물론 국민에게 베푼 내용은 '평등'이라는 것이었다. 다만 새마을 교육과 차이가 있다면, 새마을 교육은 동기 부여에서부터 시종일관 국가가 주도하였고, 중학교 무시험 진학제도는 동기와 추진력 자체는 국민에게서부터 비롯되었다는 점이 구별된다.

4. 맺음말

서두에서 자민련의 승리를 '박정희 시대에 대한 향수'라고 표현한 인사는 김영삼 정부의 교육개혁에 대해 "선비(士)의 교육에서 장사꾼(商)의 교육으로 바꾸자는 것"이라고 잘라 말하였다. 앞에서 살펴 본 바와 같이, 정치가 곧 교육의 형태로 전개되는 박정희 시대를 염두에 두고 이런 말을 했을 것으로 추측된다. 그러나 과연 박정희 시대의 교육정책을 선비의 교육이라고 할 수 있을까? 혹시 '사무라이 교육'은 아닐까?

박정희가 만주 신경군관학교에서 열심히 훈련을 받고 있을 때, 민족 지도자 이광수는 「매일신보」에 '심적(心的) 신체제와 조선문화의 진로'라는 글을 통해 우리 민족이 발전하기 위해서는 "아주 피와 살과 뼈까지 일본인이 되어 버려야 한다."라고 썼다. 혁명 직후 박정희의 현실 인식은 이광수와 유사하였다. 그는 대통령 권한 대행 비서실장이던 이동원에게 다음과 같은 말을 했다고 전해진다(손인수, 1994: 56에서 재인용).

> 난 나라를 부강하게 만들고 국민을 다복하게 하는 게 정치목표였는데, 알고 보니 이 나라에는 지금 돈이 한푼도 없어. 가난하다기보다는 깡통을 찬 거지라는 표현이 알맞겠어. 어떻게 보면 도둑이 다 쓸어가고 언제 도깨비가 나올지도 모르는 살풍경한 나라야.

박정희가 보기에 5·16 당시 우리나라에는 변변한 산업시설하나 제대로 된 것이 없었으며, 국민의 절반 가까운 숫자가 최저 생계비에도 못미치는 비참한 생활을 하고 있었다. 뿐만 아니라 일부 잘 사는 계층은 사치와 낭비에 젖어 있고, 공무원은 부패할 대로 부패하였으며, 경제인은 건전한 기업가 의식은 없이 일확천금만을 꿈꾸고, 지식인과 정치인은 매사에 부정적 태도를 보여 주고 있었던 것이다. 그리고 대부분의 국민은 사대주의적 종속의식과 민족적 열등감, 자조적 엽전의식에 사로잡혀, 만사에 수구적·부정적·회의적·소극적·수동적·의타적 경향을 보여 주고 있었다. 이러한 현실인식에서 박정희는 이광수가 민족개조를 주장하였듯이, '인간개조'를 4대 혁명공약의 하나로 내걸고 온 국민을 교육의 장으로 몰아넣었던 것이다.

어쨌거나 분명한 사실은 박정희 시대의 새마을 교육과 무시험 진학제도는 정치 지도자로서 행한 행위라고 이해하기보다는 그가 재직했던 문경 보통학교 교사로서 그의 제자들에게 행했던 것으로 이해하는 것이 훨씬 효과적이라는 것이다.

제6장

제5공화국 교육개혁의 정치학

1. 들어가는 말

제5공화국은 갑작스러운 제4공화국의 해체에 따라 등단한 새로운 정치체제였다. 이때 등단한 정치세력은 낯선 의외의 새로운 정치세력이었던 만큼 역대그 어느 정치세력보다 많은 국민적 지지를 필요로 하였으므로 이를 위하여 여러 가지 급단의 개혁조치를 취하였다. 즉, 통행금지 실시, 과외금지조치 단행, 컬러텔레비전 방영, 대학의 졸업정원제 시행, 교복과 두발의 자유화 조치 인정, 유아교육 진흥책 등이 그것이다. 이러한 급단의 조치들로 정치세력들은 정치적 지지를 얻는 데 성공하였다.

그중, 과외금지조치는 교육비 조달에 늘 고심하던 학부형들의 지지를 받는데 기여하였고, 대학의 졸업정원제는 대학 문턱에서 참패를 경험해 오던 젊은재수생들로부터 환영을 받았다. 더구나 교복과 두발의 자유화 조치는 성인의간섭을 억압으로 받아들이던 사춘기 청소년들로부터 갈채를 받았다. 그런 점에서 그와 같은 교육개혁은 국민적 지지를 확보하려는 정치적 목적을 달성하는 데 크게 공헌하였다. 그후 이때의 정치세력은 그 지지를 기반으로 교육개혁을 보다 확대해 갔다. 시한부 교육세(教育税) 제도를 신설하였는가 하면, 고등교육 영역에서 사회교육 차원의 개방대학을 설치하기도 하고, 전문대학에 대해서 육성책을 강구하기도 하였다.

그리고 1985년 3월에는 대통령 자문 교육개혁심의회을 구성하여 3년여의 본격적인 교육개혁안 작성에 착수하였고, 1987년 최종보고서를 마무리하였다. 이처럼 교육개혁만을 목적으로 하는 조직이 정부 안에 설치되어 집중적으로 종합적인 교육개혁안을 총괄적으로 마련한 것은 역대 정부 중 이 공화국 정부가 처음이었다. 이때 수립된 교육개혁안은 그의 엄격한 수립과정을 통하여 매우 진지하고 열정적인 토론을 거쳐 성안되었다. 이는 75권이나 되는 방대한 그의 연구보고서만 보아도 알 수 있는 일이다. 그러나 이 개혁안은 제5공화국의 종국과 이에 이어지는 다음 정권에 계승되지 않아 물거품의 개혁안이 되어 버렸다. 우리는 정권이 바뀔 때마다 상습적으로 전 정권에 대한 과오의 단죄 그리고 그에 대한 적대시의 관행 때문에 번번이 정책의 단절을 경험하곤 하였다. 이 교육개혁안도 그런 점에서 예외는 아니었다.

그러나 이 개혁안에 전혀 문제가 없는 것은 아니다. 그 개혁안 작성에 참여한 사람들의 독선적인 입장만이 어떤 합의나 검증의 절차도 없이 일방적으로 채택되어 있는가 하면, 또 어떤 것은 실현 불가능한 허황한 것들을 포함하고 있다. 이런 사실이 이 개혁안을 백안시하게 된 배경이 될 수도 있을 것이다. 설사 그렇다 하더라도 그렇게 단순히 정치체제가 바뀌었다는 사유 하나만으로 공들여 만든 성과와 그 값비싼 경험을 방기하는 우리의 정치적인 메커니즘은 국정 운영을 위한 경험의 축적을 방해할 뿐 아니라 교육행정의 잦은 시행착오는 물론, 사회체제 운영의 비능률과 무책임을 자초하게 된 원인이 되었다. 이러한 사실에 대하여 우리는 깊은 자각과 반성을 하여야 할 것이다.

그런데 이 개혁안에 대하여 교육정책결정 이론상 특별한 의미를 부여한다면 이 개혁안이 '합리적 종합 이론'에 근거하고 있다는 점이다. 이 개혁안이 나오기 이전까지 이 땅에서 전개 된 교육개혁은 대체로 교육의 현실적인 문제를 그때 그때 풀어 가기 위하여 부분적으로 이루어져 왔다는 점에서 '점진주의 이론'으로 분류될 수 있는 것과 구분된다고 할 수 있다.

2. 7·30 교육개혁의 전개과정과 주요 내용

1) 7·30 교육개혁의 전개과정[1]

1980년대는 정치사회적·교육적으로 매우 큰 변화가 일어났던 시기였다. 1979년 10월 26일 오랫동안 독재정치를 이끌어 왔던 박정희 대통령이 암살된 이후 12·12 사태를 거쳐 전두환 장군을 중심으로 하는 일부의 군부세력이 정치권력을 장악하였다. 1980년 봄부터 정부의 개헌작업에 반대하는 학생 시위가 과격해지고 노사분규가 심해지는 혼란 상황이 지속됨에 따라 정부는 5월 17일을 기하여 종전의 지역 비상계엄을 제주도를 포함한 전국 비상계엄으로 확대 실시하였다. 그다음 날인 5월 18일을 기하여 민족의 비극인 광주 민주화 운동이 발생했고, 이것이 결정적인 계기가 되어 5월 27일 국무회의의 의결을 거쳐 국가보위비상대책위원회(이하 '국보위')가 탄생되기에 이르렀다. 이 국보위는 제5공화국이 정식으로 출범하기 전인 1980년 7월 30일, 소위 '7·30 교육개혁안'으로 불리는 '교육정상화 및 과열과외 해소방안'(이하 '7·30 교육개혁안')을 발표함으로써 1980년대 초반의 교육개혁과 관련하여 매우 중요한 일을 담당하게 된다.

국보위의 의장은 대통령이 되고 위원은 국무총리, 부총리겸 경제기획원 장관 그리고 외무부 장관, 문교부 장관 등 7개 부처 장관, 중앙정보부 등 6개 관

---

1) 이 부분은 정태수(1991). 7 · 30 교육개혁. 서울: 예지각. pp. 37-79를 참조하여 작성하였음.

계 부처의 장 그리고 대통령이 임명하는 10인 이내의 위원으로 구성되었다. 그리고 국보위의 위임을 받은 사항을 심의 조정하기 위하여 상임위원회를 두고, 상임위원회는 위원장과 30인 이내의 위원으로 구성되었다. 이때 전두환 장군이 맡은 직이 바로 상임위원장이었다. 상임위원회의 사무를 분장 처리하기 위하여 상임위원회 안에 13개 분과위원회를 설치하였으며, 7·30 교육개혁안을 실무적으로 준비한 문교 공보위원회(이하 '문공위원회', 위원장 오자복)는 그중의 하나다. 국보위는 정치, 경제, 사회, 교육 등 국정 전반에 걸친 개혁작업을 추진하였다. 그중 학교교육과 관련된 추진 지침은 9개 지침 중에서 "학원의 기업화와 과외과열 등 비뚤어진 교육풍토를 바로잡아 도의 사회를 구현한다."는 것과 "학원의 자율성은 보장하되 불법 시위나 소요행위 등 사회 혼란을 통해 북괴를 이롭게 하는 행위는 근절시킨다."는 두 가지다. 이 두 가지 지침은 모두 '정치를 위한 교육'이라는 관점에 기반하고 있다는 공통점을 지닌다. 이 가운데 특히 과열과외 해소는 7·30 교육개혁의 핵심 목표로 등장하게 된다.

교육과 관련된 수많은 개혁과제 중 과열과외 해소를 교육개혁의 목표로 삼게 되기까지 교육전문가가 동원된 심층적 연구를 의뢰하거나 교육개혁에 앞서 현재의 문제와 국민의 요구를 분석하기 위한 대규모의 여론조사를 실시하지 않았다. 물론 이러한 과학적이고 분석적인 연구가 선행되어야만 교육개혁의 목표가 설정되고 개혁과제가 선정되는 것은 아니지만, 집권세력의 숨은 의도를 드러내지 않으면서 소기의 목적을 달성하기 위해서라도 이름 있는 전문가의 연구결과를 동원하는 것이 상식이라는 점에 비추어 볼 때 7·30 교육개혁은 정치집단의 의도를 너무 노골적으로 드러낸 세련되지 못한 개혁이었다고 할 수 있다. 즉, 과열과외 해소를 최우선 순위에 놓은 것은 교육 자체의 발전을 위한 국보위의 관심 때문이라기보다는 집권세력의 정당성 확보를 위한 필요 때문이었다는 것을 일반 사람마저 쉽게 눈치 챌 수 있을 정도로 교육적으로 뿐만 아니라 정치적으로도 졸속이었다. 7·30 교육개혁이 발표될 당시의 정치적 상황을 고려해 볼 때, 집권세력의 가장 큰 관심사는 민심을 수습하고 정치에 대한 관심을 분산시키며, 나아가 정권을 조기에 창출하는 것이었다고 할 수 있다. 국보위가 '과외망국론'이라는 말이 나올 정도로 심각하게 사회 문제화되어 있었던 과열과외 문제에 관심을 표명함으로써 많은 국민의 지지를 받을 수 있을 것으로 판단한 것은 정치적 관점에서 볼 때 자연스러운 것이었다고 볼 수 있다.

그리고 교육개혁에 관한 국보위의 기본 지침이 결정된 이후 한국교육개발원을 중심으로 이루어진 일련의 정책연구 작업은 교육 전문가가 정치체제의 목표를 합법화시켜 주는 데 적극적으로 협력하는 전형적인 사례를 보여 준다. 이러한 양자의 관계는 교육 전문가의 역할이 정치체제로부터 주어진 목표를 달성하는 데 가장 합리적인 수단과 방법을 개발하는 데 국한되어야 한다는 기능주의 관점에서 볼 수 있는 모습이다. 이것은 교육 전문가가 정치체제로부터 일정한 거리를 둔 상태에서 창조적 긴장관계를 유지하는 것이 교육을 위해서나 정치를 위해서나 좋다는 관점과 대비된다(김재웅, 1993).

자체 연구개발 인력을 확보하고 있지 않은 국보위 문공위원회[2]는 1980년 6월 중순경 문교부 산하 기관인 한국교육개발원에 과열과외를 해소할 수 있는 대책을 마련하도록 지시하였다. 마침 한국교육개발원에서는 '학교교육 정상화를 위한 과열과외공부 해소대책 연구'(연구책임자 김영철 박사)를 이미 그해 2월 1일부터 정책연구과제로 선정하여 연구를 진행하고 있던 터였기 때문에, 국보위의 요구에 대하여 7월 4일자로 보고서를 제출할 수 있었다. 이 보고서에 담겨 있던 내용은 7월 11일 국보위 자체 비공개 소규모 세미나와 7월 19일 한국교육개발원의 중간보고서, 그리고 7월 22일 세종문화회관 대강당에

....

2) 문공위원회 위원장인 오자복은 군인이었고, 교육분과를 책임 맡고 있던 김행자는 미국 유학을 마치고 귀국한 지 얼마되지 않는 39세의 정치학 교수였다. 문공위원회 위원 중 교육행정에 비교적 밝은 사람은 정태수 당시 문교부 대학국장 한 사람뿐이었다. 그것도 처음에는 문공위원회가 문화공보부(문공부) 관계 인사만 선정하였다가 5월 31일 이후 문제가 되어 급히 교육관계 인사를 선정하게 된 것이라고 한다(정태수, 1991. p. 39 참조).

서 개최된 공청회를 통하여 부분적으로 수정되어 7·30 교육개혁안으로 발표되기에 이른다.

　이 역사적 변고를 어떻게 이해할 것인가? 국보위의 요청이 있기 4개월 전부터 한국교육개발원은 과열과외 문제해결을 위한 정책과제를 수행하고 있었다는 사실은 국보위로서는 천만다행이었다고 할 수 있을 것이다. 또한 교육정책을 전문적으로 연구하는 사람들과 교육계에 종사하는 사람들의 입장에서도, 그동안 교육계의 숙원이었던 몇몇 사업과 고질적 교육문제들을 정치적인 힘을 빌어 해결할 수 있었다고 할 수도 있을 것이다. 이러한 견해는 7·30 교육개혁안을 입안하는 단계에서 집행하는 단계까지 깊숙이 참여했던 당시 정태수 문공위원회 위원(후에 제5공화국 문교부 차관, 1981. 4. 13~1983. 7. 19)의 증언에 잘 나타나 있다.

> ……우리나라의 교육개혁은 '교육'을 개혁해 온 것이 사실이나, 그 계기는 '교육 외적'인 힘에 의하여 개혁능력이 주어지는 경향을 가지고 있었다. 그러나 이 경우에도 '교육적'인 힘이 진공 상태에 있는 것이 아니라 전자의 힘은 후자의 힘을 빌어서 새 세력의 이데올로기를 관철하려 하고, 후자는 전자의 힘을 빌어서 평소에 개혁할 수 없었던 '교육적 신념'을 반영하려 하여, 이 양자가 타협을 이루어 '교육제도 개혁'이라는 산물을 생산해 왔다고 하겠다(정태수, 1991: 28).

　그러나 7·30 교육개혁의 경우 교육계와 정치계가 각각의 자율성을 유지하면서 동등한 조건하에서 이루어진 타협의 산물이라고 보기에는 무리가 뒤따른다. 당시의 권위주의적 정치 행태 속에서 정치권력의 의지에 반하는 말이나 행동이 거의 불가능했을 것이라는 점, '과열과외 해소'라는 사회적 목표를 일방적으로 전달하여 그것을 기초로 교육개혁안을 구상하라고 지시한 점 등은 당시 교육계와 정치계의 관계가 대등하지 않았음을 보여 준다. 한국교육개발원이 국보위의 지시가 있기 전 4개월부터 관련 연구를 수행해 왔다고는 하지만, 국보위의 정확한 지침에 따라 그에 맞는 개혁안을 작성하는 데 걸린 기간이 불과 1~2개월밖에 안 되었다는 점도 연구를 담당했던 사람들로서는 상당한 정도의 심리적 압박감 속에서 작업을 수행하여야 했을 것이다. 정태수의 기록에 따르면, 국보위에 제출할 보고서를 작성하기 위하여 한국교육개발원의 작업 팀은 개발원의 자체 예산으로 서울 남서울 호텔에서 집중작업을 하였고, 국보위 관계자들이 수시로 작업을 확인하기 위하여 그곳을 방문하였다. 요약하면, 7·30 교육개혁은 교육적 필요에 의해서라기보다는 정치적 긴박한 필요에 한국교육개발원의 교육 전문가 집단이 자의든 타의든 협조하여 만들어 낸 작품이라고 할 수 있다.

한편 7·30 교육개혁은 그 합법성에도 문제가 있다는 비판을 받고 있다(이종각, 1994: 52-53). 우선 개혁의 주체의 성격에서 비롯되는 문제가 있다. 7·30 교육개혁안을 준비하고 발표한 기구가 국보위라는 초헌법적 기구였다는 점 자체가 문제가 될 수 있다. 국보위의 의장이 대통령(최규하)이었으므로 대통령이 중심이 되어 개혁을 추진하였다면 합법성에 별 하자가 없다고 할 수도 있다. 그러나 교육개혁안을 채택하기 위하여 국보위 전체 회의를 여는 대신, 국보위 업무를 보좌하기 위해 만든 상임위원회, 그중 문공위원회가 중심이 되어 입안한 개혁안을 상임위원장(전두환)에게 보고하는 형식을 거쳐 합법성을 얻으려 하였다는 데 문제가 있다. 대통령에게 보고하지도 않은 개혁안, 국회에서 한 번 논의하지도 않은 개혁안, 즉 1980년 7월 29일 국보위 분과위원회에서 전두환 상임위원장에게 보고한 개혁안을 7월 30일 오자복 문공위원장이 기자회견을 통하여 발표하였고, 각 언론은 이것을 '교육혁명'이라는 이름으로 대서특필하였다. 과연 국보위 상임위원장에게 보고된 7·30 교육개혁안이라고 불리는 '학교교육 정상화 및 과열과외 해소방안'이라는 문서는 법적으로 전 국민이 따라야 할 합법성과 타당성을 지니고 있는 것일까? 어쨌든 사후에 합의라는 형식을 거치기는 하였지만, 대통령의 인가가 나지도 않은 교육개혁안을 문교부는 일방적으로 받아서 실시하게 된다. 절차를 무시한 채 입안되고 합법성이 결여된 교육개혁은 이렇게 시작된 것이다. 적어도 개혁과정의 초기에 문교부가 강력하게 교육개혁안들을 추진할 수 있었던 것은 이렇게 되기 전부터 교육개혁이 가장 중요한 정치적 과제이어야 할 것을 주장해 왔던[3] 이규호가 문교부 장관직(1980. 5. 22~1983. 10. 14)을 맡고 있었다는 사실과 밀접히 관련되어 있다. 정치교육, 국민정신교육, 이데올로기 비판교육 등 교육의 정치적 기능을 잘 알고 있던 그는 7·30 교육개혁을 정당화하고 해설하는 일을 적극적으로 추진하였다.

일반적으로 정치체제가 교육을 다루는 방식은, 특히 교육개혁과 같이 급격한 변화를 꾀하는 경우에는 더욱 더 그렇지만, 학교에서의 교육내용과 방법에 영향을 미치고, 나아가 이것은 학교가 길러 내는 학생의 모습에 영향을 미친다고 할 수 있다(Spring, 1988: 182). 한편 교육개혁은 직접적으로 교사와 학생의 교육활동에 영향을 미치기도 하지만, 개혁을 추진하는 방식 그 자체가 교육관계 집단에 영향을 미치기도 한다. 이러한 점에서 7·30 교육개혁은 그 자체가 하나의 잠재적 교육과정으로서 학생, 학부모, 교사, 일반 국민 등의 교육에 관한 인식에 부정적 영향을 미쳤다고 할 수 있다. 즉, 낙후된 정치체제로 인해 세련되지 못하게 추진된 교육개혁은 일반 국민과 학생에게 교육은 아무렇게나 다루어도 되는 것이라는 인식을 부지불식간에 심어 주었다고 볼 수 있다.

2) 7·30 교육개혁안의 주요 내용

7·30 교육개혁안은 그 준비과정이 급진적으로 이루어졌던 것만큼이나 담고 있는 내용도 급진적이었다. 일종의 충격 효과를 노리기라도 한 것처럼, 개혁안

....

3) 예컨대, 그의 이러한 주장은 사학(1977, 봄)에 실린 그의 논문 「정치적 과제로서의 교육개혁」에 잘 나타나 있다.

은 당시의 문교부 수준에서는 상상도 할 수 없는 대담한 것들이 대부분이었다. 이제 7·30 교육개혁안이라고 불리는 '교육정상화 및 과열과외 해소방안'의 주요 내용을 살펴보자.

국보위 문공위원장의 사인, 관련 분과위원장와 협조 사인, 문교부 장관의 합의 사인 그리고 전두환 상임위원장의 결재 사인이 남아 있는 공식 문서 사본에 따르면, 교육개혁안은 주요 문제, 문제진단(원인분석), 정책 방안 그리고 결론의 네 부분으로 구성되어 있다(정태수, 1991: 169-175). 이 보고서는 주요 문제로 ① 학생의 전인적 발달 저해, ② 정상적 학교기능 마비, ③ 취업기회 부족 및 학력 간 임금 격차, 그리고 ④ 교육을 오도하는 사회의식 구조를 거론하고 있다. 이 문제들의 원인으로 ① 협소한 고등교육기회, ② 학교교육의 침체, ③ 사교육비 증대로 가계 압박 가중, 그리고 ④ 국민의 동일체의식 침해를 들고 있다. 해결방안은 크게 교육정책과 사회정책으로 구분하여 제시하고 있다. 교육정책으로 ① 대학입시에 내신성적 반영, ② 초·중·고등학교 교육과정 축소조정, ③ 졸업정원제 지향, ④ 전일수업제 대학운영, ⑤ 대학입학 인원의 확대, ⑥ 방송통신대학의 확충, ⑦ 교육방송 실시, 그리고 ⑧ 교육대학의 수업 연한 연장을 제시하고 있다. 이어서 이상의 교육정책을 시행하는 데 획기적인 교육재정 지원, 대학시설 확충, 교원처우 개선, 대학교육과정 교과서 개발지원, 지방대학 육성책 계속 추진, 기타 연구과제로 특수교육과 대학평가 기준의 적정화를 장기대책으로 추진할 것을 제시하고 있다. 끝으로, 사회정책으로서 산업체 고용정책 개선과 범국민적 과열과외 추방 캠페인을 제시하고 있다.

초·중·고등학교 교육과정 축소조정과 교육대학의 수업 연한 연장을 제외한 모든 개혁안이 과열과외 해소와 관련 있음을 알 수 있다. 1980년 7월 19일 한국교육개발원이 국보위 측에 제출한 '학교교육 정상화를 위한 과열과외 해소대책 연구'라는 중간보고서에 포함되어 있지 않았으나 7·30 교육개혁 안에 들어오게 된 것은 '교육대학 수업 연한 연장' 하나뿐이다. 정태수의 기록이 옳다면, 이것은 과열과외 해소 대책과는 무관한 것이었지만 교육세력 측의 필요에 의하여 만들어진 것이며, 그 자신이 교대 4년제화를 역설하여 이루어 낸 것이라고 할 수 있다(정태수, 1991: 69).

3. 7·30 교육개혁의 정치적 의미와 교육적 의미

7·30 교육개혁안의 정치적 의미와 교육적 의미를 분석하기 위하여 여러 정책들 가운데 졸업정원제와 과외금지정책을 택하는 데 다음의 두 가지 사항이 고려되었다. 첫째, 1980년대 초반의 교육개혁 추진과정에서 교육현장에 가장 큰 영향을 미친 것이 바로 이 두 가지 정책이었다는 점이다. 둘째, 두 정책 모두 정책 집행 초기에는 강력하게 추진되었으나 얼마 못가서 정책의 내용이 수정되고, 나아가 개혁 이전의 상태로 정책이 되돌아가는 정책과정상의 유사성이 많다는 점이다.

1) 대학 졸업정원제

흥미로운 것은 한국교육개발원의 중간보고서에서 교육대책 중 장기 과제의 하나인 고등교육의 개방화와 함께 건의된 '졸업정원제 검토'라는 한 줄이 7·30 교육개혁안에 와서는 가장 중요한 교육정책 중 하나로 둔갑하고 있다는 사실이다. 졸업정원제는 '입학이 곧 졸업'이라는 오명을 갖고 있는 우리나라 대학의 문제를 지적하면서 간간이 언론에서 그리고 교육 전문가들 사이에서 도입의 필요성이 제기되었던 정책이다. 한국교육개발원의 연구보고서(한국교육개발원, 1977: 117)에서 건의한 졸업정원제를 1978년 11월 공화당 정부가 1990년대에 대비한 장기 교육계획 시안 중 하나로 제시한 적이 있으나, 당시에는 막대한 소요 자금 등으로 그 실현 가능성에 대해 회의적 견해가 많았다고 한다.[4] 이러한 졸업정원제에 7·30 교육개혁 주체 세력이 적극 관심을 갖게 된

이면에는 대학교육의 내실화라는 명분 이외에 정치적 의도가 숨어 있다고 짐작할 수 있다(정영수 · 한만길 · 정재걸, 1987: 19-20).

이렇게 보면, 과열과외를 해소하여 국민적 지지를 확산시켜 보겠다는 목표를 가지고 있었던 당시 정치세력이 7월 19일 한국교육개발원의 보고서 안에서 작은 글씨로 '검토' 정도로 적혀 있던 졸업정원제를 7·30 교육개혁안에서 크게 확대하여 발표한 것은 당연한 것이었다고 할 수 있다. 국보위는 과열과외의 발생 원인을 대학 진학 수요와 대학교육기회의 불균형으로 파악하고 대학입학 기회를 대폭 증가시키면 과열과외가 어느 정도 해소될 것으로 보았다. 이때 우려되는 대학교육의 질 저하를 막아 보겠다는 것이 졸업정원제가 지니고 있는 교육적 명분이었다. 대학의 문을 활짝 열어 놓는 대신에 나오는 문을 통제하여 교육의 질을 유지하겠다는 발상은 얼른 보기에 매우 설득력을 지닌 것으로 보였다. 대학에 진학할 실력이 안 되는 학생과 그의 학부모에게 이 정책은 '나도 대학에 진학할 수 있다.'라는 환상을 심어 주기에 충분한 정책이었다. 누적되어 오던 재수생 문제도 해결할 수 있을 것처럼 보였다. 한편, '학생 수가 곧 대학 재정'인 사립대학의 경우, 이 정책은 일종의 복음이었다. 공식 문서의 어느 곳에서도 발견되지 않지만, 입학생의 일정 비율은 졸업 이전에 반드시 탈락하도록 규정하고 있는 졸업정원제는 학생을 학교 성적에 묶어 둠으로써(소위 '면학 분위기를 조성함으로써') 학생 소요를 막는 데에도 도움이 될 것이라는 정치적 의도가 숨어 있다고 할 수 있다(최종철, 1985: 53). 어쨌든, 이렇게 복합적인 성격을 띤 졸업정원제는 집행 초기부터 찬반이 엇갈리면서 순조롭게 집행되지 못하여, 몇 차례에 걸쳐 정책의 내용이 수정되다가 급기야는 1988학년도에는 종래의 입학정원제로 정책이 되돌아가게 된다. 다음에서는 졸업정원제의 주요 골자와 집행과정을 살펴보면서, 이 정책이 지니고 있는 정치적 의미와 교육적

....

4) 1978년 11월 23일자 동아일보를 인용한 최종철, "교육제도의 개편과 국가의 사회 통제: 7·30 교육개혁 조치를 중심으로"(서울대학교 석사학위논문, 1985), p. 53.

의미를 고찰하여 보고자 한다.

1980년 7월 30일 발표된 '학교정상화 및 과열과외 해소방안'이라는 문서의 '졸업정원제 지향'이라는 제목하의 정책 내용은 다음과 같은 것이었다. 먼저, 졸업정원제의 개념은 정원 + 일정수(학교별로 문교부 인가)를 입학시키되 졸업을 '정원'으로 제한한다는 것이다. 이때 유급과 제적은 문교부와 학교당국이 정하는 별도 지침에 의거 학년별 또는 학기별로 실시한다. 시행계획과 관련하여, 1981년에는 졸업정원의 130%를, 1982년에는 졸업정원의 150%를 입학인원으로 하되, 성과를 검토하여 점차 확대할 계획이었다. 법정점수를 획득하고 탈락하는 경우에는 이수증을 발급하여 주고, 다음 학년으로 편입학을 허용하도록 하였다. 졸업정원제 실시의 기대효과로서 ① 대학입학기회 확대, ② 면학분위기 조성, ③ 사학 재정난 극복, 그리고 ④ 산업체 인력수요반응 용이를 지적하였다. 그리고 졸업정원제 실시에 따른 문제점으로서 제적자 처리문제와 진리탐구보다 성적을 추구하는 대학생활을 예상하고 있었다.

졸업정원제의 실시를 위해서 문교부가 마련한 세부 방안의 주요 내용은 다음과 같은 것들이었다(문교부 1983: 111-112).

첫째, 졸업정원은 대학, 학부, 계열, 학과별로 책정한다. 둘째, 2학년 말까지 졸업정원 초과 인원의 60%(졸업정원의 18%)를 중도 수료시키고, 4학년(7학기) 등록 학생은 [졸업정원 이외에] 졸업정원 초과 인원의 33%(졸업정원의 10%)를 초과할 수 없다. 셋째, 대학별로 '대학학사개혁위원회'를 설치·운영한다. 넷째, 수료의 방법과 기준 등 세부 사항은 각 대학(교) 총·학장이 자율적으로 합리적인 방안을 강구하여 시행한다.

이 정책은 대학마다 여건이 다르고 한 대학 내에서도 학과마다 사정이 다른데 이것을 무시하고 무조건 졸업정원의 30%(전문대학은 15%)를 더 뽑아 학년별로 중도에 일정 비율을 탈락시키도록 한 것에 대해 정책의 집행 초기부터 강한 비판과 저항을 받았다. 어떤 이들은 130%라는 숫자의 합리성에도 이의를 제기하기도 하였다(문명호, 1986: 450-451). 졸업정원제는 2년차부터 모집

인원을 졸업정원의 150%로 확대하기는 커녕, 1985학년도부터는 졸업정원의 100~130% 범위 내에서 신입생 모집 비율의 완전 자율화로 정책이 바뀌게 된다. 그 결과 1985학년도에 전국적으로 볼 때 국립대학은 졸업정원의 115%를, 사립대학은 126%를 모집하였다. 학생 수가 곧 재정 수입으로 연결되는 사립대학의 경우 중도탈락생의 문제가 있음에도 불구하고 상당히 높은 비율의 초과 입학생을 받아들이고 있음을 알 수 있다. 그러면서도 정직하게 정책목표에 순응하여 재학생을 강제로 중도 탈락시킨 대학은 얼마 되지 않는다. 대학들이 졸업정원제라는 새로운 정책에 순응하지 않은 것이다. 결국 이 제도는 유명무실해지고 제5공화국이 끝나고 제6공화국으로 들어서면서 입학정원제로 환원된다.

강력한 군부 독재체제로 반대의 목소리를 내기가 어려웠던 제5공화국하에서 대학들이 졸업정원제라는 새로운 정책에 불순응(noncompliance)한 것을 어떻게 설명할 수 있을까? 콤스(Coombs, 1984)가 제시하고 있는 정책에 대한 불순응에 대한 다섯 가지 유형은 이 문제에 답하는 데 유용한 준거를 제공한다. ① 의사소통 관련 불순응, ② 자원 관련 불순응, ③ 정책 관련 불순응, ④ 행위 관련 불순응, 그리고 ⑤ 권위 관련 불순응 등인데, 의사소통 관련 불순응은 정책 대상집단이 정책의 목표와 내용을 잘 이해하지 못하는 데에서 비롯된다. 자원 관련 불순응은 정책의 목표를 잘 알고 있으나 그것을 달성할 수 있는 자원이 마련되지 못할 때 발생한다. 정책 관련 불순응은 정책목표에 관련된 것과 신념에 관련된 것으로 나누어진다. 전자는 정책 대상집단이 정책목표에 찬동하지 않거나, 그 정책 수행을 위하여 자원배분에서 우선순위를 낮게 두는 경우에 발생한다. 후자는 정책 대상집단이 정책이 가져올 효과에 대한 확신이 없을 때 발생한다. 특히 정책목표 관련 불순응은 가치가 개입된 것이기 때문에 해결하기가 매우 어렵다. 행위 관련 불순응은 정책 대상집단이 정책의 목표나 효과에는 찬동하지만, 정책이 요구하는 행동을 수반하는 데 따르는 노력을 귀찮게 여기거나 그 행동을 취했을 때 마음이 편치 않은 경우에 발생한다. 이 경우 정책 순응에 대한 유인가를 제공함으로써 순응을 유도할 수 있다. 권위 관련 불순응은 정책 대상집단이 정책을 추진하는 주체의 합법성을 인정하지 않을 때, 또는 그 주체가 그 정책으로부터 정당하지 않은 이익을 챙기고 있다고 느낄 때 발생한다.

졸업정원제의 대상집단인 각 대학이 이 정책에 순응하지 않은 것은 이러한 다섯 가지 유형 중 정책 관련 불순응, 행위 관련 불순응 그리고 권위 관련 불순응으로 설명할 수 있다. 첫째, 각 대학은 교육의 질을 통제하기 위하여 재학생들을 학년별로 일정 비율을 강제로 탈락시켜야 한다는 정책의 목표에 기본적으로 동의하지 않았다고 볼 수 있다. 특히 사립대학의 경우, 학생을 탈락시키는 것은 곧 재정의 손실을 의미하므로, 이 정책에 순응하는 것에 따른 불이익이 크기 때문에 불순응했다고 볼 수 있다(정책 관련 불순응 중 목표 불순응). 그리고 강제 탈락시키면 교육의 질이 유지될 것이라는 정책의 효과에 대해서도 믿음을 가지고 있지 않았다고 할 수 있다(정책 관련 불순응 중 신념 불순응). 둘째, 각 대학(교수)은 졸업정원제가 엄격하게 실시될 때 사랑하는(?) 학생들이 강제로 학교를 떠나가야 하는 것이 너무 마음이 아파서 그 정책에 불순응했다고 볼 수 있다(행위 관련 불순응). 이것은 사제지간의 정을 중요시하는 우리나라의 대학 풍토에 비추어 볼 때 졸업정원제는 애초부터 성공하기 어려운 정책이었음을 시사한다. 셋째, 신군부에 의해 창출된 새 정부에 대한 합법성이 약하였고, 시간이 지나면서 민주화 운동이 거세게 일어나고 정책에 대한 권력의 강제력도 약화되면서 정책에 대한 불순응이 초래된 것으로 이해될 수 있다(권위 관련 불순응).

한편, 졸업정원제가 유명무실해지고 결국에는 입학정원제로 환원된 이유 중에 하나는 정책 집행 담당자의 정책에 대한 소신 부족에서도 찾아볼 수 있다(Sabatier & Mazmanian, 1981: 68-69). 정책 대상집단이 정책목표에 대한 지지도가 떨어지는 경우에라도 정책 집행 담당자들이 정책목표에 대한 신념이 뚜렷하면 정책에 대한 저항이나 불순응을 극복해 나갈 수가 있다. 1988학년도부터 입학정원제로 환원된 것은 애당초 내걸었던 졸업정원제의 목표가 더 이상 설 곳을 잃게 되었음을 의미하는 것으로, 만일 최초의 정책목표가 어떠한 저항에도 불구하고 추구할 만한 가치가 있는 것으로 정책 담당자들이 인식하고 있었다면 그렇게 쉽게 정책이 포기되지는 않았을 것이다. 정태수(1991: 68-69)의 기록에 따르면, 졸업정원제 실시 2년 만인 1983년 문교부 업무보고에서 졸업정원에 대한 입학자 수를 학교에서 자율적으로 실시할 수 있도록 '100% 내지 130%로 융통성을 부여할 것'을 건의하고 있다. 이 건의는 전두환 대통령의 반대로 채택되지 않았다고 한다. 결재과정에서 대통령은 "대학의 제도라는 것은 한 번 실시되면 그 제도 적용 대상 학생의 졸업 직후까지 한 5년은 실시해 보고 평가해서 변경하는 것이 바람직하다."는 의견을 제시했다고 한다. 정책의 실무 집행자인 문교부가 정책의 당초 목표에 대한 소신이 부족한 가운데, 국보위 상임위원장을 지냈던 전두환 대통령의 의지에 따라 졸업정원제는 실질적인 효과 없이 그 이름만을 지키면서 제5공화국 끝까지 남아 있게 된다.

과연 졸업정원제 실시로 국보위가 당초 생각했던 대로 고등교육에 대한 수요가 흡수되었고, 재수생이 감소되었으며, 대학의 질이 올라갔고, 궁극적으로 과열과외가 해소되었는가? 1980년에 비하여 1981년의 입학자는 약 10만 명이 증가하여 전년도 대비 48%라는 유례 없는 증가율을 기록하였다. 1970년대까지 입학정원제에 따라 정원 증가를 철저하게 억제해 왔던 당시 상황을 고려해 볼 때 이것은 일종의 혁명이었다. 이에 따라 대학진학 희망자의 수용률이 1980년도의 41%에서 1981년도에는 53%로 크게 증가하였다. 그리고 1982년도에는 학력고사의 재수생 응시자 수도 1970년대 이후 처음으로 15,000명 정도가 줄어드는 현상이 발생했다. 이렇듯 졸업정원제 실시 후 1~2년간은 고등교육 수요 흡수와 재수생 감소 측면에서 효과가 있었다. 그러나 입학 문호의 확대는 진학에 대한 가수요를 촉발한다는 이론도 시사하고 있듯이(서주원, 1983), 1983년 이후 재수생 응시자는 다시 증가하기 시작하였다. 이것은 대학 입학 경쟁에 참가하는 사람의 수가 크게 늘어났다는 것을 의미한다. 예를 들어, 한 고등학교에서 성적이 50% 정도되는 학생까지 대학에 가게 되다 보니, 종전에는 대학 문턱은 자기에게 너무 높아 감히 올려다 보지 못하던 학생까지도(성적이 한 학교에서 70~80% 수준에 있는 학생도) 대학 진학 경쟁에 뛰어들게 된 것이다. 따라서 경쟁에서 이기기 위하여 과외수업을 필요로 하는 학생의 수는 오히려 더 늘어났다고 할 수 있다. 과외금지조치가 실시되고, 불법과외를 하다가 적발되면 처벌을 받도록 되어 있던 상황에서 비밀과외, 고액과외 등이 사라지지 않고 있었던 것이다(과외금지정책과 관련해서는 다음에서 보다 자세히 논의한다).

그리고 졸업정원제는 학교의 특성, 학생의 성적 등과 상관없이 일정 비율을 강제 탈락하도록 했다는 점에서 비교육적 정책이었다고 할 수 있다. 교육의 질이 정작 문제였다면, 우수 교수를 확보하고 교육 시설과 설비를 확충하는 쪽에 더 많은 관심을 기울였어야 한다. 그리고 교육의 본질상, 교육다운 교육이 일어나려면 가르치는 사람과 배우는 사람 사이의 자율 활동을 보장해 주어야 한다. 외형적으로 보면, 학생의 출석률이 높아지고 도서실에 좌석이 모자랄 정도로 학생들로 붐비게 되어 면학 분위기가 조성된 것처럼 보였다. 그러나 학생을 탈락시키기 위해 평가 방법이 객관식 위주로 되고, 학생 간에 가르치고 배우는 풍토가 사라지고, 교수와 학생 간 사이가 소원해지는 등 비교육적 현상도 아울러 발생했다(송병순, 1996: 18-22). 이러한 점에서 외부에서 강제적으로 졸업률을 통제하고자 했던 이 정책은 교육보다는 사회적 · 정치적 필요가 더 중시된 정책이었다고 할 수 있다.

졸업정원제 실시 후 4~5년이 지난 다음에는 급격하게 늘어난 대졸자를 받아들여야 하는 산업체에서 부정적 영향력이 나타나기 시작했다. 노동시장의 수요를 고려하지 않은 채 대학 정원을 급격하게 증가시키는 바람에 공급과잉과 대졸자 취업률 저조가 사회적으로 문제가 되었다. 김영화와 박인종의 연구(1990: 231)에 따르면, 7·30 교육개혁에 기반하여 추진된 "1980년대의 급격한 정원 확대는 정치적 정당성의 위기 속에서 정부가 '교육체제와' 노동시장의 불일치라는 희생을 감수하면서도 사회 제집단의 요구 충족에 주력하였던 결과"다.

앞에서는 졸업정원제가 학생에게 중도 탈락의 위기감을 느끼게 하고 공부에만 매달리게 함으로써 학생 소요를 막아 보겠다는 숨겨진 의도가 있었을 가능성이 있다고 가정하였다. 흥미 있는 것은, 대학이 학생들을 일정 비율을 중도에 탈락시키도록 하고 있는 이 정책에 불순응한 결과, 학생들, 곧 학생 소요에 참여할 수 있는 잠재집단의 규모만 키운 셈이 되었다는 점이다. 졸업정원제가 그 힘을 발휘하지 못하고, 사회 각 부문에서 민주화의 열망이 커진 1980년대 후반에 들어서 학생집단은 집권세력에 대한 도전을 통하여 6·29 선언으로 이끄는 데 기여했다고 할 수 있다. 강제탈락률을 매개로 사회통제적인 정치적 목적을 달성하려 한 것이 국보위의 숨은 의도가 사실이라면, 졸업정원제에 대한 대학들의 불순응으로 말미암아 자충수를 둔 셈이라고 할 수 있다. 이것은 당시 정치세력들이 어떤 정책이든지 결정하기만 하면 별 무리 없이 집행될 것이라는 정책결정에 관한 전통적 모형을 신봉하였기 때문에 발생한 것으로 볼 수 있다. 그들은 아마도 정책의 결정과 집행 사이에는 '끊어진 고리(missing link)'(Hargrove, 1975)가 있다거나, 정책 집행은 마치 게임과도 같아서 집행과정을 잘 견딜 것으로 생각되는 튼튼한 정책도 때로는 집행과정에서 엉뚱하게 흘러 갈 수도 있다는 사실(Bardach, 1977: 5)을 몰랐던 것 같다.

요약하면 졸업정원제는 정권의 정당성을 빠른 시일 안에 확보하는 것을 최상의 목표로 삼은 일단의 정치집단이 교육적 의도보다는 정치적 의도를 가지고 추진한 정책이라고 할 수 있다. 이 분석에 따르면, 이 정책은 교육적으로뿐 아니라, 정치적으로나 경제적으로도 실패한 작품이라고 할 수밖에 없을 것 같다. 이것은 교육적 고려 없이 정치적 목적만을 위해 입안된 교육정책, 나아가 교육개혁은 교육에 해를 끼칠 뿐 아니라 정치적으로나 경제적으로도 이로울 것이 없다는 것을 시사해 준다.

그나마 졸업정원제가 실시되는 과정 중에서 이익을 본 집단이 있다면 그것은 사립대학이다. 사립대학의 경우, 입학생이 급격하게 늘어난 데다가 학생들을 강제 탈락시키는 일에는 소극적이었기 때문에 사학의 재정난 해소에는 어느 정도 도움을 주었다고 할 수 있다. 그럼에도 불구하고 반드시 지적되어야 할 것은 졸업정원제가 안고 있는 정책의 윤리적 문제다(강무섭, 김재웅, 민무숙, 1994: 86). 졸업정원제가 요구하는 강제 탈락률을 지키지 않은 대학은 학생을 탈락시키지 않음으로써 등록금 수입도 올리고 학생을 떨어뜨려야 하는 심리적 압박감을 느낄 필요가 없었던 반면, 이 정책에 순응했던 일부 대학의 경우, 학생의 탈락에 따른 재정적 손실뿐 아니라 탈락한 학생을 정책의 영원한 희생자로 남겨 두어야 하는 심리적 압박감도 아울러 느껴야 하는 모순이 발생한 것이다.

이러한 문제는 다음에 논의할 과외금지정책에도 비슷하게 적용된다. 즉, 과외금지정책에 순응한 사람은 간접적인 손해를 본 반면(예, 과외를 했더라면 더 좋은 학교에 갈 수도 있었다), 그 정책에 불순응한 사람은(물론 불법과외를 하고도 적발되지 않았다는 것을 전제로) 이익을 본 것이다(예, 과외 때문에 점수를 높게 맞아 상급학교에 진학할 수 있었다). 이렇듯, 교육정책에 순응한 사람이 손해를 보고, 불순응한 사람이 이익을 보는 상황이 발생한다는 것 자체는 정치체제에 대한 국민의 신뢰를 떨어뜨리는 결과를 가져오며, 나아가 학생과 시민에게 정직하기보다는 부정직하고 정부시책에 따르기보다는 역행하는 것이 자기에게 이익이 된다는, 교육적으로 매우 바람직하지 않은 생각을 부지불식간에 심어 줄 가능성이 있다.

2) 과외금지정책

7·30 교육개혁안에서 과열과외 추방을 산업체 고용정책과 함께 사회정책의 하나로 본 것은 매우 흥미롭다. 과열과외를 추방하는 것 자체는 교육 밖의 사회정책이라고 본 것이다. 과외 수업 기회의 계층간 불균등, 과외비 과다 지출에 따른 가계의 압박과 국가적 재정 낭비, 과외에 의한 사회적 불평등 인식 등

과외의 사회적·정치적 측면에 초점을 두고 정책을 입안한 것이라고 할 수 있다. 그러나 일반 시민의 입장에서는 과외가 금지된다는 사실이 다른 어느 교육개혁안보다 더 실감나는 교육개혁안으로 인식되었다. 개념적으로 보아도, 교육이라는 현상이 학교에 국한되어 일어나는 것이 아니라 학교 밖에서도 얼마든지 일어나는 현상이라고 한다면, 과외를 통한 교육도 얼마든지 상정할 수 있는 것이기 때문에 과외를 금지한다는 것은 그야말로 중요한 '교육정책'인 것이다. 이러한 점에서 과외금지정책만큼 교육 영역과 정치 영역이 공유하는 영역이 큰 정책도 흔하지 않을 것 같다.

7·30 교육개혁안에서 국보위가 제시하고 있는 범국민적 과열과외 추방 캠페인과 관련된 사항은 다음 일곱 가지다. ① 공직자, 기업인, 의사, 변호사 등 사회 지도층 인사는 그 자녀를 어떤 형태의 과외에도 참여시킴을 금지(위반자 정화 차원에서 공직 추방), ② 현직교사의 과외실시 규제(교직에서 추방), ③ 학원 및 과외 교사의 등록 의무화, ④ 일정액 이상 과외 수업 소득에 대한 세금 징수, ⑤ 사설 학원에 대한 (중·고등학교) 재학생 수강금지(위반시 인가 취소), ⑥ 건전한 교육관 계몽, 그리고 ⑦ 7월 31일 이전 사항 불문, 8월 1일부터 시행 등이다.

1980년 7월 29일 7·30 교육개혁안을 보고받고 난 직후 전두환 국보위 상임위원장의 지침 발언은 당시 실권자인 그가 과외문제를 얼마나 심각하게 인식하고 있었는지를 간접적이나마 파악하는 데 도움을 준다. 다음은 당시 보고회의에 참석했던 정태수가 상임위원장의 발언을 업무일지에 적어 놓은 것 중 과외 관련 사항을 발췌한 것이다(정태수, 1991: 72-73).

① 오늘 보고한 개혁방안 그대로 다 좋다. 지체 없이 실행에 옮겨 과외문제를 발본색원하라.
② 과열과외의 문제는 학교문제에 국한되는 것이 아니라 전 국가적인 문제로서 사회의 암적 존재다. 또한 이에서 파생되는 부작용이 많을 뿐 아니라, 교권문제, 교직자의 도덕적 문제로까지 번져 나가고 있어 중요한 과제다.

③ 과열과외는 강력히 규제하면 지하에 잠복하게 될 것이다. 먼저 과외하면 안 된다는 계몽이 앞서고 그 후에 제도 개선이 뒤따르게 하는 것이 좋다.

④ 공무원, 국영기업체의 임직원, 의사, 변호사, 기업인 등 지도층 인사들의 위반에 대한 강경한 경고성 발표문을 내기 바란다.

⑤ 과외지도 강사에 대한 세금을 추징하고 형사입건까지도 고려하라. 다만, 발표일 이전의 행위는 불문에 부친다는 점을 밝혀야 할 것이다.

⑥ 대학생의 부직과외, 가정교사 과외를 금지하게 하고 공부에 열중하게 하며, 과외 이외의 대학생 아르바이트를 개발하는 일에 사회적으로 관심을 갖게 하라.

이어서 문교부가 마련한 과외 단속을 위한 구체적인 지침의 골자는 다음과 같다(문교부, 1980: 3-9). 이 지침은 과외수업을 '각급 학교의 학교 수업 이외의 수업을 받는 일체의 교습행위'로 보고 있다.

① 모든 재학생은 일체의 과외수업을 받지 못한다.

② 독학생 및 졸업생은 공인된 사설 학원에서의 수강에 한하여 인정한다.

③ 각급 학교 현직 교사는 어떠한 형태의 교외 과외수업도 금지한다.

④ 인가를 받은 사설학원의 강사나 등록된 예능, 체육, 기술, 기능, 취미활동 등의 과외교습자를 제외하고는 누구도 과외교습을 할 수 없다.

⑤ 재학생은 어떤 유형의 과외교습 행위도 금지한다(다만, 가족에 대한 교습과 학교장의 승인을 득한 교회활동 및 직업 청소년에 대한 무상 봉사활동은 허용한다).

⑥ 과외 자녀의 학부형은 그 신분에 불구하고 모두 규제한다.

그리고 이상의 단속 지침에 어긋나는 행위를 하는 공직자와 현직 교사는 면직하도록 하고, 과외 학생은 교칙에 따라 강경 조치를 취하며, 사설학원은 인가를 취소하는 등 처벌을 받도록 하였다. 후에 국회에서는 사설강습소에 관한 법률 및 시행령을 개정하여 과외를 '불법'으로 규정하는 법적 근거를 마련하였다. 이렇게 하여 우리나라는 "공부하는 것이 죄가 되는"(정범모, 1989: 106), 세계에서 그 비슷한 예를 찾아보기 힘든 이상한 경험을 하게 된다.

1980년 7월 30일 과외금지조치를 발표했을 때, 그 명분은 주로 과다한 과외비 지출에 의한 가계 부담 압박 가중과 도시, 상류층 중심의 과외 행태로 말미암은 집단 간 갈등 심화에 있었다. 이것은 과외가 교육의 문제이기도 하지만, 정치 · 경제 · 사회의 문제도 된다는 것을 분명히 보여 준다. 집권세력은 과열과외라는 사회 문제를 강제적 통제방법을 통하여 자신들의 정치적 정당성을 확보하려 했다고 할 수 있다(한만길, 1990: 175).

그러나 과연 법으로 금지하여야 할 정도로 당시 과외 학생의 비율이 높았는가? 7·30 교육개혁안의 부록 형식으로 붙어 있던 '참고자료'에 따르면, 1979년 전국 학생 대비 과외 학생 비율은(조사 주체가 밝혀져 있지 않지만) 전국 평균 6.23%에 불과했다. 이것을 지역별로 보면, 대도시 12.27%, 중소도시 8.31%, 읍면 1.53%, 학교급별로는 초등학교 5.37%, 중학교 6.36%, 고등학교 10.43%였다. 그러나 1980년의 현황을 조사한 김영철 등(1981: 19-20)의 연구에서는 과외 학생의 비율이 일반계 고등학교는 30.0%, 중학교는 20.3%로 높아지고 있다. 1979년과 1980년 사이의 과외 학생 비율의 차이가 1년이라는 시간적인 경과에 의한 것인지, 조사 대상 등 조사방법에 의한 것인지는 7·30 교육개혁안의 합리성을 높여 주기 위해 1980년 조사에서 그 비율을 높게 보고하고 있기 때문인지 알 수 없다. 다만, 7·30 교육개혁안이 인용하고 있는 조사 결과만 고려해 본다면, 6.23%의 과외 학생을 두고 법으로 금지해야 하겠다는 발상에는 논리적 비약이 있어 보인다. 추가 분석이 되어야 하겠지만, 당시 집권세력이 언론을 통하여 현실을 은폐하거나 왜곡시키는 기능을 수행하는 정치적 언어를 의도적으로 조작하였을 가능성을 가정할 수 있다(Edelman, 1971). 예를 들어, 경험적으로 검증하지 않은 채, "과열과외가 전국을 휩쓸고 있으며, 이것을 없애지 않으면 나라가 망한다.”“일부 상류층의 고액 과외가 국민적 위화감을 조성하고 있기 때문에 국민화합을 위해서는 암적 존재인 과외를 뿌리 뽑아야 한다.” 등의 강한 어조의 언어들을 중심으로 언론이 여론을 형성해 나갔다고 할 수 있다. 귀가 얇은, 즉 비판정신을 결여하고 있는 일반 대중은 정말 그런가 보다 하면서 과외금지를 당연한 것으로 받아들이게 되었다고 할 수 있다. 과외금지에 관한 찬성 또는 금제에 관한 개방적인 논의 자체를 금기시했던 당시의 정치적 상황 탓도 있겠지만, 과외금지조치 실시 직후 과외금지정책에 관한 각종 여론조사에서 과외금지조치가 압도적 찬성을 얻고 있는 것은 이를 반증한다. 과외금지조치에 대한 조사결과 찬성 비율을 구체적으로 살펴보면, 현대사회연구소의 연구는 82.9%(1981년 10월), 76.8%(1982년 12월), 61.4%(1984년), 문교부의 조사는 85.3%(1983년), 사회정화위원회의 조사는 79.6%(1985년)를 나타내고 있다(한만길, 1990: 168). 시간이 경과하면서 찬성 비율이 다소 낮아지고 있기는 하지만 일반 대중은 과외금지조치는 잘한 것이라는 생각을 가지고 있음을 보여 준다. 이렇게 보면 당시 정치권력을 쥐고 있던 신군부 세력이 자기들의 지지 기반을 넓히기 위한 수단으로 과열과외라는 주제를 선정한 것은 매우 통찰력 있는 결정이었다고 할 수 있다. 그러나 다음의 분석은 일반 대중이 ‘마음으로의 승복’(이종재, 1985: 213)까지 보이고 있는 것은 아니었음을 보여 준다.

의견조사에서는 과외금지정책을 찬성한다고 하면서 그 정책에 순응하지 않았던 일반 대중의 두 마음을 어떻게 이해해야 할 것인가? 많은 사람이 과외금지정책에도 불구하고 과외를 시키고 있는 상황이 지속되고 있는 가운데 1986년에는 과외의 부분적 허용이 여론에 표면적으로 드러났고, 1987년에는 전면 허용 의견까지 나타났다. 급기야 1989년 2월에는 대학생 과외의 전면 허용과 재학생의 방학 중 학원 수강 허용을 골자로 하는 과외금지조치 완화방안이 발표되기에 이른다.

신세호, 강무섭, 임연기, 김홍주와 김재웅(1991: 129-130)의 연구에 따르면,

1989년 2월 과외금지 완화조치가 이루어지기 전에, 즉 법에 의해서 과외가 전면적으로 금지되고 있던 시기에 적지 않은 수의 중·고등학생들이 과외를 받은 적이 있다. 보다 구체적으로, 조사 당시(1990년) 고등학교 학생들의 약 57%가 과외를 받은 적이 있다고 응답했는데, 그중 약 66%가 과외금지 완화조치가 이루어지기 전에 이미 과외를 받은 경험이 있다는 것이다. 이는 1990년도에 고등학교 3학년 학생들의 약 38%(예·체능 과목의 과외 수업자를 제외하면 그 비율이 다소 줄어들기는 하겠지만)가 적어도 한 번 이상 불법과외를 받았음을 시사하는 것이다. 한번 정책이 결정되면 다소 저항이 있더라도 강압적 통제를 통하여 어느 정도 정책 집행이 보장되는 중앙집권적 정치체제 속에서 이와 같은 정책 불순응 사례가 발생했다는 사실은 정책적 견지에서뿐 아니라 교육적으로도 대단히 중요하다. 상당수의 학생이 이렇듯 불법과외를 하고 있었음에도 불구하고 1987년까지 불법과외 적발 사례를 보면 206건에 2,474명에 불과하다. 이러한 적발 사례가 불법과외 전체로 볼 때 빙산의 일각이었다는 사실은 누구나 아는 상식에 속한다. 이러한 미미한 단속 실적은 단속을 소홀히 했거나 과외수업자들이 교묘히 단속망을 피했거나 해서 가능했을 것이다. '변태과외'나 '비밀과외'라는 신조어가 시사하듯이, 특히 후자와 관련해서는 단속을 피하려는 노력이 대단했음을 보여 준다. 불법으로 과외수업을 받다가 적발되면 학생은 정학 또는 퇴학을, 과외교사는 파면을 당하고, 학생의 학부모도 엄중한 문책을 당해야 하는 상황 속에서 어떻게 과외금지라는 정책에 순응하지 않았을까? 그러한 위험을 감수하고서라도(이러한 위험 상황은 과외비의 상승을 초래했음) 학력(學力)을 올려야겠다는 극성스러운 학부모의 교육열이 직접적으로 관련되어 있을 것이다.

앞에서 인용했던 콤스의 정책에 대한 불순응 유형은 여기에도 적용될 수 있다(신세호·강무섭·임연기·김홍주·김재웅, 1991: 130).

① 의사소통 관련 불순응, ② 자원 관련 불순응, ③ 정책 관련 불순응, ④ 행위 관련 불순응, 그리고 ⑤ 권위 관련 불순응 등이다. 이 중에서 과외금지조치

에 대한 불순응은 주로 정책 관련 불순응과 권위 관련 불순응으로 설명될 수 있다. 정책 대상집단인 학생과 학부모가 과외금지정책을 어길 수 있었던 것은, 그 정책을 따르면 오히려 손해를 입게 될 것으로[즉, (일류) 대학에 못갈 것으로] 굳게 믿고 있었기 때문이었다는 풀이가 가능하다. 기본적으로 학생과 학부모 집단(특히 고액의 과외를 시킬 수 있는 상류층)은 과외금지정책의 목표나 효과를 애초부터 의심하고 있었다고 볼 수 있다. 그리고 제5공화국 초기에는 강압적 방법으로 정책을 집행했기 때문에 과외금지에 대한 반대 의사를 자유롭게 표현하지 못했지만, 1985년 이후 민주화 열기와 함께 강압적 통제가 다소 이완되면서 과외금지정책에 대한 불순응이 파급되어 갔다고 볼 수 있다. 한편, 과외에 대한 단속 시간이 지날수록 약화되었다는 점을 미루어(특히 1985년 이후) 과외금지정책을 집행했던 당국의 정책목표에 대한 소신이 정책 집행 초기와는 달리 시간이 지나면서 점차 약해졌다고 볼 수 있으며, 이것도 과외금지조치를 완화하는 데 영향을 미쳤다고 할 수 있다.

한편, 과외금지조치는 졸업정원제와 유사한 정책의 윤리성 문제를 제기한다. 일반적으로 합리적 정책 집행에서는 그 정책이 요구하는 행동을 보이면 보상을 받고 그렇지 않으면 제재를 받는다. 과외금지정책 초기에는 강력한 단속으로 적발된 사람에게 여러 가지 불이익을 당하게 한 것도 사실이다. 그러나 불법과외로 적발된 사례는 빙산의 일각이라고 할 수 있다. 여기에서 두 가지 정책의 윤리적 문제가 제기된다. 하나는 과외금지조치의 요구대로 과외 수업을 받지 않았던 사람들로부터 오는 주장이고, 다른 하나는 과외 수업을 하다가 적발되어 처벌을 받은 사람들로부터 오는 불만이다. 전자는 정책에 불순응했으면 이익을 얻었을 텐데 순응함으로써 간접적으로 손해를 보았다고 주장할 수 있다. 이는 정책이 일관성 없이 적용되었기 때문에 발생하는 것으로 정책의 합리성에 치명적 영향을 미친다. 후자의 주장은 더욱 심각한데 그들은 자기들이 받은 불이익이 정당한 것이 아니라 재수가 나빠서 받은 것이라고 생각할 가능성이 있다. 즉, 정책에 불순응한 사람들은 수없이 많이 있는데 자기들만 재수없이 걸렸다는 것이다. 과외금지조치가 해제된 마당에 당시 받았던 불이익에 대한 보상을 받을 수 없다는 점에서, 그들은 일관성 없는 정책의 희생양이 되고 말았다. 이러한 정책의 과정은 그 자체가 정치체제에 대한 불신감만 심어 준다는 점에서 7·30 교육개혁의 주체인 신군부세력 정권의 정당성 확보에도 부정적인 영향을 미쳤을 가능성이 있다.

1989년도에 과외를 다시 허용하기로 한 이면에는, 그동안 과외금지조치에 대한 불만을 표시해 온 상류층 내지는 중산층의 요구에 부응해 줌으로써 그들을 정치적인 지지기반으로 삼으려는 의도가 있었다고 이해할 수도 있다(한만길, 1990: 175). 더 나아가, 대학생의 과외 허용은 대학생들을 과외비 수입에 관심을 쏟게 함으로써 학생 운동에의 참여를 사전에 막아 보겠다는 속셈이 들어 있다고 이해할 수도 있다(한만길, 1990: 175). 그럼에도 불구하고 과외가 다시 허용된 것은, 비록 과외 허용이 중상층의 지지도가 더 높기는 하였지만, 국민의 교육권 내지 학습권의 수호라는 긍정적 측면이 사회 정의적 차원에서의 국민집단 간 위화감 조성이라는 과외의 부정적 측면보다 훨씬 중요한 것으로 판단된 결과라고 볼 수 있다. 이러한 과외금지 해제조치는 사회적으로 아무리 부정적인 문제를 야기시킨다고 할지라도 '교육적' 측면에서 보면 긍정적 방향 전환이라고 할 수 있다. 교육의 소재가 되는 어떤 내용에 대하여 이해와 경험의 수준에 있어서 앞서 있는 사람이 가르치고 덜 앞서 있는 사람이 배우는 과정이 교육이라고 할 때, 과외는 얼마든지 아름다운 교육이 일어나는 현장일 수가 있는 것이다. 특히 학교가 학생들로 하여금 교육적 체험을 할 수 있는 기회를 만족스럽게 제공하지 못할 때는 더욱 그렇다.

그럼에도 불구하고 현행 과외수업은 긍정적·부정적으로 교육에 영향을 미치는 잠재적 교육과정의 역할을 수행한다. 과외 수업에서는, 특히 개인 지도나 소규모 지도의 경우, 학력을 높이는 일에도 신경을 쓰기는 하지만, 경쟁 일변도의 대규모 학급에서와는 달리 잠시나마 학생이 개인으로서 존재를 인정받는다. 어떤 학생은 학교에 친구가 없어 학원에 다니기도 한다. 그리고 학교수업

보다는 대체로 소규모 과외수업이 개인차를 고려한 학습지도에 유리하다는 점에서 과외는 교육적으로도 중요한 역할을 수행하고 있다. 더 나아가, 과외수업은 학교의 공식적 교과과정에서 배우기 힘든 내용을 배울 수 있다는 점에서 학교 중심의 교육의 개념을 확장시키는 데에도 도움을 줄 수 있다.

그러나 잠재적 교육과정으로서의 과외수업은 부정적 영향도 가지고 있다. 학부모나 학생이 과외수업을 학교수업보다 더 중요하게 생각하는 경향은 알게 모르게 학교교육은 믿을 만한 것이 못 된다는 생각을 심어 준다. 극단적으로 주객이 전도되는 상황까지 발생하기도 한다. 훌륭한(?) 과외 교사에게 배우는 학생이 학교 교사를 낮춰 볼 가능성도 있으므로 이는 학생 자신뿐 아니라 교사, 학급 및 학교에까지 교육적으로 부정적인 영향을 미칠 수도 있다. 그리고 과외수업을 받고 있는 학생들과 그렇지 못한 학생들 사이에, 비싼 과외를 받고 있는 학생들과 싼 과외를 받고 있는 학생들 사이에 생길 수 있는 위화감은 과외가 지니고 있는 비교육적 기능 중의 하나다.

4. 맺음말[5]

교육 부문의 중요성은 주로 정치 부문으로부터 제기되어 왔으며, 이에 대한 반응은 주로 교육개혁이라는 이름과 형식을 빌어 나타났다. 1980년대 이후의 세계적인 동향에 비추어 볼 때, 교육개혁에 대한 강조는 비단 우리나라에만 한정되는 것은 아니다. 단지 차이가 있다면, 우리의 경우 교육개혁의 작업은, 다른 개발도상국에서도 찾아볼 수 있겠지만, 정권의 정당성이 취약했던 정치세

----

5) 이 부분은 연구자와 한국방송대학교 방송통신교육연구소 엄태동 연구원 사이에 비공식적으로 이루어진 여러 차례의 토론결과를 참고하여 작성되었다. 특히 교육개혁을 교육적으로 접근할 수 있는 가능성에 대한 그의 날카로운 비판과 통찰력은 큰 도움이 되었다. 그럼에도 불구하고, 논문의 부족한 점이나 문제가 있다면, 그것은 전적으로 연구자의 책임이다.

력이 '정치를 위한 교육'이라는 틀 속에서, 교육을 둘러싼 국민적 요구 등에 의하여 촉발되었다기보다는 정권이 대중적 지지기반을 마련하고 스스로에 정통성을 부여하기 위하여 추진해 왔다고 할 수 있다. 이 논문의 분석결과는 특히 1980년대 초반에 이루어진 7·30 교육개혁이 지니고 있는 이러한 특성을 잘 드러내 주고 있다.

그러나 '정치를 위한 교육'이라는 틀 위에서 이루어진 이 시기의 교육개혁이 올바른 방향에서 이루어졌다고 보기는 어렵다. 예를 들어, 그 당시 주요한 교육개혁의 항목들이었던 대학 졸업정원제, 과외금지조치 등은 현재 7·30 교육개혁 이전의 상태로 환원되었다. 이러한 현상이 벌어진 원인은 여러 가지가 있겠지만, 어쨌든 의도했던 대로 교육이 운영되지 않았다는 것을 반증하는 것이라고 할 수 있다. 장차 보다 심층적 연구로 보완되어야겠지만, 이 글에서는 무엇보다도 그 실패가 교육개혁에 대한 교육적 접근이 아니라 정치적 접근이 이루어졌다는 데 기인한다는 것을 보여 주고 있다.

정치적 목적을 달성하기 위하여 이루어진 교육개혁은 교사나 학생, 학부모 등의 교육적 요구 또는 교육의 고유한 본질 실현이라는 측면을 존중하기보다는 정치권력에 대한 국민의 지지를 이끌어 내는 데 관심이 있다. 따라서 교육개혁 주도세력은 당장에 가시적 변화를 보일 수 있는 충격적 개혁안을 무리하게 추진하는 경향이 있다. 예를 들어, 7·30 교육개혁의 경우 모든 국민이 관심을 가지고 있는 대학입학문제에 관심을 갖고 해결책으로 졸업정원제를, 국민경제에 압박을 가하고 국민위화감을 조성하고 있는 것으로 여겨지고 있던 과외문제를 해결하기 위하여 과외금지정책을 추진하게 된 것이다. 이러한 교육개혁안들은 의도했던 대로 국민의 지지와 환영을 단기적으로 이끌어 내는 데는 성공했을지 몰라도 교육의 진정한 발전이라는 면에서는 실패했다고 볼 수 있다. 다시 말하면, 이러한 모든 교육개혁작업의 미진함은 교육의 고유한 논리와 생리를 존중하면서 교육 자체를 발전시킨다는 문제의식에 기반하여 개혁이 이루어지지 않고, 정치적 이익집단이나 기득권 집단의 자기 정당화를 위하여 교육개혁을 추진한 데 그 원인이 있다고 볼 수 있다. 예를 들어, 대학이 늘어난 학생들을 제대로 수용하여 교육을 실시할 수 있을 만한 여건이 갖추어지지 않은 상태에서 시행된 대학 졸업정원제는 대학교육의 질을 저하시키는 부작용을 유발하였다. 또한 과외금지조치 역시 일종의 '극약' 효과는 거두었을지 몰라도 장기적으로 보면 비밀과외, 고액과외와 같은 사교육을 더욱 융성시키고, 과외비의 단가만 올려 놓는 결과를 가져왔다.

다음에서는 교육개혁에 대한 정치적 접근의 한계를 극복하는 한 대안으로서, 아직 구체화되지는 않았으나, 교육개혁 또는 교육에 대한 '교육적 접근'의 가능성을 제안하고자 한다. 교육개혁에 대한 교육적 접근이란, 언뜻 보기에는 동의어의 반복처럼 보일지 모르나 이것은 '교육을 위한 정치'라는 관점에서 교육과 정치의 관계를 규명하려는 것과 일맥상통하는 관점이다. 그동안 교육개혁을 교육적 관점에서 다룬 적이 별로 없었다는 점에서도 이 관점은 나름대로 의의를 지닌다고 할 수 있다.

첫째, 교육개혁이 교육의 발전에 진정으로 도움을 주기 위해서는 교육적 가치의 중요성에 대한 인식과 그 체험이 적어도 개혁을 추진하는 사람들 사이에 공유될 필요가 있다. 교육적 가치란 교육활동이 갖는 다른 어떤 외적 보상이나 효과로부터 오는 것이 아닌 교육 그 자체에서 비롯되는 가치다. 이것은 교육 주체가 교육에 몰입함으로써 스스로의 내면적 성장을 도모하는 과정에서 체험되는 가치다. 한 마디로 보람을 만끽하면서 가르치고 배우도록 하는 원동력에 해당되는 것이다.

한 세계를 평가하고 그곳의 부족한 면을 개선하고자 하는 사람이 정작 그 세계의 진정한 가치를 체험한 적이 없다고 하면 어느 누구도 그 사람을 신뢰하지 않을 것이며, 또 그 사람이 행하는 개선의 노력이 소기의 성과를 가져오기도 어렵다. 세계의 한 종류로서의 교육의 경우에는 더욱 그러하다고 할 수 있다. 그러나 불행하게도, 지금까지의 교육개혁은, 특히 1980년대 초반의 교육개혁은 이러한 점에서 큰 약점이 있다. 즉, 7·30 교육개혁은 교육의 진정한 가치를 추구하는 일에 종사했다고 보기 어려울 뿐 아니라 그러한 가치의 존귀함을 체험하는 일에 몰입했다고 인정하기 어려운 사람들이 단순히 정치적 목적을 가지고 착수한 개혁이었다. 교육적 가치의 체험과 인식의 부족은 교육개혁을 도모할 때 교육의 본질적 측면보다는 교육개혁이 가져다줄 교육 외부적인 가시적 결과에만 집착하도록 할 가능성이 매우 크다는 점에서 교육개혁 주체의 교육적 가치의 중요성에 대한 인식과 그 체험은 '교육의 발전을 위한 교육개혁'의 전제가 된다고 할 수 있다.

둘째, 교육개혁의 수혜자들로 하여금 교육을 보는 높은·안목을 지니도록 하고 그것을 교육개혁에 투입하도록 할 필요가 있다. 아무리 이상적인 교육개혁안이 작성되고 시행된다고 하더라도 정작 그 교육에 참여하는 일반 대중이 교육에 대한 식견과 안목을 형성하고 있지 않다면, 그러한 경우에도 교육개혁은 제대로 이루어질 수 없다. 예를 들어, 이상적인 정치개혁안이 마련된다고 하더라도 그 정치의 수혜자이면서 동시에 그에 참여하게 되는 대중의 정치의식이 미성숙한 경우에는 그 정치개혁안은 힘을 발휘할 수 없다. 이 경우에 필요한 것은 대중의 정치의식을 성숙시키는 것이다. 교육의 경우에도 이는 마찬가지다. 국민이 교육적 가치의 소중함을 알고 있고 교육에 대한 정교한 안목과 식견을 지니고 있는 경우, 그러한 국민을 대상으로 하는 교육개혁안은 당연히 수준이 높은 것일 수밖에 없으며 개혁안의 집행도 원활하게 이루어질 가능성이 매우 높다고 할 수 있다. 이때 그들의 교육에 대한 안목을 어떻게 높일 것인가 하는 것은 별도의 실천적 원리를 필요로 할 것인데, 이를 위한 가장 확실한 대안은 곧 '교육적 방법', 즉 대중으로 하여금 교육적 가치를 체험하게 하는 교육적 프로그램의 실시라고 할 수 있다.

셋째, 정치체제를 교육을 위한 교육개혁에 유리한 쪽으로 개혁해야 한다. 교육개혁은 교육 부문 하나의 힘으로 가능한 일이 아니다. 현대 사회를 구성하는 각 부문은 각기 별개로 독립되어 있는 것이 아니라 상호 간에 영향을 주고 받는 관계에 있으므로 교육을 위한 교육개혁의 성공을 위해서는 정치를 비롯한 사회

제부문의 지원이 절대적으로 필요하다. 이 가운데 특히 정치는 교육을 둘러싸고 있는 가장 커다란 힘이라 볼 수 있다. 따라서 교육은 정치를 교육의 발전을 보장하고 지원하는 힘으로 활용하는 길을 모색할 필요가 있다. 궁극적으로는 교육을 위한 교육개혁에 가장 유리한 정치체제를 건설하여야 한다. 이 정치체제의 모습이 무엇인지는 그렇게 쉽게 답변될 수 있는 성질의 문제가 아니다.

그러나 분명하게 말할 수 있는 것은 한 사람 또는 소수의 무리에게 정치권력이 집중된 형태의 정치체제는 아니라는 점이다. 이 경우 '국가의 이름으로' 정치권력의 이익을 위해 교육개혁을 추진하는 경우를 많이 보아 왔기 때문이다. 현재 부족한 연구 가운데 제언할 수 있는 정치 형태는 '자유민주주의'다. 교육활동을 교육 주체가 자유롭게 할 수 있다는 점에서 '자유'이고, 교육활동의 방향, 내용 및 방법을 중앙에서 획일적으로 정해 주지 않고 교육 주체가 참여하여 결정한다는 점에서 '민주'다. 이러한 자유민주주의의 체제조차도 그냥 얻어지는 것이 아니라 교육의 수혜자인 모든 국민이 선택한다는 점에서 국민의 정치적 안목의 수준이 매우 중요하다. 이 안목을 어떻게 키울 것인가와 관련해서 가장 좋은 방법은 그러한 정치체제가 정치적으로뿐 아니라 교육적으로도 좋다는 것을 체험하게 해 주는 '교육적 방법'이라고 할 수 있다. 이래저래 정치와 교육은 뗄레야 뗄 수 없는 관계에 있다.

끝으로, 진정한 의미의 교육개혁이 일어나려면 제도로서의 학교에서 하고 있는 일(학교태, 學校態)과 개념과 교육의 개념[6] 사이에 분화가 반드시 선행되어야 한다. 우리는 이와 비슷한 예를 마틴 루터(Martin Luther)의 종교개혁에서 찾아볼 수 있다. 만일 그가 제도로서의 교회생활과 종교생활을 동일시했다면 종교개혁은 불가능했을 것이다. 루터는 종교라는 독립된 세계에 대한 명확

....

6) 장상호, '교육의 정체혼미와 교육학의 과제', 교육이론, 제5권 제1호, 1990, pp. 21-64: 장상호, '교육학의 비본질성', 교육이론, 제1권 제1호, 1986, pp. 5~53: 장상호, '교육학 탐구 영역의 재개념화', 교육학연구, 서울대학교 사범대학 교육연구소, 제2권, 1991: 장상호, '또 하나의 교육관', 운주 정범모 박사 고희 기념 세미나 논문집, 1994. 참조

한 구조를 파악하고 있었기 때문에 당시 교회가 종교의 본질에서 멀리 떨어져 있음을 볼 수 있었고, 나아가 종교개혁을 부르짖을 수 있었던 것이다(사실 그가 추진한 것은 '교회개혁'이라고 해야 옳다). 마찬가지로, 우리가 교육이라는 독립된 현상에 대한 개념적 구조를 가지고 있을 때 비로소 학교생활 속에서 교육과 거리가 먼 요소들을 쉽게 볼 수가 있게 되고, 그만큼 학교개혁의 가능성은 높아진다고 할 수 있다. 나아가, 이러한 개혁을 학교 밖의 교육 행태까지 적용한다면 그야말로 명실상부한 '교육개혁'이 전면적으로 일어날 수 있을 것이다.

교육개혁에 대한 교육적 접근의 길은 앞서 제시한 네 가지 이외에도 여러 가지가 있을 것이다. 그것은 앞으로 모색되어야 할 중요한 교육학의 또는 교육 정치학의 학문적 과제가 될 것이다. 그러나 솔직하게 말하면, '교육개혁에 대한 교육적 접근'의 아이디어에 기초한 이론적 논의나 실제적 원리는 당장 현실에 적용하기 어려운 이상에 불과한 것일지도 모른다. 그럼에도 불구하고 이러한 논의를 하지 않는 경우 교육의 제도와 운영 속에서 정작 교육이 해야 할 일은 계속 뒤에 둔 채 단지 '정치적 목적을 위한 교육의 수단화'라는 현실을 비판하는 데 그칠 가능성이 높기 때문이다.

제7장

제6공화국 교육개혁의 정치학

1. 들어가는 말

교육개혁의 정치학은 교육개혁 속에 포함된 정치적 요소를 분석하는 과정이다. 해방 이후 정부가 여러 차례 바뀌었고 정부가 바뀔 때마다 많은 교육개혁이 이루어져 그 범위가 광대하지만, 여기서는 제6공화국 정부의 교육개혁을 중심으로 정치적 요소를 분석하고자 한다. 제6공화국 교육개혁의 정치학을 논의하기 전에 분명히 해야 할 점이 두 가지 있다. 그 하나는 정치의 의미를 밝히는 일이요, 다음은 제6공화국의 범위를 한정시키는 일이다.

정치는 그 개념이 다양하게 규정되고 있다. 『정치학대사전』(1975: 1321-1322)에서는 권력의 획득유지를 둘러싼 항쟁 및 권력을 행사하는 활동으로, 홉스와 벤담(Hobbes & Bentham)(구영록 외, 1987: 10-11) 등은 입법부의 구성, 입법부의 기능, 입법부가 심의 · 통과시키는 법률로 정의하고 있다. 이들 정의는 정치학에 대한 오래된 정의여서 고전적 정의로 간주된다. 이런 정치의 개념을 비판하고 새로운 시각에서 정치개념을 정의하려고 시도한 사람이 이스턴

(Easton)이다. 이스턴(1953: 90-148)은 정치를 한 사회의 가치들을 권위적으로 배분하는 것으로 정의하고 있다.

이스턴은 우리가 살고 있는 사회에는 재화와 용역이 무한히 존재하는 것이 아니고 사람의 욕구를 충족시키기에 턱없이 부족하기 때문에 이 부족한 자원을 배분하기 위해 많은 사람이 관여하게 된다고 설명하면서 이 희소재를 배분하는 과정에 누가 어떤 방식으로 얼마나 관여하고 영향력을 행사하느냐가 정치라고 규정하고 있다. 그는 인간의 정치적 삶을 통해 이를 명백히 하고 있는데, 인간의 정치적 삶이란 "한 사회의 권위적 정책의 수립이나 그 집행에 중요한 영향을 미치는 모든 종류의 활동"이라고 하면서, 우리는 우리의 행동이 어떤 방식으로든 우리가 살고 있는 사회에 있어 정책의 형성과 집행에 관여되어 있을 때 정치적 삶에 참여하고 있다고 주장하였다.

정치의 개념에 대해『정치학대사전』과 고전학자들이 규정한 것과 이스턴이 규정한 개념 간에는 차이가 크다.『정치학대사전』에서는 권력의 획득 유지를 위한 활동을 정치로, 홉스 등은 입법부의 활동을 정치로, 이스턴은 정책형성과 집행에 미치는 행동을 정치로 정의하고 있다. 권력 획득이나 입법부의 활동도 정치의 영역으로 생각할 수 있으나 이는 좁은 의미의 정치다. 이 의미를 교육개혁에 적용시킨다면 교육개혁을 위한 정책결정을 국회나 정부에서 수행되는 과정으로 한정할 수밖에 없다. 교육개혁은 입법부 외의 각종 기구에서 논의되면서 정책으로 결정된다. 여기에 좁은 의미의 정치개념을 적용시킬 경우 설명되지 못하는 부분이 많다. 따라서 정치의 의미를 이스턴이 규정하고 있는 광의의 의미, 즉 정치를 한 사회의 권위적 정책의 수립이나 그 집행에 영향을 미치는 모든 종류의 활동으로서 한 사회의 가치들을 권위적으로 배분하는 활동으로 확대하고자 한다.

다음으로 제6공화국의 범위를 한정하는 일이다. 공화국은 헌법이 개정됨에 따라 달라진다. 그런데 제6공화국은 1988년부터 시작되었지만 그후 헌법개정이 이루어지지 않았기 때문에 현재도 제6공화국으로 칭한다. 따라서 제6공화국의 교육개혁의 정치학과 문민정부의 교육개혁의 정치학은 중복되는 주제다. 즉, 제6공화국이 문민정부를 포함하는 것이다. 논의의 중복을 피하기 위해서 제6공화국의 범위를 1988년 2월부터 1993년 2월까지 노태우 대통령이 재임했던 기간으로 한정하고자 한다.

제6공화국은 제5공화국이 합법적으로 정권을 인계해 준 연속적 정치체제였다. 그러한 의미에서 제6공화국은 제5공화국의 산물이다. 그러나 제6공화국은 자신의 정부를 민주적 정부라고 과장하고 의도적으로 제5공화국과 구분하여 그와는 차별화하려 하였다. 더구나 제6공화국은 우리나라 역사상 합법적으로 정권이 교체된 최초의 공화국임에도 불구하고 그가 정권을 인계하는 정치적 수순은 오히려 과거 정권의 과오를 단죄하거나 그를 적대시하는 혁명적인 방법으로 진행되었다. 따라서 제5공화국의 정책은 설사 그것이 유효 적절한 것이었다 하더라도 맹목적인 비판과 거부의 대상이 되어야 했었다. 그런 의미에서 제5공화국이 수립한 교육개혁안은 제6공화국에서는 처음부터 수용될 수 없는 것이었다.

더구나 제6공화국은 표면적으로는 역대 어느 정권보다 민주주의를 표방하고 있었다. 그러나 어떤 의미에서는 이 공화국의 집정 기간은 여소야대의 정치구조 속에 사회통제에 무능을 보인 정치적 혼란기였다. 이때의 정부는 무정부주의와 민주주의를 혼동하고 있었으므로 그 정치체제하에서는 체제의 통제기능 자체를 부정하는 정치논리가 지배적이었고, 결국 사회 여러 영역에서 구성원끼리 살벌하게 대립하는 갈등을 연출하게 되었다. 이때 교육 영역에서는 교원이 또다시 노동조합을 구성하고 기존의 교육체제에 대하여 전투적으로 도전하고 있었고, 학생들의 정치적인 시위로 사회적 참여가 활발하였다. 그러므로 교육계는 그러한 대결관계를 지지하는 세력과 그렇지 않은 세력으로 이분화된 힘의 대결로 바람 잘 날이 없었으며, 정치체제는 그에 대한 통제력을 잃어 학원을 무질서하게 만들었다. 그러므로 이때의 정치체제는 싸움에 대응책을 마련하느라 많은 에너지를 소비하였으므로, 우리 교육의 미래를 위해서 어느 구상이나 개혁을 마련하는 일에 힘을 할애할 만한 여유가 없었다. 그런 의미에서 제6공화국 정부는 종전의 교육개혁을 계승하거나 아니면 새로운 개혁안에 손을 대기에는 너무나 무력했던 매우 무능한 정부였다고 할 수 있다.

그러나 그처럼 교육개혁에 무능했던 정치체제에도 불구하고, 대학관리자의 선거제, 교원단체의 압력단체화, 교육자치제도 논의의 확대 등 교육환경의 변화가 있었던 것도 사실이다. 교육개혁에 포함된 정치적 요소는 수없이 많다. 교육개혁이 모든 국민의 관심사이고 모든 국민이 교육전문가로 자부하고 있기 때문에 교육개혁을 추진하는 과정에서 모든 사람이 의견을 제시하고 영향력을 행사하려고 한다. 또 이해집단이 많고 이들 간의 견해도 다양하다. 영향력을 행사하려는 집단이 다양하고, 상반되는 정책들이 제기되는 상황에서 어떻게 이들의 의견을 수렴해서 결정을 하고 집행을 하는가, 그리고 그 효과는 어떠한가는 교육개혁의 성공을 위해서 대단히 중요한 일이다. 정책을 결정하는 과정에서 소수의 의견만을 밀실에서 반영하여 결정하였다면 그 개혁은 성공을 거두기 어려울 것이며, 집행하는 과정에서 집행의 의지가 없다면 교육개혁은 무용지물이 될 것이다. 또 집행된 교육개혁이 얼마나 성공적으로 이루어졌는가를 분석하지 않으면 차기의 교육개혁을 제대로 만들기 어려울 것이다. 교육개혁에서 정치적 요소를 분석하는 것은 바로 이와 같이 교육개혁이 이루어지는 과정, 즉 교육개혁의 입안, 실행 및 평가 과정에서 작용하는 역학관계를 분석하는 일이다.

여기서는 노태우 대통령의 임기 중에 시도되었던 교육개혁을 교육개혁안의 형성, 집행 및 평가 과정으로 구분하여 각 과정에 어떤 요소들이 어떻게 작용하였는가를 분석하고자 한다. 이 과정을 분석하는 데에는 그 당시에 직접 참여하였던 참가자들이 보다 더 역동적으로 상황을 분석할 수 있을 것으로 기대되나 연구자가 그러한 활동에 참가하지 못하였기 때문에 부득이 그 당시 이루어졌던 교육개혁의 산물을 중심으로 부분적 분석에 그칠 수밖에 없었다.

아울러, 분석하는 과정에서 갖는 문제점으로 연구주제가 각 공화국을 중심으로 선정되었기 때문에 한 공화국 안에서 여러 내용을 분석해야 한다. 이는 한 공화국 내에서 교육개혁의 정치적 요소는 유사한 측면을 보이고 있다는 점을 간과했다는 아쉬움을 갖는다. 지금과 같은 주제 선정이 아니고 하나의 교육개혁에 대한 안을 선정하여 공화국을 달리하면서 교육개혁의 정치적 요소를 분석하게 하였다면 이들의 비교가 명백하고 정치적 특성도 차이가 나는 점을 발견하여 그 시사점을 더 분명히 하였을 것으로 여겨진다. 여기서는 유사한 정치적 상황에서 교육개혁에 대한 정책 형성과정을 중심으로 논의를 전개하고자 한다.

2. 교육개혁정책 형성과정 분석

제6공화국의 교육개혁정책이 어떻게 형성되었는가를 분석하기 위해서는 정책결정을 수행하는 정치적 구조가 어떠했는가, 정책결정에 영향을 미치는 집단의 특성은 어떠했는가, 그리고 이들이 실제로 어떻게 영향을 미쳤는가를 분석해야 할 것이다. 정책형성에 미치는 요소는 대단히 복잡하고 다양하지만, 수집 가능한 자료의 범위 내에서 정책 형성과정에서 작용하는 정치적 요소를 분석하고자 한다.

1) 제6공화국 정치구조의 특성

제6공화국은 민선대통령을 특징으로 하는 정치구조를 가진다. 1987년 4월 13일에 공포했던 전두환 대통령의 호헌조치가 국민의 커다란 저항에 부딪치자 당시 여당의 대표위원이었던 노태우가 이를 철회하는 6·29 선언을 하면서 정치적 구조에 커다란 변화를 가져오게 하였다. 절대적 권한이 대통령에게 집중되어 있었으며, 국가정책에 대한 반대나 이의 제기는 탄압의 대상이 되었던 상황에서 6·29 선언을 통한 반체제인사의 사면과 복권, 대통령 직접선거 실시 등은 국민의 의사를 수렴하고 반대의사를 가진 집단을 강하게 탄압할 수 없는 상황을 야기하게 되었다.

특히, 여소야대의 정국은 국가 주도로 정책을 결정하거나 추진하는 데 많은 어려움을 갖게 하였다. 야당과의 합당을 통해 여대야소를 실현하기는 하였지만 각 정파의 특성과 이해가 달라 제5공화국처럼 일사불란한 정책결정이나 집행이 어렵게 되었다.

노태우 집권기의 정치적 구조는 체육관 선거가 아니라 국민이 직접 선출한 대통령이 갖는 이미지를 살리고, 여소야대의 정국을 이끌어 나가야 하는 특징을 지니고 있다. 즉, 제5공화국처럼 무소불위의 권력을 행사할 수 있는 여건이 아니라 국민과 각 정당, 사회단체의 의견을 수렴하여 정책을 결정해야 하는 정치적 특성을 지니고 있다.

2) 교육정책결정에 영향을 미치는 제 집단의 특성

제6공화국의 교육정책을 결정하는 데 영향을 미치는 대표적인 집단으로 중앙교육심의회, 교육정책자문회의, 대학교육심의회, 한국교육개발원, 한국대학교육협의회, 한국사학법인연합회, 한국교원단체총연합회, 전국교사협의회, 인간교육실현학부모회, 참교육을 위한 전국학부모회 등이 있다.

중앙교육심의회, 교육정책자문회의 및 대학교육심의회는 정부기관으로 국가의 교육정책을 심의하고 건의하는 역할을 수행하였다. 중앙교육심의회는 1988년 5월 30일에 설치되어 6개 분과별로 교육개혁에 관한 각종 안건을 연구하고 심의하여 건의하였으며, 교육정책자문회의는 1989년 2월 27일 발족되어 대통령 자문기관으로서의 기능을 수행하였다. 대학교육심의회는 1991년 2월에 발족되어 대학교육의 주요 문제를 다루었으며, 교육부 장관 자문기구로서 기능을 수행하였다.

한국교육개발원과 한국대학교육협의회는 정부출현기관 또는 정부지원기관으로서 교육에 관한 각종 연구 · 조사 사업을 하였으며, 교육과정개발이나 대학의 평가를 담당하고 교육의 각 영역별로 의견을 수렴하여 정책건의를 하기도 하였다.

한국사학법인연합회와 한국교원단체총연합회는 회원이 만든 이익단체다. 회원의 권익을 보호하기 위하여 만들었으나 그동안 회원들의 이익을 대변하기 위한 노력보다 정부의 정책 옹호자 역할을 수행하는 데 그쳤고 노태우 집권기에는 이들의 역할에 많은 변화가 있었다. 한국사학법인연합회는 사학발전을 위한 정책적 건의를 1988년에 10회, 1989년에 9회를 하였으며, 한국교원단체총연합회도 그 노력이 대단히 컸다. 기존의 대한교육연합회의 명칭을 한국교원단체총연합회로 개칭하고 그동안의 수동적 자세에서 탈피하여 능동적 역할을 수행하려고 노력하였다. 가장 큰 노력의 하나는 교육부의 협상 대상이 된 점이다. 교육부가 정책결정을 하는 과정에서 주요 안건에 대해 한국교원단체총연합회와 협상을 하도록 규정을 만든 점이 교원의 이익을 대변할 수 있는 계기가 된 것이다. 이러한 노력은 정부의 정치적 구조가 변환된 것에 영향을 받기도 하였지만, 전국교사협의회(이하 전교협)라는 또 하나의 이익단체가 출현하는 과정에서 받은 자구책인 면도 있다. 국민의 여론을 수렴하는 과정에서 교원들의 이익단체를 하나만 인정하고 있는 제6공화국 정부의 이익단체에 대한 정책은 교원의 이익을 다양하게 수렴하기보다는 정부의 정책옹호자 역할을 수행하는 단체로 교원 단체가 기능하기를 바라는 정부의 의도가 있음을 추정해볼 수 있다. 전교협은 대한교육연합회가 교원의 권익을 대변하지 못하는 점을 비판하고 1989년 5월 28일 결성되었으나 정부의 강력한 탄압에 밀려 많은 교사들만 희생된 채 정부의 공식 이익단체로 인정받지 못하고 불법적 단체로 활동하고 있다.

인간교육실현학부모연대와 참교육을 위한 전국학부모회는 학부모의 인간교육을 실천하고 각종 교육사업을 수행하기 위해 결성되었으며, 그동안 학교에 설치되었던 육성회나 새마을 어머니회와는 그 성격을 달리하고 있다. 육성회나 새마을 어머니회 조직이 학교지원의 기능만을 수행했던 수동적 역할에서 벗어나 교육현장의 문제에 직접 참여하여 문제를 해결하고 그 해결책을 정부에 건의하는 활동을 전개하였다. 인간교육실현학부모연대는 1990년 4월 18일에 창립되어 교육사업, 모니터 활동, 전화상담, 조사연구사업, 홍보·출판 활동, 조직사업, 재정 및 대외협력사업을 하였다. 참교육을 위한 전국학부모회는 지역별로는 1989년 3월 24일 마산에서 먼저 결성되었는데 전국조직은 1989년 9월 22일에 조직되었다. 활동은 학부모의 교육주체성 확립, 국민의 참교육운동 전개, 올바른 교육관 확립, 가정에서 자녀에게 참교육실천 등을 중심으로 이루어졌다.

노태우 집권기에 이루어졌던 이익단체 활동의 특징으로는 전교조의 결성과 학부모 활동의 증가다. 기존의 대한교육연합회의 활동이 미진함을 비판하고 교원의 이익을 대변하기 위하여 전교조를 결성하였으나 국가의 탄압으로 해직교사만을 양산한 채 합법적 활동을 인정받지 못하였다. 그 과정에서 교원의 불만과 학교교육의 열악성이 정책에 많이 반영되는 결과를 가져왔다. 더불어 교육에 대한 국민의 여론이 학부모회를 통해 전달되기도 하였다.

3) 정책결정의 특성 분석

노태우 집권기의 정책결정이 어떤 특성을 지니고 있는가를 분석하기 위하여 「한국교육연감」의 연지를 1989년부터 1993년까지 분석하였다. 연지에는 1988년부터 1992년까지의 교육에 관련된 각종 사항이 일지처럼 기록되었기 때문에 교육부와 교육에 관련된 각종 기관의 행사 및 결정사항을 분석할 수 있다. 이 일지를 분석함으로써 교육부가 정책결정을 하면서 어떤 방법을 많이 활용했는가를 알 수 있다. 아쉬운 점은 교육부에서 이루어진 결정사항들을 중요도에 따라 일지에 기록했기 때문에 누락된 부분이 많다는 점이다. 여기서는 제한된 자료 내에서 정책결정을 하는 과정에서 어떤 방법을 통하여 의견을 수렴하였는가를 살펴보고자 한다.

노태우 집권기 5년 동안 교육에 관련하여 의견을 수렴하기 위해 이루어졌던 각종 회의, 세미나, 건의, 청원 등을 연지에 나타난 기록을 토대로 분석한 결과는 〈표 7-1〉과 같다. 〈표 7-1〉에서 보여 주듯이, 1988년부터 1992년까지 매년 50여 회 정도의 각종 의견수렴 과정을 밟았다.

5년 동안 이루어진 정책결정과정의 특징을 보면 집권 초기에는 회의나 지침 시달, 자료 배포 등의 활동이 주로 이루어졌으나, 집권 후기에는 공청회, 건의, 청원, 소원, 교섭 등의 활동이 주가 되었다.

교육정책 형성과정을 보면 집권 초기는 전두환 정권기의 연장선상에서 엘리트 집단을 중심으로 결정된 정책을 시행하는 과정에서 국민의 동의를 구하기 위해 회의나 지침 시달, 자료 배포의 활동을 주로 하였다. 집권 초기 의사결정의 형태를 보면 엘리트주의의 특성을 지니고 있다. 교육부, 교육정책자문회의, 중앙교육심의회의 등의 엘리트 집단에서 결정한 사항에 국민이 동의하도록 하는 정책결정의 형태를 지니고 있다.

반면, 집권 후반기에는 국민의 여론을 수렴하지 않을 수 없는 정치구조적 상황에서 국민의 의견을 반영하기 위한 활동이 급격히 증대했다는 점이다. 특히, 교수와 학생을 중심으로 하는 각종 시위가 많아졌고, 학부형도 이에 가담하여 의견을 제시하는 노력을 보였다. 노태우 대통령 집권 후반기의 의사결정의 유형은 엘리트주의에서 대중주의로 변화해 가는 과정에 있다고 할 수 있다. 엘리트 중심으로 형성된 정책이 국민의 저항에 부딪쳐 철회되거나 수정되며 또한 국민의 의견을 수렴하기 위한 실태조사, 공청회 등이 등장하게 된 것이 이를 뒷받침해 주는 사례일 것이다.

표 7-1　**교육개혁정책 결정 유형 분석(횟수)**

구분 ＼ 연도	1988	1989	1990	1991	1992
대학관련협의회	8	4	1	1	
교육감회의	2	2	1		
장학관회의(국장, 과장, 교장)	9	11	1	1	
교육부의 계획 및 지침 시달	2	5	8	1	6
교육부의 자료 배포	15	1	1		
전문직회의(연구원회의 포함)	2	5	1		
정책세미나 개최	1	4	3		2
연찬회 개최	1	7			
협의회 개최		9	1		
대화, 설득, 방문, 간담회	2	2	2		1
토론회	1		4		1
공청회 개최			1		5
교총 건의			5	3	7
정책자문회 건의			3	2	3
중교심 건의	1	5	3		
KEDI 및 기타 건의		2	2	2	
교육부의 정책 재검토 및 취소	1	3		1	
학부형 건의			2	3	5
교원 건의 및 시위	1		11	6	10
학생 건의 및 시위			13	4	3
실태조사			1		1
교원 청원			2	1	4
헌법 소원					1
단체교섭(교육부-교총)					3
계	46	60	66	25	52

4) 제6공화국 교육개혁정책 형성의 특성

제6공화국의 교육정책을 결정하는 정치적 특성을 개괄적으로 앞에서 살펴 보았다. 이를 다시 종합적으로 정리해 보면, 정치적 구조가 취약한 상태에서 분출되는 각종의 요구를 충분히 수렴하지 못해 수없이 많은 갈등과 대립을 겪 으면서 정책을 결정하는 특징을 보이고 있다.

여소야대의 정당구조와 반체제 인사를 석방한 상황에서 이들을 다시 탄압 하기 어렵고, 국민에 의해 선출된 대통령의 이미지를 살리기 위해 탄압정치보 다 국민의 여론을 수렴해서 정치를 수행할 수밖에 없는 정치적 구조를 가지고 있었다.

이러한 정치적 구조와 기존의 엘리트 중심으로 정책결정을 실행하던 풍토 가 남아 정책결정을 효율적으로 수행하지 못하고 갈등을 겪게 되었다. 국민은 국민의 의견을 정책에 반영하기 위해 각종 활동을 자유롭게 하고자 하였지만, 정부는 이를 받아들일 수 있는 체제가 마련되지 않아 많은 희생자만을 양산하 게 되었다. 특히 교원들이 자신의 의견을 대변할 수 있는 복수 이익단체를 구 성하려고 하였으나 정부의 탄압으로 이를 실행하지 못하였다. 이는 정부의 코 퍼러티즘이 명백히 작용한 사례일 것이다.

정부의 정책결정도 국민의 의견을 수렴해서 정책을 결정하는 대중주의적 입장이 아니라 엘리트를 중심으로 국가의 교육정책을 결정하고 이를 국민에게 홍보하는, 즉 산출을 결정하고 이를 투입에 반영시키는 엘리트주의를 견지하 고 있다. 그러나 집권기 후반에는 국민의 의견을 반영하기 위한 대중주의적 정 책 결정의 특징이 조금씩 나타나기 시작하였다.

3. 교육개혁정책 집행과정 분석

교육개혁 집행과정에서 분석되어야 할 사항은 정책의 명료성, 행정부의 집행 의지, 교육개혁 대상자들의 호응도다. 그런데 문제는 이 세 요소들을 분석하기가 용이하지 않다는 점이다. 정책의 명료성을 분석하기도 용이하지 않으며, 행정부의 집행 의지는 더욱 분석하기가 어렵다. 교육개혁 대상자들의 호응도 역시 이들의 의견을 조사하거나 면담을 통해 알아보지 않고는 파악하기가 어렵다. 이러한 한계를 갖고 부분적 자료를 토대로 교육개혁정책의 집행과정을 교육정책의 명료성과 행정부의 집행 의지를 중심으로 살펴보고자 한다.

정책의 명료성은 1993년 2월 국무총리 행정조정실 '제6공화국 정부 5년 노태우 대통령 공약실천'에 나타난 공약을 중심으로 정책이 명백히 제시되고 있는가를 살펴보고자 한다. 노태우 대통령은 선거공약으로 31개의 교육개혁안을 제시하고 있다. 이를 영역별로 구분해 보면, 교육과정, 대학교육, 사회교육, 교원인사, 교육경영, 학생복지, 시설·설비, 초·중등 교육, 기타 등이다(〈표 7-2〉 참조).

각 영역별로 교육개혁안의 명료성을 살펴보면 각 안들이 구체적으로 어떻게 실현되어야 하는 기준이 명백히 제시되어 있지 않다. 각 안들이 가지는 포괄성 때문에 광범위하게 제시될 수도 있지만, 이러한 안의 포괄성은 그 실행을 애매하게 할 수 있다. 31개의 개혁안 가운데 분명하게 정책의 기준을 제시한 것은 학력인정 사회교육시설 이수자 검정고시 면제뿐이다.

나머지 정책의 목표는 도달해야 하는 목표가 분명하지 않다. 교육과정 개편, 운영개선, 기능 정상화, 처우개선, 확대 실시, 시설확충 등과 같은 개혁안 등이 주를 이루고 있다. 이와 같이 정책의 기준이 명백하지 않기 때문에 이를 실행했는가를 평가하는 것 역시 분명하지 않다. 처우개선의 경우 보수를 1% 올려도 처우개선이 될 수 있으며, 10% 올려도 처우개선이 될 수 있는 것이다. 이와

표 7-2 제6공화국의 교육공약 사항

교육공약 사항	
교육과정 개편 • 중등학교 교육과정 개편 **대학교육 개선** • 대학교 설립 • 방송통신 대학 운영 • 개방대학 운영개선 • 전문대학 교육의 강화 • 대학교육의 질 향상 • 지방대학 육성 **사회교육 개선** • 사설강습소 기능 정상화 • 학력인정 사회교육시설 이수자 검정고시 면제 • 근로청소년 교육기회 확대 **교원인사업무 개선** • 교수인사 업무의 개선 • 교원 인사제도의 개선 • 교원의 처우 개선 • 교원 근무부담의 경감 **교육경영 개선** • 교육자치제 실시 • 학사 운영의 자율화 • 교육재정 확충 • 사학 육성	**학생복지** • 중학교 의무교육 확대 실시 • 장학제도 확충 • 농어민 자녀 교육여건의 개선 • 학교급식의 확대 • 학교 보건 관리 강화 • 가정 · 학교 · 사회의 청소년 교육환경 개선 **시설 · 설비의 개선** • 초 · 중등학교 시설확충 • 학생교육원의 시설확충 **초 · 중등 교육의 내실화** • 실업계 고등학교의 내실화 • 대구과학고등학교 설립 • 유아교육의 증설 • 특수교육의 진흥 **기 타** • 교육방송 운영체제 재정립

출처: 윤종건(1994). p. 146을 수정함.

대조적으로 문민정부에서 가장 크게 대두되었던 GNP 5%의 교육재정 확보는 정책의 방향이 분명하기 때문에 이를 실현하기 위한 논의와 주장을 분명히 할 수 있고 그 실현방향과 목표가 분명한 경우다.

다음으로 교육정책을 실현하는 정부의 의지를 분석하는 일은 두 가지 측면에서 이루어질 수 있다. 그 하나는 집행된 정책을 분석하여 이루어질 수 있고,

또 하나는 이를 실현하기 위해 추진된 시행령이나 법령을 중심으로 살펴볼 수 있다.

집행된 정책을 중심으로 살펴보기 위하여 「한국교육연감」에 나타난 교육부의 연도별 교육정책 추진 상황을 다음과 같이 정리하였다.

교육부 연도별 교육정책 추진 상황

■ **1988년과 1989년의 추진 상황**

1. 학교교육 쇄신을 위한 시책 추진
2. 교육과정 개정 및 교과용 도서 개편
   1) 고등학교 교육과정 개정
   2) 특수학교 교육과정 개정
   3) 초 · 중 · 고등학교 교육용 도서 개편
   4) 2종 교과용 도서 개편
3. 교육환경개선 특별회계 마련
4. 대학교육의 발전
   1) 대학 학생정원 조정
   2) 대학 입시제도 개선
   3) 대학교수 임용(교수임용 제도 개선, 교수확보율 제고)
   4) 지방대학의 지원 강화
   5) 대학생 장학금 제도의 확충
   6) 대학생 해외연수기회의 확대
   7) 대학기숙사 확충 및 민간인 기숙사 건립 권장
5. 신뢰와 존경받는 스승상의 확립
   1) 스승을 존경하는 사회풍토 조성
   2) 교원처우 개선
   3) 교원양성 및 임용 제도 개선

4) 연수를 통한 전문성과 소명의식 제고

    5) 교원 국외연수 확대

6. 교육기회의 균형적 확대

    1) 비진학 청소년을 위한 직업기술교육 실시

    2) 실업계 고등학교의 지원 및 육성방안 확립

      (1) 실험 · 실습 교육의 여건 개선

      (2) 교원의 자질 향상

      (3) 계열별 직업교육의 강화

      (4) 산 · 학 연계체제 활성화

      (5) 취업지도 강화

    3) 대학 미진학자와 직장인의 교육기회 확대

      (1) 방통고 · 산업체 부설 학교의 교육 충실

      (2) 독학에 의한 학위취득제 추진

      (3) 교육전담 방송국 설립 추진

    4) 특수교육

      (1) 장애자의 취학기회 확대

      (2) 특수교육의 질적 향상

      (3) 특수교육에 대한 이해 증진

    5) 결식아동 급식

    6) 공공도서관 건립 확대

7. 사학의 자율성과 공익성 제고

    1) 사립학교법 개정 등 자율성 신장

    2) 사학진흥기금 설치

    3) 사립대학 재정지원

8. 정부 초청 외국인 유학 확대

9. 해외 한국학 진흥

10. 교육자치제의 개선

■ 1990년 추진 상황

1. 교육환경의 개선

2. 고등학교 교육체제의 개혁

  1) 진로교육의 강화

  2) 일반계 고등학교의 직업 적응교육

  3) 실업계 고등학교 수용능력 확대 및 내실화

3. 교원종합정책의 추진

  1) 교원양성 및 인사제도의 개선

  2) 교원연수 기회의 확대 및 내실화

  3) 교원의 처우개선

  4) 교원의 근무부담 경감

  5) 편의시설 이용 및 후생복지 증진

4. 학원안정과 대학교육 발전

  1) 안정적 면학 분위기 조성

  2) 21세기 첨단사회에 대비하는 대학교육

  3) 학술연구비 지원

5. 평생교육체제의 확립

  1) 독학에 의한 학위취득제 실시

  2) 개방대학의 확충

  3) 방송통신대학의 확충 및 내실화

  4) 사회교육시설 확충 및 육성

■ 1991년의 추진 상황

1. 민주시민자질 함양의 교육

  1) 교사의 민주시민교육 지도력 강화

  2) 학교교육을 통한 민주시민의 자질 함양

  3) 민주시민 교육내용의 보완

  4) 민주적 생활 실천 훈련

5) 통일을 준비하고 통일 이후의 삶에 대비하는 교육 강화

2. 도덕성 함양의 교육

　1) 교직자의 도덕 실천 수범 풍토 조성

　2) 범교과를 통한 도덕교육

　3) 도덕규범의 실천생활훈련 강화

　4) 가정 지역사회와의 연계를 통한 도덕성 함양교육

3. 초 · 중등학교 교육내용 및 방법쇄신

　1) 1차교육과정 개정추진

　2) 인간교육과 개성 중심 교육

　3) 교수-학습 방법의 개선

4. 유아교육의 진흥

　1) 3세아의 취원

　2) 새마을 유아원의 유치원 전환

　3) 유아교육발전 종합대책의 수립

　4) 유아교육연구원의 설립준비

5. 고등학교 교육체제의 개혁

　1) 진로교육의 강화

　2) 직업교육 확충

　3) 고등학교 교육과정 개정 교육방송의 운영

6. 교육방송 프로그램 질 향상

　1) 교육방송 재정 및 시설 장비 확충

　2) 교육전담 방송의 독자적 위상 정립

7. 학교급식 및 중식지원 사업의 확대

　1) 학교급식 확대

　2) 1991년 초등학교 중식지원

　3) 학교급식 확대에 따른 기대효과

8. 교육환경의 개선

　1) 노후 시설 개선 및 교원 편의시설 확충

2) 초 · 중등학교 수용시설 확충

9. 과학기술교육의 강화

1) 탐구실험교육 여건 개선

2) 학교 컴퓨터 교육 강화

3) 과학 특수재능아교육 활성화

4) 이공계 대학 육성

10. 중견기술인 양성을 위한 전문대학 육성

1) 배출인력의 양적 규모 확충

2) 전문대학 교육의 직업적 전문성 심화

3) 기업의 전문대학 유도 및 산 · 학 협동의 실질화

11. 교원종합정책의 추진

1) 교사 양성 임용 제도의 개선 정착

2) 교원인사제도의 개혁

3) 교원연수의 내실화

4) 교직단체의 지원 및 위상 정립

12. 대학교육의 발전기반 구축

1) 대학교육심의회 설치 · 운영

2) 대학입시 제도 개선

3) 대학평가인정제 실시

4) 교원인사 제도 개선 및 우수교수 확보

5) 산업사회의 요구에 부응하는 인력양성체제 확립

6) 사립대학 재정 확충

7) 면학 분위기 조성

8) 고급두뇌인력 양성을 위한 병역특례 제도 개선

9) 대학생 해외연수 확대 실시

10) 외교관 등 자녀 대학특례입학 제도 개선

11) 예체능계 실기고사 개선

12) 체육계 실기고사 제도 개선

13) 체육특기자 선발 제도 개선

14) 대학에 준하는 각종 학교 입시 제도 개선

15) 입시부정 방지대책 수립 시행

13. 평생교육체제의 확충

1) 개방대학의 확충 및 내실화

2) 방송통신대학의 활성화

3) 독학에 의한 학위취득 제도

4) 대학부설 평생교육원 기능 강화

14. 지방교육자치 제도의 개선

1) 지방교육자치에 관한 법령 제정 및 교육위원 선출

2) 중앙 업무의 대폭적인 지방 이양

3) 지방교육재원의 확충과 안정적인 확보장치 마련

4) 자치기반 조성을 위한 각종 제도의 정비와 지원

15. 국제교육교류와 협력의 강화

1) 국제기구와의 협력 강화

2) 북방교육 · 학술교류 정책의 추진

3) 교육 · 학술교류 협력 증진

16. 재외국민 교육의 강화

1) 전일제 한국학교 확충

2) 정시제 한글학교 지원

3) 모국 수학 및 귀국 자녀교육 등 강화

4) 사회주의권 국가 거주 교포교육 지원 강화

■ **1992년의 추진 상황**

1. 민주시민의 자질함양과 도덕교육

1) 민주시민 교육

2) 자료 및 프로그램 개발 보급

3) 기본생활습관 및 사회규범교육

4) 교사의 실천수범 풍토 조성

5) 가정 · 지역사회교육 기능 제고

2. 통일대비교육

1) 학교통일교육의 목적

2) 통일교육 담당자 전문성 제고

3. 교육과정의 개정

4, 특수재능교육

1) 특수목적고등학교

2) 특별교육 프로그램

3) 학력경시대회 운영

5. 유아교육의 내실화

1) 기본생활습관 형성지도

2) 유아교육 기회 확대

3) 유아교육의 내실화

6. 중학교 의무교육 확대

1) 도서 · 벽지 중학교 의무교육 실시

2) 군지역 중학교 의무교육 실시

7. 교육환경 개선

1) 노후시설 개선 및 교원편의시설 확충

8. 특수교육의 확충

1) 특수교육 취학기회의 확대

2) 특수교육의 질 향상

3) 국립특수교육원 설립추진

4) 직업교육의 강화

5) 지원체제 강화

9. 고등학교 직업교육의 확충

1) 실업고등학교 수용능력 확충

2) 일반계 고등학교 직업교육 확대

3) 실업고등학교 교육여건 개선

10. 과학기술의 충실

  1) 과학교육의 교수 – 학습 방법 개선

  2) 지원기관 육성

  3) 과학기금사업 및 지원행사

11. 대학교육의 국제경쟁력 제고

  1) 대학교육의 자율성 제고

  2) 대학교육의 국제경쟁력 제고

  3) 교육 및 연구여건 개선

  4) 산학연계 강화 방침

12. 사립대학 재정지원

13. 학력안정기반 구축

14. 학술연구 지원

15. 전문대학 진흥

  1) 직업교육 확충

  2) 전문대학 신증설

  3) 전문대학 교육의 내실화

16. 평생교육체제 강화

  1) 개방대학 확충과 내실화

  2) 방통대학의 활성화

  3) 독학학위제도

17. 국제교육 협력사업

  1) 유네스코 활동

  2) 교육학술교류 증진

18. 교육방송의 내실화

  1) 독립청사 건립과 재원확보

  2) 교육방송 질 향상

  3) 교육방송 활용 활성화

연도별로 나타난 정책결과를 보면, 공약에서 제시한 개혁안이 거의 전부 실행되었다. 교육과정 개편, 대학교육 개선, 교원 처우개선, 교원인사 업무개선, 교육경영 개선, 학생복지 개선, 시설 · 설비의 개선, 초 · 중등 교육의 내실화 등 모든 분야에 걸쳐 교육정책이 실행되었다. 그럼에도 불구하고 지금까지 계속 교육의 전 영역에 대해 문제가 제기되고 있는 것은 교육이 안고 있는 문제가 복합적인 측면이 있어 그러하기도 하지만, 교육정책이 명료하지 않아 구체적 목표를 제시하지 않았기 때문이다. 교원처우의 경우를 예로 들었지만 집행된 모든 정책이 구체적으로 어디까지가 달성되어야 할 목표인가를 분명히 하고 이를 실현했는가를 알아보아야 하는 데 기준이 명백하지 않아 이를 파악하기가 어렵고 단지 시행했는가만을 볼 수밖에 없다. 이러한 기준에 의해 교육공약의 이행

표 7-3 교육법 시행령 및 교육법의 내용분석(횟수)

구 분 \ 연도	1988	1989	1990	1991	1992
교원인사	3	5	3	3	1
교육제도	1	11	1	2	
시설 · 설비	1				
학생인사		3			
사회교육		3			
사학		1		1	
도서벽지 진흥		1			
교육과정		1			
장학회		1			
교육재정		3	3		
독학사			1		
교육자치			1		

여부를 파악한다면 100% 시행되었다고 평가할 수도 있다.

다음으로, 간접적인 방법이긴 하지만 교육정책을 실현하기 위해서 제정한 법이나 시행령 분석을 통하여 정부의 정책 집행 의지를 분석해 보는 것이다. 교육정책을 실행하기 위해서는 시행령이나 법의 제정이 필요하고, 이를 분석함으로써 정부의 집행 의지를 부분적으로 분석할 수 있을 것으로 기대된다. 「한국교육연감」의 교육연지에 나타난 교육법 시행령과 교육법을 분석한 결과는 〈표 7-3〉과 같다. 〈표 7-3〉에서 보여 주듯이, 교육법 제정과 교육법시행령의 개정은 주로 교원인사와 교육제도를 중심으로 이루어졌으며, 이는 대통령 집권 2년째인 1989년에 주로 이루어졌다. 집권 2년째에 교육에 관한 개혁을 시도하려고 하였으며, 이는 교육제도와 인사업무를 중심으로 이루어졌음을 추정해 볼 수 있다.

4. 교육개혁정책 평가과정 분석

교육개혁의 평가과정을 알아봄으로써 교육개혁이 성공적으로 실현되었는가를 파악할 수 있을 것이다. 그러나 교육에 관련된 어느 조직도 그 결과를 평가하는 것이 용이하지 않다. 교육이 갖는 장기적 측면 때문이기도 하지만 교육의 결과를 계량적으로 측정하기가 어렵기 때문이기도 하다.

교육계에서 이루어지는 평가는 교육부의 감사와 감사원의 감사, 국회의 감사가 그 주를 이루고 있으나, 이들의 평가는 교육개혁안에 대한 평가라기보다 실무집행에 대한 평가다. 따라서 교육개혁안이 어떻게 실현되었는가를 평가하는 활동이 거의 이루어지지 않았기 때문에 교육개혁안의 평가활동을 분석하는 일은 실로 난감한 일이 아닐 수 없다. 하지만 교육부 감사나 감사원 감사 등의 업무 중심의 감사를 제외하고 학교에서 이루어지는 교육개혁의 내용에 대한 평가라고 여길 수 있는 평가활동을 중심으로 교육개혁의 평가를 살펴보기

로 한다. 이에 해당되는 활동으로 대학평가, 경진대회, 학력검사, 연구학교의
보고대회 등을 들 수 있다. 이러한 활동이 얼마나 이루어졌는가를 「한국교육연
감」의 연지에 나타난 기록을 중심으로 분석하면 〈표 7-4〉와 같다. 〈표 7-4〉에
서 보여 주듯이, 학교의 교육을 평가하는 활동이 경진대회, 적성검사, 연구학교
의 보고대회에 그치고 있다. 교육개혁안에 대한 구체적 성과를 분석하는 평가
의 과정이 없다. 실시하였던 감사나 평가활동도 학교의 문제점을 시정해 주고
개선책을 마련해 주기보다 정부의 정책을 수용하지 않는 학교를 처벌하기 위
한 방법으로 활용되었던 점이 대학의 특별감사에서 나타나고 있다.

표 7-4 **교육부의 교육평가 활동 분석**

구 분 \ 연 도	1988	1989	1990	1991	1992
특별감사		2	5		2
대학평가	1				
경진대회					
적성검사, 학력평가	1		1		
영어듣기평가	2	2	1		
연구학교보고대회	7	6	1		
징 계			1		

5. 맺음말

제6공화국 교육개혁의 정치학을 노태우 집권기를 중심으로 살펴보았다. 노
태우 집권기의 교육개혁에 대한 정치적 요소를 분석하기 위하여 분석의 틀을
살펴보았고, 여기에서 정책결정의 형성, 집행 및 평가 과정의 분석기준을 설정
하였다.

분석기준으로 정책형성 과정에서는 대중주의와 엘리트주의의 특성, 다원주의와 코퍼러티즘적 이익집단의 분석기준이 제시되었고, 정책 집행 과정에서는 정책의 명료성, 정부의 집행 의지, 교육개혁 당사자들의 호응도가, 정책평가 과정에서는 1차적 효과에 한해 분석한다는 기준이 제시되었다.

　앞서 제시한 기준을 토대로 노태우 집권기의 교육개혁에 대한 정치적 요소를 분석한 결과 교육개혁 형성과정에서 초기에는 엘리트주의적 정책결정을 시도하였다. 중앙교육심의회, 대한교육심의회 등의 엘리트 집단을 중심으로 교육에 관한 개혁정책을 결정하였으나, 후반기에는 노태우 정부가 갖는 정치적 취약성과 국민요구의 분출로 국민의 의견을 수렴해서 정책을 결정하는 대중주의적 요소를 가미하게 되었다. 이익집단에 대한 정부의 태도는 분명하여 다원주의를 배격하고 코퍼러티즘적 입장을 견지하고 있다. 이에 따라 교원의 의견이 다수의 이익집단을 통해 경쟁적으로 수렴되기보다는 한국교원단체총연합회라는 하나의 기구를 통해 의견을 수렴할 수밖에 없게 되었다.

　정책 집행과정에서는 정책이 분명하지 않아 여러 가지 사업을 추진하였으나 구체적으로 어떤 방향으로 얼마만큼 추진해야 하는가가 확실하지 않았으며, 정부도 막연히 이러한 사업을 추진한 면을 부인할 수 없다. 정책평가도 감사나 연구보고대회, 적성검사 정도에 머물려 교육개혁안에 대한 구체적인 성과를 분석하는 작업이 적었다.

　노태우 집권기의 교육개혁의 정치학이라는 주제하에 교육개혁의 정치적 요소를 교육개혁안의 정책형성, 집행 및 평가 과정을 통해 살펴보았다. 구체적 자료 분석을 시도하였으나 자료 구득의 한계 때문에 「한국교육연감」에 한할 수밖에 없었다. 그렇기 때문에 부분적인 측면만이 부각되거나 왜곡될 수 있는 가능성을 배제할 수 없다.

　자료의 한계와 분석의 주관성이라는 어려움 속에서 살펴 본 제6공화국의 교육개혁에 대한 정치적 특성은 엘리트주의적 정책결정에서 대중주의적 정책결정으로 변모해 간다는 점과 정책이 명료하지 않을 경우 이에 대한 집행이나 평가가 용이하지 않아 교육개혁을 흐리게 한다는 점이다. 아울러 평가과정이 불확실한 개혁정책은 다음 개혁에 대한 환류를 제공하지 못해 다음 정권의 개혁정책을 어렵게 한다는 점이다.

제8장

문민정부 교육개혁의 정치학

1. 들어가는 말

교육활동은 의도적이든 비의도적이든 정치적 측면을 포함하고 있다는 점에서 항상 역동적이다. 교수-학습 중심의 미시적 교육활동은 물론이고, 국가를 비롯한 교육 관련 이해집단들의 관심과 갈등이 교차하는 거시적 교육활동 모두가 정치적인 역학구도 속에서 이루어진다. 이러한 점에서 교육활동 그 자체가 바로 정치이며(Shor, 1992: 11-30), 한 국가의 교육은 정치적 구조의 틀 속에서 보다 명확하게 이해될 수 있다(Spring, 1988: 1-21). 교육과 정치와의 관계, 즉 교육의 정치적 현상을 과학적으로 연구하는 하나의 학문 영역으로서의 교육정치학(politics of education)은 미시적이든 거시적이든 역동적인 교육활동을 생동감 있게 규명해 준다는 점에서 학문적 존재 가치의 정당성과 유용성을 동시에 갖는다.

교육개혁(educational reform)은 과거로부터 지속되어 온 교육활동이 시대적인 요청에 부응하지 못하고 역기능적 양상을 띠거나 앞으로 전개될 상황 변화에 괴리가 예견될 때, 이를 구조적으로 개선하고자 하는 종합적 구상이라는 점에서 다분히 정치적인 의도와 노력이 담겨 있는 셈이다. 특히 역대 우리나라 정권이 대통령 직속기관 혹은 별도의 전담기구를 두어 교육개혁의 청사진을 인위적으로 구상해 왔다는 점에서 우리나라의 교육개혁은 정치적 배경이 매우 강하다는 것을 알 수 있다. 물론 교육개혁의 현재적 담론(discourse)은 과거 정부의 그것과 차이가 있을 수 있으나 교육개혁이 정치적으로 생성되는 방식에는 별 차이가 없는 것을 보인다.

문민정부의 교육개혁은 예정된 개혁 프로그램 중의 하나였다. 문민정부는 교육개혁안을 구상할 대통령 직속 자문기구로서 '교육개혁위원회'를 1994년 2월 발족시켰고, 1995년 5월 31일 '교육개혁위원회'가 구상한 '교육개혁안'을 발표하였다.

미국의 교육개혁은 정치적·사회적 환경과 제도의 차이로 우리의 교육개혁과 직접 비교하기 곤란한 점이 있으나 우리에게 타산지석이 될 수 있다. 20세기 이후 미국의 역대 정부는 대외적으로 국제적인 정치, 외교, 군사분쟁이 종결된 직후 한결같이 내치에 대한 관심의 표상으로써 교육에 대한 투자를 증가했고, 교육개혁의 가치를 높여 왔다. 이렇게 진행되어 온 1980년대 이전의 교육개혁은 시대적 상황에 특수한 교육문제를 해결하기 위한 미봉책으로 제한적 효과밖에 거둘 수 없었다. 그런데 1980년대 이후 지금까지 계속 진행되어 오고 있는 미국의 교육개혁은 과거의 개혁에 비해 장기적이면서도 다른 양상으로 전개되고 있다(Bacharach, 1990: 1-6). 1980년대 초반부터 정부 주도하에 진행된 제1차 교육개혁의 성과가 미진하자, 1980년대 중반 이후부터는 현장의 교원들에게 좀 더 비중이 주어지는 제2차 교육개혁이 진행되었다. 특히 1980년대 후반부터는 단위학교구, 더 나아가 단위학교 중심의 교육개혁이 가시화되어 교육행정 운영체제의 개편과 교육활동의 구조적 개선을 꾀하는 교육정책들이 실시되기에 이르렀다. 이러한 1980년대 이후 미국의 교육개혁의 동향은 정치적·사회적 현상으로서 교육개혁의 과정적 측면, 즉 교육개혁안의 구상에서부터 제도화되어 정책으로 집행되기까지 일련의 순서와 절차를 정치적으로 조명하는 데 필요한 준거를 제시해 준다.

이 장은 문민정부가 추진했던 교육개혁의 정치적 현상에 대한 체계적 분석과 논의를 하는 데 있다. 따라서 문민정부의 교육개혁에 대한 공과를 논하거나 교육개혁의 정치적 현상에 대한 단순한 기술에 초점을 맞추는 것이 아니라 교육개혁의 과정을 정치학적으로 분석하는 데 초점을 맞춘다. 이를 위하여 여기서는 우선 분석을 위한 교육개혁의 구조 및 교육개혁 현상을 정치학적으로 분석하기 위한 틀(framework)을 이론적 측면에서 제시하고 문민정부의 실제적 교육개혁과정을 소개한다. 다음으로 교육개혁이 수립, 발표되기까지의 교육개혁 형성과정에서 나타난 정치적 현상을 정치학적 관점에서 분석한다. 교육개혁의 형성과정에서 나타난 정치적 현상이 체계적으로 분석되는 방법은 교육개혁과정에 관련된 다양한 관련 집단들의 영향력과 정치적 상호작용을 중심으로 기술된다.

2. 문민정부 교육개혁의 주요 내용

문민정부의 교육개혁은 제14대 대통령 선거 기간 동안 당시 김영삼 대통령 후보가 내세운 교육 부문 선거 공약, 즉 '입시 지옥의 해소와 인간 중심의 교육개혁'에 그 근거를 찾을 수 있다. 모두 7개 영역에 걸쳐 총 66개의 구체적 공약들로 이루어진 교육 부문 선거 공약은 역대 어느 대통령 후보가 내세운 공약보다도 그 내용과 범위 면에서 획기적인 것들이었다. 국민 총생산 대비 5%를 교육에 투자하겠다는 것, 당선 후에 현행의 교육문제 해결에 국가정책의 우선을 두어 교육대통령으로 평가받고 싶다는 등의 선언은 김영삼 후보의 교육개혁 의지에 대한 단면을 드러내 보이는 좋은 예다. 이러한 교육개혁의 의지는 김영삼 대통령의 신한국 창조를 위한 개혁 청사진에 잘 나타나 있다(김영삼, 1992:

97-121).

　김영삼 대통령은 취임 후 정치와 경제 분야의 개혁과 사정에서 보여 준 확고한 의지를 바탕으로 교육 분야에서의 개혁 또한 예외 없이 진행될 것이라 믿었다. 그러나 집권 초기부터 진행될 것이라던 당초 기대와는 달리 문민정부 교육개혁은 일반 개혁 프로그램의 일정에 따라 지연되는 경향을 보였다. 그 결과, 1994년 1월 교육개혁의 청사진을 구상할 대통령 직속 자문기구인 '교육개혁위원회'가 설치되었고, 그해 6월에 대입본고사 폐지 등을 주요 골자로 하는 대학입시 제도 긴급 대책안이 교육개혁위원회에 의해 대통령에게 최초로 건의되었다. 그러나 교육개혁위원회의 대학입시 제도 대책안은 시기적으로 대입전형 방식이 이미 결정된 상태에서, 그것도 입시를 불과 6개월여를 앞둔 시점에서 발표되는 등 난맥상을 보인 끝에 교육부와 각 대학의 반발에 부딪혀 급기야는 대통령이 직접 1995년 입시를 현행대로 치르도록 지시하는 해프닝으로 일단락되었다.

　그로부터 약 1년이 채 안 된 시점에서 교육개혁위원회는 그동안의 경험을 바탕으로 새롭게 제2차 교육개혁안을 1995년 5월 31일에 발표했다. '세계화 · 정보화 시대를 주도하는 신교육체제 수립을 위한 교육개혁 방안'이라는 제하의 제2차 교육개혁안은 문민정부 출범 2년 3개월, 교육개혁위원회 출범 1년 3개월만에 탄생되었다. 일명 신교육개혁안으로 불리는 5·31 교육개혁안은 대외적으로 세계화 · 정보화 시대의 도래와 함께 국가 간의 무한 경쟁시대에 살아남기 위한 구체적 국가 교육 전략의 마련과 대내적으로 교육 난국의 시대라 이를 만큼 교육의 폐해에 의한 사회병리 현상의 해소 차원에서 교육개혁이 필요하다는 국민적 요구에 부응하기 위한 문민정부의 교육개혁에 대한 종합적인 청사진이었다.

　1995년에 발표된 5·31 교육개혁안은 '교육복지국가(edutopia)의 건설'이라는 대의 명분하에 국민 개인의 잠재력을 최대한 계발하는 데 주안점을 두는 이른바 신교육체제의 구축을 위한 통치권자의 의지가 담겨 있었다. 신교육체제의 구축을 위한 5·31 교육개혁안은 기존의 교육활동에 대한 인식과 범주를 과감히 탈피하고자 했다는 점에서 가히 혁명적이었다고 할 수 있다. 즉, 종래의 획일적 교육으로부터 교육을 다양화·특성화하고, 학교·교사 등 종래의 교육공급자 위주의 교육활동을 학생·학부모 등 소비자를 중심으로 한 교육수요자 중심의 교육으로, 통제 위주의 교육을 탈피하여 책무성과 자율성에 바탕을 둔 교육을 하고, 또한 시대적인 상황의 변화에 발 맞추어 정보화 시대에 필요한 교육을 강화하며, 교육공급자에 대한 평가를 실시하겠다는 기본 원칙이 종래의 교육관행에 대한 패러다임적 전환을 모색하고 있다는 점에서 그러하다.

교육개혁위원회는 이러한 교육개혁의 기본 원칙을 실현하고 궁극적으로 신교육체제를 수립하기 위한 교육개혁 방안으로서 ① 열린교육사회, 평생학습사회 기반 구축, ② 대학의 다양화와 특성화, ③ 초·중등 교육의 자율적 운영을 위한 '학교 공동체 구축', ④ 인성·창의성을 함양하는 교육과정, ⑤ 국민의 고통을 덜어 주는 대학 입학제도, ⑥ 학습자의 다양한 개성을 존중하는 초·중등 교육 운영, ⑦ 교육공급자에 대한 평가 및 지원체제 구축, ⑧ 품위 있고 유능한 교원 육성, ⑨ 교육재정 GNP 5% 확보(1998년까지) 등 아홉 가지 실천 방안을 제시하였다(교육개혁위원회, 1995). 그리고 교육개혁위원회는 각 방안에 대한 제도적인 장치와 실행 전략을 제시하였고, 아울러 교육개혁의 구체적인 추진 방법과 하반기 추진 과제 등을 설정하였다.

5·31 교육개혁안이 발표된 이래 초·중등학교 교육과 대학교육 그리고 교육의 행정·재정 지원체제와 관련된 개혁 방안들이 추진되는 가운데 김영삼 대통령은 범부처 차원에서 교육개혁을 추진하기 위하여 국무총리를 위원장으로 하고, 12개 부처 장관이 참여하는 '교육개혁추진위원회'를 구성하여 개혁 과제의 주요 현안을 수시로 상의·의결하도록 하였다. 그리고 교육부는 '교육개혁추진기획단'을 설치하여 교육개혁위원회가 제시한 개혁 방안 중 48개 주요 실천 과제를 추출하고, 교육개혁 추진 기획단으로 하여금 실행 계획에 따라 교육개혁 과제를 1995년도부터 단계적으로 실천해 나가도록 하였다. 교육개

혁안의 실천을 위한 문민정부의 발빠른 행보는 과거 교육개혁이 구호에만 그쳤던 전철을 답습하지 않으려는 개혁 실천 의지를 보여 주고 있다는 점에서 긍정적이었다.

5·31 교육개혁안이 교육정책으로 실행되는 와중에서 교육개혁위원회는 1996년 2월 9일 '신교육체제 수립을 위한 교육개혁 방안(Ⅱ)', 즉 제3차 교육개혁 보고서를 대통령에게 건의·발표하였다. 제3차 교육개혁안은 5·31 교육개혁안의 완결편으로 5·31 교육개혁안에서 하반기 추진 과제로 미루어졌던 개혁 과제들을 중심으로 구체적인 교육개혁 방안들이 포함되었다. 구체적으로 제3차 교육개혁 보고서에는 ① 신직업교육체제의 구축, ② 초·중등학교 교육과정의 개혁, ③ 전문대학원 제도의 도입, ④ 교육관계법령체제 개편 등의 주요 교육개혁 방안과 그에 대한 구체적인 실천 전략이 제시되었다(교육개혁위원회, 1996). 교육개혁에 관한 제3차 보고서를 대통령에게 건의한 직후 제1기 교육개혁위원회는 해체되고, 1996년 4월 9일 김영삼 대통령은 집권 후반부의 교육개혁을 이끌어 갈 제2기 교육개혁위원회를 정식으로 출범시켰다.

3. 문민정부 교육개혁 형성과정의 정치학적 분석

1) 정부

교육개혁의 주요 결정자로서 정부는 교육개혁안의 형성과정에서 가장 큰 영향력을 발휘한다는 데 이의가 없다. 여기서 정부는 대통령을 비롯한 교육부의 행정라인과 기타 교육개혁과 관련된 정부의 부처를 의미한다. 교육개혁안의 형성과정에서 추구되는 정부의 의사결정 방식은 일반적으로 정치적 결정과 합리적 결정이 동시에 이루어질 수 있다. 그러나 문민정부에서 교육개혁은 새롭게 창출된 정권의 정치적 상징의 의미로서 진행되어 온 국가개혁의 연속선상에서 이루어졌고, 교육개혁이 추진되는 계기 자체가 대통령의 국정 운영 방향과 밀접한 관련이 있어 정부 관료조직의 합리적 의사결정 권한이 상대적으로 축소될 수밖에 없었다.

적어도 우리나라에서 교육개혁은 범국가적 차원과 대통령의 통치권 차원에서 비롯되는 경향이 있다. 문민정부도 예외가 아니어서 정부가 추진했던 교육개혁은 대통령 취임 초반부터 의도적으로 수행된 신한국 창조를 위한 국가개혁의 목적 체계상 주요 실천 행동 과제로 제시되었다(허범, 1993: 21). 제14대 대통령 선거 당시 김영삼 대통령은 10대 선거 공약 중 교육 부문 공약을 '입시 지옥의 해소와 인간 중심의 교육개혁'으로 설정하고 7개 영역, 66개 구체적인 교육공약을 제시하였다.[1] 이 교육공약들의 대주제는 5·31 교육개혁안에 거의 대부분 포함되었다.

문민정부 교육개혁의 발원이 된 교육공약이 주로 우리 교육체제의 구조적 모순과 그에 따른 병리 현상에 근거했다면, 문민정부 출범 후 교육개혁안이 형성되는 과정에서 교육개혁의 당위성에 첨가된 중요 논리는 국가 경영 전략의 일환으로써 세계화의 논리였다. 1994년 제2차 APEC 정상회담 이후 김영삼 대통령이 주창한 세계화의 논리는 이후 사회의 모든 부문을 규정하는 이념적 근거로서 자리잡았다. 세계화의 개념에 대한 논란에도 불구하고 세계화는 교육개혁과 관련하여 교육의 전 부분에 걸친 대대적인 개혁과 당위성으로 이어졌다.[2] 이에 교육개혁위원회는 통치권자의 국가 경영 전략으로서 세계화를 교육

....

1) 교육공약의 7개 영역은 ① 21세기를 주도할 자주적 창조적인 인간교육 강화, ② 입시제도의 개선과 정원 자율화로 입시 지옥 해소, ③ 교육재정의 GNP 대비 5% 확보를 통한 교육환경 개선, ④ 대학교육의 질 향상 및 기존 과학교육 강화, ⑤ 평생교육체제 확충과 생활교육 실현, ⑥ 교원의 지위 향상을 통한 신뢰받는 교직 사회 구축, 그리고 ⑦ 건전사학 육성 등이다(민주자유당, 신한국 창조를 위한 김영삼의 실천약속, 1992).
2) 세계화의 의미는 ① 역사적 현상으로서의 세계화와 ② 이러한 현상에 대응하는 전략으로써의 세계화로 분리될 수 있다[이내영, "세계화와 한국정치", 「계간사상」, 1995년(봄), pp. 111-144]. 따라서 세계화와 교육개혁의 관계에 대한 논의는 ① 역사적 현상으로서 세계화 시대를 맞이하여 한국교육이 나아갈

개혁의 근본이념으로 구상하는 역할을 수행하지 않으면 안 되게 되었다. 이것은 "해방 후 지금까지 유지되어 왔던 교육의 기본 틀과 교육방식, 교육관과 교육 철학, 교육원리를 대전환"하는 것이 세계화 시대의 교육이라는 교육개혁위원회의 5·31 교육개혁안에 그대로 나타나 있었다.

  문민정부는 교육개혁이 필요한 이유로 '현실교육의 병리 현상'과 '세계화 이념의 실천'을 제시하였다. 그러나 아무리 교육개혁이 필요한 합리적 근거가 완벽하다 해도 정부의 입장에서 정치적 지지도가 수반되지 않는 교육개혁을 추진할 리 없다. 새롭게 출범한 정권의 입장에서 볼 때 정치적 지지도의 증대와 나아가 정권 재창출을 위해서는 국민에게 가시적으로 접근 가능한 극약 처방식의 개혁안이 일차적으로 고려되는 경향이 있다. 이러한 점에서 문민정부 출범 이후 계속된 개혁은 앞 정권과의 정치적·도덕적 차별성을 부각시키기 위한 고도의 통치 전략이라는 점을 부인하기 어렵다. 경제성장 우선의 능률성의 논리가 국가의 정책 기조 전반을 주도하고 대통령을 축으로 하는 행정관료들에 의한 일반적인 하향식 정책결정이 주류였던 문민정부에서(김영평, 1993: 27-45), 그동안 정책의 우선순위에서 항상 뒤쳐져 왔던 교육이 사회의 다른 부문에 앞서 개혁을 위한 정치적 선택의 주요 대상이 된 이유는 무엇인가? 손준종(1996: 149-167)은 이에 대해 ① 김영삼 대통령의 대선 공약에서 약속된 교육개혁이 국민의 여론을 등에 업고 정치적으로 선택될 수 있을 만큼 시기적으로 충분히 성숙되어 있다는 점, ② 교육개혁과 관련된 주변 이해집단들의 반발과 위협이 교육 외의 다른 부문에 비해 상대적으로 적다는 점, 그리고 ③ 1990년대 들어 나타나기 시작한 교육환경의 변화 등을 들고 있다.

  교육개혁의 형성과정에서 정부, 특히 대통령이 미치는 영향의 정도는 절대

....

  방향이라는 의미와 ② 대응 전략으로서 한국교육의 세계화를 위한 교육개혁의 의미로 구분되어 사용될 수 있다(손준종, "1990년대 교육개혁의 사회적 성격에 대한 논의", 교육학연구, 34(1), 1996, pp. 149-167).

적이다. 대통령은 교육개혁안을 직접 구상할 교육 관련 위원회를 직속 자문기구로 두고 위원을 직접 위촉한다. 그리고 대통령의 교육공약과 통치 방향 그리고 교육에 대한 비전을 통치권자의 개혁이라는 이름으로, 초법적으로 교육개혁안이 결정된다. 이러한 점에서 교육개혁안은 곧 대통령의 교육에 대한 철학과 의지를 구현하기 위한 종합적인 교육개선 방안이라고 할 수 있다. 다른 교육정책의 형성과정과는 달리 교육개혁 형성과정에서 교육정책 주관 부서로서 교육부의 영향력이 상대적으로 격감되는 이유도 교육개혁이 대통령의 통치권 차원에서 진행되기 때문이다. 그러나 교육개혁안의 형성과정에서 자칫 대통령의 독점적 권력이 지나치게 표현된 나머지 교육부와 같은 행정관료들의 전문적·기술적 합리성을 무시하거나 통치권자의 교육개혁이 법치주의 원칙에 예외적으로 발휘된다면 교육개혁은 그 집행 단계에서 교육개혁안이 의도하는 이념과 실제 간에 괴리가 유발될 가능성이 있다. 따라서 국민의 여론과 매스컴의 논리에 지나치게 의존하여 교육개혁의 형성과정에서 전문적·기술적 합리성을 고려하지 않고 정치적 대세 판단에 의하여 교육개혁안을 수립할 경우 집행 단계에서는 물론 형성 단계에서조차 정부 관료조직들 간, 교육행정 관료조직과 교육계 그리고 각 이해집단들 간에 심각한 갈등을 수반할 수 있다. 실제로 교육개혁안의 최종 형성 단계에서 교육개혁 추진을 위한 재정 확보 문제를 놓고 정부 부처 간의 의견대립으로 교육개혁안의 확정이 늦어지는 난항을 겪기도 했다.[3]

문민정부의 교육개혁위원회와 교육부는 GNP 대비 3.89%에 머무르고 있는 12조 6천억여 원의 교육예산을 김영삼 대통령이 공약한 GNP 5% 선으로 끌어올리기 위해 연간 3조 5천여 억 원(1995년 기준)의 교육예산 추가확보가 필

....

3) 이는 교육예산 중 국고부담 확대에 반대하는 재정경제원(이하 재경원)을 비롯 지방자치단체 교육비를 늘리지 않으려는 내무부 측과 1998년까지 GNP 대비 5% 교육예산 확보를 위해 지방교육재정 교부금 인상 등을 추진하려는 교육개혁위원회와 교육부의 대립에서 비롯되었다.

수적이었고, 1998년까지 최소 18조 6천억 원의 재원 부족액이 발생할 것으로 예측하였다. 이같은 부족액을 충당하기 위하여 교육개혁위원회는 내국세의 11.8%를 차지하는 지방교육재정 교부금 교부율을 13%로 끌어올릴 것을 재경원에 촉구하였다. 그러나 재경원도 중앙정부 예산 중 거의 절반을 차지하는 방위비 및 교육예산 부담이 과중하다는 이유로 지방예산 확충을 통해 교육재정을 확보할 것을 주장하는 한편, 정부의 교육예산 부담률도 GNP 대비 3.89%가 아니라 학부모의 수업료 등 교육비 공부담을 합해 4.4%에 이른다고 주장하면서 난색을 표명하였다. 이에 대해 당시 교육개혁위원회 측은 "재정 뒷받침 없는 교육개혁이란 있을 수 없다는 확고한 인식하에 정부 부처 간의 이견으로 예산 확보가 어려울 경우 직접 국민과 여론에 교육개혁의 절박한 상황을 호소하기 위한 특단의 조치를 강행할 수 있다."(중앙일보, 1995. 5. 21)고 밝혔다. 결국 교육개혁위원회와 재경원, 내무부는 1995년 기준 GNP대비 3.89% 수준인 지방 및 중앙정부 교육예산에 1996년부터 3년간 10조원 규모의 교육재정을 추가로 조성하여 1998년까지 교육예산을 GNP 대비 5% 수준으로 끌어올리는 데 합의하고, 정부는 이를 위한 구체적인 방안을 마련하였지만, 실현되지는 못했다.

2) 교육개혁위원회

교육개혁위원회의 설치 규정이 공포(대통령령 제13955호, 1993. 8. 10)된 6개월만인 1994년 2월 5일 대통령 자문기관으로 교육개혁위원회가 출범하였다. 동 위원회는 21세기에 대비한 범정부적·범사회적 교육개혁의 추진에 관해 대통령에게 자문할 목적으로 설립되었다. 위원장 및 부위원장을 포함하여 모두 25명으로 구성되었던 교육개혁위원회는 ① 교육의 기본 정책 및 교육개혁에 관한 사항, ② 장기·단기 교육발전 계획, 그리고 ③ 교육개혁 추진 상황의 점검 및 평가에 관한 사항에 대하여 대통령의 자문에 응하도록 되어 있었다. 교육개혁위원회는 25명의 위원으로 구성되는 전체회의와 위원장단과 소위원회 위원장 등으로 구성되는 운영위원회 그리고 교육개혁의 분야별로 5개의 소위원회를 두어 운영되었다. 그 밖에 교육개혁위원회는 10명의 전문위원을 위촉하여 전문위원협의회를 구성하였고, 교육개혁 과제에 대한 자료 수집과 연구조사 활동 및 5개 소위원회에서 교육개혁안을 상호 협의하게 하였다. 또 위원회에서 채택된 과제의 추진을 위한 관계 부처 간의 긴밀한 협조와 위원회로부터 위임받은 사무를 처리하기 위하여 행정조정실장을 위원장으로 하는 교육개혁 실무협력위원회를 조직하였다. 교육개혁안이 수립되는 과정은 ① 일반 여론 수렴 및 광범위한 기초 조사연구, ② 개혁 방안에 대한 심층적인 연구·검토, ③ 관계 기관과 사전 협의·검토, 그리고 ④ 전체회의를 통한 최종 확정 보고 등의 절차를 거친다.

제1기 교육개혁위원회의 교육개혁위원과 전문위원들은 5개 소위원회별로 활동하면서 각 소위원회가 담당한 분야의 교육개혁안을 구상하기 위하여 연구와 협의를 계속 하였다.[4] 제1기 교육개혁위원들의 인선과 관련하여 발족 당일 (1994. 2. 4) 청와대의 한 관계자는 "이번 교육개혁위원 인선은 우리 교육의 국제 경쟁력 강화와 초·중등 교육의 정상화라는 목표 수행에 적합한 인물을 선정하는 데 초점을 두었고, 각급 교육현장의 목소리를 반영하는 데 비중을 두었다."(중앙일보, 1994. 2. 4)고 설명하였다. 그러나 교육개혁위원회 25명 중 전직·현직 대학교수를 비롯한 전문연구자들이 18명이나 되었고, 전문위원 대부분 또한 이 범주에 속하는 인물로 구성되었다. 그 외의 교육개혁위원들은 언론계, 현장학교, 교육단체, 업계 등을 대표한 1~2인으로 구성되어 교육개혁위원들의 분포가 학계 중심의 전문인력으로 편포되었다. 특히 교육개혁위원의 약

....

4) 5개 소위원회는 ① 제1소위원회(학제 및 법령 분야), ② 제2소위원회(교육재정 및 교원 양성 분야), ③ 제3소위원회(교육과정 분야), ④ 제4소위원회(대학 및 직업기술교육 분야), 그리고 ⑤ 제5소위원회(사회교육 분야)다.

50% 그리고 전문위원의 대부분이 미국에서 학위를 취득한 교수·학자 출신이었다는 점에서 교육개혁안의 구상과정에서 작용했을 제도개선의 내용을 짐작하게 한다. 또한 교육계를 비롯한 일부에서는 위촉된 교육개혁위원들을 보면서 개혁 대상자도 포함했고 불필요한 안배식의 위원 선정이라며 진정한 교육개혁은 기대 이하라는 비판과 실망의 소리도 없지 않았다(한국일보, 1994. 2. 6).

교육개혁위원과 전문위원의 구성이 주로 교수·학자 출신으로 구성되었다는 것은 교육개혁안의 형성과정에서 교육개혁위원회의 위상이 대통령의 통치 이념과 교육 철학을 이론적으로 정당화하고 그 실천 대안을 연구하는 기능에 제한되고 있다는 것을 암시한다. 물론 교육개혁안의 구상과정에서 실천대안들인 각론 부문은 교육개혁위원회의 전문적이고 기술적인 식견이 작용될 수 있는 여지가 많다. 그러나 교육개혁안의 큰 줄기와 이념적 토대를 구성하는 총론은 대통령의 국가 경영 전략이 반영될 수밖에 없었다. 이런 점에서 문민정부의 교육개혁안의 총론 부분은 정치적 결정과 선택에 의해, 각론 부분은 전문적·기술적 결정과 선택에 의해 이루어졌다는 것을 알 수 있다. 실제로 5·31 교육개혁안의 접두어인 '세계화·정보화 시대를 주도하는 신교육체제 수립을 위한……'과 5·31 교육개혁안의 이론적 배경인 'Ⅰ. 신교육체제 구상의 배경' 'Ⅱ. 신교육체제의 비전과 목표' 등은 대통령의 통치이념과 세계화 전략이 교육개혁의 배경 논리로 반영된 결과였고, 교육개혁 방안으로 제시된 아홉 가지 안은 김영삼 대통령의 대선 공약에서 대부분 제시되었던 것들이었다. 따라서 교육개혁안의 형성과정에서 교육개혁안을 직접적으로 성안하는 교육개혁위원회의 전문적·기술적 활동에는 의도적이든 비의도적이든 정치적 함축성(political embeddedness)이 개재되어 있다고 말할 수 있다.

교육개혁위원회가 출범할 당시 이회창 국무총리는 교육개혁위원회 현판식에 참석하여 "교육개혁위원회에 참여하는 모든 분들은 학부모와 일선 교사 등 교육현장의 다양한 목소리를 반영한 근본적인 교육개혁 방안을 수립해 달라." (중앙일보, 1994. 2. 7)고 당부했다. 실제로 교육개혁위원회는 출범 이후 교육개혁안의 수립과정에서 일선 교육현장 및 교육청 등 직접 방문(80여 기관), 국민 제안 창구 설치, 국민의견 접수(440여건), 교육개혁 관련 여론조사(2회) 및 선진 외국 실태조사(3회), 대국민 공청회(3회), 당정협의 및 각계 간담회(39회) 등을 통해 일반여론을 광범위하게 수렴하고 분석하여 교육개혁 방안을 연구하였다. 그리고 교육개혁위원회는 당시 연구된 방안을 놓고, 교육부 등 관련 부처와 실 무협의 및 검토 그리고 당정 협의 등 관계 기관과의 정책 협의를 거쳐 실현 가 능한 교육개혁안이 될 수 있도록 노력했다. 그러나 교육개혁위원회의 여론 수 렴 의지는 높이 평가할 만하지만 짧은 시간 내에서 제한된 인력으로 광범위한 교육개혁 주제에 걸쳐서 각계 각층의 폭넓은 의견을 수렴했다는 것은 어쩌면 불가능한 일이었는지 모른다. 희망사항이긴 하지만 민주적 정책결정 체계에서 는 정부기관과 사회 세력들이 공평하게 개방적으로 정책결정에 참여하고, 정 책의 정당성에 대하여 심의하고 설득과 타협에 의하여 선택이 이루어져야 한 다(이일용, 1993: 163-186). 이런 점에서 볼 때 교육개혁위원회의 여론 수렴과 정은 시간적 제약도 있지만 교육개혁안의 대 주제가 이미 결정된 상황에서 형 식에 치우친 감이 없지 않았다. 이에 따라 교육개혁은 점진적 변화를 추진하면 서 국민의 이해를 촉구하고 여론을 수렴해 나가는 것이 효과적임에도 불구하 고(김윤태, 1993: 6-8), 교육개혁안이 형성되는 과정에서 정부의 정치성이 내포 된 전략과 교육개혁위원회에 의한 전문적 합리성(상호작용)에 의해 교육개혁안 이 결정되는 폐쇄적 정책결정 구조를 보여 주었다. 즉, 교육개혁안의 형성과정 에서 교육개혁안이 광범위하게 논의되는 국민여론 수렴과정은 형식적 절차에 그치는 한편, 최종적 교육개혁안만이 국민에게 제시되는 종래의 정책결정 유 형을 답습했다는 우려와 비판이 각계에서 있었다.

3) 교육계

교육계는 각급 학교기관에 근무하는 개인이나 교육계 인사로 구성된 단체를 의미하는 것으로 교육개혁의 형성과정보다는 집행과정에서 실질적 교육개혁의 현장 실천가로서의 비중이 더 크다. 역대 정부의 교육개혁안 수립과정을 보더라도 정부와 교육개혁 자문기구가 중심 역할을 해 왔다. 따라서 교육계가 교육개혁의 형성과정에서 영향력을 발휘할 수 있는 여지는 상당히 제한되어 있는 편이다. 이러한 현상은 정부가 추진해 온 교육개혁에서도 예외는 아니었다.

교육계가 교육개혁 형성과정에서 영향을 미친 유형은 다음 세 가지로 분류하여 살펴볼 수 있다. 첫째, 초·중등 교육계 인사들이 교육개혁안의 형성과정에서 직접적으로 영향력을 행사할 수 있는 기회는 교육개혁위원회 위원과 전문위원으로 참여한 극소수의 선택된 개인들에게만 주어졌다. 그리고 대부분의 초·중등 교육계 인사들은 개별적으로 교육개혁위원회가 마련한 제한적인 여론 수렴 창구를 통해 간접적으로 영향을 미칠 수 있었다. 전자의 경우 교육계 인사가 교육개혁위원회에 직접 참여함으로써 교육개혁안에 반영될 만한 교육현장의 문제와 대책을 제시할 수 있기는 하지만 교육개혁위원회의 인적 구성과 배경 분포로 볼 때 영향의 발휘 정도는 제한적일 수밖에 없었다. 초·중등 교육계가 교육개혁위원회의 여론 수렴과정을 통해 교육개혁의 형성과정에 간접적인 영향을 줄 수 있다는 후자의 방식은 형식적인 사후 검증 형태로 진행되어 온 여론 수렴과정에서 한낱 형식에 불과할 수 있다. 왜냐하면 통치권자의 대국민 약속과 교육환경의 변화 그리고 국민적 요구와 지지로 대변되는 예정된 교육개혁의 정치적 선택과 교육개혁위원회에 의해 사전에 전문적으로 선택된 교육개혁 방안 사이에서 교육계의 의견 수렴이 교육개혁안의 형성과정에서 반영될 수 있는 풍토는 이중적으로 차단되어 있는 셈이기 때문이다.

둘째, 당시 교육계의 유일한 합법적 교권 옹호 단체인 한국교원단체총연합회(이하 한국교총)는 교육개혁안의 형성과정에서 제한된 영향력을 발휘할 수 있으나 영향력이 발휘된 정도는 역시 미지수다. 한국교총은 1993년 6월부터 '교육 바로 세우기 운동'을 통하여 현실 교육문제에 대한 개선을 위해 교원들이 교육현장에서 몸소 실천해야 한다는 캠페인을 시작하였다. 1994년에는 한국교총 주관의 정책토론회에서 윤종건은 교육부가 제시한 교사자격증 유효기간제의 부작용과 교직 사회에 미칠 악영향에 대해 열거하면서 교사자격 제도의 개편 방향에 대해 발표하였다(윤종건, 1994). 이어 1995년 1월 한국교총은 교육부의 교육전문직, 장학기능 폐지 가능성에 대해 반발하는 공식 성명을 내고 교육계의 의지를 관철시키기도 하였다. 종래의 대한교육연합회나 한국교총이 보여 주었던 친정부적 활동을 불식시키고 교총의 위상을 높이려는 한국교총 신집행부의 공세적 활동은 여기서 그치지 않고, 1995년 2월에는 전국 시·도, 시·군 교련회장 결의대회를 통해 교육전문직 개편 등 최근의 교육부 교육정책에 대하여 시정을 촉구한 후 '졸속 교육정책 시정을 위한 40만 교원 서명운동'에 돌입하는 단체행동을 보임으로써 교육부와의 갈등이 더욱 심화되었다. 이와 같이 한국교총은 일련의 집단행동과 정책대안의 제시 등을 통해 교육부의 교육정책 결정에 대한 정치적 견제 역할을 통해 영향력을 발휘해 왔다. 그러나 교육개혁안이 형성되는 과정에서 한국교총의 역할과 위상은 정부와 교육개혁위원회의 계획된 상호작용에 의한 교육개혁의 주도적 추진에 밀려 단순히 하나의 참고집단에 불과한 격이었다. 윤향원 교총 회장이 취임 1주년을 맞아 기자회견을 하는 자리에서 답변한 우리나라 교육문제에 대한 진단과 교육개혁의 방향과 대안을 제시한 것은 말 그대로 윤회장의 개인적 지론일 뿐(중앙일보, 1995. 4. 26) 교육개혁안의 형성과정에서 미친 영향은 교육계의 어느 개인의 그것과 다를 바 없었다.

셋째, 대학교육 기관의 인사들이 교육개혁안의 형성과정에서 영향력을 행사하는 정도는 교육개혁위원회의 인적 구성으로 볼 때 매우 크다고 할 수 있다. 그러나 당시 교육개혁위원회에 참여한 대학교수들이 대학교육을 위한 대변자로서 그들의 관심과 이익을 편취하기 위한 목적으로 교육개혁안을 수립하는 데 영향력을 행사했다고는 말할 수 없다. 왜냐하면 우선 교육개혁위원회에 참여한 대학교수들의 위원회 참여 방식은 정치적 목적과 의도에 의한 것이라기보다는 객관성과 합리성을 중시하는 전문적 연구기능을 발휘하도록 요구되는 참여 방식이기 때문이었다. 실제 5·31 교육개혁안 중 대학에 관계된 방안들은 대학 참여자들의 관심에 오히려 반하는 것들이라는 점에서[5] 교육개혁위원회에 참여한 대학교수들이 교육개혁안의 형성과정에 미친 영향은 여타 집단이 미친 영향과 다르게 해석되어야 한다.

교육개혁위원회에 개인적으로 참여한 당시 대학교수들이 교육개혁안 결정에 미친 영향 외에도, 대학교수들은 학회의 학술대회를 통하여 교육개혁안의 형성과정에 영향력을 발휘할 수 있었다. 예를 들어, 한국교육학회는 교육개혁위원회가 출범하기 전인 1993년 6월에 '한국교육의 병리 현상과 대책'이라는 주제를 통해 우리나라 교육문제를 ① 왜곡된 교육의식, ② 개성을 무시한 획일적 교육, ③ 입시 위주의 교육과 과열과외, 그리고 ④ 비인간적 교육환경이라 규정하고 이에 대한 교육적 대안을 제시하였다. 한국교육행정학연구회는 1993년 하계 학술 세미나에서 "대통령의 교육공약을 어떻게 실천할 것인가?"라는 주제 아래 교육공약을 크게 ① 입시교육의 극복, ② GNP 5% 교육재정 확보, ③ 평생교육체제의 확립, ④ 신뢰받는 교직 사회 구축, 그리고 ⑤ 건전사학 육성 등 5개 부문으로 나누어 교육현실을 진단하고, 진단된 내용을 바탕으로 구체적 실천 방안들을 제시하기도 하였다. 이러한 대학교수(혹은 연구자)들의 전문적인 학술활동을 통한 교육문제의 진단과 대안 제시는 교육개혁위원회의 교육개혁안 수립과정에서 전문적 도움이 되었을 것으로 사료된다.

지금까지 교육계가 교육개혁안의 형성과정에서 발휘한 영향의 유형을 종합적으로 살펴보면, 대학 관련 개인교수나 집단은 교육개혁안의 형성과정에서 그들이 가지고 있는 전문적 기술을 바탕으로 교육개혁안의 합리적 구성을 위한 직간접적 영향을 미쳤다. 그러나 초·중등 교육계의 개인이나 집단이 교육개혁의 형성과정에서 미친 영향은 정부의 정치적 의도와 교육개혁위원회의 전

....

5) 5·31 교육개혁안의 9개 방안 중 '대학의 특성화와 다양화' '국민의 고통을 덜어 주는 대학 입학제도' 등은 종래 대학인이 누려 왔던 신분의 안정성과 독점적 지위를 위협하는 과제들을 포함하고 있었다.

문적 기술 중심의 활동에 의해 제한적으로 발휘되었고, 때로는 폐쇄된 체제 속에서 이루어진 그들만의 상호작용으로 영향력이 행사될 기회조차 갖기 힘들었다. 이렇게 교육개혁안 형성과정에서 소외당한 교육계는 단체행동을 통해 교육개혁에 대한 교육계의 바람과 요구를 표출하기도 하였다.[6]

4) 이해집단

이해집단은 종래 교육정책의 형성과 집행에 영향을 미치는 이익집단(interest groups)과 구별하여 교육 관련 집단(stakeholders)의 통칭적 범주 속에서 분류된다. 이익집단은 교육정책의 형성과 집행과정에서 자신들의 의도와 관심을 관철시키기 위한 뚜렷한 목적을 가지고 정치적 행동을 하는 데 비해, 교육 관련 집단은 이익집단은 물론이고 교육 영역에 일정한 지분을 갖고 있는 정책형성과 집행에 참여하는 집단을 통칭한다. 여기서는 교육개혁의 형성과정에 관여하는 이해집단을 학부모와 매스컴으로 제한하여 살펴보기로 한다. 교육 관련 집단으로서 매스컴과 여론 그리고 국민과 학부모는 교육정책 결정과정에서 이익 및 압력 집단과는 구별되는 간접적인 정책결정자로 인식되어 왔다.[7]

....

6) ① 1993년 12월 전국 교직원 노동조합은 전국의 초·중·고등학교 교원 507명을 대상으로 한 설문조사에서 현 정부의 교육개혁 추진에 대해 많은 교원들이 불만을 갖고 있다고 밝혔다(중앙일보, 1993. 12. 16). ② 1995년 3월에 전국 교직원 노동조합 정혜숙 위원장은 현장 중심의 교육개혁을 주장했다(중앙일보, 1995. 3. 14). ③ 1995년 5월 초에는 서울지역 초·중·고등학교 교사 100명이 기자회견을 갖고 교사와 학생 등 교육주체가 참여하는 교육개혁의 조속한 실시를 촉구하였다(중앙일보, 1995. 5. 10). ④ 5·31 교육개혁안이 발표되기 직전에 전교조는 전직·현직 교사가 참석한 전국교사대회에서 교육개혁안의 즉각 공개와 교육개혁안과 관련하여 개혁되어야 할 5개 현안을 대정부 요구안으로 결의했다(중앙일보, 1995. 5. 28).

7) 윤정일 외, 교육행정학원론, 서울: 학지사, 1994. pp. 207-210. 한편, 스프링은 학생 및 학부모를 교육정책 형성과정에서 영향을 미치는 이익집단으로 분류하였고(J. Spring, Op cit.), 김창곤은 언론을 별도의 영향집단으로 구별하는 등(김창곤, 전게 논문) 학자의 분류방법에 따라 범주화의 내용이 다르다.

(1) 학부모

학부모는 교육활동의 대상인 학생들의 친권자로서 교육정책의 형성 및 집행 과정에서 일정한 몫을 갖는다. 물론 학부모들의 정책형성 시 참여 형태는 간접적인 정책 형성자로서, 성격상 주로 사적인 혹은 비공식적인 접촉을 통해 이루어지는 경향이 지배적이었다(반상진, 1995: 121-150). 그러나 5·31 교육개혁 형성과정에서 나타난 학부모들의 참여 방식은 각종 단체의 결성과 연대활동을 통해 교육개혁(혹은 정책)과 관련된 진정서, 건의서 등을 공식적으로 발표하거나 혹은 서명 운동을 전개하는 등 예전에 보여 주었던 소극적 태도와 달리 적극적으로 제 목소리(voice)를 내는 방향으로 전개되는 추세를 보여 주었다. 학부모 단체들은 또 교육 관련 집단이나 전문가 혹은 언론매체와 연대하여 공청회, 세미나 등을 개최하였고, 그 결과를 매스컴을 통해 교육개혁 관련 국민여론으로 조성하는 등의 방식으로 교육개혁의 형성과정에서 직간접적인 영향력을 행사하였다.

1990년대 들어 학부모가 우리의 교육문제에 대해 보다 적극적인 관심을 표명하고 집단활동을 가속화한 이유는 사회 전반에 걸쳐 진행되어 온 민주화 추세에 발맞추어 성장한 학부모의 교육활동에 관한 의식 전환이 큰 몫을 했다. 이에 따라 종래 자녀를 학교에 보낸 죄로 피동적으로 노심초사하는 수동적인 학부모에서, 학교교육에 대해 갖고 있는 일정한 지분을 담보로 현장 교육문제에 대한 의식개혁 캠페인 등을 통해 해결책과 대안을 제시하는 적극적인 학부모로 변신하기에 이르렀다. 학부모의 교육개혁 과정에의 적극적 참여가 가속화된 두 번째 배경으로는 교육 소비자로서 학부모와 학생의 교육주권을 회복하기 위한 소비자 중심의 교육개혁론이 대두된 점을 들 수 있다[나라정책연구회(편), 1995]. 소비자 중심의 교육은 소비자의 만족도를 향상시키는 데 주안점을 두고 종래의 공급자 중심의 경영체제에서 소비자 중심의 경영체제로 전환을 꾀하여 공급자 간의 경쟁을 통해 제품의 질을 향상시키려는 경영 기법으로부터 유래된 것이었다. 소비자 중심의 교육을 위한 교육개혁론의 부상은 학부모의

교육기득권을 확보하기 위한 학부모의 향상된 의식과 더불어 학부모가 교육개
혁의 형성과정에서 적극적으로 활동하게 된 계기가 되었다. 실제로 5·31 교육
개혁안에서 수요자(학습자) 중심의 교육적 아이디어는 신교육체제의 기본 특
징으로 자리잡았고, 이의 실천을 위한 교육개혁 방안들에 적극적으로 반영되
었다.[8]

　　정치적 목적보다는 사회운동 차원에서 학교교육과 관련된 의식 및 제도의
개혁을 주창하는 학부모 단체는 교육전문가, 교수, 교육자 등과 결합하여 캠페
인, 공청회, 세미나를 통해 교육운동을 전개해 나갔다. 1990년 4월 창립된 '인
간교육실현학부모연대'(이하 학부모 연대)는 창립선언문에서 교육정책에 대한
학부모의 강한 참여 의지를 다음과 같이 뚜렷하게 공표하였다(김신일 외, 1995:
287-290).

　　　　우리 학부모도 교육정책에 참여할 것입니다.
　　　　학부모는 교육공동체의 일원입니다. 자식의 성장에 대해 공동운명적 관
　　　심을 갖고 있는 것은 학부모들이기 때문입니다. 그런데 지금까지 학부모는
　　　교육공동체의 의사 결정과정에서 소극적이고 방관적인 위치에 머물렀습니
　　　다. ……하지만 이제부터는 교육정책의 결정과정에 참여할 것입니다. 가정
　　　에서부터 시작하여 학급의, 학교의, 지역 교육 기구의, 문교부의 교육정책
　　　결정과정에 적극적으로 참여할 것입니다. 우리는 참견하겠다는 것이 아닙니
　　　다. 단지 우리 아이들의 운명이 결정되는 과정에 부모의 정당한 자격으로 참
　　　여하겠다는 것입니다.

．．．．．．．．．．．．．．．．．．．．．．

8)　5·31 교육개혁안의 9개 방안 중 ① 초·중등 교육의 자율적 운영을 위한 '학교 공동체 구축', ② 인성
　　및 창의성을 함양하는 교육과정, ③ 국민의 고통을 덜어 주는 대학입학 제도, ④ 학습자의 다양한 개성
　　을 존중하는 초·중등 교육운영, 그리고 ⑤ 교육공급자에 대한 평가 및 지원 체제 구축 등은 소비자(학
　　습자) 중심의 교육적 아이디어가 반영된 것들이다.

그 후 학부모 연대는 학교에서의 체벌을 근절하기 위하여 '교육폭력 추방 캠페인'을 펴 나갔고, 1994년부터는 전국의 학부모들을 대상으로 연속적인 순회 강좌를 실시하여 학부모운동의 지방 확산을 위한 기반을 다지기도 하였다. 학부모 연대는 1995년부터 동아일보의 지원하에 '교육개혁과 차지를 위한 시민회의' 등 5개 시민단체와 연합으로 '인간교육 실천 캠페인'을 벌인 바 있었다.

1989년 9월에 결성된 '참교육을 위한 전국 학부모회'는 1990년 3월에 전국 조직망을 동원하여 '돈 봉투 없애기 운동'을 시작하면서 학부모의 부담에 주로 의존하고 있는 학교재정의 구조적 문제를 여론화하기 위한 체계적인 노력을 기울여 왔다. 그리고 1993년 6월에는 교육부가 입법 예고한 '학원설립·운영에 관한 법률 및 시행령 개정안'에서 중·고등학생뿐만 아니라 초등학생과 유치원생들도 학원이나 과외교습소의 국어·영어·수학을 비롯한 일반 교과목의 수강을 허용하려는 것에 반대하는 입장을 표명하였다.

1993년 3월에 결성된 '교육개혁과 자치를 위한 시민회의'(이하 교육민회)는 학부모뿐만 아니라 시민운동가, 학계 인사 및 교육자가 모여 만든 최초의 교육 시민운동체다. 교육민회는 국가 차원의 정책대안 제시와 교육개혁을 위한 국민적 운동을 중심 과제로 삼고, 기존의 학부모 단체뿐만 아니라 교육에 관심을 가지고 있는 다른 시민단체들과 연대하여 교육 시민운동을 전개하였다. 실제로, 교육개혁의 형성과정에서 교육민회는 각종 공청회와 세미나를 통해 입시문제와 청소년문제를 해결하기 위한 활동을 전개하였다. 이러한 시민교육운동이 잘 발전하여 지역별 학부모운동으로 정착되게 되면 올바른 교육자치제의 실현에 기여할 수 있을 것이다(이일용, 1994). 이 밖에 1993년 9월에 결성된 개혁세력 주축의 '교육개혁 연대회의'는 공청회를 열어 사립학교법의 개정, 국가 경쟁력을 강화시키기 위한 방안과 교육개혁의 방향에 대해 심도 있는 토론을 벌이기도 하였다.

앞에서 열거한 학부모 및 시민단체들의 활동은 교육의 근본문제와 개혁의 방향을 제시하면서 그동안 교육의 소비자로 수동적인 역할만 했던 학부모가 스스로 나서서 교육문제 해결을 위한 능동적인 노력을 했다는 점에서 가치가 있다. 실제로 학부모 단체 및 시민단체는 교육개혁안의 형성과정에서 입시 위주 학교교육의 문제에 대해 집중 거론하면서 대안으로 제시한 종합내신제나 복수지원의 허용 등이 5·31 교육개혁안에 대폭 반영되는 성과를 얻기도 하였다. 이러한 소득은 개별단체에 의한 활동의 결과라기보다는 여러 단체가 연대하여 매스컴을 통한 운동의 전개가 주효했기 때문인 것으로 보인다. 학부모 단체들이 교육운동을 통해 얻은 또 하나의 소득은 종래 정부 주도로 폐쇄된 밀실에서 진행되어 온 교육개혁 및 교육정책의 형성과정에 학부모, 시민이 주체적으로 참여하려는 의욕을 높였다는 데 있다. 이러한 소기의 성과에 고무받은 학부모 단체와 시민단체는 정권마다 교육개혁안의 집행과정에서 감시자 혹은 독려자로서 교육운동을 활발히 진행해 오고 있다.

교육개혁안의 형성과정에서 가속화된 학부모 단체의 교육운동의 열기는 교육개혁위원회의 교육개혁안 수립과정에서 직간접적으로 영향을 미쳤다. 실제로 교육개혁위원회는 주요 교육개혁 과제에 대한 국민의식 조사 등을 통해 교육개혁안에 포함될 주요 우선 과제를 선정하는 데 참조했고, 교육개혁 방안에 관계된 내용들에 대해 여론조사, 공청회 등을 통하여 학부모의 의견을 분석·청취하기도 하였다. 결과적으로 문민정부의 교육개혁에서는 과거 어떤 교육개혁안의 형성과정에서보다도 학부모가 교육개혁안의 수립과정에서 목소리를 드높였고, 정부나 교육개혁위원회도 이들의 주장을 경청하는 등 교육개혁의 새로운 전형을 보여 주는 계기가 되었다.

(2) 매스컴

매스컴은 정책형성과정에서 보도할 사건의 선별, 그에 대한 해설, 나아가 정보제공 및 여론 형성과 정부에의 요구 투입을 담당하는 여론 지도자(opinion leader)로서 사회 문제를 결집하여 표명하는 대표적 장치다(안해균, 1987: 195).

오늘날 TV, 라디오, 신문 등의 매스컴은 사회의 소식을 신속·정확하게 전달하는 기능뿐 아니라 국가의 정책 방향과 형성에 중요한 영향을 미치는 역할까지도 담당하게 되었다. 교육개혁의 형성과정에서 매스컴은 일반 국민의 여론을 형성해 줄 뿐만 아니라, 교육개혁안 수립의 실질 주체인 정부와 교육개혁위원회에게 교육개혁에 관한 직간접적인 정보를 제공해 주는 역할을 담당하였다. 반대로, 매스컴은 당시 정부나 교육개혁위원회의 교육개혁 활동을 일반 국민에게 소개하였고, 중심 이슈들에 대한 공론화 과정을 통해 그 결과를 피드백해 주기도 하였다. 이렇게 볼 때 매스컴은 교육개혁의 추진 집단인 정부와 교육개혁위원회 그리고 국민 사이의 가교역할을 하는 셈이었다. 매스컴은 가교역할을 하는 과정에서 전달 보도의 기능만 하는 것이 아니라 나름대로의 선택을 통해 비판과 대안제시 기능을 하기도 한다.

교육개혁안이 형성되는 과정에서 매스컴이 행사한 영향을 유형별로 분류하면 다음과 같다. 첫째, 매스컴은 각종 설문조사와 인터뷰 등을 통해 교육개혁이 가장 시급한 분야 및 특정 교육 관련 분야를 개혁하기 위한 구체적 방안들에 대한 조사결과를 공표함으로써 교육개혁안의 수립과정에 영향을 미친다. 실제로 문민정부 이후 TV, 신문 등은 앞 다투어 사회 각계 각층을 대상으로 교육개혁이 시급하다는 전제하에 많은 여론조사를 실시하였다. 설문조사의 내용은 사회 내 각 부문 중 개혁이 가장 시급한 분야에 대한 것부터 구체적인 교육문제에 대한 설문 그리고 그 해결책과 대안에 대한 탐색에 이르기까지 매우 광범위하다. 예를 들면, 김영삼 정부 초반의 정치, 경제 분야의 개혁에 이어 '향후 우선되어야 할 개혁과제'에 대한 설문조사 결과, 교육 분야가 각종 부정부패 척결이나 교통문제 등보다 우선적으로 단행되어야 할 과제로 보도되기도 하였다(국정신문, 1994. 7. 31). 그리고 동아일보와 교육민회는 공동으로 '교육개혁이 가장 시급한 분야'에 대해 일반 국민과 교사들을 대상으로 설문한 결과, ① 대학입시 제도의 개혁, ② 인간성 교육의 내실화, 그리고 ③ 학교시설 및 교육여건의 개선의 순위로 나타나기도 하였다. 특히 교육개혁의 형성과정에서 매스컴이 학부모, 교육자를 대상으로 한 설문에서 공통적으로 지적된 교육개혁의 우선순위에서 대입제도가 거의 예외 없이 최우선 개혁 대상으로 제기된 사실은 당시의 대입제도에 대해 국민여론이 최악의 상태였다는 것을 말해 준다. 실제로 김영삼 대통령은 교육개혁안이 수립되는 과정에서 수차에 걸쳐 "국민의 고통을 덜어 주는 획기적인 대입제도 개혁을 하겠다."는 공언을 할 정도로 대입제도는 교육개혁안이 마련되는 과정에서 개혁되어야 할 최우선 과제라는 공감대가 형성되었고, 실제로 5·31 교육개혁안에서 차지하는 비중도 매우 컸었다.

둘째, 매스컴은 교육개혁의 형성과정에서 학부모 단체 및 시민단체와 연대하여 시민운동 차원에서 교육개혁의 방향과 교육개혁안에 포함되어야 할 내용을 제시하는 등의 방식으로 영향을 미칠 수 있다. 실제로, 동아일보는 학부모 연대, 교육민회 등과 협력하여 현행 대입제도의 모순과 문제점에 대해 집중 거론하고 새로운 대입제도 개선 방안을 제시하는 등의 방법으로 교육개혁안이 수립되는 과정에서 직간접적인 영향을 주었다. 그리고 동아일보는 이어 1995년부터 각종 여론조사에서 대입제도의 개혁과 함께 교육개혁에 포함되어야 할 과제였던 '인간교육의 회복을 위한 캠페인'을 전개하기도 하였다. 캠페인이 전개되는 방식은 학부모 및 시민 단체가 시민교육운동 차원에서 주도하고, 주장하는 내용의 합리화 내지는 정당화를 위한 절차로 교육전문가의 의견과 외국의 사례 등이 세미나·공청회를 통해 소개된다. 이어 공청회·세미나의 주요 내용이 대폭 할애된 신문지면을 통해 지상 중계되어 대중에게 유포되는 형식을 취한다. 이러한 일련의 시민교육운동에 참여함으로써 매스컴은 일반 국민에게 교육에 대한 문제의식을 확산·보급하는 한편 교육개혁에 관한 국민여론을 조성하여 교육개혁의 형성과정에서 국민의 의사를 대변하고, 정보전달자로서 국민의 의견이 반영될 수 있도록 노력한다.

셋째, 매스컴은 특집기사, 사설, 논평 또는 연속기획 등의 집중 보도 프로그램을 통해 교육문제 현안에 대해 심층 분석하고 그 대안을 제시함으로써 교육

개혁의 형성과정에서 여론을 조성하여 필요한 정보를 제공하거나 국민의 요구
사항을 대변해 준다. 예를 들어, 중앙일보는 5·31 교육개혁안이 발표되기 전
인 3월에 '교육개혁에 바란다.'라는 제하에 특집기획을 마련하여 모두 12차례
에 걸쳐 ① 자율성을 바탕으로 창의력 개발하기, ② 직업교육의 질을 높이기,
③ 본고사를 고치기, ④ 의식은 혁명, 제도는 개혁, ⑤ 교육과 연구 경쟁 제도
화하기, 그리고 ⑥ 고교교육부터 다양화 하기 등의 주제로 교육개혁안에 포함
되어야 할 내용들을 소개하였다. 물론, 매스컴의 논평이나 특집을 통해 소개된
교육개혁 관련 내용들이 정략적 차원이나 전문적 수준에서 제시된 것은 아니
다. 더욱이 이런 유형의 보도 내용이 대국민 여론조사 결과나 학부모 단체 등
과의 연대를 통한 캠페인보다 신빙성이 있거나 정치적인 영향력이 더 있는 것
도 아니다. 그러나 언론기관에서 시도하는 교육개혁에 대한 자체 해석이나 집
중 보도 프로그램 등은 교육개혁의 형성과정에서 예견될 수 있는 특정 집단의
독주를 견제하고 균형(check and balance)을 잡아 나가는 중요한 역할을 한다.

문민정부에서는 종래 사회 각 분야들 가운데에서도 주변 영역에 속하던 교
육이 교육개혁을 통해 정부, 국민 사이에서는 물론 매스컴에서도 중요한 영역
으로 등장하게 되었다. 매스컴마다 교육 부분 전담 기자가 있고, 섹션화되어
가는 신문들은 제각기 교육 관련 섹션을 할애하여 교육개혁 등 교육 현안문제
에 대해서 소개하였다. 국민여론을 대변한다고 자임하는 매스컴은 이 교육개
혁안이 수립되는 과정에서 여러 가지 방식으로 영향력을 행사했다. 특히, 문민
정부에 들어서서 매스컴을 통한 교육문제의 공론화 과정에서 그 어느 때보다
도 국민의 교육문제에 대한 관심과 우려가 고조되었음을 부인하기 힘들다. 이
에 주로 매스컴에 의해 가속화된 국민의 교육개혁에 대한 요구와 기대가 그 어
느 때보다도 팽배했던 것이 사실이다. 따라서 사회 전반에 걸쳐 교육개혁의 분
위기가 성숙되어 있던 차에 김영삼 정부가 교육개혁의 기치를 내건 것은 매우
시의 적절한 정치적 선택인 것으로 보인다.

4. 맺음말

여기서는 문민정부의 교육개혁과정, 그중에서도 교육개혁의 형성과정에서 나타난 정치적 현상을 분석하기 위하여 시도되었다. 정치적 현상을 분석하는 방법으로는 교육개혁안이 수립되는 과정에서 영향을 미치는 주요 정치집단들의 영향력 행상의 유형 그리고 그 과정에서 나타난 집단 상호 간의 작용에 대해 기술 · 분석하는 방식을 취했다. 교육개혁은 필연적으로 정치적 과정과 결정 그리고 전문적 · 기술적 합리성의 원칙이 상호작용하는 이중적 구조로 구성 · 전개되어 나간다는 내용이 이에 포함되었다.

교육개혁의 형성과정에서 영향력을 행사하는 정치집단들의 영향 정도와 상호작용에 대한 집단별 분석은 자칫 분석 대상으로서 정치적 역동성을 폭 넓게 이해하는 데 일정한 한계가 있을 수 있다. 문민정부 교육개혁의 형성과정에서 나타난 집단별 정치적 현상들에 대한 분석결과를 종합하여 결론을 제시하고자 한다. 이 결론은 자칫 분절되기 쉬운 문민정부 교육개혁의 정치적 현상을 통합적으로 이해하는 데 도움을 줄 것이다. 결론을 항목별로 제시하면 다음과 같다.

첫째, 문민정부의 교육개혁은 교육 내적인 문제에 대한 실질적 해결 외에 정치적 의도로 출발하였고, 교육개혁에 대한 국민 대다수의 심정적 동의를 바탕으로 적절한 시기에 적절한 정치적 결정을 통해 이루어진 개혁이었다. 문민정부의 교육개혁은 이미 김영삼 대통령의 대선 공약으로 예정되어 있었고, 문민정부의 국정 운영 일정에 포함되어 있었던 국민과의 정치적 약속이었다. 문민정부가 출범한 이후 개혁 우선순위에서 밀리면서 가물거리던 문민정부의 교육개혁 의지는 한층 성숙되고 조직적인 학부모 및 시민 단체의 교육운동 그리고 매스컴이 주도한 여론 형성 등에 의해 소생되었다. 이에 김영삼 정부는 교육개혁위원회를 출범시키고 교육개혁을 단행하기에 이르렀던 것이다.

둘째, 문민정부의 교육개혁 형성과정에서 주도적 역할을 한 집단인 대통령을 중심으로 한 정부와 교육개혁안을 직접 구성하는 교육개혁위원회의 위상은 서로 다른 권력의 원천 구조에 의해 세워졌다. 정부는 교육 관련 이해 당사자들의 요구와 지지를 바탕으로 정치적 행위와 과정을 통해 교육개혁에 대해 접근했던 반면, 교육개혁위원회는 그들이 갖고 있는 전문적 기술적 합리성에 근거하여 교육개혁에 접근하였다. 그러나 교육개혁 자체가 대통령의 통치권 차원에서 시작되어 정치적 의미가 너무 강했기 때문에 교육개혁이 형성되는 과정에서 교육개혁위원회가 행사할 수 있는 권한의 범위는 상당히 제한될 수밖에 없었다. 결국 5·31 교육개혁안의 총론 부분은 정부의 정치적 의도와 행동이 강하게 반영된 반면, 개혁안의 각론 부분은 교육개혁위원회의 전문적·기술적 합리성이 반영되는 이원적인 구조의 형태로 나타났다.

셋째, 교육개혁의 형성과정에서 나타난 교육개혁 관련 집단 내 혹은 집단 간의 갈등은 주로 집단 간 이해관계와 관심의 차이에서 비롯된 것으로 다양한 정치집단의 참여로 이루어지는 교육개혁의 성격으로 볼 때 당연한 것이었다. 교육개혁이 형성되는 과정에서 당시 교육개혁위원회와 정부의 재정경제원과 내무부가 보여 준 갈등은 교육개혁안 중 GNP 대비 5% 예산 확보를 둘러싼 그 실천 대안을 놓고 집단 간 관심의 차이에서 비롯되었다. 대통령의 공약 사항이라는 정치적 명분과 아울러 교육문제 해결을 위한 실질적 요구를 바탕으로 교육개혁위원회와 교육부는 5% 예산 확보안을 고집했고, 재경원은 국가 예산을 편성·담당하는 정부 핵심 부서로서 갖고 있는 전문성과 합리적 근거를 바탕으로 난색을 표명했다. 결국 두 집단 간의 갈등은 교육개혁 실무 추진을 위한 수차례의 협의·조정 과정 끝에 해소되기는 했지만, 해소되는 과정에서 결정적으로 작용한 논리는 양 집단의 합리적 갈등해소 전략에 의해서라기보다는 통치권 차원에서 정치적 의지가 결정적으로 작용한 정치적 판단을 재경원이 수용하는 형식으로 이루어졌다.

넷째, 교육개혁의 형성과정에서 교육계는 매우 제한적인 참여를 하였고, 이에 따라 교육개혁안이 수립되는 과정에서 미소한 영향력을 발휘한 것이 사실이다. 이는 교육개혁안이 학교현장을 통해 실천되는 교육개혁의 집행과정에서 심각한 문제를 유발할 수 있다. 현장교육을 담당하는 교원의 교육문제 의식이 배제된 채 이루어진 상명하달식의 교육개혁은 결코 성공할 수 없다는 것을 우리는 이미 미국의 1980년대 교육개혁을 통해 알고 있다. 교육개혁운동이 한결같이 정치적 행동을 통해서 시작되고 국민 사이에 폭 넓은 정치적 요구와 지지를 전제로 실행된다는 교육개혁의 정치적 관점에서 볼 때, 문민정부의 교육개혁은 교육개혁 완성자로서 교육계의 정치적 비중을 지나치게 과소평가한 점이 없지 않다. 아무리 훌륭한 전문가들에 의해 구안된 교육개혁이라 할지라도 교육계가 복지부동한다면 교육개혁은 결국 실패로 끝날 수밖에 없다.

다섯째, 교육개혁이 형성되는 과정에서 이해집단, 즉 매스컴과 학부모는 높아진 위상을 바탕으로 통치권자의 교육개혁에 대한 의지와 회복은 물론 교육개혁안에 포함될 내용을 선택하는 과정에서도 커다란 영향을 미쳤다. 학부모·시민 단체들은 서로 연대하여 매스컴과 공동으로 교육개혁과 관련된 국민 여론을 조성하여 한층 사회적으로 성숙된 교육개혁의 분위기를 만드는 한편 국민의 심정적 동조를 획득하는 데 성공하였다. 특히 국민여론과 매스컴의 보도·판단 기능을 중시하는 통치권자의 정치적 감각이 교육개혁이 단행되어야 할 결정적 시기 포착과 이어졌고, 이에 따라 5·31 교육개혁안이 탄생하게 되었다. 문민정부의 교육개혁과정에서 보여 준 학부모·시민 단체의 교육 및 의식 개혁운동은 향후 전개될 교육개혁의 집행과정에서는 물론 어떤 정부에서도 교육개혁이나 정책형성 및 집행과정에서 상당한 영향을 발휘할 것으로 보인다.

제9장

국민의 정부 교육개혁의 정치학

1. 들어가는 말

개혁이라는 것 자체가 기존의 관행에 대한 문제의식을 내포하고 있다. 개혁은 단순히 문제제기를 하는 수준을 넘어서서 기존의 관행을 근본적으로 변화시키고자 한다. 그래서 개혁이 연속될 때 이전의 개혁과 이후의 개혁은 서로 다른 지향을 가지면서 서로 모순될 수도 있다. 국민의 정부는 전반부에 문민정부의 교육개혁의 기조를 그대로 유지하는 방식을 취하였다. 그리고 후반부에도 문민정부의 교육개혁 기조에서 크게 벗어나지 않으면서 당시의 인적 자원개발 논리와의 접목을 시도하였다. 이러한 흐름을 놓고 볼 때, 문민정부의 교육개혁 이후의 다양한 정책적 시도를 교육개혁이라는 말로 포괄할 수 있을지에 대해서는 논란이 있을 수 있다. 이 글에서는 교육개혁을 기존의 관행에 대해 근본적으로 변화시키려는 시도라고 보되, 국민의 정부의 교육개혁을 문민정부와 근본적으로 다른 교육개혁이라기보다는 그 연장으로 파악하여 논의하고자 한다.

2. 국민의 정부의 정치구조와 교육구조

우리나라의 경우 다른 부문에 비해 정치 부문의 영향력이 크다고 평가하는 데 이의가 없을 것이다. 교육 부문의 경우 제도화된 교육 자체가 정치적 영향력 속에서 형성된 것이기 때문에[1] 이것은 불가피하다고 말할 수도 있다. 이 점에 대해 문제제기를 하는 것과 이 점을 현실로서 부정하지 않는 것이 모순되는 것은 아니다. 다른 모든 논의와 마찬가지로, 교육에 관한 논의도 현실이라는 기반을 벗어날 경우 그 적합성을 상실하게 된다. 국민의 정부의 교육구조는 당시의 정치적 맥락 속에서 구성된 것이다.

1) 국민의 정부의 정치구조

국민의 정부는 문민정부 말기에 맞이하게 된 IMF 관리체제에 대처하여 국가부도 사태를 막는 것이 급선무였다. 그래서 경제에 우선적으로 주목하였고, 부가가치를 창출할 수 있는 새로운 영역을 개척하는 데 주안점을 두었다.[2] 문민정부 이전의 정부들에서 비자금 조성을 위해 기업에 대해 한편으로는 채찍을 들고 다른 한편으로는 당근을 제공하는 정책을 썼고, 이것은 결과적으로 기업에 유리한 신자유주의적 정책 노선의 채택으로 이어졌다. 국가적 차원의 관리가 체계적으로 진행되지 못해 문민정부에서 IMF를 맞이하게 되었다는 문제제기가 설득력을 가지면서 국민의 정부에서는 중앙집중적 관리체제가 다시 강화되었다.

문민정부에서도 서서히 진행되기 시작한 양극화 현상은 국민통합에 결정적

....

[1] 물론, 이 주장이 교육 부문에 대한 정치 이외의 다른 부문들의 영향력을 배제하는 것은 아니다.

[2] 새로운 영역에서 부가가치를 창출하는 기업을 지칭하는 용어로 당시에 '벤처기업'이라는 용어가 등장하였다.

인 걸림돌로 인식되었기 때문에 국민의 정부에서는 복지문제를 도외시할 수 없었다. 그러나 시혜적 차원의 복지가 국가적 차원의 부담이 되고 있는 유럽의 현실을 목격하고 있었기 때문에 국민의 정부에서는 유럽의 전철을 밟지 않기 위해 '생산적 복지' 개념을 제시하였다. 생산적 복지는 복지 차원의 지원을 받은 사람이 그 지원을 생산에 참여할 수 있는 능력을 함양하고 증진시키는 데 활용해야 한다는 정책적 지향을 가지고 있었다. 이러한 흐름 속에서 교육은 복지문제를 도외시하지 않으면서 경제문제도 해결할 수 있는 연결고리로서 주목을 받았다. 즉, 교육 부문이 국가 발전에 기여해 줄 것에 대한 기대가 강하게 작용하고 있었던 것이다.

문민정부에서는 그동안 야당 생활을 해 온 김영삼이 여당과 손을 잡고 창출한 정부라고 할 수 있다. 일정한 정치적 지분을 가지고 있는 김영삼을 통해 야당을 견제하는 구도가 여당 내에서 수용된 것이다. 이것은 정치적으로는 여당과 야당의 강한 이념적 대립을 완화시키는 효과가 있었다. IMF 관리체제에 대한 책임을 묻는 형식으로 문민정부는 물러나고 국민의 정부가 들어섰다. 김영삼 덕에 더 오랫동안 야당 생활을 해 온 김대중 역시 여당의 뿌리를 자부해 온 김종필을 동반자로 선택함으로써 여당과 야당이 정당으로서 벌일 수 있는 이념적 선명성 경쟁은 더욱 퇴색될 수밖에 없었다. IMF 관리체제 덕분에 사회통합을 향한 요구는 더욱 강화되었다. 이러한 맥락 속에서 정부는 한편으로는 경제계에 사회통합에 기여할 것을 요구하였고, 다른 한편으로는 경제계의 숙원을 풀어 내는 경로를 열어 주었다. '노동유연성'은 그 해결 고리 중 하나였고, 노동유연성의 문제를 풀어 나가기 위해 활용된 능력의 개념은 교육과의 연결을 위한 중요한 고리가 되었다.

2) 국민의 정부의 교육구조

문민정부에서의 교육개혁은 제도화된 또는 제도화 가능한 모든 교육 영역을 총망라하는 총체적인 것이었으며, 장기적인 전망 속에서 단계적으로 추진 하는 방식이 아니라 일시에 추진하는 방식을 취했다. 말 그대로 문명사적 전환 기에 실기하지 않고 기존의 교육 관행을 근본적으로 변화시키려는 시도가 진 행되었다. 이러한 시도가 가능했던 것은 당시 제도화된 학교교육이 안고 있는 문제가 우려할 만한 수준이라는 공감대가 형성되어 있었기 때문이다.

이전에는 우리나라 교육의 수준을 가늠하는 비교 준거를 가지고 있지 않았 다. 문민정부에서 참조하기 시작한 OECD 교육지표는 국민의 정부에서도 중 요한 참조점이 되었다. GDP 대비 정부 교육예산의 규모, 학생 1인당 공교육비, 교사 1인당 학생 수 등 교육의 질적 수준을 가늠할 수 있는 양화된 지표들이 주 목을 받게 되었다. OECD의 교육지표에서 상위에 위치해 있는 나라들, 이른바 교육선진국들을 참조하는 과정에서 우리나라가 그동안 얼마나 교육 프로그램 을 제공하는 기관 중심, 그 기관에서 핵심 역할을 하는 교사 중심 관행을 가지 고 있었는가를 되돌아보게 되었다. 문민정부에서 학습자 중심의 전환을 시도한 것은 OECD를 지속적으로 참조하는 한 중단할 수 없는 것이었다.

제도화된 교육 영역에서 세계적인 변화에 대처해 나가는 데 탄력적이지 못 하다는 문제의식, 그러한 방향으로 문제인식조차 하지 못하는 교육계의 안일 함, 여기에 어떠한 대안도 제시하지 못하는 교육행정의 지나친 관료화는 해결 해야 할 문제가 되었다. 대학입시를 향한 행렬은 고착화되었고, 이를 둘러싸고 있는 온갖 관행에서 벗어날 어떤 기미도 보이지 않았다. 이것은 '참교육'의 지 향 아래 갖는 문제의식과는 다른 문제의식이었고, 정부는 전자의 문제의식을 참조할 여유를 갖지 못하였다. 무엇보다도 신자유주의의 흐름을 타고 있는 시 점에서 정부에서는 노동 유연성으로 대표되는 유연한 구조를 창출하는 데 걸 림돌이 되고 있는 교육에서 기존의 관행에 대한 개혁을 지속하는 것이 우선적 인 관심사가 되었다.[3]

....

3) 신자유주의와 맞물려 진행된 교육에 관한 비판적 논의를 위해서는 김용일(2000), 강내희(2003) 참조

문민정부에서와 마찬가지로 국민의 정부에서도 신자유주의의 흐름 속에서 분권화가 진행되었다. 그러나 이것은 업무의 이관이라는 성격이 강하였으며, 말 그대로 권한이 이양되었다고 보기는 어렵다. 예산의 배정 권한을 놓지 않은 채 이관된 업무에 개입하는 외적인 힘들(지역의회의 교육위원, 학교의 운영위원 등)을 배치해 놓음으로써 오히려 중앙정부의 영향력은 강화되었다. 그래서 개혁은 중앙정부에서 주도하고 지방정부에서는 이를 실행하되, 그 정도를 평가하는 권한을 중앙정부에서 가짐으로써 지역을 중앙에서 관리하는 구조는 계속 유지되었다. 그래서 교육이 행정의 틀 안에 있고, 이 행정이 정치의 영향력 아래 있는 구도는 현재도 계속 이어지고 있다.

3. 국민의 정부 교육개혁의 전개과정과 주요 내용

국민의 정부에서 교육개혁은 3개의 기관에서 시도하였다. 하나는 대통령자문 새교육공동체위원회고, 다른 하나는 대통령자문 교육인적자원정책위원회며, 마지막 하나는 바로 교육부[4]다. 문민정부에서는 대통령자문 교육개혁위원회가 교육개혁을 주도하는 형국이었다면, 국민의 정부에서는 교육부에서 교육개혁의 주도권을 놓지 않으려는 모습을 보여 주고 있다. 결과적으로 문민정부에서 총망라적인 교육개혁을 추진한 것처럼, 국민의 정부에서도 총망라적인 교육개혁을 추진하였다.[5] 이를 위한 정책 중 고등교육 관련 정책은 제11장에서 분리하여 다룬다.

....

[4] 국민의 정부에서 후반부 명칭은 '교육인적자원부'인데 이 글에서는 줄여서 '교육부'로 통일하여 사용한다.

[5] 앞서 언급한 것처럼 이렇게 추진된 교육개혁이 얼마나 개혁적인가에 대해서는 논란이 있을 수 있다.

1) 국민의 정부 교육개혁의 전개과정

문민정부에서는 대통령자문 교육개혁위원회를 통해 교육개혁을 주도하였다. 교육부에서는 교육개혁위원회에서 요구하는 모든 자료를 제공하고, 필요한 설명을 해야 했으며, 경우에 따라서는 교육개혁위원회 위원의 질책을 들어야 했다. 교육부는 교육개혁위원회에서 내놓은 개혁안에 반대할 위치에 있지 않았으며, 개혁안을 정책안으로 다듬어 추진하는 실행기구의 성격을 갖게 되었다. 이것은 교육부의 기존 관행에서 크게 벗어나는 것이어서 국민의 정부로 넘어오면서 이전의 관행으로 회귀하려는 반작용이 강하게 작용하였다. 대통령자문 새교육공동체위원회가 교육개혁위원회의 교육개혁 기조를 그대로 유지하고 이를 현장에 착근시키는 쪽으로 방향을 설정한 것이 그 여지를 갖게 하였다. 그래서 교육부는 별도로 새로운 교육정책을 수립하고 추진하는 체제를 갖추어 나갔다.

앞서 언급하였듯이, 새교육공동체위원회는 문민정부에서 추진한 교육개혁이 결국은 새교육을 위한 바람을 일으킨 것이라고 보고, 그것이 교육현장에 정착될 수 있도록 하는 데 주안점을 두었다. 그리고 그 방향을 공동체에서 찾았다. 즉, 교육이 진행되는 각 영역에서 공동체를 형성하고, 이를 기반으로 좀 더 나은 교육을 향한 지속적인 노력을 일상화하는 것이다. '교육공동체 시민모임'을 결성하고, 지역별로 교육개혁 국민대토론회를 개최하고, '학교현장개혁지원단'을 운영한 것이 그 대표적인 예다. 새교육공동체위원회에서 종합보고서를 작성하여 대통령에게 제출했지만, 그 내용은 문민정부의 교육개혁안과 근본적으로 다른 안이라기보다는 좀 더 강조되고 지속되어야 할 안이라고 볼 수 있다.

교육부에서는 교육발전을 위한 5개년 계획을 구상하였고, 그 시안을 발표하였다. 이 시안 역시 개혁적인 내용을 담기보다는 그동안 개혁안으로 꾸준히 언급되어 온 것들을 교육부 입장에서 수렴하여 정리한 것이다. 다만, 경제발전 5개년 계획이 모든 부처의 참여 속에서 마련되는 것처럼, 교육발전 5개년 계획의 경우에도 모든 부처의 참여 속에서 마련될 것에 대한 기대가 있었지만 이것은 교육부만의 계획으로 한정되었다.

새교육공동체위원회에서 추진한 사업들은 여건을 조성하고, 진행 상황을 점검하는 데 주안점을 두고 있었기 때문에 조직을 지속적으로 유지할 명분을 갖기 어려운 한계를 안고 있었다. 왜냐하면 그 일은 성격상 행정부처인 교육부의 일이기 때문이다. 이 와중에도 문명사적 패러다임 전환이라고 할 수 있는 지식기반사회로의 전환에 대한 논의는 계속되고 있었고, 이러한 사회에 적합한 사람을 양성하는 문제를 풀어 나가는 것에 주안점을 두는 정책에 대한 요구가 증대하였다. 이를 반영하여 새교육공동체위원회를 해체하고 대통령자문 교육인적자원정책위원회를 새롭게 구성하게 되었다.

교육인적자원정책위원회를 통해 지식기반사회와 이 사회에 적합한 인간에 대해 숙고하였으며, 제도화된 교육을 통해 이러한 인간을 양성하는 방안을 강구하였다. 이것은 전혀 새로운 작업이라기보다는 문민정부에서 세계 무대에 경쟁력을 갖춘 국가가 되고자 하는 비전을 설정하면서 이미 함축되어 있었던 것이다. 이러한 비전을 포기하지 않은 이상 경쟁력 있는 인재를 육성하기 위한 과제가 제도화된 교육 영역에 부과되는 것은 불가피하였다. 그리고 정부에서는 이 작업을 공동체를 형성하면서 수행할 여유가 없는 것으로 인식하였다.

교육인적자원정책위원회에서는 직업능력을 개발하는 데 주안점을 두었다. 그리고 이것이 지역 및 국가 차원에서 활성화될 수 있도록 하는 데 주목하였다. 정부에서는 교육부를 인적 자원을 개발하는 정책을 총괄하는 부총리급 부처로 승격시키고, 관계 장관이 모여 논의하는 인적 자원개발 회의를 정례화하였다. 위상에 맞게 교육부에서는 '비전 2005'를 설정하고, 교육인적자원정책위원회와 협력적인 관계 속에서 인적 자원개발 정책을 총괄하는 실질적인 위상을 갖기 위해 노력하였다. 그러나 이것은 기존의 관행에서 벗어나 있는 것이었고, 그래서 다른 부처들에게는 어색한 것이었다.[6] 그에 따라 인적 자원개발에 관한 정책은 교육부를 중심으로 추진되는 체제가 정착되지 못하였다.

2) 국민의 정부 교육개혁의 주요 내용

새교육공동체위원회에서는 3차에 걸쳐 대통령에게 보고하였다. 제1차 보고에서는 교육개혁이 교육공동체를 기반으로 지역 중심으로 추진될 수 있도록 여건을 조성하는 내용을 담았으며, 제2차 보고에서는 현장을 중심으로 상향식으로 교육개혁을 추진하는 성과를 드러내었고, 그 연장선상에서 교육재정의 안정적 확보 방안을 제시하였다. 제2차 보고 이후 새교육공동체위원회는 교육공동체에 관한 논의를 더 진전시키지 못하였다. 여기에 교육부에서 개혁안을 주도하는 흐름이 더해지면서 새교육공동체위원회의 존재 이유에 대한 논란이 있었다. 결국 새교육공동체위원회의 해체로 가닥을 잡고 위원회에서는 마지막으로 대통령에게 위원회의 입장을 정리한 최종 보고를 하였다. 3차에 걸친 보고서 내용의 개요를 제시하면 〈표 9-1〉과 같다.

표 9-1   **새교육공동체위원회 보고서 개요**

종류 ＼ 내용	개요
새교육공동체위원회 제1차 보고서 (1998. 12. 21)	• 교육공동체 형성을 통한 지역 중심 교육개혁 추진: 지역별 '교육공동체 시민모임' • 교육개혁 홍보와 국민여론 수렴체계 확립 • 교육개혁 국민참여 분위기 조성: 지역별 교육개혁 국민대토론회 및 공개 포럼 • 교육현장의 교육개혁 지원체제 구축: '학교현장개혁지원단' 지원

(계속)

....

6) 이러한 정황 속에서 초기의 취지는 참여정부로 이어지지 않았고, 교육부는 부총리급 부처에서 일반 부처로 내려가게 되었다. 부총리급 부처로서 관련 부처로부터 안건을 받고, 의결된 정책의 집행과정을 점검하는 과정에서 교육부는 인적 자원개발에 대한 종합적 사고를 할 수 있었다. 그러나 교육과 인적 자원개발의 관계 설정을 분명히 하지 않아 교육부의 정체성에 대한 논란도 있고, 인적 자원개발을 교육부에서 주도하는 것에 대한 문제제기가 이어지면서 참여정부를 거쳐 MB 정부에 와서는 인적 자원개발에 관한 논의가 교육부 내에서 거의 사라지게 되었다.

새교육공동체위원회 제2차 보고서 (1999. 9. 7)	• 교육개혁 추진상황의 점검 및 평가 • 현장 중심의 상향식 교육개혁 추진 성과 분석 • 교육재정의 안정적 확보 방안 강구
새교육공동체위원회 종합보고서 (2000. 7. 11)	• 교직안정화 종합대책 촉구 • 제7차 교육과정의 성공적 정착을 위한 준비 • 자립형 사립학교제도, 대학 부속학교의 운영 자율화, 직업 분야 특 　성화 학교의 자율권 확대, 대안학교 유형의 다양화 등의 시행 촉구 • 통일교육 강화 • 교육 취약계층의 학습기회 확대 • 교육정보화를 위한 효율적 지원체제 구축 • 안정적인 교육재정 확보

출처: 반상진(2005).

　　교육부에서는 교육발전 5개년 계획 시안을 발표하였다. 그러나 이에 대한 호응은 그리 크지 않았다. 그것은 5년 후 교육의 발전 모습과 그러한 모습을 그려야 하는 이유가 기존의 교육개혁 논리에서 크게 벗어나지 않았던 탓도 있었지만, 재정적 뒷받침이 분명하지 않은 상태에서 교육의 5년 후 모습을 그리는 것에 대한 타 부처의 회의적 시각에서 비롯된 것이기도 하다. 교육부에서는 다시 비전 2005를 설정하고 이를 위한 방안을 제시하였다. 여기서 초 · 중등교육, 평생교육에 대한 관심은 역량의 형성으로 전환되고 있다. 보고서 내용의 개요를 제시하면 〈표 9-2〉와 같다.

표 9-2　교육부 보고서 개요

내 용 종 류	개 요
교육부 교육발전 5개년 계획 시안 (1999. 3. 11)	• 배우는 즐거움으로 활기가 넘치는 학교 • 가르치는 보람과 긍지가 충만한 교직사회 • 누구에게나 필요한 교육을 제공하는 교육복지사회

(계속)

	• 산업 수요와 연계된 직업교육 및 삶의 질을 높이는 평생학습사회 • 창의적 학습과 인간적 만남이 이루어지는 쾌적한 교육환경 • 사이버 공간과 지구촌을 학습의 장으로 만드는 교육의 정보화와 세계화 • 국민과 사회의 요구에 부응하는 학교운영과 교육행정
교육인적자원부 비전 2005 (2001. 12. 1)	• 초·중등학교를 통한 국민기초교육 보장 및 자율화 • 영재교육 정착을 위한 기반 조성 • 진취적·창의적 청소년 문화 육성 • 평생직업능력 계발체제 구축 • 사회적 취약계층의 능력 계발 지원 • 사회적 신뢰 구축과 민주 시민의식 확립 • 서비스 산업 고도화를 위한 인적 자원개발 • 문화예술의 지식산업화를 위한 전문인력 육성 • 공직 분야 인적 자원의 전문성 제고 • 민간기업의 인적 자원개발 선진화 • 여성 인적 자원의 활용 제고 • 인적 자원 평가 관리 및 정보 인프라 구축 • 지식의 유통 관리체제 정비 • 인적 자원 정책역량 강화

출처: 반상진(2005).

교육인적자원정책위원회에서는 3차에 걸쳐 대통령에게 보고하였다. 3차에 걸친 보고 모두 역량 계발에 초점을 맞추고 있으며, 교육 전체를 역량 계발을 지원하는 체제로 전환하는 것에 역점을 두고 있다. 그래서 교육이 다른 부문, 특히 경제의 발전에 기여하는 기능적 측면의 과제들이 다수 배치되어 있다. 이 것은 교육을 통해 인적 자원을 개발하는 정책에 대해 관심을 표명할 수밖에 없 는 위원회 명칭에 비추어볼 때 당연한 귀결이라고 할 수 있다. 그러나 인적 자 원개발과 관련해서는 여러 부처의 이해관계가 맞물려 있어서 개혁안을 만들어 내는 것과 이를 추진하는 것에는 간극이 있게 된다.

표 9-3 교육인적자원정책위원회 보고서 개요

종류 \ 내용	개요

교육인적자원정책
위원회 제1차 보고서
(2001. 6. 29)
	• 공교육의 기반 강화
	  - 기초 소양의 역량 계발
	  - 교육여건 개선을 위한 특별 대책 강구
	  - 교원의 전문성 신장과 근무여건 개선
	  - 단위학교 자치기반 강화
	• 국가 인적 자원개발 정책 진단 · 분석
	• 기업의 학습 조직화 및 지식 근로자 육성
	• 여성 인적 자원개발 및 활용

교육인적자원정책
위원회 제2차 보고서
(2002. 4. 3)
	• 도서관 정보인프라 활성화 방안
	  - 학교 도서관의 설치 확대 및 멀티미디어화 추진
	  - 전담 사서교사 확보 및 콘텐츠 개발 · 보급 효율화
	  - 학교 도서관의 지역사회 연계체제 강화
	• 공공도서관의 정보 · 문화 · 평생학습 기능 강화
	  - 지역정보화의 기지로서의 공공 도서관 지원 확대
	  - 국가 대표 도서관으로서의 국립중앙도서관의 중추 기능 강화
	  - 서지 정보 및 유통 정보의 표준화
	• 학교-노동시장 이행 지원체제 구축 방안
	  - '취업실태 공표제', 기업의 교육만족도 조사 실시
	  - '주문식 교육'의 활성화, '기업연수제도' 도입
	  - 재학생의 자발적 근로체험 기회 확대
	  - 학교의 진로지도 및 취업 담당 인력 확충
	  - 학교와 직업안정기관과의 연계 강화
	  - 대학 교육과정과 연계된 진로교육체제 구축
	  - '표준학과분류표' 개발 및 '경제활동인구조사' 개선
	  - 산학 연계 지원 협의기구 활성화
	• 계속 학습을 통한 능력 계발 지원 방안
	  - 경험 학습의 인증 및 결과의 평가 · 인증을 통한 자격 부여
	  - 기업의 인적 자원개발 촉진을 위한 지원 확대
	  - 근로자의 자율적 직업능력 계발에 대한 지원 확대

(계속)

교육인적자원정책 위원회 제3차 보고서 (2002. 11. 14)	• 학교교육의 질 향상을 위한 시스템 구축 - 초 · 중등 교육의 질 관리체제 확립 - 국립 고등학교의 육성 및 운영 자율화 - '협약학교', 자립형 사립고등학교 도입 · 확대 - 사립학교의 투명성과 책무성 제고 - 실업계 고교와 전문대학의 연계교육(2+2)체제의 내실화 사업 추진 - 순환교육 활성화 - 교원양성기관에 대한 평가인증제 도입 - 유능한 학교행정가 확보를 위한 임용 방법 개선 - 교원의 전문성 신장을 유도하는 교원평가체제 확립 - 직무능력 제고를 위한 연수 강화 - 교원의 사기 진작을 위한 보상체제 확립 - 교육위원회와 지방의회의 이중 의결 기능 단일화 - 주민 직선에 의한 교육감 선출 - 행정단계별 장학 기능 강화 • 기업내 인적 자원개발 활성화 - 기업내 직업능력 계발 지원 범위 확대 - e-러닝의 활성화 - 기업내 직업능력 계발 담당자 육성 · 지원 - 근로자 학습위원의 양성 지원 - 노사참여적 직업능력 계발에 대한 우대 지원 - 직업능력 계발 재정의 노사 분담 - 중소기업의 체계적 현장훈련에 대한 지원 - 취약근로계층의 직업능력 계발 활성화 - 개인의 직업능력 계발 투자에 대한 소득공제 확대 - 노사 합의에 의한 유급휴가 훈련 활성화 - 주말 · 야간 교육훈련과정 활성화 - 주기적인 '기업 인적 자원개발 조사' 실시 • 지역 균형발전을 위한 인적 자원개발체제 구축 - 광역지방자치단체에 총괄 · 조정 기능 부여 - 지역 인적 자원개발 파트너십 기구 구성 - 중앙 · 지역 인적 자원개발 기능 연계 강화

(계속)

	- 지역 인적 자원개발 관련 법령 정비
	- 공공기관의 지방 이전 적극 추진
	- 행정 · 재정 지원을 통한 지역 인적 자원개발 촉진
	- 지역단위별 종합정보시스템 구축 · 운영

출처: 반상진(2005).

3) 주요 내용에 대한 비판적 검토

■ 현실과 거리가 있는 발상

교육공동체를 형성하기 위한 노력은 생소한 것이 아니다. 이미 뜻 있는 사람들에 의해 교육공동체를 형성하기 위한 노력은 끊임없이 지속되어 왔다. 그러나 교육공동체가 국가 정책적으로 중요한 의제가 된 적은 거의 없다. 교과 내용에서 공동체가 중요하다는 것을 다루기는 하였지만, 그것을 교육의 관점에서 다룬 것은 아니었다. 이 점에서 새교육공동체위원회에서 교육공동체의 형성을 핵심 의제로 제기한 것은 그 자체로 의미 있다고 할 수 있다.

교육공동체는 지역 단위로 형성되기 때문에 지역 단위의 사고가 매우 중요하다. 교육개혁은 국가 차원에서 기획되지만 결국은 지역 단위에서 추진되어야 하기 때문에 관심을 지역으로 돌린 것 역시 그 자체로 의미 있다고 할 수 있다. 그 연장선에서 현장 중심으로 상향식으로 교육개혁을 추진하려는 시도 역시 의미 있는 것이다. 그러나 여기에는 검토해 보아야 할 문제들이 있다.

교육개혁은 이미 국가 차원에서 기획되고 추진되는 상황이다. 그러한 교육개혁이 지역에서 성공적으로 추진될 수 있도록 국가 차원에서 관심을 갖고 지원하는 것은 당연하다. 그러나 지역에서는 교육개혁에 대한 관심도가 다를 수 있다. 따라서 지역주민이 적극적으로 교육개혁에 참여할 수 있도록 계몽 차원에서 교육개혁 국민대토론회를 개최하고 공개 포럼을 개최하는 것 역시 당연하다. 그러나 모든 것이 국가 주도적이다. 지역이 언급되고 있기는 하지만, 언제나 중앙정부 중심적인 기조가 관철되고 있다.

　교육공동체는 누가 형성하라고 해서 형성할 수 있는 것이 아니다. 교육공동체 자체가 교육을 통한 인식의 전환을 통해서 점점 지향해 나가는 것이다. 여기에는 장기간의 시간이 소요된다. 이렇게 보면, 단기간 안에 교육공동체를 형성하고, 이를 토대로 지역 중심의 교육개혁을 추진한다는 발상 자체가 모순이다. 문민정부의 교육개혁위원회에서 신자유주의를 받아들였고, 신자유주의는 교육공동체를 형성하는 데 기여하기보다는 교육공동체의 형성을 위협할 개연성이 높다. 이렇게 보면, 교육공동체는 신자유주의의 흐름에서 오는 부작용을 막아 보려는 정책적 노력으로 이해될 수도 있고, 신자유주의의 흐름을 교육공동체로 치장하려는 정책적 수사로 이해될 수도 있다.

　앞서 언급한 것처럼, 교육공동체를 형성하기 위해 노력하는 흐름이 이미 존재해 왔고, 현재도 존재하고 있다. 따라서 교육공동체의 가치를 인정한다면 중앙정부에서는 이러한 흐름을 인정하고, 이를 토대로 그 흐름을 지원하고 확산시켜 나가는 방식을 취할 수도 있다. 이것은 민관 협력의 전형적인 예가 될 것이다. 그러나 교육공동체와 관련된 정책을 중앙정부에서 주도하고 정작 교육공동체를 형성해 나가고 있는 사람들의 위상은 제대로 설정하지 않은 형태로 정책이 추진되었다. 이것은 전시행정의 한 예가 될 수 있다.

　새교육공동체위원회는 교육공동체의 형성을 정책의제로 다루었기 때문에 그 활동을 마무리하는 최종 보고서 역시 교육공동체의 형성과 관련된 내용으로 구성되는 것이 마땅하다. 그러나 새교육공동체위원회에서는 활동을 마무리하면서 말 그대로 여러 정책과제를 망라하는 종합 보고서를 제출하였다. 물론, 여러 정책과제를 다루는 것 자체가 문제가 되는 것은 아니다. 문제는 그러한 정책과제들이 교육공동체 형성이라는 정책의제로 수렴되지 못하고 나열되어 있다는 것이다. 이렇게 볼 때, 새교육공동체위원회는 중앙정부에서 교육공동체를 부각시키면서 하향식으로 추진한 교육개혁 관련 사업이 추진과정에서 직면한 문제들을 면밀하게 분석하여 이를 좀 더 교육공동체의 형성에 부합되도록 방향을 틀어가는 데 기여하는 정책과제를 담은 보고서를 제출했어야 한다.

■ 교육의 본연에 대한 관심 부족

교육발전을 위해서 일차적으로 내부자들이 노력해야 한다는 것은 분명하다. 그중 대표적인 것이 교사다. 교사는 학생의 학습을 촉진하는 존재로서 교육의 한 주체다. 학교행정가, 교육행정가, 학부모는 모두 교사와 학생이 협력적으로 진행하는 교육이 잘 진행될 수 있도록 지원하고 후원하는 주체라고 할 수 있다. 이 점을 감안하여 교육부의 '교육발전 5개년 계획' 시안에는 '가르치는 보람과 긍지가 충만한 교직사회'를 건설하는 정책과제가 담겨 있다. 그러나 국민의 정부에서는 교사들을 문제가 있는 집단으로 규정하고 그 문제를 들추어 내는 사정작업을 진행하였으며, 정년 단축과 같은 정책을 추진하였다. 어느 사회에나 문제가 있고, 교직사회도 이 점에서 예외가 아니다. 그러나 그 점 때문에 교직사회를 매도하는 것이 정당한 것은 아니다.

'교육발전 5개년 계획'에는 '배우는 즐거움으로 활기가 넘치는 학교'를 건설하고, '창의적인 학습과 인간적인 만남이 이루어지는 쾌적한 교육환경'을 조성하는 정책과제도 담겨 있다. 그러나 이미 문민정부에서 경쟁력 있는 인재를 양성하는 하나의 방안으로 교육 부문에 경쟁체제를 도입한 상태에서 이러한 정책과제는 구호에 그치고 말 개연성이 있다. '누구에게나 필요한 교육을 제공하는 교육복지사회'를 건설하는 것 역시 마찬가지다. 그것은 능력 있는 소수에게 집중하는 전체적인 기조 속에서 교육복지는 우선순위에서 밀릴 수밖에 없기 때문이다.

'국민과 사회의 요구에 부응하는 학교운영과 교육행정'에서도 국민과 사회의 요구가 모두 타당한 것도 아니고, 교육적으로 바람직한 것도 아니다. 따라서 국민과 사회의 요구는 교육의 입장에서 걸러져야 한다. 여기서 요청되는 것이 기준이다. 그러나 이러한 기준에 대해 심도 있는 논의가 진행된 적은 거의 없다. '산업 수요와 연계된 직업교육 및 삶의 질을 높이는 평생학습사회'를 건설하는 경우에도 직업교육과 산업수요를 연계하는 방식에 대한 교육계의 입장이 있을 수 있지만, 이에 관한 논의가 심도 있게 진행된 예 역시 찾아보기 어렵다.

이렇게 볼 때, 무엇을 교육발전으로 볼 것인가에 대한 논란이 있을 수 있다. 그리고 그 이전에 교육의 기능에 대한 논란이 있을 수 있으며, 다시 그 이전에 다른 부문에 대해 기능하는 교육의 본연이 무엇인가에 대한 논란이 있을 수 있다. 그러나 이러한 논의는 찾아보기 어렵다. 교육에 관한 정책적 논의를 하면서도 정작 교육 그 자체에 관한 논의는 심도 있게 이루어지지 않는 모순이 존재한다.

■ 교육의 기능에 대한 인식의 한계

교육은 다른 부문과의 관계 속에서 그 부문에 대해 모종의 기능을 수행한다. 여기서 어떤 기능도 하지 않는다는 것은 불가능하다. 교육과 다른 부문은 현실 속에서 맞물려 있기 때문이다.[7] 이러한 맥락에서 교육이 다른 부문에 대해 의미 있는 기능을 수행할 것에 대해 기대하는 것은 자연스러운 것이다. 그러나 교육이 그 자체의 고유 논리에 따라 충실히 교육을 전개한 결과 다른 부문에 의미 있는 기능을 하는 것과 교육 그 자체의 고유 논리에 대한 고려 없이 다른 부문의 요구에 맞추어 교육을 전개하는 방식으로 다른 부문에 대해 기능을 하는 것은 다른 것이다. 교육의 입장에서 후자의 경우는 우려할 만한 것이라고 할 수 있다.[8]

교육이 다른 부문들과 복잡하게 얽혀 있기 때문에 다른 부문들의 도움 없이 독자적으로 발전하는 것은 현실적으로 불가능하다.[9] '교육발전 5개년 계획'을

....

7) 이러한 논리의 연장 속에서 다른 부문들이 교육에 대해 모종의 기능을 수행하는 것에 대한 논의를 할 수 있다.

8) 신자유주의는 교육과 관련하여 후자의 입장을 대변하고 있다는 점에서 문제 삼을 수 있다.

9) 교육은 교육에 참여하는 사람의 노력에 의해 발전한다. 그러나 교육은 다른 부문과 맞물려 있기 때문에 다른 부문에 의해 영향을 받을 수밖에 없고, 그 다른 부문의 영향 때문에 교육의 발전이 촉진될 수도 있고, 방해를 받을 수도 있다. 교육의 입장에서 주의해야 하는 것은 물론 후자의 경우다. 그러나 문

수립할 때 염두에 두어야 할 것이 바로 이 점이다. 다른 부문들이 맥락적 배경으로 고려되지 않은 상태에서 구상되는 교육발전 5개년 계획은 사상누각이 될 수 있다. 이 점에서 '경제개발 5개년 계획'을 수립하면서 관련된 모든 부처들의 기여를 유도했던 것처럼, '교육발전 5개년 계획'을 수립하면서 다른 부처들의 참여를 유도하려고 시도한 것은 바람직한 것이다. 그러나 교육부는 다른 부처들의 참여를 위한 유인책을 마련하지 못했고,[10] 결과적으로 다른 부처들의 참여가 거의 없는 상태에서 교육부만으로 '교육발전 5개년 계획'이 수립되었다.

교육부의 '비전 2005'에서는 능력 계발에 초점을 맞추고 있다. 이 능력은 인간이 함양하고 증진시키는 것이라는 점에서 '능력 계발'에 대한 논의는 '인적 자원개발'에 대한 논의와 맞물리게 된다. 교육부의 '비전 2005'에서는 특히 서비스 산업, 문화예술 분야, 공직 분야, 민간기업, 여성에 주목하고 있으며, 인적 자원개발에 대해 평가하고 관리하며, 이에 관한 정보 인프라를 구축하는 것과 더 나아가 인적 자원개발에 관한 정책역량을 강화하는 과제를 담고 있다. 직업에 입문하기 전에 인적 자원을 개발하는 것과 직업에 입문한 이후에 인적 자원을 개발하는 것은 구분해서 생각해 볼 수 있다. 전자가 교육부의 관할이라는 것에 대해서는 이론의 여지가 거의 없을 것이다. 후자의 경우에도 OECD의 순환교육(recurrent education) 개념에 따라 교육부의 관할로 규정할 수 있을 것이다. 그러나 모든 부처가 이에 공감하는 것은 아니다. 그것은 다른 부처에게 학교는 하나의 선택지일 뿐이기 때문이다.

교육부가 주도적으로 인적 자원개발에 개입하고, 그 결과 다른 부문들이 발전하는 것을 기대할 수 있다. 그리고 이것을 교육이 다른 부문의 핵심적 부분(인적 자원)에 대해 중핵적 기능을 수행하고 있는 것으로 이해할 수 있다. 이러한 이해는 교육부의 사명 또는 교육부의 존립 근거를 정당화하는 논리가 될 수

....

10) 다른 부처에서 교육발전을 위한 지원을 한다고 할 때 그와 관련된 예산을 배분하는 권한이 교육부에는 없다.

도 있다. 이 점을 간과하거나 소홀히 할 수는 없지만, 여기에는 인적 자원개발과 교육의 관계에 대한 전제가 있어야 한다.

인적 자원개발은 말 그대로 자원개발의 논리에 충실할 때 의미를 가질 수 있는 개념이다. 그러나 자원개발을 어떻게 할 것인가에 대해서는 다양한 입장이 있을 수 있으며, 여기서 교육은 그 하나의 방도가 될 수 있다. 즉, 교육을 통하여 인적 자원개발을 할 수 있다는 것이다. 무엇보다도 교육의 결과 인적 자원개발이 된다고 한다면, 교육이 진행되는 과정을 어떻게 할 것인가를 문제 삼을 수 있는 것이다. 여기서도 교육의 고유한 논리를 존중하는 방식을 취하는 것과 관련하여 논란이 있을 수 있다. 만약 자원개발의 논리에 충실하게 되면 교육은 순전히 이를 위한 수단으로서 의미를 갖게 된다. 그리고 필요한 인적 자원이 아니라면 교육기회에서 그들을 배제시키는 문제가 발생할 수 있다. 즉, 교육복지가 정책적 우선순위에서 밀릴 수 있다. 이것이 '비전 2005'에 '사회적 취약계층의 능력 계발 지원'이라는 정책과제를 포함시킨다고 해서 달라지는 것은 아니다.

교육의 결과 인적 자원이 개발되는 것은 당연한 것이다. 다른 부처가 원하는 인적 자원을 개발하기 위해 교육에 대한 영향력을 확대하려는 시도를 할 수도 있다. 이를 위해 다른 부처들이 교육부에 영향력을 행사할 수도 있다. 여기서 교육부가 협조적인 입장을 취할 수도 있지만, 교육의 고유한 논리에 맞추어 그 요구를 수정하는 시도를 할 수도 있다. 더 나아가 교육의 고유한 논리에 따를 때 다른 부처들이 요구하는 것이 더 잘 충족될 수 있다는 점에 대해 설득할 수도 있다. 이러한 논의의 연장선에서 교육이 발전하면 그 발전된 교육을 통해서 좀 더 진전된 인적 자원 개발이 가능하고, 이를 토대로 다른 부문들의 발전을 기약할 수 있으므로 교육이 발전할 수 있도록 다른 부문들의 협력을 이끌어낼 수도 있다. 교육부의 '비전 2005'는 적어도 교육 자체의 발전에 대한 비전을 가지고 있고, 그 비전의 토대 위에서 다른 부문들의 발전, 더 나아가 국가발전에 대한 비전을 가져야 하는 것이다. 그러나 '비전 2005'에는 교육 자체의 발전[11]에 대한 비전이 빠져 있다. '초·중등학교를 통한 국민기초교육 보장 및 자율화'라는 정책과제가 '비전 2005'에 포함되어 있기는 하지만, 평생학습 시대에 초·중등학교에서 진행되는 교육이 교육을 대변한다고 말하는 것에는 명백히 한계가 있다. 이것은 교육의 기능에 대한 이해의 편협성에서 기인한 것이다.

■ 평생교육적 사유의 미흡

문민정부의 교육개혁위원회에서 '누구나 언제나 어디서나 원하는 교육에 참여할 수 있는 열린 교육사회, 평생학습사회 건설'을 지향하였고, 그 이후 교육의 열림과 학교교육에 한정되지 않은 평생교육으로의 교육 개념 확대는 하나의 흐름을 형성하였다. 그리고 이 모든 것은 교육이 시대의 다양한 요구를 수렴해 내는 탄력성을 가질 것에 대한 요구로 이어졌다. 교육이 학교교육의 틀에 얽매여서는 안 된다는 논의는 유네스코에서 평생교육의 개념을 제시한 이후 계속 이어졌다. 그래서 상상력을 동원하여 학교라는 장 그리고 학령기라는 제한된 기간에 한정되지 않은 교육의 모습을 그리기 시작하였다. 이것은 학교교육에 한정되지 않은 사고를 하게 되었다는 점에서 교육에 관한 논의에서 한 단계 진전을 이룬 것만은 분명하다. 그러나 그러한 사고는 반복적 성찰을 통하여 지속적으로 발전되지 못하고 중도 정지된 상태에 머물고 말았다.[12]

교육의 평생성을 강조하는 평생교육의 관점에서 볼 때, 공교육은 평생교육의 토대를 마련하는 국가적 차원의 기획으로 이해될 수 있다. 평생 동안 교육에 참여하기 위해서는 외적 유인뿐만 아니라 내적 동인도 필요하다. 내적 동인으로 중요한 것 중 하나는 평생 동안 교육에 참여하는 것을 가능하게 하는 역량이다. 이 역량은 교육인적자원정책위원회에서 '기초 소양'의 개념으로 이해되

---

11) 교육 자체의 발전과 관련된 심도 있는 논의를 위해서는 최성욱(1997), 장상호(2003) 참조

12) 이것은 문민정부에서 「초·중등 교육법」과 「고등교육법」에서 규정하고 있는 교육의 영역을 제외한 영역을 「평생교육법」에서 다룸으로써 평생교육을 영역화하는 기획 속에서 초래될 수밖에 없었던 결과이기도 하다.

었다. 기초 소양은 기초 능력을 포괄하면서도 윤리적 또는 도덕적 측면이 배제된 능력의 개념이 안고 있는 한계를 극복하는 차원에서 도입된 개념이다[13](곽병선 외, 2001).

평생 동안 교육에 참여하기 위해 필요한 능력 중에 핵심적인 능력이 학습능력이다. 이 학습능력은 물론 공교육을 통해 함양되고 증진되어야 한다. 공교육을 통해 함양되고 증진된 학습능력을 기반으로 평생 동안 교육에 참여하는 것이 현실적으로 가능하게 되는 것이다. 그러나 학교교육은 교과 내용에 대한 숙지에 초점이 맞추어져 있었다. 따라서 교과 내용에 초점이 맞추어져 있는 학교교육을 능력 중심으로 그 초점을 이동시킨 것은 진전된 사유라고 할 수 있다. 그러나 이것이 현실성을 갖기 위해서는 교원양성단계부터 근본적인 변화가 불가피하다(곽병선 외, 2001: 90-94). 그러나 교원양성 방식까지 근본적으로 문제삼는 사고는 당시에는 생소한 것이었고 받아들여지기 어려운 것이었다.

기초 능력을 함양하는 과제가 국민기초교육단계에서 마무리된다고 하더라도 기초 능력을 계발하는 과제는 이후에도 계속 이어질 수밖에 없다. 전문능력의 함양이 고등교육단계에서 마무리된다고 하더라도 전문능력을 계발하는 과제 역시 이후에도 계속 이어질 수밖에 없다. 이렇게 볼 때, 교육인적자원정책위원회 제1차 보고서에 포함된, 기업을 학습조직화하는 과제는 평생교육의 맥락에서 당연하게 받아들일 수 있는 것이다. 그러나 기업을 학습 조직화하는 과제는 유한 킴벌리와 같은 개별 기업에서 수용했을 뿐 기업 전반으로 확산되지 못하였다. 무엇보다도 기업이 자체 조직을 학습과 연계하고, 더 나아가 학습을 중심으로 재조직하는 것이 당시로서는 생소한 발상이었다.[14]

그러나 기초 소양을 함양하고 증진시키거나 전문능력을 함양하고 증진시키

---

13) 그러나 이 개념은 이후의 논의 속에서 발전되지 못하였다.
14) 이것은 교육개혁과 관련하여 제시된 일부 개념들이 상식을 넘어선 것이기는 하지만, 그렇기 때문에 현실 속에 뿌리 내리기 어려운 개념이었다는 것을 시사해 준다.

는 시도가 학교나 기업에서 전혀 없었던 것은 아니다. 따라서 기존에 하고 있는 일들 중에 어떤 것이 교육개혁 차원에서 새롭게 시도하려는 것과 부합되는가 또는 교육개혁 차원에서 발전적으로 수렴해 내고 있는 것인가에 대한 논의가 필요하다. 그럼에도 불구하고, 교육인적자원정책위원회에서는 이 부분에 대한 논의에 소홀하였다.

교육인적자원정책위원회에서는 제2차 보고서에 도서관과 관련된 정책과제를 담았다. 또한 그 보고서에서 학교와 노동시장의 연계와 관련된 과제, 제1차 보고서에서 언급한 기업의 학습조직화에 대한 확산적 사고의 결과로 내놓은 정책과제들도 제시하였다.

디지털 시대가 도래하면서 도서관의 유용성에 대한 회의적 시각도 존재하지만, 정보 인프라를 구축하고 정보를 활용한 다양한 교육의 기회를 제공하는 도서관이 가지고 있는 유용성은 여전히 의미가 있다. 많은 경우 정보 자체가 부족하기보다는 정보에 대한 접근에서 겪는 어려움 때문에 교육에서도 어려움을 겪게 된다. 그럼에도 불구하고, 그동안 교육의 맥락에서 도서관을 다룬 정책의제가 없었다는 점에서 정책보고서에 도서관 문제를 다룬 것은 의미가 있다. 그러나 도서관의 교육적 활용을 넘어서서 도서관을 교육의 장으로 전환시키는 것과 관련하여 진전된 논의가 전개되지 못한 점에서 한계가 있다.

학교교육에 참여한 이후 직업세계로 나가기 때문에 직업세계와 연계하는 학교교육에 대한 논의는 가능하다. 이것은 직업세계와 분절된 상태에서 학교교육이 진행된 것에 대한 문제제기이기도 하다. 일반적으로 인간은 직업세계에 몸담게 된다는 점에서 그 이전 단계의 교육을 직업준비교육으로 규정하고, 그 이후 단계의 교육을 직업재교육으로 규정하는 것이 가능하다. 이것은 직업을 중심으로 평생교육을 재해석하고 재배치한 것이다.

교육인적자원정책위원회 제2차 보고서에서 교육의 결과를 취업과 연계시키고, 기업의 만족도를 조사하고, 주문식 교육을 활성화시키고, 기업에서 연수를 시행하고, 산학연계를 지원하고, 표준학과분류표를 마련하는 정책과제를 제시한 것은 교육의 본연보다는 경제의 입장을 대변한 것이다. 그러나 학교교육과 직업세계의 연계가 학교교육의 고유성을 버리고 직업세계에 맞추는 방향으로 전환하라는 요구로만 이해될 수는 없다. 왜냐하면 학교교육과 직업세계는 그 작동 원리가 달라야 하기 때문이다. 직업세계에서의 적용을 전혀 염두에 두지 않고 분절적으로 학교교육이 진행되는 것에는 문제가 있다. 왜냐하면 학교교육을 통해 다룬 내용이 일반성을 확보하려면 그것은 직업세계에도 의당 적용되어야 하기 때문이다. 사후적으로 진행되는 확인이나 평가가 지배적 위상을 차지하게 되면 과정의 충실성이 훼손될 수 있다. 그러나 제2차 보고서에서 이에 대한 고려는 보이지 않는다.

직업재교육은 직업교육의 범주 안에 포함될 수 있다. 한번 학습한 내용으로 평생 직업세계에서 활동하는 데 한계가 있다. 따라서 직업세계에서는 부단한 재교육이 필요하다. 그러나 재교육이라고 해서 교육의 원리에서 벗어나 있는 것은 아니다. 직업재교육은 '계속교육(continuing education)'으로 이해되기도 한다. 물론, 계속교육은 평생교육의 맥락 속에 있는 것이다. 계속교육은 자기성장을 위한 것이지만 계속교육에 참여한 것을 인정하고 인증하는 것에 관한 논의도 이어지고 있다. 제2차 보고서에서는 이에 관한 내용을 담고 있다는 점에서 진전된 논의를 담고 있다고 말할 수 있다. 그러나 계속교육에 참여한 것을 인정하고 인증하는 절차와 방식에 관한 논의는 나라 간에 편차가 있으며, 우리나라의 경우 아직도 답보 상태에 있다. 따라서 이와 관련해서는 현재 맹아적으로 보이는 단계에서 점점 어떻게 나아갈 것인가에 대한 구체적 청사진과 이를 뒷받침하는 정책과제의 제시가 필요하다. 그러나 제2차 보고서에서는 이와 관련된 내용이 빠져 있다.

교육인적자원정책위원회 제3차 보고서에서는 학교교육의 질 향상과 관련된 다양한 정책과제를 제시하고 있다. 또한 기업에 초점을 맞추어 기업 내에서 인적 자원개발을 활성화하는 정책과제를 제시하고 있다. 마지막으로, 인적 자원 개발이 지역의 균형발전으로 이어지는 체제를 구축하는 것과 관련된 정책과제를 제시하고 있다.

제3차 보고서에서는 학교교육의 질 향상을 위해 한편으로는 학교운영에 자율권을 부여하되 다른 한편으로는 책무성을 제고하고, 교원양성기관에 대해 평가인증제를 도입하고, 유능한 학교행정가가 일할 수 있도록 임용 방법을 개선하고, 직무능력 제고를 위한 연수를 강화하고, 교원의 전문성 신장을 유도하는 교원평가체제를 확립하고, 이를 보상체계와 연계하는 등의 정책과제를 제시하였다. 이 모든 정책과제는 '초·중등 교육의 질 관리체제 확립'으로 수렴된다.

학교교육의 질에서 핵심은 교사의 교수 질과 학생의 학습 질, 그리고 양자의 상호작용을 통해 진행되는 교육의 질이다. 이러한 교육의 질적 수준을 높이기 위해 학교운영을 재구조화하고, 교원양성과 연수체제를 정비하게 된다. 학생의 학습에 대해 격려하는 것처럼 교사의 교수에 대해서도 격려하고, 학급운영을 포함한 직무 전반에 대한 평가를 통해 정당한 보상을 하는 것은 자연스러운 것이다. 여기에는 학교교육에 참여하고 있는 사람들에게 자신이 하는 일과 관련하여 성장의 과제가 있다는 전제가 있다. 교사는 학생을 잘 지도하는 역량을 향상시켜야 하고, 학생은 잘 배우는 역량을 향상시켜야 하며, 학교행정가는 교사와 학생 사이의 교육적 소통이 잘 이루어지도록 지원하는 역량을 향상시켜야 한다. 그리고 교육청과 교육부의 교육행정가는 교육적 역량을 향상시켜 나가는 노력을 감식할 수 있는 역량을 향상시켜 나가야 한다. 앞서 언급했듯이, 관련된 정책과제들이 '초·중등 교육의 질 관리체제 확립'으로 수렴된다고 할 때, 그 관리의 정점에 있는 교육행정가의 역량이 향상되지 않으면 다른 모든 노력을 무위화시키는 일이 벌어질 수 있다.

여기서 행정과 교육의 관계에 대한 검토가 필요하다. 교육행정가는 교육전문가가 아니라 교육에 대한 행정의 전문가다. 따라서 교육행정가는 1차적으로 행정의 논리에 따르게 되어 있다. 그러나 교육행정가는 교육에 대한 책무를 져야 하는 행정가이기도 하다. 따라서 교육이 교육답게 운영될 수 있도록 노력해야 하는 책무가 교육행정가에게 있다. 교육의 장에서 벌어지는 다양한 문제들의 탓을 그 장에 있는 사람들에게만 돌린다면 그를 책무를 온전히 다 하는 교육행정가라고 말할 수는 없을 것이다. 교육부장관임에도 불구하고, 교사들을 문제집단으로 규정한 전례가 그 대표적인 예다. 여기에는 다양한 요인이 작용하였지만, 누구에게나 평생교육적 과제가 있다는 사유의 빈곤도 그 한 요인으로 작용하고 있다.

기업 내 인적 자원개발의 과제는 근로자 당사자만의 과제가 아니라 기업 전체의 과제라고 보아야 할 것이다. 따라서 이미 역량을 갖추고 있는 사람을 임용하여 일하게 하면 된다는 사고에서 벗어나서 현재 일하고 있는 직원들의 역량을 향상시키기 위해 노력하고, 장차 직원이 될 사람들을 양성하고 있는 교육기관에서 능력 있는 사람을 배출할 수 있도록 후원하는 노력도 해야 할 것이다. 그러나 기업에서 이에 관한 관행은 제대로 정착되어 있지 않으며, 미래의 직원을 위한 투자 역시 소홀한 것이 사실이다. 따라서 직원들의 능력 계발을 위한 지원을 중요한 투자로 인식하도록 유도하고, 그와 관련된 제도와 관행을 정착시켜 나가도록 유도하는 것 자체는 진전된 것이다.

기업 내에서 직원들은 특정한 업무만 하지 않고 성격이 다른 업무들도 하게 된다. 부서 이동이나 승진의 경우가 그 대표적인 예다. 이러한 경우가 아니라고 하더라도 과학기술의 발달이나 세계시장의 변화에 따라 작업 환경 자체가 계속 변하기 때문에 업무의 세부사항도 계속 변하게 되어 있다. 이 모든 것이 학습을 요청한다. 직원이 계속해서 학습하지 않으면 직원에 의해 움직이는 기업은 발전할 수 없다. 평생교육에 대한 논의가 확산되면서 이에 대한 공감대가 형성되었고, 기업 자체를 학습조직화하는 움직임까지 나타나게 되었다. 기업을 학습조직화한다고 할 때 그 일은 직원만의 몫이 아니라 운영진을 포함한 모두의 몫이 된다. 기업을 학습조직화한다고 할 때 그것은 선언하는 것만으로 되는 것이 아니라 실제로 그것이 가능하도록 기업을 재구조화하고 관행을 바꿔야 하는 복잡하고 긴 절차를 거쳐야 한다. 여기에도 학교교육의 질을 향상시키는 경우와 마찬가지로 기업 구성원의 평생교육적 과제가 있다. 인적 자원개발

을 위한 논의는 평생교육적 과제 수행의 맥락 속에 있어야 하는데 제3차 보고
서에서는 이 부분에 대한 숙고가 빠져 있다.

　지역 균형발전은 국가 차원의 핵심적 과제라고 할 수 있다. 지역에서 일할
인적 자원의 문제를 지역의 문제로만 돌리지 않고 국가 차원의 문제로 받아들
이고 관련 법령을 정비하고, 정보 시스템을 구축하고, 공공기관의 지방 이전까
지 추진하는 것은 이전의 소극적 조처에서 벗어난 진전된 조처라고 할 수 있
다. 중앙집중 또는 중앙주도적 관행이 단기간 안에 바뀔 수는 없을 것이다. 비
록 중앙에서 지방으로 일이 추진되는 위계가 존재한다고 하더라도 각 단계에
서 추진하는 업무의 중요성에 비추어 그 업무에 참여하는 사람들의 역량을 향
상시키기 위해 노력하고, 그 비중에서 차별을 두지 않는다면 이것은 분명히 이
전보다 진전된 것이다.

　지역주민은 각자 교육적 필요를 가지고 있다. 지역에서는 지역주민의 교육
적 필요를 충족시키기 위해서 노력해야 할 것이다. 그러나 지역에서 충족시키
기 어려운 지역주민의 교육적 필요도 존재할 수 있다. 이 문제는 지역 간 연계
를 통해 해결할 수 있다. 결과적으로 지역주민이 가지고 있는 교육적 필요를
언제 어디서나 충족시킬 수 있도록 여건을 조성하는 것이 지방정부의 과제이
고, 이 과제를 제대로 수행할 수 있도록 지원하는 것이 중앙정부의 과제가 될
것이다. 따라서 지역균형발전의 과제 역시 평생교육적 맥락에서 검토될 필요
가 있다. 그러나 제3차 보고서에는 이 부분에 대한 숙고가 빠져 있다.

4. 국민의 정부 교육개혁정책의 특성

1) 국민의 정부 교육개혁정책 형성과정의 특성

문민정부의 교육개혁위원회에서부터 교육개혁정책을 형성하는 과정의 세부

사항이 달라져 왔지만 그 특성이 근본적으로 변해 온 것은 아니다. 여전히 위원회와 관료 중심으로 교육개혁정책이 만들어지고 있고, 선택과 집중의 원리보다는 교육부의 관할 영역을 가능한 한 총망라하는 방식을 취하고 있으며, 교육개혁을 필요로 하는 문제에 대한 진단이 체계적이지 못하다.

■ 위원회와 관료 중심

교육부에 집행기능을 부여하고 교육정책을 입안하는 기능을 교육부에서 분리하게 되면 교육부 외곽에서 교육정책을 입안하고 그 정책을 교육부에서 집행하는 순서를 따르게 된다. 문민정부의 교육개혁위원회와 교육부의 관계가 그러하였다. 국민의 정부에서 교육부는 이러한 관계에서 벗어나 독자적으로 교육정책을 입안하고자 했다. 그것이 '교육발전 5개년 계획 시안'과 '비전 2005'다. 그러나 교육부에 인적 자원개발과 관련된 집행 기능이 부가되면서 그 이전에 정책을 입안하는 기능은 다시 교육인적자원정책위원회에 부여되었다. 그러나 교육부는 교육인적자원정책위원회의 정책안을 단순히 집행하지 않고 검토하여 집행하는 방식을 취하였다. 그것은 교육부 자체가 부총리급 부처로서 관계 장관들의 협의체인 인적 자원개발회의를 주관하고 있었기 때문이다.[15]

새교육공동체위원회와 교육인적자원정책위원회는 대통령자문기구로서 위원회에서 다루고자 하는 주제에 대해 논의할 수 있는 관계 부처의 관료들과 전문가들로 구성된다. 그러나 실제로는 전문가들의 활동 비중이 높다는 점에서 전문가들의 아이디어가 정책 형성 단계에서 거의 절대적인 영향력을 미친다고 말할 수 있다. 위원회에서는 자체적으로 연구를 수행하기도 하지만, 정해진 기간 안에 정책안을 마련하여 대통령에게 보고하는 것이 주된 업무이기 때문에

---

15) 이 때문에 정책 형성과정에서 인적 자원개발회의에 관한 논의가 불가피하다. 그러나 이 글에서는 자료의 한계상 이에 관해 체계적으로 다루지 못하는 미흡함이 있다.

관련된 자료들을 수집하고 이를 토대로 정책안을 마련하는 데 집중하게 된다. 다양한 영역을 망라하는 정책안을 마련하고자 할 때 이러한 방식은 불가피해진다. 여기서 어떤 지향을 가지고 어떤 자료를 수집·분석하고 정책안을 마련하는가가 관건이 된다. 국민의 정부 내에서 새교육공동체위원회는 교육공동체 형성을 통한 현장에서의 교육개혁 추진에 주목하였고, 교육인적자원정책위원회는 교육을 매개로 한 인적 자원개발에 주목하였다. 양자의 관심사는 다를 수밖에 없으며, 참여하는 전문가들도 다를 수밖에 없다.

교육부에서 관료가 독자적으로 정책안을 마련하는 경우는 거의 없다. 여기에는 전문가들이 연구과제를 수행하고 정책안을 제시하고, 이를 토대로 다듬어진 정책안을 다시 전문가들이 참여한 자문단에서 검토하는 절차를 거친다. 여기에 관료들이 수동적 역할을 하는 것처럼 보이지만 실제로는 전 과정에 관료들이 참여하는 정도는 다양하다. 전문가들에 의해 수많은 정책안이 제시된다고 하더라도 그것 중에서 자문단에 검토를 요청하고, 더 나아가 대통령에게 보고하는 것에 대한 판단은 전적으로 관료들의 몫이다.[16) 그럼에도 불구하고, 전문가들의 의견이 강하게 반영되는 예도 존재한다.

■ 관할 영역의 총망라

교육부의 정책이 매년 새로울 수는 없다. 교육부는 매년 지속적으로 추진하는 다수의 정책을 가지고 있고, 이것은 다른 부처의 경우에도 예외가 아니다. 그러나 새롭게 도입해야 하는 정책이 생길 수도 있기 때문에 이 경우 이에 대한 선택적 집중이 필요하다. 명백히 개혁해야 할 것과 부분적으로 개선해야 할 것을 구분하고, 전자에 대해서는 정책 역량을 집중하고 후자에 대해서는 지속

....

16) 교육부에서 과장급 이상 관료 중에는 박사학위를 소지하고 있는 관료가 있으며, 그 수는 다른 부처들에 비해 단연 가장 많다. 박사학위가 있기 때문에 대학교수로 직업을 전환하는 예도 상대적으로 많다. 이것은 교육부 관료들이 단순한 집행기능을 수행하는 데 머무르려 하지 않는 이유이기도 하다.

적인 관심을 기울여야 할 것이다. 그러나 이에 대한 구분이 명확하지 않은 경우가 많다. 그래서 개혁적이지 않은 다수의 정책이 개혁의 범주 안에 포함되곤 한다.

새교육공동체위원회는 활동을 마무리하면서 종합보고서를 제출하였다. 새교육공동체위원회는 교육공동체에 대한 선택적 집중을 통해 좀 더 수렴적인 정책안을 제시했어야 하지만 교육 관련 정책을 망라하여 제시하는 수준에 머물렀다. 교육계에서 지속적으로 관심을 기울일 필요가 있는 정책과제를 제시하는 것을 대통령자문기구의 역할을 규정한다면 이것이 문제될 것은 없다. 그러나 이 역할은 교육부의 자문기구와 중복될 수밖에 없다.

교육부의 '교육발전 5개년 계획 시안'과 '비전 2005'의 경우에도 관련 영역을 망라하는 방식을 따르고 있다. 교육인적자원정책위원회에서도 인적 자원개발정책에 대해 역시 관련 주제를 망라하는 방식을 취하고 있다. 대통령 임기 내에 그동안 고질적으로 문제가 되어 왔던 것 중 핵심적인 하나를 선정하고 적어도 그 문제만은 해결책을 마련하여 대통령에게 제시하는 방식은 결코 취해진 적이 없다. 정권이 바뀔 때 이전 정권의 정책 중에서 어떤 것을 계승하고 어떤 것을 변화시켜야 할 것인가에 대한 논의는 불가피하다. 그러나 후자는 부각시키고 전자는 가볍게 처리한다면, 그것은 적어도 행정적으로는 존재 부정이라고 할 수 있다.

■ 체계적이지 않은 문제 진단

개혁을 하는 경우가 아니라고 하더라도, 어떤 정책이든 수립하는 단계에서 모든 사항을 다 고려하는 것은 불가능하다. 따라서 정책을 추진하는 과정에서 예상하지 못한 문제들이 발생할 수 있다. 그래서 정책은 고정되어 있는 것이 아니라 상황에 따라 수정되고 진화하게 된다. 경우에 따라서는 시대적 소명을 다하여 폐기되어야 하는 정책도 있다. 그러므로 특정 정책에 대해 수립에서 추진까지 그 이력을 관리할 필요가 있으며, 각 단계마다 어떤 일이 어떻게 진행되고 있고, 어떤 문제들이 나타나고 있는가에 대한 기록도 필요하다. 하나의 정책을 수립하고 그것을 하위 단위에서 추진하게 내려 보내는 것에 머무르지 않고 지속적인 추적 관리가 필요한 것이다. 이것은 책임 행정의 한 양태이기도 하다.

교육공동체가 형성되는 과정에서 내부적으로 문제를 인식하고 그 문제를 해결하기 위한 방안을 숙고하고, 합의된 방안에 따라 그 문제를 해결해 나가는 절차를 따르는 것은 자연스럽다. 그러나 교육개혁정책의 경우 일반적으로 교육집단의 외부에서 주어진다. 그러면 외부에서 파악한 문제와 교육집단 내부에서 파악한 문제의 일치 여부부터 논란이 있게 된다. 외부에서 주어진 개혁정책에 대해서는 거부감을 가질 수 있고, 따라서 저항할 수 있다. 교육공동체와 교육개혁의 관련성이 제대로 설정되지 않으면, 어떤 것을 문제 삼아야 하는가가 흐려지게 된다.

교육과 인적 자원개발의 관계에 대한 논의가 정리된 상태에서 교육부에서 인적 자원개발정책을 추진한 것은 아니다. 그래서 교육을 말해야 하는 자리에 인적 자원개발을 말하는 오류가 빈번히 나타나곤 하였다. 교육의 경우에도 제도화된 학교교육과 제도화가 덜된 사회교육이 존재하기 때문에 두 가지 경우에 인적 자원개발과 어떻게 관계 설정을 할 것인가에 대한 논의도 필요하다. 그러나 이에 관한 논의는 생략한 채 인적 자원개발을 교육부에서 자임하고 관련된 정책을 망라하는 방식으로 쏟아 내는 행태를 보였다. 학교교육이 이후의 교육과 연계되어야 한다는 것, 그리고 학교교육이 직업세계와 연계되어야 한다는 것은 분명하다. 그러나 무엇이 문제인가? 직업세계와 연계되지 않은 학교교육이 문제라고 하더라도, 학교교육이 안고 있는 문제는 현재형이자 진행형이다. 따라서 학교교육이 안고 있는 문제는 시간의 흐름 속에서 현재에 규정하는 방식으로 문제가 된 것이다.

정책적 차원에서 문제 삼는 모든 것이 현재의 시점에서 문제로 파악된 것이지만, 시간의 흐름 속에서 현재에 규정하는 방식으로 문제가 된 것이라는 인식을 분명히 해야 한다. 그렇지 않으면 어느 경우도 문제 진단은 그릇된 정보를 제공하게 된다. 그리고 그러한 문제 진단에 따라 마련된 정책은 현실 적합성을 갖지 못하게 된다. 그러므로 정책 형성 이전에 전문가들에 의해 연구를 수행한다고 하더라도 문제를 바라보는 관점에 대한 심도 있는 논의의 과정을 먼저 거치는 것이 필요하다.

교육현장에서는 어떤 문제에도 복잡한 요인이 작용하고 있다고 보아야 한다. 교육 관련 정책이 서로 다른 영역을 대상으로 한다고 하더라도 그 정책들은 서로 맞물려 있다. 따라서 그 정책들에 관련되어 있는 문제들에 작용하는 요인들은 복잡하게 중첩되어 있다고 보아야 할 것이다. 따라서 문제 진단부터 정책 형성에 이르기까지 관련된 요소들을 체계적으로 검토하는 종합적 시각이 필요하다. 각 정책을 개별적으로, 더 나아가 분절적으로 다루게 되면 정책들이 추진과정에서 만들어 내는 역동 속에서 자칫 길을 잃을 수도 있다.

2) 국민의 정부 교육개혁정책 집행과정의 특성

교육부가 인적 자원개발에 주목하게 되면서 관련 부처와의 협력이 절실하게 되었다. 무엇보다도 관계 장관들의 협의체인 인적 자원개발회의에서 협의한 안건에 대해서는 관련 부처에서 처리하고 그 결과가 보고되어야 하기 때문에 부총리급 부처인 교육부의 관련 부처와의 협력적 관계는 매우 중요하다. 이 점을 제외하고 정책 집행과정에서 보이는 특성은 문민정부와 크게 다르지 않다.

■ 관련 부처와의 협력

교육부는 인적 자원개발에 관한 정책을 총괄하여 관리하는 부총리급 부처이기 때문에 인적 자원개발과 관련되어 있는 부처는 인적 자원개발회의를 통해 안건을 제안하고, 제안된 안건을 협의해야 하는 책무를 갖게 된다. 상정할 안건을 모을 뿐만 아니라 그 안건에 대한 사전 조율의 과정을 거쳐야 하고, 확정된 사항에 대해서는 집행할 뿐만 아니라 관련 부처의 집행에 대해서 관리도 해야 하기 때문에 교육부는 이전과 다른 관행을 정착시켜 나가야 했다.

관련 부처와의 협력이 전혀 생소한 것은 아니지만, 매우 드물 뿐만 아니라 부분적 협력을 넘어서서 수시로 협력이 필요한 과제를 상정하고 협의된 정책을 추진하는 과정에 대해 상시적으로 점검해야 하는 것은 교육부로서는 생소한 것이다. 앞서 언급한 것처럼, 교육부가 예산 배분권을 가지고 있는 것도 아니기 때문에 관련 부처가 교육부와 협력하는 것은 소극적 수준에 머무르게 된다. 그럼에도 불구하고, 관련 부처가 협력할 때 나타날 수 있는 상승효과에 대해 설득하고, 관련 부처 역시 그러한 관점에서 정책 추진에 적극적으로 임하도록 하는 것은 일차적으로 교육부의 몫이 되었다.

이러한 노력의 과정은 교육부의 정책과제들이 얼마나 관련 부처와 맞물려 있으며, 관련 부처와 협력할 때 얼마나 진전된 효과를 창출할 수 있는지 확인할 수 있는 계기가 되었다. 그러나 교육부 내에서 부서 간 소통에도 한계가 있기 때문에 부처 간 협력을 최대한으로 이끌어 내는 것은 한계가 있을 수밖에 없다. 국민의 정부에서 관련 부처와의 소통에도 불구하고, 중앙정부에서 행정적 업무 처리와 관련하여 패러다임이 바뀔 정도의 변화가 있었던 것은 아니며, 따라서 하나의 관행을 정착시키는 데도 한계가 있었다.

■ 현장과의 거리 유지

정책을 추진하는 과정에서 교육부가 하위 단위들에게 설명하는 자리를 마련하거나 하위 단위들로부터 의견을 듣는 자리를 마련하기도 하지만, 그 이상으로 직접 하위 단위들과 소통하는 경우는 드물다. 정책을 형성하는 단계에서도 직접적인 정보 확인보다는 간접적인 정보 확인에 의존하는 경우가 많기 때문에 형성된 정책에 대한 교육부의 인식은 구체적이지 않은 경향이 있다. 이러한 경향은 집행과정에서도 반복된다. 추진하는 정책에 대해 교육부가 현장에서 정보를 직접 수집하는 경우는 거의 없다. 특별히 사회 문제화된 사태에 대해서만 현장 확인을 할 뿐이다. 따라서 정책 추진과정에서 알아야 하는 행정적 사항 이상으로 현장에서만 파악할 수 있는 세부사항에 대해 교육부는 제대로 알지 못하는 경우가 많다.

누가 아이디어를 냈든 어떤 정책이든 결국 교육부의 행정절차를 거쳐 문서화되고 추진된다. 그 과정에서 주도적 역할을 하는 관료가 있게 마련이다. 그 관료는 명백히 해당 정책에 대해 관심을 가지고 있을 것이다. 그러나 경우에 따라서 그는 최소한의 정책 추진 결과나 정책효과를 보기도 전에 다른 부처로 이동하기도 한다.[17] 업무의 인수인계가 확실하다면 후임을 통해 해당 정책에 대한 관심이 계속 이어질 수 있겠지만, 여기에는 명백히 학습의 과정이 필요하다. 만약 학습이 부실하게 진행된다면 여기서 해당 정책과 관련된 책임행정을 기대하기는 어렵게 된다.

교육부에서 모든 정책에 일일이 현장 확인을 하는 것은 불가능하다. 교육부 자체가 법적으로 관리해야 할 업무가 많기 때문에 한 부서의 직원이 감당해야 할 정책과제도 많을 수밖에 없다. 그러나 교육부에서 하위 단위들에 대해 동반자 관계로 설정하는가, 순전히 위계상 지시를 받아야 하는 관계로 설정하는가에 따라 정책에 대한 책임감이 달라지게 된다. 현장에서 어떤 일이 어떻게 벌어지고 있는가에 대해 무심하고 사회 문제화되는 경우에만 주목한다면 현장에서 발생하는 문제는 복잡하게 지연될 수밖에 없다. 많은 경우 현장에서의 문제는 교육부에서 적절한 개입을 하지 않아서 발생하기도 한다.

■ 애매한 권한 이양

지방자치제와 교육자치제가 도입되어 정착되면서 교육에 대한 권한이 중앙정부에서 지방정부로 이양되고 있다. 그러나 실질적으로 중앙정부의 권한이 축소된 적은 없다. 오히려 중앙정부의 권한은 확대되어 왔다. 이것은 계속해서 교

---

17) 교육부 내에서 빈번한 자리 이동은 이미 고질적인 문제로 지적되어 왔다.

육과 관련된 업무가 늘어나기 때문이기도 하지만, 교육과 관련된 예산을 배분하는 권한이 교육부에 있기 때문이기도 하다. 그렇다고 정부의 전체 예산에서 교육 관련 예산의 비중이 확대되고 있는 것도 아니기 때문에 정해진 예산 범위 안에서 예산을 조금이라도 더 확보해야 하는 하위 단위들의 의존성은 더 커질 수밖에 없다.

교육부에서의 책임행정 못지않게 하위 단위에서의 책임행정도 중요하다. 책임행정은 현장에 대해 책임을 지는 행정으로서 여기에는 현장의 발전을 위한 다양한 시도가 포함된다. 어떤 문제에 대해서도 무한 책임만 지고, 그것으로 불이익을 받을 수밖에 없는 구조는 새롭게 시도하는 것을 어렵게 만든다.[18] 현장에 적합한 방식으로 정책 추진의 방식을 변형시키되, 그 정책을 도입한 취지를 좀 더 적극적으로 살려내는 여지는 거의 없다.

앞서 언급한 바와 같이, 정책을 형성하는 과정은 현장과 거리가 있다. 현장에서 작동하는 논리와 현장에서의 역동이 생략되고 정책을 추진해야 하는 명분이 앞서기 때문에 정책을 추진하는 과정에서 예상하지 못한 다양한 문제들이 발생하는 것은 불가피하다. 그런데 이 문제들은 온전히 현장에서 감당해야 한다. 문제가 있다면 교육부는 그 문제에 대한 수습을 지시할 뿐 실제로 수습해야 하는 일은 현장에 부과되는 것이다. 자체적으로 정책을 형성할 여지가 거의 없는 상태에서 주어진 정책의 추진에서 발생하는 문제에 대해서는 온전히 감당해 내야 하는 사태가 벌어지는 것이다. 그렇다고 그 문제에 대해 근본 해결책을 찾기도 어렵다. 그래서 임시방편의 해결책을 모색하게 된다. 정책 추진 과정에서 권한의 문제는 결코 가볍지 않다. 그러나 이에 관한 논의가 정책 추진 단계에서부터 심도 있게 진행되는 예는 드물다.

....

18) 이 문제는 다음에 논의한 평가문제와도 맞물려 있다.

3) 국민의 정부 교육개혁정책 평가과정의 특성

대통령의 임기에 따라 정책의 큰 그림이 그려지는 초반에 외부적 평가가 이루어지고, 대통령의 임기 중간에 중간평가 형식의 평가가 이루어지며, 마지막으로 임기를 마무리하면서 그동안 추진된 정책 전반에 대한 외부 평가가 이루어진다. 교육부 사업에 대한 국무조정실의 평가가 매년 진행되기 때문에 그에 맞추어 교육부는 자체평가를 실시하게 된다. 정책의 내용과 추진방식 및 결과에 대한 평가가 이루어진다는 점에서 국민의 정부와 문민정부가 차이가 있는 것은 아니다. 그 특성에서도 차이점보다는 공통점이 많다.

■ 정책과제별 평가

국무조정실에서는 국민의 정부 5년 정책평가를 실시하였다. 교육부에 대해서는 다음의 두 가지 정책과 그 하위 정책에 주목하였다.

국무조정실 평가는 교육부의 여러 정책 중에서 일부 정책을 선별하고, 그 정책의 추진 실적을 확인하고, 그 정책의 향후과제를 교육부에 제시하는 방식으로 진행된다. 해당 정책이 교육부 전체 정책에서 어떤 위상을 차지하고 있고, 다른 정책들과의 관계 속에서 어떤 후속과제가 있는가에 대해서는 관심을 기울이지 않는다. 국무조정실 평가에서는 국가 인적 자원개발과 교육개혁을 구분하고, 국가 인적 자원개발을 교육개혁의 맥락에서 보지 않는다. 교육개혁의 경우에도 철저히 대학을 포함한 제도화된 학교의 교육으로 그 대상이 한정된다. 이 점과 관련해서 명백히 국무조정실과 교육부의 내부 조율이 필요하지만 결과만 놓고 볼 때 그러한 조율이 이루어졌다고 보기 어렵다.

교육부의 자체 평가든 외부의 평가든 간에 정책과제별 평가가 진행되는 것은 마찬가지다. 교육부의 정책과제들 전체를 서로 관련지으면서 총체적으로 진행되는 평가는 거의 없다. 물론, 정책과제별 평가가 불필요한 것은 아니다. 정책과제별 평가는 이루어져야 한다. 그러나 정책과제들은 현장에서 작동하면

| 표 9-4 | 국무조정실의 교육 분야 평가 대상 정책 |

정 책	하위정책
국가 인적 자원개발정책 추진	- 국가 인적 자원의 효율적 개발과 활용체제 구축 - 유아교육 및 평생교육 기반 확충 - 청소년 보호 및 육성 기반 구축
교육개혁 추진	- 초·중등 교육의 내실화 - 대학교육의 경쟁력 제고

출처: 국무조정실 정책평가위원회(2003). p. 157.

서 역동적으로 다양한 양태를 만들어낸다. 따라서 정책과제들에 대해서는 낱낱으로 평가할 뿐만 아니라 상호 관련성 속에서 평가해야 한다.

평가의 주체들은 각자의 이해관계에 따라 교육부의 정책에 대해 평가할 수 있다. 따라서 어떤 평가가 더 타당한가에 대한 논란이 있을 수 있다. 물론, 그 타당성은 근거자료에 비추어 검토될 수밖에 없다.

■ 추진성과에 대한 평가

어떤 정책에 대해서든 예상한 결과가 나오기를 기대하는 것은 당연하다. 그러한 결과를 추진성과라고 말할 수 있다. 그러나 추진과정 없이 추진성과가 나오는 것은 아니다. 따라서 추진성과 못지않게 추진과정의 정당성과 타당성에 대한 검토가 필요하다. 그러나 대부분의 평가에서는 결과에 초점을 맞추고, 기대하는 결과가 나오지 않았다면 그 점에 대해 문제 삼는다.

정책은 누군가의 문제제기에 의해 수립되고, 여기에는 다양한 절차와 과정이 개입되어 있으며, 무엇보다도 다양한 관점과 지위를 가지고 있는 사람들이 개입한다. 여기에는 다양한 자료들이 뒷받침된다. 정책을 추진하기 전의 모든 사항들이 완벽하다고 말할 수는 없다. 여기에는 빠진 고리가 존재하고, 무엇보다도 특정한 현상을 문제로 규정하는 것 자체에 오류가 있을 수 있다. 정작 필요한 자료의 뒷받침이 부족한 상태에서 정책이 수립될 수도 있고, 충분한 논의와 수렴의 과정을 거치지 못했을 수도 있다. 그럼에도 불구하고, 정책평가에서는 추진 이전의 단계가 제대로 이루어졌을 것으로 전제한다.

추진과정에서 현저한 문제가 발생하고 있을 경우에만 추진 이전의 단계에 어떤 문제가 있는가 되돌아보는 경향이 있다. 그러나 추진과정에서 개입하는 요인들은 다양하기 때문에 추진 이전의 단계에 문제가 없었다고 하더라도 추진과정에서 예상치 못한 요인의 개입으로 기대하는 결과가 나오지 않고 오히려 문제가 더 발생했을 수도 있다.

정책이 구상되는 단계에서부터 추진하여 어떤 결과가 나온 단계에 이르기까지 전 과정에 대한 평가가 필요하다.[19] 물론, 이 평가가 완벽하게 이루어지는 것은 거의 불가능하다. 언제나 가능한 범위 안에서 가능한 자료를 토대로 진행될 수밖에 없다. 그러나 이러한 총체적인 평가가 이루어지지 않는다면 어떤 지점에서 문제가 발생하여 방향이 틀어지게 되었는가를 제대로 진단해 낼 수 없다. 이것이 중요한 것은, 정책은 시대적인 흐름 속에서 답보상태에 머물지 않고 진화해야 하기 때문이다.

■ 양화 가능한 지표 중심 평가

정책평가에서 주목하는 추진실적은 일반적으로 양화 가능한 실적을 말한다. 실적을 양화하는 것은 양화 가능한 지표가 있을 경우에 가능하다. 그 지표 중 대표적인 것이 목표다. 예를 들어, 자율학교 도입·확대라는 정책과제에 대해 20개라는 목표를 설정하면, 과연 20개의 자율학교가 설립되었는가가 평가기준이 된다. 이렇게 양화 가능한 지표에 초점을 맞출 경우 앞서 언급한 정책 구상에서부터 추진과정 전체를 포괄하는 평가는 우선순위에서 밀리게 된다.

양화 가능한 지표에 따라 평가해야 하는 사항들이 있다. 그러나 평가과정에서 양화 가능하지 않은 것 중에서 면밀하게 검토해 보아야 하는 것들도 있다.

....

19) 이와 같은 평가의 필요성을 인식하고 그 틀을 마련하려는 시도는 참여정부 초에 나타난다.

이러한 평가를 질적 평가라고 한다. 그러나 우리나라에서 이러한 질적 평가는 드물게 이루어지고 있으며, 따라서 질적 평가를 할 수 있는 전문가의 참여 비중도 높지 않다. 무엇보다도 단기간에 이루어지는 평가 방식이 질적 평가 자체를 거의 불가능하게 만든다. 이것은 또한 실적 중심의 평가에 머무르는 한계를 불가피하게 만든다.

양화 가능한 지표 중심 평가에서 벗어나기 위해서는 평가를 별도로 시행하는 것에 대한 재검토가 필요하다. 하나의 정책을 추진하면서 그 정책의 수립에서부터 추진과정 전반을 기술하고 분석하는 연구를 병행하는 것이 그 대안이될 수 있다. 요약하면, 정책과 연구와 평가를 별개로 시행하는 것이 아니라 정책을 추진하는 것과 연구를 수행하는 것을 병행하고, 연구를 수행하는 과정에서 평가를 위한 비판적 시각을 유지하면 그 연구의 결과는 정책을 수정하고 좀 더 발전시키는 귀중한 근거자료가 될 수 있다.

제10장

참여정부 교육개혁의 정치학

1. 들어가는 말

교육개혁의 정치학이란 교육개혁 속에 포함된 정치적인 요소를 분석하는 과정이다(안기성 외, 1998: 123). 신현석(1996)은 교육개혁을 "과거로부터 지속되어 온 교육활동이 시대적 요청에 부응하지 못하고 역기능적 양상을 띠거나 앞으로 전개될 상황 변화에 괴리가 예견될 때, 이를 구조적으로 개선하고자 하는 종합적인 노력"이라고 정의하였다. 이러한 정의는 교육개혁의 필요성에 주안점을 둔 것이다. 하지만 교육개혁을 학습자의 학습을 중심으로 정리한다면, "학습자의 학습과 성장이 올바른 방향으로, 효과적으로 이루어질 수 있도록, 기존 교육체제와 교육실천을 의도적이고 능동적으로 개선, 변혁하려는 활동이나 과정"이라고 할 수 있을 것이다.

그렇다면 정치란 무엇인가? 정치를 권력현상으로 볼 때는 "권력의 획득과 유지 및 확대와 관계를 갖는 모든 인간 활동"을 의미한다. 하지만 이스턴(Easton, 1953)은 국가나 권력 개념을 중심으로 정치현상을 설명하는 종래의 접근법에 비판을 가하고 정치를 "한 사회의 가치들을 권위적으로 배분"하는 것으로 정의한다. 이스턴이 보는 인간의 정치적 삶이란 "한 사회의 권위적 정책의 수립이나 그 집행에 중요한 영향을 미치는 모든 종류의 활동"에 관련되어 있다. 여기서 '권위적'이란 말은 가치의 배분 과정에 참여하거나 그 배분에 영향을 입는 사람들이 그 결정에 '구속된다.'는 의미를 갖는다(김세균 외, 2002: 6-8).

하지만 이러한 정치 개념은 현상 옹호적이며, 기존의 권위적 배분 방식(정책 결정)이 체제 유지에 기여한다는 비판을 받는다. 인간은 현실 상황 속에서 자신의 생존을 추구하지만, 한편으로는 현실 상황 자체를 개선하려는 노력을 끊임없이 전개하고 있기 때문이다. 인간은 현실을 분석하고, 문제를 분석하며, 문제를 발굴하며, 개선 가능한 최선의 해결책을 추구하는 존재이므로, 정치는 희소가치의 현실적 분배뿐만 아니라 현존 분배 방식을 개선시키려는 인간의 노력까지 포함해야 한다. 이러한 의미에서 정치란 "희소가치의 현실적 분배 방식을 규명한 후, 이상적인 분배 방식을 추구하여 바람직한 인류사회를 건설하기 위한 인간의 노력"이라고 볼 수 있다(김기우 외, 2001: 8-9).

이러한 정치를 연구하는 정치학은 현실적인 권력에 대한 비판에서 출발한다. 언제나 정치권력에 의해서 왜곡되고 손상된 인간성은 오직 권력에 대한 전면적 비판에 의해서만 회복될 수 있기 때문이다. 나아가 정치학은 어떻게 하면 사회를 보다 합리적·민주적·효율적으로 운영해 나갈 것인가의 이론과 실제를 연구하여 그 방안을 제시해야 한다(이극찬, 2002). 오늘날의 정치학은 "어떻게 하면 국가의 정책이 국민의 의사에 따라 시행되고, 국민에게 이익을 가져다 줄 수 있는 정치를 시행할 것인가"를 연구하게 되었다(김기우 외 2001: 37).

정책을 통해 이루어지는 개혁에는 정치권력이 작용한다. 교육개혁도 마찬가지다. 교육개혁은 정치권력의 주체가, 정치권력을 사용하여, 교육정책의 수립과 집행을 통해, 교육체제와 교육실천을 변화시키고, 교육을 통하여 사회를 변화시키려고 시도하는 활동이다. 교육개혁은 기존 교육체제와 교육실천을 의도적이고 능동적으로 개선·변혁하려는 활동이나 과정으로서 그 과정에서 교육 부문에서 현실적으로 이루어지고 있는 희소가치의 권위적 배분을 개선·변혁하여 좀 더 바람직한 권위적 배분을 통해 교육체제와 교육실천을 의도적이고 능동적으로 개선·변혁하려는 활동이기 때문에 교육개혁은 명확하게 정치적 활동이다. 교육개혁을 정책이라는 수단을 통해 실행하기 때문에 일종의 정책과정이기도 하다.

따라서 교육개혁의 정치학이란, 기존 교육체제와 교육실천을 의도적이고 능동적으로 개선, 변혁하려는 교육개혁의 정책과정을 정치학적으로 분석하는 것이다. 교육개혁정책과정 전반에서, 어떤 정부의, 어떤 성격의 권력이, 어떤 목적과 의도를 가지고, 어떤 과정을 거쳐, 어떤 정책을 수립하였으며, 어떻게(어떤 방법으로) 정책을 집행하고, 그 정책이 어떤 결과와 영향을 가져왔는지 그리고 그 과정에서 어떤 정치구조를 만들었고, 참여자들이 그 정치구조 속에서 어떤 역할을 수행하였는지 분석하는 것이다. 나아가 이에 그치지 않고 교육개혁을 위한 정책과정에서 교육에 대한 국민의 요구가 반영되었으며, 교육을 통해 국민의 이익과 행복이 증진되었으며, 정부 또는 정치세력에 대한 국민의 지지가 어떻게 변화되었는지 분석하는 것이다. 그리고 결과적으로 정책 집행 이후 선거를 통해 정치권력, 교육권력이 연장, 강화 또는 교체되었는지 그리고 그 결과 교육정책이 어떻게 변화되었는지 분석하는 것이다. 교육개혁에 대한 이러한 정치학적 분석을 바탕으로 보다 이상적인 교육개혁을 위한 시사점을 도출하는 것이 교육개혁의 정치학이 되어야 한다.

이러한 분석은 교육개혁이 정치적 활동이라는 전제를 가지고 있다. 교육개혁은 선거라는 정치 행위를 통해 새로이 구성되는 집권세력에 의해, 정부의 권력기구에 의해, 정치적 행위인 교육정책을 통해 추진되고 있으며, 집권세력은 이를 통해 국민의 만족도와 정치적 지지를 높이기를 원하기 때문에 교육개혁, 교육개혁의 정책과정은 정치적 활동이다. 교육정책 역시 대통령 선거와 교육감 선거라는 정치 행위를 통해 그 방향이 변화하고, 정치 행위인 정책의 결정과 집행을 통해 실현되기 때문에 명백하게 정치적 활동의 결과물이다.

이 연구는 참여정부 시기에 이루어진 정치 행위로서의 교육개혁을 정치학적으로 분석하는 것이다. 이 연구의 목적은 참여정부 시기의 교육개혁 과정에 대한 정치학적 분석을 통해 향후 교육개혁을 위한 시사점을 찾기 위한 것이다. 본 연구는 참여정부 교육개혁에 대한 정치학적 분석이지만, 연구의 시기상 일종의 정책평가의 성격을 지닌다. 이를 통해 교육정책과 교육개혁정책과정에 대한 정책학습의 계기로 삼고자 한다.

참여정부의 교육개혁 정치학 연구는 도서 기획의 의도와 목차에 근거하여 참여정부의 정치구조와 교육구조의 특성, 참여정부 교육개혁의 전개과정과 주요 내용, 참여정부 교육개혁정책 형성과정의 특성 분석, 참여정부 교육개혁정책 집행과정의 특성 분석 순으로 이루어진다. 이 연구에서는 교육개혁정책 형성과정은 적합성·민주성 준거에 의해, 집행과정은 집행 내용의 적합성과 집행과정의 대응성 준거에 근거하여 그 특징을 분석하였다.

이 연구에서 분석 대상으로 하는 교육개혁정책은 참여정부의 교육개혁 주도세력이 추진했던 교육개혁정책으로 범위를 한정한다. 이 연구는 구체적으로 대통령자문교육혁신위원회가 주도했던 교육개혁정책과 정부가 추진했던 교육개혁정책 중 정책기획위원회가 발행한 '참여정부 정책보고서'에 서술되었으면서도, 사회적으로 중요한 쟁점으로 부각되었던 교육개혁정책을 분석 대상으로 하였다. 교육개혁정책 형성과정에서는 종합적인 분석을 위해, 교육행정정보시스템 구축, 사교육비 경감정책, 2008학년도 이후 대입제도(이하 '2008대입제도'), 교원정책 개선, 교과서제도 개선,「사립학교법」개정, 지방교육자치제도 개선을 분석 대상으로 하였다.

교육개혁정책 집행과정과 평가과정은 사교육비 경감정책과 '2008대입제도'로 한정하여 분석하였다. 그 이유는 먼저 지면의 제약이 따르고, 두 정책이 상호 유기적으로 연계되어 있으며, 두 정책의 집행과 평가 과정에서 가장 많은 갈등과 논쟁이 발생하여 정치학적으로 중요한 의미를 지니고 있기 때문이다.

그리고 전체적인 정책과정 분석을 바탕으로 성공적인 교육개혁을 위한 결론과
제언을 제시하였다.

[그림 10-1]은 참여정부의 교육개혁 정치학 연구 분석 틀을 도식화한 것이다.

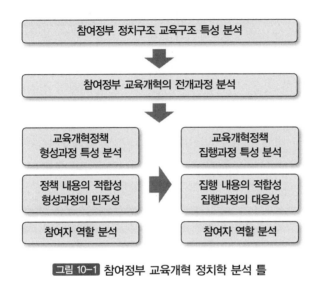

그림 10-1 참여정부 교육개혁 정치학 분석 틀

2. 참여정부의 정치구조와 교육구조의 특성

1) 참여정부 교육개혁의 배경

교육개혁은 당시의 정치적 · 사회경제적 · 교육적 배경하에서 추진된다. 참
여정부 교육개혁이 추진된 배경을 정치적 · 사회경제적 · 교육적 배경으로 구
분하여 정리하면 다음과 같다.

첫째, 참여정부 교육개혁은 정치적으로 일반 국민의 강한 정치 민주화 요구,
사회 개혁 열망과 개혁세력의 단독 집권을 배경으로 한다. 국민의 정부도 수평
적 정권교체에는 성공하였으나, 이는 자민련과의 연합과 후보 단일화를 통해

서 집권한 것이기 때문에 집권 초기부터 개혁정책을 추진하기 어려운 조건이 존재하였다. 하지만 노무현 대통령은 선거 직전 정몽준의 지지 철회에 따라 개혁세력의 단독 집권에 성공한 것이다. 개혁세력이 독자적으로 강력한 개혁을 추진할 수 있는 여건을 갖추고 출범하게 된 것이다. 노무현 정부(대통령직인수위원회, 2003)는 그 스스로를 '국민의 자발적이고 능동적인 참여의 힘으로 탄생한 참여정부'라고 규정하였다. 참여정부는 '국민의 참여를 바탕으로 국정을 운영'하며, '국민의 폭넓은 참여를 통해 개혁과 통합, 나아가 선진국으로의 도약과 지속적 발전을 추진'한다는 의미를 담고 있다.

하지만 단독 집권한 개혁세력이라고 해도 이념적 성향이 일치하는 것은 아니었다. 참여정부에는 다양한 정치적 성향이 혼재되어 있었으며, 교육개혁을 바라보는 관점과 추구하는 교육개혁의 방향에 많은 차이가 있었다. 이념적으로 본다면, 좌파에서 중도우파까지 포함되어 있으며, 교육 부문에서는 전국교직원노동조합(이하 전교조) 세력으로부터 개혁 지향적인 학부모 세력과 일부 신자유주의 세력까지 혼재되어 있었다. 참여정부 내의 이러한 다양한 지향성과 세력 분포는 교육개혁 이념과 방향을 둘러싼 상호 견제, 갈등과 혼란을 조장하는 주요한 원인이 되었다. 인수위원회 단계부터 발생한 내부 갈등은 집권 기간 동안 계속되었다. 이러한 갈등은 특히 전교조의 영향력이 강하게 발휘되는 초·중등 교육 부문에서 주로 발생하였다. 이는 문민정부에서부터 이어져 온 학습자·수요자 중심의 교육개혁이 일정 부분 수정되거나 정책 추진에서 혼선을 빚을 수 있음을 의미한다.

이러한 정황은 교육개혁을 위한 대통령자문기구인 교육혁신위원회의 구성에서부터 드러났다. 참여정부는 대통령자문기구인 각종 위원회의 설치·운영을 통해 관료세력을 견제하면서 각 부문의 개혁을 추진하였다. 교육 부문도 예외는 아니어서 그 역할과 기능을 대통령자문교육혁신위원회에서 담당하게 되었다. 다른 부문과 마찬가지로 교육 부문도 개혁기구인 교육혁신위원회가 어떻게 구성되고 운영되는가 하는 점이 참여정부의 '국민의 참여를 바탕으로 한 국정 운영' 여부를 좌우하는 관건이 되었다. 하지만 참여정부의 교육개혁은 '국민의 참여'라기보다 '위원회의 참여'로 한정되면서 위원회의 위원 구성과 대통령 비서실의 구성에 따라 교육개혁의 방향이 달라지는 결과를 낳게 되었다.

둘째, 참여정부 교육개혁은 과학기술발달과 그에 따른 지식기반사회화, 세계화, 노동시장의 유연화 및 그에 따른 사회 양극화의 심화, 저출산 · 고령화라는 사회경제적 배경하에서 진행되었다. 이러한 사회경제적 배경으로 인하여 참여정부는 국민의 정부에 이어 평생에 걸친 직업능력 계발, 인적 자원개발을 중시하게 되고, 특히 고등교육 분야에서는 '대학 경쟁력이 곧 국가 경쟁력'이라는 슬로건 아래 대학교육의 경쟁력 제고를 강하게 추진하게 된다. 또한 사회 양극화 현상이 교육을 통해 대물림되는 것을 방지하기 위해 계층 간 교육 격차 해소를 위한 교육복지와 지역 간 교육격차를 해소하고 균형발전을 추구하기 위한 농어촌 교육의 진흥을 추진하였다. 그리고 이러한 배경하에서 '학습사회 실현을 위한 미래교육 비전과 전략'이 모색되었다.

셋째, 참여정부에서 교육개혁이 추진되는 가장 중요한 교육적 배경은 각종 교육현안 문제 중에서도 급속히 증가하는 사교육비 문제였다. 사교육비 문제가 교육 부문에서 국민이 느끼고 있는 가장 중요하고 심각한 문제로 본 것이다. 이에 따라 대통령 선거과정에서 노무현 후보가 공약과 대국민 연설을 통해 사교육비 문제를 자신이 반드시 해결하겠다고 강조하였다. "학생의 학습 부담을 줄이고 사교육의 원인을 제거하여 학부모의 사교육비 부담을 지속적으로 줄여 가겠다."고 강조하였다(새천년민주당 정책선거특별본부, 2002). 실제로 노무현 대통령이 집권 이후 가장 먼저 추진한 것이 사교육비 경감대책이었다. 2008학년도 대입제도 개선안도 이를 통한 사교육비 경감이 주된 목적이었다. 이와 함께 타율적 학교, 획일적 교육을 주요 문제로 인식하며 자율적 학교, 다양한 교육을 교육개혁의 방향으로 제시하였다.

2) 참여정부의 성격과 정치구조

정치구조란, 정치과정에서 중요한 정치기능을 담당하는 "개인과 집단, 정당, 정책결정기관, 정책 집행기관과 같은 중요한 정치 행위자들 사이에 나타나는 영향력의 연계관계"를 의미한다. 정치구조는 정치작동을 기능할 수 있게 해 주는 제도적 관계이며, 정치구조는 권력을 중심으로 벌어지는 정치 행위자들 사이의 관계가 마치 제도화된 구조처럼 기능하고 있음을 의미한다(진덕규, 1993: 42). 정치구조를 달리 정리하면, 정치과정에서 기능하고 있는 여러 개인과 집단, 정당, 정책결정기관, 정책 집행기관과 같은 중요한 정치 행위자들 사이에 나타나 일정하게 지속되고 있는 사회적 관계를 의미한다. 정치구조에 속하는 것으로는 정치제도, 정치조직, 정치적 세력관계, 정치적 갈등과 협력관계, 정책결정체제 등이 있을 수 있다.

따라서 참여정부 시기의 정치구조는 당시의 개인과 집단, 정당, 정책결정기관, 정책 집행기관과 같은 중요한 정치 행위자들 사이에 나타나는 영향력의 연계관계로서, 정치제도, 정치적 조직, 정치적 세력관계, 정책결정체제 등을 총체적으로 의미한다. 여기에서 정치제도는 1987년 「헌법」에 기초하고 있기 때문에 큰 차이가 없다. 참여정부의 성격과 정치구조의 특징을 정리하면 다음과 같다.

우선, 참여정부 성격을 둘러싼 상반된 주장과 연구가 존재한다. 제16대 대통령직인수위원회(2003, 이하 인수위)는 노무현 정부를 국민의 자발적이고 능동적인 '참여'로 탄생한 '참여정부'라고 규정하였다. 참여정부는 국민이 국정의 주인이고, 국민의 참여를 바탕으로 국정을 운영하겠다는 기본 정신을 나타내고 있다. 참여정부는 ① 국민과 함께하는 민주주의, ② 더불어 사는 균형발전 사회 그리고 ③ 평화와 번영의 동북아 시대라는 3대 국정목표를 추구하였다. 국정원리로는 원칙과 신뢰, 공정과 투명, 대화와 타협, 분권과 자율을 설정하였고, 이를 국가운영에 관철시키고자 하였다. 다만 국정목표 간의 체계적 연계 그리고 국정목표 달성을 위한 정책수단들의 체계적 연계가 부족했다는 비판을 받고 있다(조형제, 김양희, 2008).

참여정부의 성격을 둘러싼 상반된 주장과 연구를 소개하면 다음과 같다. 성경륭(2009)은 참여정부의 위상에 대해 다음과 같이 주장한다. 첫째, 참여정부는 1987년의 민주항쟁을 통해 부활한 민주주의의 이념을 계승하고 그것을 심화·발전시킨 민주정부의 위상을 가지고 있다. 둘째, 참여정부는 국민의 정부를 이어받아 경제위기를 극복하고 사회적 약자의 삶을 개선하여 경제사회적 진보를 도모한 진보정부라는 위상도 가지고 있다. 진보는 정치공동체의 모든 구성원이 공존과 상생을 이룰 수 있도록 최저생활과 기회의 평등을 보장하고 사회적 불평등을 적극적으로 완화하여 사회정의와 사회적 연대의 실현을 도모하는 원리다. 참여정부는 진보적 가치를 추구한 민주개혁정부로서 해방 이후 존재했던 모든 보수정권들과 분명한 차별성을 보였다. 과거의 보수정권들이 성장과 안보에 치중하여 분배와 복지를 희생시키고 남북대결 노선에 집착하여 결과적으로 경제위기와 안보 불안을 초래했던 것과 달리, 참여정부는 분배와 복지를 대폭 강화하고 평화번영 정책을 통해 남북관계의 안정과 공동발전의 확고한 기틀을 닦았다고 주장하고 있다. 나아가 성경륭(2009)은 참여정부는 국민의 정부를 계승하는 민주진보 정부로서 민주주의 발전, 경제성장, 사회복지 투자, 지방분권과 국가 균형발전, 남북관계 발전 등 거의 모든 분야에서 역대 정부 중 가장 좋은 성적을 거둔 '최고의 정부'로 평가하였다.

하지만 박용수(2010)는 참여정부는 대부분의 논객들의 주장과 달리 좌파정부이기보다는 오히려 신자유주의적 보수·우파정부에 가까웠다고 분석하였다. 외환위기 이후 추진된 무리한 신자유주의적 구조개편과 급속한 시장개방이 서민경제에 미치는 부정적 효과에 대한 인식이 컸음에도 불구하고, 참여정부 국정의 기본 방향은 신자유주의적 시장원리와 워싱턴 컨센서스(Washington Consensus, 1990년대 미국이 중남미 국가들에 제시했던 미국식 경제체제의 대외 확산 전략)에 입각한 정책의 일관된 추진이었다. 취임 전에는 사회적 약자들과 노동자들, 그리고 경쟁력이 부족한 국내 산업에 대한 제도적 보호를 약속했지만,

취임 후에는 영미식 자본주의를 지향하는 국민의 정부 발전양식을 계승하면서 자유무역과 개방 등 신자유주의적 정책을 일관되게 밀어붙였다. 박융수(2010)는 참여정부의 이러한 신자유주의 정책의 도입으로 가장 많은 피해를 입은 계층은 다름 아닌 2002년 대통령 선거에서 노무현 후보를 지지했던 노동자, 농민, 실업자 및 빈곤층과 같은 사회약자들이었다고 주장하였다.

이 연구에서는 참여정부가 참여를 존중한 민주주의를 지향하고, 상식적 가치를 옹호하고 실현시키려 하였으며, 사회적 약자를 위한 정책을 보다 적극적으로 추진하였다는 점에서 상대적으로 '진보적인' 정부였다고 분석한다. 교육 면에서도 학생과 학부모의 요구와 이해를 반영하려고 하였으며, 정책과정에 상대적으로 참여를 확대하였다는 측면에서는 민주적이었고, 학습사회 실현을 위한 교육개혁을 지향하였고, 전교조와는 일부 협력하면서도 동일한 정책노선을 지향하지 않으며 학생·학부모 지향, 사회적 약자 지향의 정책을 추진하였다는 점에서 상대적으로 '진보적인' 정부였다고 분석한다. 오히려 전교조가 학습자인 학생과 주권자인 국민·학부모의 이해와 요구 중심의 개혁보다는 안정적인 교원의 권리와 이해관계를 지향하는 활동을 하고 있고, 교육의 목표이자 결과인 학업성취 측면에서의 형평성이 아닌 형식적 교육기회의 평등 구호를 외치고 있다는 점에서 보수적인 좌파로 분류되는 것이 타당하다고 판단한다. 다만 참여정부가 상대적으로 민주적이고 진보적인 정부였다고 하더라도 모든 정책이 민주적이고 진보적인 정책이었다고 볼 수는 없다.

앞서 언급하였듯이, 참여정부 시기의 정치구조는 이 시기의 개인과 집단, 정당, 정책결정기관, 정책 집행기관과 같은 중요한 정치 행위자들 사이에 나타나는 영향력의 연계관계로서, 정치제도, 정치적 조직, 정치적 세력관계, 정책결정체제 등을 총체적으로 의미한다. 그 특징을 정리하면 다음과 같다.

첫째, 참여정부는 권력구조상 지역연합, 정치연합에 기초를 두지 않아 그 정치적 지지 기반이 취약한 구조였다. 수도권, 영남 일부 개혁세력과 호남세력의 지지가 존재하였지만, 튼튼한 지지 기반은 아니었다. 참여정부 집권세력은 소수파 비주류 세력이었다. 정몽준 지지자와 호남세력은 쟁점 정책의 추진, 인사와 예산 배정 등으로 변동 가능성이 큰 지지 기반이었다. 이러한 정치구조를 일거에 극복하기 위해 지역주의 타파를 명분으로 한나라당과의 대연정 시도가 있었으나 정치적 실패로 귀결되었다. 이를 통해 호남과 비호남 세력이 갈등하고, 이른바 친노세력과 비노·반노 세력 간 분열이 더 심화되었다.

둘째, 참여정부의 주도세력인 진보개혁세력의 정체성이 일치하지 않고, 그에 따라 집권세력 내부의 단합이나 정책적 지향 간의 차이와 갈등이 존재하였다. 그 결과 열린우리당 분당 사태가 초래되었고, 2006년 지방선거의 완패를 경험하였다. 또한 정책적 지향성의 차이에 따라 정치쟁점에서 분열과 갈등이 노정되었다. 이러한 분열은 한나라당과의 대연정 시도 실패와 한미자유무역협정 추진 이후 더욱 심화되었다. 성경륭(2009)에 따르면, 참여정부의 지지세력은 지역주의 해결이라는 대의보다도 수구 보수세력인 한나라당과의 연정을 결코 수용하지 못했고, 한나라당은 노무현 대통령의 술수에 휘말려 드는 것은 물론 좌파정권에 협조할 수 없다는 논리로 그 제안을 냉담하게 거절하고 말았다. 그리하여 참여정부는 반대세력의 거부 외에 지지세력 내부의 분열과 지지철회에 따라 정치적으로 고립되어 버리는 심각한 문제에 직면하게 되었다.

셋째, 노무현 대통령의 당정분리 정책에 따라 여당에 대한 대통령의 영향력은 약화되었고, 청와대와 여당 간의 유기적인 협력이 어려워졌으며, 리더십과 책무성의 약화를 가져왔다. 당정분리 정책의 결과, 집권세력 내에 대통령, 당의장, 원내대표라는 지도자가 나타나게 되었고 여당과 청와대의 정치적 협력은 더 어려워졌다. 4대 개혁입법을 둘러싼 대 국회 전략에서 무기력증을 드러내면서 서서히 침몰해 가기 시작했다. 열린우리당이 152석이라는 과반을 넘는 의석 수를 가지게 되면서 선거연합당으로 한계에 주목하지 않고, 권력의 크기를 중심으로 실용과 개혁으로 논쟁이 번졌다. 실용과 개혁 논쟁은 분명히 언론이 던진 프레임에 말려들었던 측면이 있다. 때마침 재보궐선거에서 집권당에 대한 견제의식과 낮은 투표율, 지역적 불리함 때문에 패배하고 말았다. 선거의 패배는 노무현 정부에 대한 지지율 하락을 동반하고, 여당과 청와대가 갈등하는 악순환 구조로 발전하였다. 이에 따라 집권 후반기에는 차기 출마자가 대통령과의 차별화를 강조하는 시스템으로 발전하였다(이남주, 2008; 김두수, 2009). 그 결과 참여정부 집권 말기에는 대통합민주신당 내부에서조차 노무현 대통령과의 단절을 통한 정권교체론이 제기되기도 하였다.

넷째, 참여정부는 역대 정부 중 가장 많은 행정위원회와 자문위원회, 대통령자문위원회를 운영하였으며, 위원회를 중심으로 정책전문가와 시민사회구성원의 참여가 확대되었다. 참여정부는 2006년 12월을 기준으로 45개의 행정위원회와 354개 자문위원회 그리고 21개의 대통령자문위원회를 운영하였다. 참여정부의 일부 대통령자문위원회는 내각이나 정부 부처뿐만 아니라 청와대비서실까지 압도할 정도로 정책결정에서 큰 영향력을 행사하였다. 때로는 실질적인 정책결정과 정책 집행까지 개입함으로써 국무회의가 유명무실해지고, 해당 부처는 집행기구로 전락하기도 하였다. 또한 위원들의 성향과 자질 문제로 자문위원회가 권위와 정당성 위기에 시달리기도 하였다(정광호, 최종원, 2008: 363-364). 하지만 다양한 위원회에 정책전문가와 시민사회 활동가가 참여함으로써 해당 분야별 개혁을 좀 더 적극적으로 추진할 수 있었다. 교육개혁을 위한 대통령자문위원회는 2003년 제1기 교육혁신위원회가 설치 · 운영되었으며, 2005년에는 제2기 교육혁신위원회가 설치 · 운영되었다.

다섯째, 참여정부는 이전보다 대통령비서실의 규모와 영향력과 역할이 크게 증가하였다. 집권 초기의 비서진은 정무 경험이 부족하고, 전국적 사업을 처리하기에는 부적절한 비서진이었다. 따라서 청와대비서실은 정치적 흐름과 정무적 판단에 따른 전략적 이동을 조직적으로 모색할 능력이 없었다(김두수, 2009). 정광호(2008)는 참여정부 대통령비서실은 역대 정부에 비해 급격한 정원 증가를 경험했으며, 일부 업무가 중복되어 권한과 책임이 불분명하였다고 지적하였다. 운영상으로는 비서진의 일상적인 국정 운영에의 지나친 관여, 대통령비서실 인사의 안정성 미흡, 비서실 인선에서의 충성심과 전문성의 균형

미흡, 정무기능 취약 등의 문제를 지적하였다. 다만 참여정부 대통령비서실이 대통령자문위원회의 타당한 정책 방안 수립과 적극적인 역할을 이끌어 내고, 집행부와의 유기적 협력과 효과적 집행을 추진할 수 있는 능력을 갖추고 있었다면 대통령비서실의 규모와 영향력, 역할 증대는 보다 타당하고 효과적인 개혁을 위한 필요조건이 될 수 있었을 것으로 판단된다.

3) 참여정부 교육구조의 특성

이 연구에서 참여정부의 교육구조란 "교육개혁정책이 결정, 집행, 평가되는 과정인 교육정책과정에 기능하고 있는 여러 구성요소와 그들 사이에 일정하게 지속되고 있는 유형화된 관계"를 의미한다. 이와 관련한 선행연구로는 안선회(2004)의 '참여정부 교육정책 결정체제에 관한 연구'가 있다. 대부분 교육정책의 집행과 평가 및 조정은 교육부(참여정부에서는 교육인적자원부)와 시ㆍ도 교육청이 주도한다. 따라서 정부별로 교육구조에서의 차별적 특징이 드러난다면 주로 정책결정과정과 교육정책결정 체제에서 드러나게 된다.

참여정부의 교육구조의 가장 중요한 특징이자 첫째 특징은 참여정부 전반의 교육개혁을 추진한 교육개혁 주체 세력이 형성되지 못하였다는 것이다. 새천년민주당의 교육공약 개발, 인수위의 국정과제 수립, 교육혁신위원회 준비팀, 제1기교육혁신위원회 주도세력, 제2기교육혁신위원회 주도세력이 매우 다르다. 또한 그들 간의 협력이나 정책승계도 거의 이루어지지 못하였고 단절되었다. 교육개혁 주체세력의 미형성은 이후 교육개혁에 대한 종합적이고 체계적인 정책과정을 저해하는 핵심요인이 된다. 아울러 참여정부의 교육개혁을 둘러싼 갈등을 확대하는 요인으로 작용하기도 하였다. 교육인적자원부 장관도 참여정부 시기 총 6명으로 평균재임기간이 1년이 되지 않았다.

둘째, 참여정부의 교육개혁 추진기구로서 대통령자문교육혁신위원회가 설치ㆍ운영되어 초ㆍ중등 교육과 대입제도 개혁은 교육혁신위원회가 주도하고,

고등교육과 평생교육은 교육인적자원부가 정책과정을 주도하는 교육구조가 형성되었다. 교육혁신위원회는 위원장과 위원 인선부터 의제설정까지 초·중등 교육과 대입제도 개혁을 의도하여 구성되었다. 특히 제1기교육혁신위원회 위원장은 당시 전성은 거창고등학교 교장이 임명되었으며, 제2기교육혁신위원회 위원장은 당시 설동근 부산시 교육감이 임명되었다.

셋째, 참여정부의 교육개혁 추진기구로서 대통령자문교육혁신위원회가 설치·운영되었으나 교육혁신위원회가 참여정부 전반의 종합적이고 체계적인 교육개혁을 주도하지는 못하였다. 참여정부 시기에 사회적 쟁점이 되었던 주요 교육정책 결정과정에서는 각 정책사안별로 핵심정책기구가 다르며, 그에 따라 형성되는 정책결정구조의 특징과 참여자의 역할도 다르게 나타났다. 이 시기 교육정책 결정체제에서 나타나는 핵심정책기구는 교육인적자원부, 교육정보화위원회, 교육혁신위원회, 국회 등이라고 할 수 있다. 특히「사립학교법」개정은 당연히 국회가 핵심정책기구로 기능하였다(안선회, 2004: 2012). 제1기 교육혁신위원회는 전반적인 교육개혁은 추진하지 못하였고, 대입제도 개혁은 결정과 집행과정에서 끊임없는 논란 대상이 되었으며, 학생과 학부모의 부담 증가와 사교육비 증가라는 결과를 가져왔다.

넷째, 참여정부에서는 교육정책 결정체제에서는 사회적 쟁점으로 부각된 정책사안에 대해서는 대체로 임시핵심정책기구가 설치·운영되었으며, 이를 중심으로 정책전문가와 교육시민단체의 참여가 확대되었다. 임시핵심정책기구는 정책형성과 정책시안 마련까지 주도권을 행사하였다. 핵심정책기구란 교육정책 결정구조 중에서도 정책결정과정에서 주도적인 역할을 수행하는 정책기구를 의미한다. 대통령자문교육혁신위원회의 '대학입학제도개혁 특별위원회', 국무총리실 산하 '교육정보화위원회', 교육인적자원부 산하의 '사교육비경감 대책위원회' 등이 그것이다. 그리고 이러한 교육정책 결정구조에서는 교육시민단체들의 활동이 증가할 수밖에 없고, 그 결과로 시민사회권력이 강화될 가능성이 커졌다(안선회, 2004). 다만 최종적인 정책결정과 정책 집행은 교육인적

자원부가 주도하였다.

다섯째, 대통령비서실의 권한과 역할이 부분적으로 확대되었으며, 교육정책에 관한 정책조정 권한이 부여되어 있었다. 특히 핵심정책기구에서 합의되지 못한 쟁점이나 핵심정책기구와 교육인적자원부 사이의 쟁점에 대해서는 대통령비서실이 정책조정을 실시하였다. 다만 정책채택 단계에서는 정책 확정 직전에 당정 협의 가능성이 증가하였다. 대학입학제도 개혁과 교원정책 개선에 관한 개입과 정책조정이 대표적인 사례라고 할 수 있다.

여섯째, 노무현 대통령의 당정분리 정책에 따라 여당의 교육개혁법안 처리에 대한 대통령과 청와대의 영향력은 약화되었고, 청와대와 여당 간의 유기적 협력이 어려워졌으며, 이는 특히 「사립학교법」 개정 등 교육관계법 개정에 대한 책무성의 약화를 가져왔다. 다만 「지방교육자치에 관한 법률」 개정은 의원입법의 형식을 취하였으나, 실제로는 정부혁신지방분권위원회가 주도하여 청와대와 여당 간의 유기적인 협력이 보다 원활하게 이루어졌다.

일곱째, 교육개혁정책에 대한 국무총리의 권한과 역할이 확대되었다. 이는 국무총리실 산하 '교육정보화위원회' 운영, 「지방교육자치에 관한 법률」 개정 과정에서의 국무총리의 정책결정권 행사 등으로 드러났다. 특히 교육개혁과정에서 개혁의제가 사회적 쟁점으로 부각되거나 교육 분야만이 아니라 행정자치부 등 다른 부처와의 의견 대립과 갈등이 나타날 때 정책 조정자로서 국무총리의 권한과 역할이 확대되었다.

여덟째, 참여정부 중기의 교육정책결정과 집행과정에서 종합적으로 나타나는 교육구조의 특징으로는 교육개혁을 둘러싼 정책연합의 변화를 들 수 있다. 교육개혁을 둘러싼 정책연합의 형성과 변화가 나타날 수 있었던 것은 참여정부 교육구조가 임시핵심정책기구를 설치·운영하고 이를 중심으로 정책전문가와 교육시민단체의 참여가 확대되었으며, 특히 정책채택 단계에서 공론화를 통한 여론 수렴 구조를 가지고 있기 때문이다. 노무현 정부 전반기 정책연합 간 갈등은 주로 이념을 중심으로 한 갈등이었다. 평등주의와 자유주의, 우파와 좌파 간 정책갈등이었다. 특히 이념 대립은 정당과 국회, 교육시민단체가 모두 정책갈등에 휩싸였던「사립학교법」개정에서 대표적으로 나타난다. 노무현 정부 중기 이후에는 교원단체와 학부모 단체 간의 정책연합과 갈등으로 변화되는 조짐을 보여 주었다.

아홉째, 참여정부 시기 정책연합 간 갈등은 교원능력 개발평가와 부적격교원대책을 둘러싼 정책갈등부터 중요한 변화를 겪게 된다. 참여정부 중반 이후, 교원능력 개발평가를 중심으로 교원정책이 핵심쟁점이 된 이후부터는 대립전선, 정책연합이 달리 형성되기 시작하였다. 교원능력 개발평가를 이러한 정책연합의 구성과 변화는 조흥순(2008, 2009)에 상세하게 분석되어 있다. 일반 국민, 학부모의 교육적 요구를 반영한 교육정책에 대해 교원단체는 결국 '폐지연합'을 구성하고, 다수의 학부모, 시민단체들이 '지지연합'을 결성하여 서로 대립하였다(조흥순, 2009). 하지만 교원능력 개발평가와 부적격교원대책 등 교원정책 변화를 계기로 이전까지 이념을 둘러싸고 계속 대립하여 왔던 양대 교원단체가 결집하였음에도 불구하고, 일반 국민과 학부모의 여론과 학부모·시민단체의 정책적 영향력 발휘를 막지 못하였다. 이러한 결과는 교육구조가 교육관료와 한국교총의 교육주권 독점체제에서, 교육관료와 교원단체의 교육주권 분점체제를 거쳐, 서서히 국민교육주권, 학부모교육주권 체제로 나아가고 있다는 것을 시사한다. 다만 이러한 변화는 아직 강하고, 폭 넓게 나타난 것이 아니기에 사안별로 후퇴할 가능성과 이념 대립으로 전환될 가능성도 항상 존재한다고 할 수 있다. 특히 대통령선거, 국회의원총선거, 지방선거(교육감, 교육위원 선거)에서는 그러한 이념 대립으로의 전환 경향이 강하게 나타난다(안선회, 2012). 특히 교육감 선거에서의 이념 대립은 후보단일화 과정을 거치면서 보다 극명하게 드러나게 된다.

열째, 참여정부 말기에는 교육구조의 중요한 변화가 나타나는데, 그것은 지방자치구조의 변화다. 지방교육자치제도의 가장 중요한 내용을 규정하고 있는「지방교육자치에 관한 법률」은 1991년 제정 이후 여러 차례의 개정을 거쳐

2006년 12월에 전문 개정되었다. 그 주요 내용으로는 먼저 위임형 심의 · 의결기관으로서 시 · 도 의회와 별도로 구성되어 있던 시 · 도 교육위원회가 시 · 도 의회 상임위원회로 통합되어 교육의결기관이 일원화되었다. 다음으로 기존에 간접선거로 선출했던 교육위원 · 교육감은 주민의 보통 · 평등 · 직접 · 비밀선거에 따라 선출하도록 하여 지방교육에 대한 주민통제를 강화하였다. 하지만 교육위원 정수의 2분의 1인 교육의원 피선거권은 교육 또는 교육행정 경력자(10년 이상)에게 부여하고 있다. 마지막으로 교육감과 시 · 도지사 사이에 지방교육 관련 업무협의를 활성화하기 위하여 지방교육행정협의회를 조례로 설치 · 운영하도록 근거를 두었으며, 각 시 · 도 교육감의 상호 협의를 위해 협의체를 만들 수 있도록 하였다. 지방교육자치제도의 이러한 변화에 따라 유 · 초 · 중등 교육에 대한 중앙정부의 권한과 역할은 약화되고, 민선교육감의 권한과 역할이 커졌으며, 중앙정부와 교육개혁 지향이 다른 지방교육정책이 가능해졌고, 교육청뿐만 아니라 지방자치단체에서의 교육개혁 지원사업 추진이 점차 증가하고 그에 따라 관련 예산도 증가하게 되었다.

3. 참여정부 교육개혁의 전개과정과 주요 내용

일반적으로 한 정권 시기의 교육개혁 분석은 정부가 존속하던 기간에 대해서만 이루어진다. 하지만 이 연구가 참여정부 시기에 이루어진 정치 행위로서의 교육개혁을 정치학적으로 분석하는 것이라면, 대통령 선거 이전의 교육공약 형성과정과 인수위에서의 정책과정과 참여자의 역할 분석을 포함할 필요가 있다. 일반적으로 대통령 재임기간의 개혁정책이란 공약을 실현해 가는 과정으로 인식되기 때문이다. 대통령 재임기간의 교육개혁 전개과정과 주요 내용은 전반기와 후반기 교육개혁으로 구분하여 분석한다. 이러한 시기 구분은 대체로 대통령자문교육혁신위원회의 1기와 2기의 교육개혁으로 구분된다.

1) 노무현후보 교육개혁 공약

2002년 새천년민주당의 노무현 후보는 교육공약으로 '자율과 다양성을 통한 희망의 교육'이라는 구호를 내걸었고, '머물고 싶은 학교, 신뢰와 존경받는 교원, 학벌사회를 실력사회로, 획일적 교육을 다양성 교육으로, 타율적 학교를 자율적 학교로'라는 교육개혁 방향과 30개의 교육 분야 과제를 제시하였다. '자율과 다양성을 통한 희망의 교육' 실현을 위한 30개의 구체적인 공약은 다음과 같다

자율과 다양성을 통한 희망의 교육

- 머물고 싶은 학교, 신뢰와 존경받는 교원
- 학벌사회를 실력사회로
- 획일적 교육을 다양성 교육으로
- 타율적 학교를 자율적 학교로

교원 우대정책 추진, 교원복지와 근무여건 개선, 교원승진제도 개선, 교원의 전문성 향상, 교원양성·임용제도 개선, 학교자치 확대, 사학 개혁과 사학 진흥(「사립학교법」 개정), 고교 평준화 정책을 유지하며 자율학교·특성화고·특수목적고 확대, 교육과정 개혁과 교육평가체제 재정립(교육과정 상시개편-수시개정체제), 대학입시제도 개선, 사교육비 부담 경감, 교육여건 개선, 지역사회와 함께하는 녹색학교, 학교 도서관 활성화와 교육정보화체제 구축, 대학교육의 자율화·특성화, 지방대학 육성, 기초 학문 육성, 대학강사 처우 개선, 교육복지 확대, 유아교육 공교육화, 특수교육 지원 확대, 학교보건교육 강화와 학교급식의 내실화, 실업계고 지원 확대(실업고 무상화), 전문대학 체제 특성화·다양화, 평생교육 진흥, 인적 자원개발 내실화와 교육·자격의 연계, 교육재정 GDP 6% 확충, 교육혁신위원회 설치, 교육행정개혁 추진

노무현 후보는 선거 직전 '떳떳한 노무현 당당한 대한민국'이라는 슬로건 아래 '4대 비전·20대 기본 정책·150대 핵심과제'를 발표하였다. 이 중에서 교육공약은 '자율과 다양성의 교육'이라는 기본 정책으로 제시되었으며, 다음과 같은 9개의 과제로 구체화되었다.

자율과 다양성의 교육

14. 교육의 자율과 다양성을 보장함으로써 공교육의 질을 높이고 교육에 대한 국민의 신뢰를 회복하겠습니다.

14-1 공교육 경쟁력 강화를 위해 교육재정을 획기적으로 확충하겠습니다.

14-2 만 5세 아동에 대한 무상교육·보육을 실시하겠습니다.

14-3 실업계 및 농어촌 고등학교에 대한 무상교육을 실시하겠습니다.

14-4 학급당 학생 수의 축소, 교사의 업무 부담을 경감하는 등 교육 여건을 지속적으로 개선하겠습니다.

14-5 학교단위의 자치를 강화하고, 학교장 재량의 수준별 수업 등 학교 자율성을 확대하며, 특성화고의 집중 육성을 통해 교육의 다양화를 유도하겠습니다.

14-6 대학교의 학생선발 방식·시기·정원을 각 대학이 자율적으로 결정하도록 위임하는 등 대학입시 제도를 개선하고, 학생의 대학선택권을 넓혀 주겠습니다.

14-7 대학교육의 특성화를 지원하고, 지방대학에 대한 획기적인 재정지원으로 지방대학의 일류화를 유도하겠습니다.

14-8 교원 직급과 승진제도 개선·교원 우대정책의 추진 등으로 교원의 처우를 개선하고 전문성을 제고시키겠습니다.

14-9 대학생 학자금·생활비 융자를 위한 '대학생 유동화채권기금(가칭)'을 조성하고 이를 통해 학부모의 교육비 부담을 경감시키겠습니다.

당시 노무현 후보의 교육개혁 공약에는 여러 인사들이 참여하였다. 후보와 함께하는 교육토론 모임도 여러 차례 진행되었다. 일부 전교조 인사와 전문가 집단이 참여하였으나, 당시 여당 내 교육공약을 책임질 만한 국회의원도 없었고, 후보가 전적으로 신뢰하는 교육정책 자문진조차 분명하지 않았다. 당시 교육개혁공약을 최종적으로 정리한 인사는 엄기형 박사와 이종태 박사로 알려지고 있다.[1]

결국 여러 개인과 집단이 다양한 네트워크를 활용하여 후보와 교류하면서 교육개혁 공약을 작성하였으나, 뚜렷한 교육 분야 자문진이 없었고, 특정인이나 특정집단이 교육개혁 공약 수립에서 주도적인 지위를 갖지 못하였다고 분석할 수 있다. 결국 이러한 상황은 인수위의 교육 분야 인수위원 인선과 국정과제 수립에서의 갈등과 혼선을 가져오게 하는 원인이 되었다.

2) 인수위 교육개혁 국정과제

인수위는 2003년 1월에 '노무현 정권'의 10대 국정의제를 발표했는데, 그 내용은 한반도 평화체제 구축, 동북아경제 중심국가 건설, 자유롭고 공정한 시장질서 확립, 과학기술 중심사회 구축, 참여복지와 삶의 질 향상, 국민통합과 양성평등사회의 구현, 교육개혁과 지식문화 강국 실현, 지방분권과 국가균형발전, 부패 없는 사회·봉사하는 행정, 정치개혁 실현 등이다. 교육 부문 의제는 '교육개혁과 지식문화 강국 실현'이라는 국정의제에 대부분 포함되어 있었다. '교육개혁과 지식문화 강국 실현'에 포함된 교육개혁 의제는 다음과 같다(대통령직인수위원회 교육개혁과 지식문화강국 실현 T/F팀, 2003).

----

[1] 연구자는 이 당시 이종태 박사를 통하여 사교육비 경감대책으로 EBS를 활용한 수능방송 등 사교육 대책 방안을 제안하였다.

교육개혁과 지식문화 강국 실현

1. 참여와 자치를 통한 교육공동체 구성
- 교육혁신기구 설치: 법률기구로 상설화, 교육개혁법(가칭) 제정
- 단위학교의 참여와 자치 확대: 교사회 · 학생회 · 학부모회의 법제화 등
- 대학 운영의 민주성과 자율성 강화: 교수회 법제화 등 대학 지배구조 개편

2. 공교육 내실화와 교육복지 강화
- 교육의 공공성 강화와 공교육 내실화: 장단기적인 사교육비 경감 방안 지속 추진
- 학벌타파와 대학서열 완화: 서울대학교 학부정원의 단계적 축소 등
- 교원 전문성 강화 및 승진제도 개선: 적정 수업시수 법제화, 학교장 임용제도 다양화
- 유아 및 특수아 학습권 보장과 지역 간 교육격차 해소

3. 과학기술교육의 질적 고도화
- 초 · 중등 과학교육 강화
- 이공계 대학교육의 질적 제고

인수위에서 제시한 '교육개혁과 지식문화 강국 실현' 의제와 이전의 공약을 비교하면, 다음과 같은 사실이 확인된다. 첫째, 학교자치, 교육복지, 대학의 특성화, 사교육비 경감과 공교육 내실화, 교원의 전문성 강화 및 승진제도 개선 방향은 그대로 유지되고 있다. 다만 교육복지 수준은 공약에 비하여 약화되었다. 둘째, '자율과 다양성의 교육'에서 자율과 다양성의 개념이 약화되면서 '공공성' 강화, 평준화 유지 경향이 강해졌다. '자율학교 · 특성화고 · 특수목적고 확대'에서 '특성화고의 집중 육성'과 '자립형 사립고 · 특목고 · 자율학교 등에 대한 실태파악과 평가를 통해 본래 취지대로 운영될 수 있는 학교정책 마련'으

로 약화되어 갔다. 셋째, '교육민주화'를 위해 대학의 자율성은 축소되고 '대학 지배구조 개편'이 강조되었다. 대학교의 학생선발 방식·시기·정원을 각 대학이 자율적으로 결정하도록 위임한다는 대학의 학생선발 자율성이 '대학지배구조의 개편과 학문의 자유'로 변화되었다. 넷째, 학벌 타파와 대학 서열체제 완화를 추진하였다. 다섯째, 안정적이고 지속적으로 개혁을 추진한다는 이유로 교육개혁법이란 의제가 새로이 추가되었다. 여섯째, 교원 승진제도 개선, 학교장임용제도 다양화 등 교원정책 개선이 강화되었다. 일곱째, GDP 6% 확충 등 교육재정 확보 방안은 명시되지 않았다. 종합적으로 분석하면, 대체로 자유주의적 개혁은 약화되고, 평등주의적 개혁 의제가 강화되었으며, 교사와 교수 중심의 교육지배구조 개편이 시도되었다. 이러한 변화는 인수위에 전교조 출신 인사들이 일부 참여하면서 나타난 변화로 추정된다.

　하지만 인수위의 국정의제 설정은 순조롭지 않았다. 인수위 구성과 운영, 국정의제 수립부터 교육개혁을 둘러싼 권력투쟁 양상이 나타났다. 가장 두드러지게 나타난 것은 인수위원 인선에 대한 반발이었다. 언론 기사는 당시 인수위원 인선을 둘러싼 갈등을 구체적으로 드러내고 있다. 교육공약을 최종적으로 정리한 엄기형 박사와 이종태 박사는 인수위원이나 전문위원이 아닌 자문위원으로 밀려났다. 인수위원으로 임명된 박부권 교수에 대한 교육운동진영의 반발은 거셌다. 교육개혁시민운동연대는 2003년 1월 8일 주최한 '노무현 교육개혁 어떻게 추진할 것인가'라는 토론회에서 안승문, 한만중, 심성보 등은 인수위원 인선을 비판하였다. 이들이 국민의 정부 당시 이해찬 장관의 핵심 브레인인 유상덕과 가까운 서울사대 출신 인맥이라는 것이다. 또한 인선만이 아니라 교육개혁의제를 둘러싼 인수위 회의과정에서의 갈등도 드러나고 있었다(동아일보, 2003. 1. 10: 2003. 1. 17; 오마이뉴스, 2003. 1. 23). "지금까지 역대 정권의 인수위 구성에 대해 시민단체가 인사 내용을 비판하는 것도 처음이지만, 퇴진 요구를 하는 것도 생경한 일"(오마이뉴스, 2003. 1. 23)이었다.

　인수위의 인선과 국정의제 설정을 둘러싼 갈등의 의미를 분석하면 다음과 같다. 첫째, 인수위 구성과 운영을 둘러싼 갈등은 참여정부 교육개혁을 주도하는 뚜렷한 주체세력이 형성되지 않았다는 것을 의미한다. 둘째, 교육개혁 추진 방향과 주도권을 둘러싼 갈등을 통해 국정의제 단계에서 교육개혁 추진 방향이 일부 변화되어 나타났다. 셋째, 교육개혁을 주도할 기구로 교육혁신위원회가 중요하게 부각되었으며 이후 혁신위원회 구성을 둘러싸고 또 다시 갈등이 나타날 수 있음을 예고하고 있다. 넷째, 교육개혁 주도세력 간의 지나친 갈등은 이후 공식적인 두 집단 모두 주도권을 행사하지 못하게 되는 요인으로 작용하였다.

3) 참여정부 전반기 교육개혁 전개과정과 주요 내용

참여정부는 출범 직후인 2003년 4월에 교육혁신위원회 준비 팀을 출범시켰다.[2] 이 준비 팀은 대통령령인 교육혁신위원회 규정을 만들고 조직을 구상하였으나, 6월에 전성은 교장이 혁신위원장에 내정된 뒤에 해산되었고, 혁신위원회 인선에 완전히 배제되었다. 정부는 2003년 7월에 교육개혁기구인 혁신위원회를 출범시켰다. 혁신위원회는 보다 근본적인 문제해결 방안을 수립하기로 하고, 교육 현안에 대한 해결방안은 주로 교육인적자원부가 담당하였다.

참여정부 출범 시기부터 교육 부문에서는 갈등이 표면화되었다. 참여정부 초기부터 갈등이 확대된 NEIS 문제가 사회적 쟁점으로 등장한 것은 2002년 2월 이후다.[3] 교육인적자원부의 정책 추진에 대해 2002년 2월 6일 전교조뿐만이 아니라 시민사회단체까지 참여하여 '중대한 인권침해, 네이스를 폐기하

....

2) 교육혁신위원회 준비 팀은 '교육개혁추진단'이란 이름으로 활동하였으며, 이종태(새천년민주당 자문교수단 교육팀장), 김현준(전 전교조 부위원장), 안선회(구의중학교 학교운영위원장), 한만중(전 전교조 정책국장), 김찬규(정치학 박사)로 구성되었다(이종태 외, 2007: 243).

3) NEIS 정책결정과정에 대한 서술은 안선회(2004)의 '참여정부 교육정책결정체제에 관한 연구'에 분석된 내용을 바탕으로 압축하여 정리하였다. '2008대입제도'와 2·17 사교육비 경감 방안의 정책결정과정도 동일하다.

라.'라는 공동성명을 발표하였다. 2002년 2월 전교조가 학교정보담당자 NEIS 정보이관 거부선언을 조직하였고, NEIS를 국가인권위원회에 제소하였으며, NEIS 강행 움직임을 실력 저지하기로 했다. 한국교총은 성명을 통해 교육인적자원부의 3월 전면 시행방침 철회를 요구하고, 보완 후 단계적 시행과 교육정보화추진위원회의 구성을 요구하였다. 이러한 상황과 요구에 따라 교육인적자원부는 2003년 3월에 NEIS 문제를 해결하기 위하여 교육행정정보화위원회를 구성하였으나 비판세력은 회의 참여를 거부하였다. 이후 교육인적자원부는 4월 11일 NEIS 일부 영역을 수정한 뒤 27개 전영역을 전면 개통하였으나 이에 대한 사회적 반발이 더욱 거세졌다.

이러한 사태의 지속에 대한 여론의 비판이 커지자 대통령비서실의 주재로 5월 25일 교육인적자원부와 전교조가 어렵게 협상을 타결하였으나, 한국교총은 당일 교총회관에서 긴급 회장단 모임을 열고 'NEIS 전면 재검토'와 관련해 윤덕홍 교육부총리의 사퇴를 촉구하였다. NEIS를 둘러싼 사회적 대립과 혼란이 계속되는데도, 교육인적자원부의 문제해결능력에 대한 불신이 더욱 커지면서 해결 전망이 보이지 않자 6월 18일 정부는 고건 국무총리 주재로 NEIS 관련 동향과 대책을 논의한 '국정현안정책조정회의'를 열어 NEIS 중 교무·학사, 보건, 입(진)학 3개 영역을 재검토하기 위하여 법률·정보·교육 전문가로 총리실 산하에 자문기구로 교육정보화위원회를 구성하기로 하였다. 정부가 2003년 3월 3일 교육정보화위원회의 합의안을 토대로 NEIS 중 교무·학사, 입학·진학, 보건 영역의 운용방안에 대한 정부 정책을 최종적으로 결정하였다(안선회, 2004: 69-95).

이 과정에서 교육부총리 인선 실패 논란이 확산되었으며, 참여정부와 전교조 간에는 회복하기 어려울 정도로 갈등의 폭이 커졌고, 전교조는 참여정부 교육개혁의 중심세력으로서의 입지를 상실하였다. 특히 노무현 대통령은 전교조의 반대 투쟁에 대하여 "자신의 주장으로 국가의 의사결정 절차 등 기능을 마비시키려는 시도에는 단호히 대처할 필요가 있다."(교육인적자원부, 2008d: 106)

고 할 정도로 전교조를 비판적으로 인식하게 되었다. 가장 중요한 문제는 참여
정부 초기부터 교육을 둘러싼 갈등으로 참여정부가 종합적이고 체계적으로 교
육개혁을 추진할 수 있는 기회와 추진력이 약화되었다는 점이다.

'2·17 사교육비 경감대책'은 교육공약과 인수위 국정의제를 거치면서 교육
개혁의제로 설정되었다. '2·17 사교육비 경감대책'은 교육혁신위원회가 아닌
교육인적자원부가 주도하였다. 교육인적자원부는 자문기구로 '사교육비경감
대책위원회'를 구성·운영하였고, 사교육비 경감대책 마련을 위해 한국교육개
발원에 용역을 발주하였다. 한국교육개발원과 교육인적자원부의 정책형성 후
에는 공청회를 지역별로 진행하고, '사교육비경감대책위원회'의 자문을 거쳐
의견 수렴을 진행하였다. 최종 정책결정 단계에서는 청와대비서실에서 정책을
조정하였다. 이 정책조정과정에서 EBS 인터넷 수능방송과 학생·학부모가 참
여하는 교원평가 방안이 추가되었으며, 대입제도 개선이 정부의제로 확정되었
다. 노무현 대통령은 2003년 교육인적자원부 업무보고에서 "사교육비 경감을
위해 '방과후학교' 또는 '전일제학교' 도입 방안을 마련하라."고 지시하였다(교
육인적자원부, 2007a: 11). 2004년 2월 17일 최종 확정 발표된 '공교육 정상화
를 통한 사교육비 경감대책'은 '사교육 수요 공교육체제 내 흡수 대책' '학교
교육 내실화 대책' '사회·문화 풍토 개선 대책'으로 구분되어 10대 추진과제
가 확정되었다. 대통령이 직접 강조한 '방과후학교' 사업은 교육인적자원부의
추진 지연, 제1기교육혁신위원회의 협력 거부 등 우여곡절을 거쳐 2년의 준비
후 2005년에서야 시범 실시되었다.

대입제도 개선은 이미 공중의제로 부각된 상태에서 교육공약과 인수위 국
정의제를 거치면서 교육개혁의제로 설정되었다. 특히 2003년 12월 16일에 대
통령이 주재한 교육부 등 관련 부처 합동국정과제 토론회에서 '교육혁신위원
회 주관으로 2008학년도 이후 대입제도 개선 방안을 마련하라고 지시'함으로
써 정부 내에서 의제로 확정되었으며, 2004년 '2·17 사교육비 경감대책'에서
'대학입학전형제도 개선'이 공식화되었다. 교육혁신위원회의 정책 형성은 '대

학입학제도개혁 특별위원회(이하 대입특위)'를 중심으로 이루어졌다. 교육혁신위원회는 대입특위 출범 이전부터 '내신 중심의 경로별 선발' '교육이력철' '전국 단위 시험 폐지' 등을 포함한 대입제도 개혁을 추진하였다. 하지만 이인호 위원장은 "방안에 대한 특별한 제한 없이 근본적인 논의로부터 출발한다." (대통령자문정책기획위원회, 2007b: 8)고 규정하여 출발에서부터 입장 차이가 드러났다.

논의가 진행되면서, 김민남 선임위원 등의 주장은 "기본적으로 ① 각 교사가 자신이 가르치는 학생들을 대상으로 평가한 내신 등급, ② 학생들의 다양한 성취에 대한 세부적인 기록으로 구성되는 교육이력철 그리고 ③ 지역단위별로 제한된 과목에서 실시되고 등급으로 제공되는 대학학력고사를 전형자료로 제공하면, 대학은 이를 기초로 자율적으로 선발하라는 것이었다."(대통령자문정책기획위원회, 2007b: 14) 교육인적자원부는 교육혁신위원회 '대입특위'와는 별도로 대입제도 개선을 위해 '대입제도 개선 T/F 팀'을 구성하여 운영하였다(대입제도 개선 T/F, 2004). 교육혁신위와 교육인적자원부는 교육이력철의 명칭과 활용, 교사별 평가의 도입, 대학수학능력시험(이하 수능) 등급, 경로별 전형 등에서 입장 차이가 조정되지 않아 청와대 사회문화수석실의 조정회의와 청와대 국정과제 토론회를 거쳐 대통령이 일부 쟁점을 정리하였다. 이 과정에서 당시 안병영 부총리는 학생부 이름, 수능 9등급제, 교사별 평가 유보를 이끌어 내었다. 이러한 과정을 거쳐 8월 26일 '2008대입제도' 개선안 시안이 발표되었다. 대입제도 개선 정책결정이 단기간에, 전문적·현실적 검토·분석이 충분하지 않은 상태로, 비공개적·폐쇄적, 하향식으로 이루어졌으며, 최종 정책 방안은 구체성이 부족했다.

결국 '2008대입제도' 개선안 시안 발표 후 최종 정책 확정 직전에 청와대 국정과제 토론회에서도 합의하지 못한 수능 1등급 비율을 둘러싸고 청와대와 당, 그리고 교육부총리 사이의 갈등이 심각하게 전개되었다. 2005년 10월 25일 총리공관회의에서 총리가 주관한 회의가 열렸고, 이 자리에서 이정우 위원장, 문재인 수석, 전성은 교육혁신위원장, 박도순 선임위원, 정봉주 의원은 7%를 요구하였다. 이 자리에서 안병영 교육부총리는 "더 이상 논의한다는 게 의미가 없다고 말하면서 자리를 박차고 일어났고, 회의는 중단되었다."(대통령자문정책기획위원회, 2007b: 36) 안병영 교육부총리는 이 자리에서 사직원을 제출하였으나, 다음 날 새벽 총리는 대통령이 4%로 확정하였다고 전하면서 사직원을 돌려주었다고 알려지고 있다. 이 과정에서 안병영 교육부총리는 청와대, 교육혁신위원회 그리고 여당의 전방위 압력과 갈등 속에서도 교육정책 책임자로서 부총리직을 걸고 전문적인 판단을 관철하였다. 이러한 안병영 교육부총리의 정책적인 판단이 이후 '2008대입제도'의 문제가 더 악화되는 것을 막았다고 추정할 수 있다.

2008대입제도의 더 큰 문제는 집행과정에서 발행하였다. 집행과정에서도 고교등급제, 통합논술, 내신과 논술 비율, 수능등급제 등을 둘러싼 논쟁이 끊이질 않았으며, 갈등과 혼란이 계속되었다. 정책결정 및 집행과정에서 발생한 혼란의 최종 피해자는 학생과 학부모였다. '2008대입제도'의 최종 정책결정과정에서의 갈등으로 교육혁신위원회 주요 인사가 사퇴하면서 제1기교육혁신위원회가 주도하는 교육개혁은 실질적으로 어려워졌다. 또한 제1기교육혁신위원회의 임기 말에는 청와대와 협의를 거치지 않고 '교육혁신위원회 2년활동백서'와 부록(CD)을 발간하면서 갈등을 빚었다.

2005년 5월에는 교육혁신위원회와 교육인적자원부가 공동으로 과제 팀을 구성하여 마련한 '직업교육체제 혁신 방안'이 국무총리에게 보고·확정되었다. 교육혁신위원회와 교육인적자원부가 공동 작업을 통해 수립한 방안이었지만, 대통령 보고가 아닌 국무총리 보고로 마무리되었고, 국무총리 보고 시 다른 부처(기획예산처, 노동부)가 참여한 최종 협의과정에서 재정 확충이 실현되지 못하였다. '직업교육체제 혁신 방안'이 수립·발표되었지만, 공약에서 제시한 실업계고교 무상교육은 물론, 직업교육 내실화도 실현되기 어려운 상태로 귀결된 것이다.

참여정부 전반기에 여야 간 정치대립이 격화된 쟁점인 「사립학교법」 개정이 이루어졌다. 사립학교법 개정은 교육공약으로 제시되었고, 인수위의 교육개혁 의제인 '참여와 자치를 통한 교육공동체 구성' 방안으로도 추진되었다. 「사립학교법」 개정은 열린우리당 의원들이 주도하였다. 열린우리당 복기왕 의원이 대표발의(150명 찬성)한 「사립학교법」 개정안이 2004년 10월에 국회에 제출되었다. 하지만 「사립학교법」 개정안이 국회에 제출될 때까지 교육인적자원부는 전혀 모르는 상태였다. 이는 열린우리당 의원들이 교육인적자원부를 불신했기 때문이다(김성근, 2012: 92). 이러한 상태에서 당정 협의는 있을 수 없었고, 대통령비서실도 큰 역할을 담당할 수 없었다. 2005년 12월에 정기국회 마지막 날 한나라당 의원들과의 몸싸움 끝에 「사립학교법 개정안」이 통과되었다. 하지만 이런 '엉성한 추진'(김성근, 2012: 97) 결과 이후 더욱 강력한 저항과 재개정 요구에 직면하게 된다.

지방교육자치제도 개선에 관한 정책의제 설정은 인수위 정무분과를 중심으로 이루어졌다. 다만 이 당시 교육자치 문제를 대통령 직속 교육개혁추진기획단을 출범하여 논의하는 안이 제시되었다. 공식적 의제설정은 2003년 4월 9일 대통령에 대한 교육인적자원부의 업무보고에서 대통령의 지시에 의해 이루어졌다. 대통령은 "교육부가 풀어야 할 문제 중에서 제일 큰 것은 교육자치 구조"라고 강조하며, "이 문제는 교육부에만 맡기지 않고 정부 전체의 혁신 또는 지방분권이라는 큰 틀에서 함께 풀어나가는 방향"(대통령자문정책기획위원회, 2008a: 13)으로 할 것을 지시하였다.

이후 정책대안 형성은 대통령직속 자문기구인 '정부혁신지방분권위원회'를 중심으로 이루어졌다. 이 당시 교육자치 등을 다루는 지방분권전문위원회를 구성하였는데, 위원 20명 중에 교육학 전공 인사는 포함되지 않았다. '정부혁신지방분권위원회'는 연구와 논의 결과를 종합하여 정책대안을 형성하여 대통령에게 보고하였다. 주요 내용은 의결기구 통합, 시 · 도 지사와 교육감의 연계 강화, 기초단위 교육자치 실시 등이었다. '정부혁신지방분권위원회'는 교육계

인사의 의견수렴을 위해 '지방교육자치제도 개선을 위한 자문회의'를 구성 운영하였고, 자문회의 종료 후에는 '지방교육자치제도 개선특위'를 운영하며 정책대안을 형성하였다.

2004년 8월 17일 국무회의에서 대통령이 총리 중심의 국정 운영을 지시하였고 이에 따라 이해찬 총리가 관장하게 되며 기초 단위 교육자치 시행에 대해 국무총리의 제동이 있었다. 이후 정부 부처 간의 이견 조정을 거쳤고, 교육인적자원부는 신속한 법 개정을 위해 의원입법을 주장하여 열린우리당 백원우 의원의 대표발의로 국회에 법안이 제출되었다. 국회의 법률개정 과정에서 교육계의 이익단체들이 연대하여 교육자치 말살 방안이라며 반대를 조직화하였다. 하지만 법률개정안의 통과는 참여정부 후반기인 2006년에 상임위원회 의원 변경 등 상황 변화에 따라 상임위 심의를 거쳐 12월 국회 본회의에서야 이루어졌다.

교육개혁의 과정에서 대통령 임기 첫해를 포함한 전반기는 향후 개혁의 성패를 좌우하는 중요한 시기라고 할 수 있다. 하지만 참여정부는 공약 작성, 인수위 구성, 교육혁신위원회 준비 팀, 교육혁신위원회 1기 인선 등에서 끊임없이 주도 인사를 교체하여 왔다. 이러한 현상은 세력 간 주도권 다툼의 결과라고도 할 수 있지만, 근본적으로는 참여정부의 정책리더십 부족에서 비롯된 것이라고 할 수 있다. 특히 교육혁신위원회가 구성되지 않은 시기인 정권 초기 1년은 교육부총리 인사가 교육개혁의 결정적인 관건임에도 특정 지역 고려 차원의 인사를 하면서 총체적인 어려움을 예고하였다. 이러한 인사의 실패는 참여정부에서의 타당한 교육개혁 이념과 방향 정립, 체계적이고 종합적인 중장기 교육개혁 모두를 어렵게 하는 핵심 요인으로 작용하였다.

4) 참여정부 후반기 교육개혁 전개과정과 주요 내용

참여정부 후반기로 접어드는 2005년 9월에 제2기교육혁신위원회가 발족하였다. 제2기교육혁신위원회는 대입 수시제도의 개선, 교원 승진·양성·연수제도의 개선, 교과서제도의 개선, '학습사회 실현을 위한 미래교육 비전과 전략' 마련을 주도하였다. 이 과제 중에서 다른 과제들은 교육혁신위원회의 전문위원회와 본위원회가 교육인적자원부 및 외부 전문가들과 협의하여 개선 방안을 마련하였다.

교원정책 개선의 의제설정은 교육공약과 인수위 국정의제 설정을 통하여 이루어졌다. 공식적으로는 2004년 2월에 확정된 '2·17 사교육비 경감대책'에서 '학교교육 내실화'를 위한 '학교교육의 신뢰 제고'를 위해 '우수교원 확보' 방안으로 '교원평가체제 개선' 방안이 제시되었다. 구체적으로 '교장·교감뿐만 아니라 동료교사 및 학부모 등이 참여하는 교사 다면평가제 도입' 방침까지 제시되었다. 이로써 정부는 교원평가제 도입과 교원양성·승진·임용·연수제도 개선을 추진하게 되었다. 교원평가제는 안병영 교육부총리가 도입 발언을 한 것으로 알고 있으나 이미 부총리 취임 이전에 사교육비 대책으로 포함되어 있던 대책이었다. 안선회는 2003년 7월 19일에 '교원인사제도 혁신을 위한 협의회'의 제1차 워크숍에서 교원평가와 관련하여 학생과 학부모의 참여, 동료교사에 의한 다면평가 방안 등을 제안하였다(한만길 외, 2004: 15, 38-39). 이후 이 방안은 EBS 수능방송, 학생의 자율성을 전제로 한 방과후 보충수업·자율학습 정책 등과 함께 사교육 대책으로 당시 대통령비서실 김성환 행정관에게 제안되어 대통령에게 보고된 후 '2·17 사교육비 경감 방안'에 반영되었다.

하지만 의제 설정 후 교원평가제에 대한 구체적인 정책형성은 교육인적자원부에서 담당하였다. 교육인적자원부는 3월에 TF 팀을 구성하고, 논의하여 새로운 교원평가제를 '기존 근무평정제도와 분리 논의, 단계적 추진, 학생과 학부모의 평가 참여 통로 개방' 등을 골자로 하는 기본 방향을 결정하였다. 이후 협의과정에서 교직단체들의 반발에 직면하자 교육인적자원부는 2004년 8월, 한국교육학회, 한국교육행정학회, 한국교육평가학회 등 3개 학회가 공동으로 수행하는 '교원평가제도 개선 정책연구'를 발주하였다. 연구진은 새로운 교원평가제를 먼저 시범 운영하여 학교 현장에 적합한 모델로 수정 · 보완하도록 건의하였다. 교육인적자원부는 교원평가제도 개선 정책연구결과를 종합적으로 검토하여 "교원평가제는 교원의 능력 계발을 위해서만 활용하고 인사관리와는 연계시키지 않는다."는 내용 등을 보완한 시안을 마련하였다. 2005년 4월에는 마침내 '교원평가제도 개선 방안(시안)'이 발표되었다. 사회적 분위기는 교원들의 반대에 대해서는 집단이기주의라고 표현하는 등 부정적인 여론이 대세였고, 정부가 교원평가제 전면 확대를 서둘러야 한다는 입장이 지배적이었다.

교직 3단체(교총, 전교조, 한교조)는 교원평가 저지 공동대책위원회를 구성하여 교원평가 거부 25만 명 교사 서명운동을 벌이는 등 격렬한 반대 활동을 전개하였다. 한편 교직 3단체의 교원평가제 거부에 맞서, 학부모 단체들은 교원평가제도의 즉각적 시행과 부적격 교사 퇴출을 강력히 촉구하였다. 김진표 교육부총리는 교직단체의 주장을 수용하여 2005년 6월 3일, '학교교육력 제고를 위한 특별협의회' 구성하였지만, 특별협의회의 합의는 전교조의 태도 변화로 결렬되었다. 이후 교육부는 그동안 논의한 사항을 반영하여 '부적격 교원 대책'을 수립하여 발표하였다. 하지만 '부적격 교원대책' 외에는 별다른 진척이 없는 상황이 계속되자 학부모 · 시민 단체들은 교육인적자원부의 미온적 태도에 대해 비난하였고, 일부 단체는 특별협의회를 탈퇴하였다(2005. 9. 2). 교육과 시민사회 등 8개 학부모 단체와 시민단체는 연대하여 기자회견을 열고 교원평가제의 조속한 시행을 재차 촉구하였다. 결국 교육인적자원부는 '교원평가제 시범 운영 강행'을 결정하고, 2005년 11월 4일 마침내 '학교교육력 제고 사업'의 일환으로 전국 초 · 중 · 고등학교 48개교를 최종 선정하여 교원평가제 시범 운영을 실시할 것임을 발표한다(대통령자문정책기획위원회, 2008b: 4-66).[4] 이러

....

4) 교원평가제 정책과정 전반은 대통령자문정책기획위원회(2008b)가 발간한 '교원평가제-노력하는 선생님, 질 높은 교육-'(참여정부 정책보고서 2-35)의 내용을 요약하여 서술하였다.

한 시범운영 결과를 바탕으로 일부 교원단체의 반대에도 불구하고 교육인적자원부는 교원평가 법제화 추진을 발표하였으며, 관련 「초 · 중등 교육법」 개정안을 국회에 제출하였으나 개정으로 이어지지는 않았다.

종합적인 교원정책 개선은 교육공약과 인수위 국정의제를 거치면서 부각되었고, '2·17 사교육비 경감대책'과 교원평가제 정책과정을 거치면서 정부의 확고한 교육개혁의제로 설정되었다. 제2기교육혁신위원회는 교육인적자원부의 요청과 대통령비서실의 역할 조정에 따라 교육인적자원부의 정책시안을 인수받아 참고하며 정책대안을 형성하였다. 제2기교육혁신위원회는 '교원정책 개선특별위원회(이하 교원특위)'를 구성하여, 지역순회토론회, 라디오 방송토론회, 수십 차례의 내부 토론을 거치면서 정책대안을 형성하였다. 한국교총의 반대로 첨예한 쟁점인 교장공모제 도입에 관하여 '교원특위'에서의 합의는 도출되지 않았으나 교육인적자원부와의 이견 조정, 제2기교육혁신위원회 전체 합의를 거쳐 교원양성제도, 교원승진제도 및 교장임용제도, 교원연수제도 개선 방안이 포함된 '교육력 제고를 위한 교원정책 개선 방안'이 마련되었다. 다만 학생 · 학부모가 참여하는 교육만족도 조사결과를 교원승진 평정에 반영하기로 한 방안은 대통령의 재가 이후에 전교조의 반대로 교육인적자원부의 정책 발표과정에서 배제되었다. 교육혁신위원회는 관련 법률안의 개정까지는 직접 추진하지는 않았으며, 관련 법령 개정 추진은 교육인적자원부의 역할로 정리되었다.

교과서 제도 혁신은 제2기교육혁신위원회에서 추진한 개혁 방안이었다. 교과서 제도 혁신은 2005년 출범 시에는 개혁의제로 설정되지 않았었다. 교과서 제도 혁신의 직접적인 계기는 대통령비서실을 중심으로 이루어진 '차세대 과학교과서'의 추가 검정에 관한 처리에 관한 대책회의였다. 이 과정에서 교육인적자원부의 추가검정 불가 방침을 극복하고 '차세대 과학교과서'의 추가 검정이 실현되면서, 교과서 상시검정제도를 포함한 교과서 발행제도 혁신이 이루어질 수 있는 결정적 조건이 마련되었다. 교육혁신위원회는 교과서 발행제도

혁신을 위해 교육과정 현안연구 팀(홍후조, 안선회, 강익수)을 구성하여 교과서 개선 방안을 포함한 교육과정 개정 관련 현안 연구를 실시하였다.

제2기교육혁신위원회는 이를 바탕으로 교육인적자원부와의 정책협의, 전문가협의회 및 여러 차례의 내부 심의를 거쳐 2007년 4월 27일에 교육혁신위원회 제42차 본회의에서 '학교 혁신을 위한 교과서 발행제도 개선 방안'을 심의 · 의결하였다. 이 개선 방안은 대통령 보고를 거쳐 2007년 6월 20일에 교육인적자원부에 의해 '양질의 교과용도서 개발을 위한 교과서 제도 개선 방안'으로 확정 · 발표되었다(이종각 외, 2007: 117).

참여정부 초반에 여야 간 정치대립이 격화된 쟁점인 「사립학교법」은 2005년 12월 개정된 이후 오히려 극단적인 대립이 나타났다. 노무현 대통령은 「사립학교법」 문제를 '실익도 없는 싸움'이라고 판단하여, 법 통과 직후 종교지도자들과의 만남에서 사학의 자율성을 최대한 존중할 것임을 천명하였다(대통령자문정책기획위원회, 2008c: 33-34). 이후 법 개정 내용 중 학교장의 임기 제한이 유치원 원장에게도 적용된다는 사실이 밝혀져 '법안부실론'이 대두되고 재개정 논의가 본격화되었다. 한나라당은 보수세력과 종교계의 지원을 받으면서 원외투쟁을 전개하였다. 박근혜 한나라당 대표는 개정 「사립학교법」이 '전교조에게 우리 교육을 넘겨 주는 것'이라고 비판하며 모든 법안 처리를 거부하였다. 그 와중에 열린우리당 김은영 의원이 재개정안을 내고, 노무현 대통령의 '당원에게 보내는 편지'를 통해 양보를 시사하였다. 2007년 7월 국회에서 의장 직권상정을 통해 표결을 거쳐 재개정되었다.

교육 인프라 구축과 관련하여 2006년 12월에 중요한 변화가 있었다. 지방교육자치제도의 가장 중요한 내용을 규정하고 있는 「지방교육자치에 관한 법률」이 전문 개정된 것이고, 또 하나는 지방교육자치에 필요한 재원의 구조와 조달 방식을 규정하고 있는 「지방교육재정교부금법」이 개정된 것이다. 이 중에서 교육감 · 교육위원 직선제, 교육위원회의 시 · 도 의회로의 통합을 주된 내용으로 하는 지방교육자치제도의 변화는 대통령 자문기구인 정부혁신지방분권위원회

에서 주도한 것이고, 「지방교육재정교부금법」 개정은 교육혁신위원회의 문제
제기가 있었지만 반영이 되지 않았으며, 거의 정부안대로 개정이 이루어졌으
며, 다만 교부율 상향 조정에 필요한 경과 기간이 줄었을 뿐이다.

'학습사회 실현을 위한 미래교육 비전과 전략'은 1년 간의 사전 논의와 추가
로 1년의 본격적인 논의를 거쳐 수립된 것이다. 제2기교육혁신위원회의 정책
수립과정은 제1기의 과정에 비해 상대적으로 개방되었으나 본질적 차이는 없
었다. 여전히 정책결정과정 전체를 공개하지 못하였으며, 시안 마련 후 사회적
논의는 매우 짧게 이루어졌다. 또한 대통령 보고를 통해 정책결정이 이루어졌
음에도 불구하고 최종 발표 단계에서는 집행부서인 교육인적자원부에 의해 일
부 내용이 수정되는 경우도 있었다.

인적 자원개발 및 평생·직업 교육체제 구축과 고등교육 개선 방안은 주로
교육인적자원부가 주도하였다. 특히, 제2기교육혁신위원회는 출범 당시부터
초·중등 교육에 관한 개선 방안을 마련하고, 인적 자원개발 및 평생·직업 교
육체제 구축과 고등교육 개선 방안은 주로 교육인적자원부가 담당하는 것으로
역할이 분담되었기 때문이다. 교육인적자원부는 정책 용역과 자문기구를 활용
하여 분야별 정책을 수립하였다. 교육인적자원부는 인적 자원개발 및 평생·
직업 교육체제 구축을 위해 제2차국가인적 자원개발계획을 수립하였으며, 국
가인적자원위원회를 구성·운영하도록 하는 등 추진체계를 정비하였으며, 다
양한 계층의 인적 자원개발을 위해 노력하였다.

참여정부 후반기의 가장 큰 어려움은 '2008대입제도'에 대한 정책과정의
갈등과 사교육비 증가 문제였다. 정책과정의 갈등과정에서 노무현 대통령이
직접 학생부 내신 반영 비중 50% 이상을 요구하면서 정책의 부작용이 심화되
어 갔다.[5] 학생들에게는 내신, 수능, 논술의 3중 부담이 커지고, 학부모에게는
사교육비 증가 고통이 커졌다. 따라서 교육정책에 대한 정치적 지지는 약화되
었다. 이러한 상황에서도 비서실의 일부 비서관과 교육혁신위의 비공식적 대입
정책 조정 요청은 반영되지 않았다. 참여정부 말기에는 일부 인사가 제기하고

있던 3불정책에 대한 문제제기를 계기로 삼아 3불정책 유지담론을 적극적으로 제기하였다. 이를 통해 대입제도 관련 쟁점을 변화시켜 '2008대입제도'에 의한 정치적 불만을 해소하려고 하였으나 이러한 의도는 실현되지 못하였다. 3불정책 유지는 정치적 담론에 불과하였고, 학생의 내신, 수능, 논술의 3중부담과 학부모의 사교육비 부담 증가는 현실적으로 존재하는 고통이었기 때문이다.

참여정부 후반기의 교육개혁정책과정의 흐름은 전반기 교육개혁정책과정의 성과와 한계를 안고 이루어졌다. 교육개혁 주도세력을 중심으로 한 종합적이고 체계적인 교육개혁은 실현되지 못하였고, 대통령비서실과 제2기교육혁신위원회가 협의한 개혁의제를 중심으로 단편적으로 이루어졌다. 제2기교육혁신위원회는 후반기 교육개혁이기 때문에 전반기 교육개혁의 가장 중요한 사안이었던 대입제도 개편과 그에 따른 갈등, 사교육비 증가 문제를 해결하는 데 충분한 역할을 하지 못하였다. 제2기교육혁신위원회는 교육현안전문위원회를 만들어 대입제도, 사교육 문제에 대한 모니터링을 통해 여러 경로를 거쳐 정책조정을 요청하였으나 학부모와 일반 국민의 요구에 대응한 합리적 정책조정은 이루어지지 않았다. 특히 정책과정의 갈등과정에서 노무현 대통령이 직접 학생부 내신 반영 비중 50% 이상 확대를 요구하였으므로, 이 정책을 수정하면 대통령의 정치적 부담으로 작용할 수 있었다는 정치적 고려가 작용하였다고 추정된다.

....

5) 참여정부는 학생부 내신 중심의 특목고 입학전형 정책도 더욱 강화하였다. 이는 초 · 중학생의 사교육비 증가를 초래하는 직접적인 원인을 제공하였다. 특목고 정책에 대해서는 김선애(2012)의 논문, 김선애와 안선회(2012, 2013)의 논문에서 참여정부와 이명박 정부의 특목고 정책 영향, 인과가설을 분석하고 있다.

4. 참여정부 교육개혁정책 형성과정 분석

1) 정책 형성과정 특성 분석

(1) 정책 내용의 적합성 분석

참여정부 교육개혁정책 형성과정의 특징을 정책 내용의 적합성, 정책 형성 과정의 민주성과 합리성이라는 준거에 근거하여 분석하였다. 정책 내용의 적합성(appropriateness)이란, "정책 문제를 해결해 성취하고자 하는 가치들 가운데 바람직한 혹은 실현 가능한 가치가 정책목표를 구성하고 있는 정도"(류지성, 2007: 223)를 말한다. 적합성 분석은 "정책목표나 정책수단이 달성하고자 하는 가치가 사회적·교육적으로 바람직한지 그리고 정책수단을 통해 정책목표가 실현 가능한지를 체계적으로 검토하는 것"(안선회, 2009: 80)이다.

우선 NEIS 추진은 '21C 창조적 인재 계발을 통한 지식 강국'을 실현하기 위하여 '교육행정 업무를 효율적으로 지원할 수 있는 정보시스템의 구축'을 위한 것이다(대통령자문정책기획위원회, 2008d). 학교단위 시스템을 전국단위 교육행정정보시스템으로 개선한다고 하더라도 보안 문제를 철저히 대비한다면 생산성 및 효율성이 향상될 것으로 판단되며, 학생·학부모를 위한 교육행정서비스도 향상될 것으로 기대되었다. 따라서 정책 내용은 적합하다고 할 수 있다. 다만 초기에 너무나 많은 교육정보를 집적하려고 하면서 학생·학부모의 정보인권 문제가 나타날 가능성을 소홀히 했던 부분적인 오류를 지니고 있었다. 이에 대해 전교조는 NEIS에 대한 비판 논거를 ① 교원의 업무 가중, ② 인권침해, ③ 비용 절감 등으로 변화시켜 가며 비타협적인 투쟁을 진행하였다(대통령자문정책기획위원회, 2008d: 64-65). 이러한 과정을 보면 전교조가 제기한 인권침해 문제는 투쟁을 위한 명분이었다고 볼 수 있다.

'2·17 사교육비 경감대책'은 방과후학교와 e-러닝 체제 구축을 통하여 사교육 수요를 공교육체제 내로 흡수함으로써 사교육비를 경감한다는 인과가설은 타당성을 지니고 있다. 다만 평준화제도의 보완을 통하여 사교육비를 경감한다는 인과모형은 타당성이 미흡하여 부분적으로 사교육비를 증가시킬 수 있으며, 학생부 비중 증대와 내신상대평가, 수능등급제 등 대입제도를 개선하여 공교육을 내실화·강화함으로써 사교육비를 경감할 수 있다는 인과모형은 학교에서의 경쟁을 강화하여 대입경쟁 전략으로서의 사교육 수요와 사교육비 증가를 유발하는 악순환구조를 낳았다고 할 수 있다(안선회, 2009b). 국민의 요구인 사교육비 경감을 통해 정치적 지지와 정당성을 획득하려는 정치적 의도도 그 자체로는 적합하다고 할 수 있다.

참여정부 교육개혁정책에서 가장 적합성이 부족한 대책은 '2008대입제도'라고 할 수 있다. 참여정부의 '학생부 비중 확대 인과가설'은 학생들에게 학습부담 가중, 사교육비 증가를 가져왔다. '입학사정관제 인과가설'과 '특별전형 확대 인과가설'은 대입 공정성 약화, 사교육비 증가, 사회통합 약화 등을 초래하였다. 참여정부는 수능사교육 문제의 원인을 수능 자체로 규정하고 학생부 반영 비중을 높여 해결하려고 하였다. 그러나 수능사교육의 원인으로 학교에서의 수능 지도능력 부족 요인을 인식하지 못하였다. 이와 함께 학생부 반영 비중이 수능만큼 커질 경우 학생부 내신대비 사교육도 커질 것이란 문제를 포착하지 못하였으며, 수능등급제로 변별력이 약화되면 논술 반영 비중을 확대할 것이라는 문제도 예측하지 못하였다(안선회, 2013). '정책 문제의 정의'가 미흡하였으며, '문제 정의 자체를 잘못'하여 '제3종 오류'가 있었고,[6] 그것이 정책인과가설의 오류를 가져와 정책 효과성을 약화시킨 핵심 원인으로 작용하였다(안선회, 2013). 안병영 교육부총리의 정책판단과 소신이 없었으면 그 부작용은 더욱 심각했을 것으로 판단된다.

....

6) '제3종 오류'란 '문제 정의 자체를 잘못'하여 '공식적인 문제가 실질적인 문제를 잘못 나타내는(노화준, 2010)' 오류를 말한다.

교원평가제는 교원의 전문성 신장과 자기계발을 통하여 학교교육력을 제고하려는 목적으로 도입되었다. '2·17 사교육비 경감대책'(교육인적자원부, 2004. 2. 17)에서는 이를 통해 '학교교육의 신뢰를 제고'하고자 하였다. 교원의 전문성 향상을 위한 기제가 부족한 상태에서 교원평가제는 학생·학부모 만족도조사를 통해 교원이 자기계발과 교수-학습 방법 향상을 모색할 수 있기 때문에 적합성을 지닌 정책이라고 분석할 수 있다. 제2기교육혁신위원회가 수립한 교원정책 개선 방안도 교원양성제도, 교원승진제도 및 교장임용제도, 교원연수제도 개선을 통하여 교원의 '교육력 제고'를 목표로 한 것이며, 정책목표와 정책수단 간 인과관계도 타당성을 지니고 있다.

교과서 제도 혁신은 다양하고 창의적이며 질 높은 교과서 발행을 통하여 새로운 교수-학습 풍토를 조성·지원하기 위한 것이었다. 제2기교육혁신위원회의 교과서 발행제도 개선 방안은 국정제 개선을 통한 창의적인 교과서 개발과 국정교과서 질 향상, 검정제 개선을 통한 오류 없고 질 높은 검정 교과서 개발, 인정제 개선을 통한 인정도서 질 향상과 교육의 특성화 지원이라는 정책수단을 수립하였다. 교과서제도 개편을 통해 새로운 교수-학습 풍토를 개선하여 학생의 창의성, 자기주도적 학습능력을 제고할 수 있으므로 적합성을 지니고 있다고 판단된다.

「사립학교법」 개정안의 적합성에 대해서는 논란의 여지가 있다. 「사립학교법」 개정은 사학 운영의 공공성과 투명성 강화를 위한 교육개혁이었다. 개정 내용 중 회의록 공개 의무화, 퇴직 교육공무원의 임원 제한 등은 사립학교의 공공성과 투명성 확보를 위한 방안으로 매우 적합한 것이지만, 사회적으로 쟁점이 된 개방이사제, 이사장 친족의 학교장 임명제한, 대학평의원회 설치 등에 대해서는 학문적으로도 위헌과 합헌 논란에 제기되고 있다(강경근, 2005; 표시열, 2006; 이윤환, 2006; 김호정, 2007; 김보엽, 2007: 150-151).[7] 특히 유치원장의

....

7) 헌법재판소는 2013년 11월 28일, 2007년 재개정된 사립학교법에 대한 헌법소원에 대하여 재판관 5(합

학교임기 제한 조항은 '법안부실론'을 유발할 정도로 적합성이 부족한 조항이었다. 이러한 문제는 「사립학교법」 개정에서의 당·정 협의, 당·청 협의를 통한 구체적인 검토과정을 거치지 않는 등 '엉성한 추진'(김성근, 2012: 97)으로 발생한 측면도 있었다. 2005년 「사립학교법」 개정은 비리사학만이 아니라 정상적인 사학마저도 자율적인 운영과 지배구조에 대한 위협을 느끼게 하여, 사립학교를 운영하는 종교계까지 정치적 반대세력으로 돌려놓는 결과를 가져 왔다.

교육자치제도 개선정책에 대한 적합성 판단에 대해서는 커다란 이견이 존재한다. 교육감, 교육위원 직선제에 대해서는 큰 이견이 없었으나, 의결기구 통합에 대해서는 이견과 갈등이 있었다. 행정학자들은 대체로 의결기구 통합을 포함한 교육자치제도 개선을 적합하다고 판단하여 찬성하지만, 교육학자, 교원단체 등 교육계인사들은 의결기구 통합에 대해 대체로 적합하지 않다고 판단하여 조직적인 반대와 저항을 보였다. 그러나 교육계인사들의 주장대로 의결기구 통합 이후 정치에 대한 교육의 예속이 실제로 심화되었는지, 주민의 교육에 대한 요구가 보다 잘 반영되었는지 보다 객관적이고 공정한 연구를 통해 검증할 필요가 있다.

교육개혁정책의 적합성은 개별 정책에 대한 적합성만으로는 미흡하다. 교

....

헌) 대 4(위헌) 의견으로 합헌결정했다(2007헌마1189; 2009헌바206; 2011헌바136). 헌법재판소의 결정은 다음과 같다. 임시이사가 선임된 학교법인의 정상화를 위한 이사 선임에 관하여 사학분쟁조정위원회에 주도권을 부여한 「사립학교법」 제24조의2 제2항 제3호, 제4항 본문, 제25조의3 제1항은 사학분쟁조정위원회가 그 인적 구성과 기능에 있어 공정성 및 전문성을 갖추고 있다는 점, 학교법인의 정체성은 설립자로부터 이어지는 이사의 인적 연속성보다는 설립 목적이 화체된 정관을 통하여 유지·계승된다는 점, 사학분쟁조정위원회는 정상화 심의과정에서 종전 이사 등의 의견을 청취할 수 있다는 점 등을 고려할 때 학교법인과 종전 이사 등의 사학의 자유를 침해한다고 볼 수 없다. 그리고 사학분쟁조정위원회는 그 구성과 기능에 있어서 중립성과 전문성, 공공성이 보장되어 있으므로, 정식 이사 선임에 관한 구체적 기준이나 절차를 법률에 규정하지 않았다는 점을 들어 앞의 법률조항들이 명확성 원칙에 반한다고 볼 수 없다. 또한 설립자나 종전 이사가 사립학교 운영에 대해 가지는 재산적 이해관계는 법률적인 것이 아니라 사실상의 것에 불과하므로, 청구인들의 재산권 침해 주장은 받아들일 수 없다(헌법재판소, 2013a, 2013b, 2013c).

육개혁정책 전체가 적합성을 지녀야 한다. 하지만 참여정부는 제1기교육혁신위원회를 통한 총체적이고 중장기적인 교육개혁 추진이 어려워지면서 교육개혁정책에서의 총체적 적합성을 갖추지 못하였다. 특히 제1기교육혁신위원회는 종합적인 교육개혁 방안을 제안하였으나 대통령을 비롯한 정부 핵심세력을 설득하지 못하였다. 그 결과 참여정부에서의 총체적인 교육개혁은 현실적으로 불가능하게 되었다.

특히 교육의 본질적인 측면인 교수(수업)와 학습 향상을 위한 근본적인 개혁은 이루어지지 못하였다. 더욱이 대통령의 권한 부여와 결정에 의해 추진된 '2008대입제도'의 적합성 부족은 향후 참여정부의 교육개혁에 대한 학부모·국민의 지지를 약화시키는 요인으로 작용하게 된다. 참여정부는 임기 말기인 2007년에서야 '교육비전 2030'을 수립하지만, 시기적으로 임기 내 실현 가능성이 없어 적합성을 갖추지 못했다고 분석할 수 있다.

(2) 정책과정의 민주성 분석

교육정책 형성과정의 민주성은 "교육정책결정이 주권을 지닌 국민의 요구와 동의·지지에 근거하는 정도"(안선회, 2009: 82)를 의미한다. 정책형성과정의 민주성은 개별 교육개혁정책 형성과정의 민주성 분석을 바탕으로 참여정부의 교육개혁정책 형성과정 전반에 걸쳐 분석될 필요가 있다.

NEIS 추진과정에서의 민주성은 매우 미흡하였다고 분석할 수 있다. 일반 학부모와 국민에게는 NEIS에 지나치게 많은 교육정보가 집적됨으로써 발생할 수 있는 인권의 문제였다. 교원의 업무 가중, 비용 절감의 문제는 학부모와 국민의 요구·이해와는 거리가 먼 쟁점이었다. 하지만 정부는 NEIS 추진을 전자정부 추진을 위해 당연한 것으로 인식하였고, 주로 기술적 문제를 검토하고 있었다. 시행 초기 인권 문제로 비화될 가능성을 충분히 고려하지 못하였기 때문에 학부모, 교사의 검토와 의견 수렴에 소홀하였다. NEIS 문제가 전교조에 의해 쟁점화된 이후에는 일반 학부모와 국민의 이해와 요구를 소홀히 하고 전교조와 협상, 합의하여 문제를 해소해 가려는 안이한 태도를 보였다. 이에 대해 보수 언론과 다른 학부모 단체, 교원단체마저 정부를 비판하는 상황에 직면하게 되었다. 이후 정책결정과정에서도 전교조에 지나치게 경도되는 협상과정을 유지하였다. 즉, 교육정책결정이 주권을 지닌 국민의 요구와 동의·지지에 근거하지 못하고 전교조라는 특정 교원단체의 이해와 요구에 지나치게 좌우되면서 문제가 더욱 악화되었고, 정책과정의 민주성도 약화되었다. 다만 최종 정책채택과정에서 교육쟁점에 대하여 정책 이해관계 집단이 참여하는 '사회적 합의기구'를 구성·운영하고 그 합의에 따라 정책을 추진한 것은 절차적 민주주의 원칙을 준수하였다고 할 수 있다.

'2·17 사교육비 경감대책' 형성과정은 민주성을 지니고 있었다고 분석할 수 있다. 의제설정과정에서 사교육비로 고통받는 학부모·국민의 요구가 반영되었으며, 정책결정과정에서도 교육수요자 요구조사를 실시하였고, 사회적 논의와 의견 수렴도 이루어졌으며, 대체로 그 결과를 고려하여 정책이 형성되었다(안선회, 2009: 238-239). 교육인적자원부는 2004년 2월 여론조사기관 리서치앤리서치에 의뢰하여 최근 전국 20세 이상 성인남녀 1,000명을 대상으로 지난 17일 발표한 '사교육비 경감대책'에 대해 설문조사를 실시한 결과, 대책 전반에 대해 찬성 의견(84.5%)이 반대(11.7%)보다 훨씬 많은 것으로 나타났다고 밝혔다.

하지만 '2008대입제도'개선은 정책의제 설정과정도 민주성을 확보하였을 뿐 정책대안 형성과 정책채택과정은 민주성을 확보하지 못하였다. '2008대입제도' 정책형성과정에서는 교육수요자 요구조사를 실시하지 않았고, 정책형성과정 이전의 요구조사에서 이루어진 학생들의 인식과 요구와는 다른 방향으로 정책결정이 이루어졌다. 제1기교육혁신위원회는 대통령 보고(2004. 8. 19) 1주일 전에 전화면접과 온라인조사를 통해 학부모, 교사, 대학생, 고등학생(표본크기 1,000명)을 대상으로 여론조사를 실시하였다. 하지만 이러한 조사는 표본 수도 매우 적을 뿐만 아니라, 진정한 의견 수렴을 위해서라기보다 대통령 보고를 앞둔 시점에서 요식 행위로 진행되었다고 판단된다. 문항별로 찬성과 반대를 물은 이 조사에서 교사는 70.7%, 학부모는 52.7%만이 찬성하였지만, 대학생과 고등학생은 상반된 견해를 보였다. 핵심 정책 대상인 고등학생들은 오히려 반대하였다. 또한 현재의 수능시험을 유지하되 보완이 필요하다는 견해가 70.7%가 되었고, 내신 위주의 대학입학제도가 촌지 등 교육부패를 더 증가시킬 것으로 예상하는 비율이 50.9%였다(박도순, 최원해 외, 2005: 271-272). 이 여론조사 결과는 정책에 대한 충분한 지지와 동의를 표시한 것이 아니기 때문에 정책의 정당성을 확보하기에는 미흡한 것이었다.

정책형성과정에서 전교조, 한국교총 등 교원단체의 반대가 있었으나 민주성을 확보한 교육개혁은 교원정책 개선이었다. 특히 교원평가제는 정책제안과 의제설정부터 학부모(단체)의 요구에 의한 것이다. 아울러 학생·학부모가 참여하는 교원평가제라는 정책에 대한 학부모·국민의 지지와 요구도 매우 강하였다. 교원평가제 정책채택과정에서는 전교조가 거부 의사를 명확히 했지만 학부모·국민의 지지와 요구에 근거하여 여야 정치권 모두 교원평가제 추진과 수용을 촉구하였다(한국일보, 2005. 11. 9). 이 과정에서 노무현 대통령은 전교조의 저항에 대해 "몇몇 강력한 힘을 가진 집단이 있는데 선생님이 그중 한 집단"(서울신문, 2006. 3. 8)이라며 비판적 인식을 보여 주었다. '교원정책종합 개선 방안' 중 승진·임용제도 개선에 대해서는 한국교총의 반대가 있었다. 하지만 제2기교육혁신위원회가 한길리서치에 의뢰한 여론조사에서는 동료교사, 학생, 학부모 만족도까지 포함하는 다면평가 요구에 대해 교원 59.8%, 학부모 86.7%가 찬성하였고, 현행 제도와 다른 새로운 교장임용제도 도입에 대해서는 평교사 57.5%, 학부모 84.4%가 찬성하였다(한길리서치연구소, 2006. 5. 30)

교과서제도 개선은 참여정부 교육개혁정책 중에서 예외적으로 저항이 적었고, 지지가 많았다. 일부 언론의 국정교과서의 검정화에 대한 문제제기가 있었으나 대체로 지지가 많았고, 특히 전교조와 한국교총, 역사교사모임도 검정화 방침을 지지하면서 별다른 저항 없이 제도화될 수 있었다. 교과서제도 개선은 정책 내용의 전문성으로 인하여 여론조사는 실시하지 않아 절차적 민주성은 미흡하였으나, 정책 내용의 민주성은 확보하고 있었다고 분석할 수 있다. 다만 교과서제도 개선 정책과정에서 일반 국민이나 여론의 반발보다 교육인적자원부 관료들의 반발과 저항이 강하였다. 제2기교육혁신위원회는 대통령비서실과 협력하며 교육인적자원부 관료들의 반발과 저항을 극복하며 교과서 제도 개선 정책을 실현하였다.

「사립학교법」 개정과정은 더욱더 민주성을 확보하고 있었다. 2004년 10월 여당의 「사립학교법」 개정안에 대한 여론조사(MBC)에 따르면, 72.2%가 「사립학교법」 개정에 찬성하고 있으며, KBS 17대 국회의원 대상으로 한 조사에서는 국회의원의 2.3%만이 개정에 반대하고 있었기 때문이다(내일신문, 2005. 7. 5). '진보적' 의원들은 국민의 「사립학교법」 개정에 대한 높은 합의도 위에서 사학의 체질을 개선하고자 했으며, 이런 노력은 민주성과 공공성의 제고라는 '원칙'에 기반한 것이었다(대통령자문정책기획위원회, 2008c: 22-23). 하지만 민주성이 정책의 적합성을 보장하지는 않는다. 그리고 국민의 요구와 이해는 추상적이며, 목표 지향적이지만, 정책은 목표 달성을 위한 구체적인 정책수단을 요구하며, 다른 무엇보다 구체적인 정책수단의 타당성에 의해 정책효과가 좌우될 가능성이 크기 때문이다.

참여정부의 교육개혁정책 형성과정은 그 이전의 정책형성과정과 비교할 때, 대체로 민주성을 갖추고 있다고 그 특징을 분석할 수 있다. 물론 정책결정과정의 민주성이 정책의 효과성을 담보하지는 못한다. '2·17 사교육비 경감대책'은 대체로 민주적이었고, 국민 다수의 지지도 받았다. 하지만 참여정부 시기에 사교육비는 크게 증가하였다. 핵심 변인인 대입제도, 고입제도 개선이 사교육비 경감이 아니라 증가를 가져왔기 때문이다. 대입제도 개선과정은 민주성을 확보하지 못하였다. '2008대입제도' 개선정책은 민주성을 갖추지 못하였다. 대입제도는 학생, 학부모에게 직접적인 영향을 미치는 정책사안이기 때문에 큰 방향에 대해 대학과 교원단체의 입장도 존중해야 하지만, 학생·학부모의 이해와 요구를 반영해야 함에도 불구하고 그러하지 못하였다. 정책과정의 민주성이 효과성을 담보하지는 못하지만, 정책과정의 비민주성은 정책의 효과성을 더욱 악화시킬 수 있다.

지방교육자치제도 개선은 정책형성과정에서 여러 단계의 공청회 등 여론수렴과정을 거쳤고, '국민의 대표기관'인 국회에서의 오랜 기간의 논의와 표결을 거쳐 이루어져 절차적 민주성을 갖추었다. 정책 내용에서도 교육감과 교육위원 주민직선제를 도입하여 일반 국민과 학부모의 교육에 관한 요구가 교육정책결정에 반영될 수 있는 구조를 만들었다는 점에서 민주성을 갖추었다고 분석된다. 정책결정과정에서 의결기구 통합에 대한 교육계의 조직적인 반발과 저항이 있었다고 하더라도 그 자체만으로 정책결정과정에서의 민주성이 훼손되었다고 하기 어렵다. 오히려 민주성을 고려한다면 의결기구 통합이 일반 국민과 학부모의 교육에 관한 요구를 좀 더 제대로 반영할 수 있는 구조라고 할 수 있다.

참여정부가 교육개혁정책의 민주성을 확보하기 위하여 대학입학제도 개혁특별위원회, 교육정보화위원회, 학교교육력 제고를 위한 특별위원회, 교원정책개선특별위원회 등 다양한 정책자문 기구를 만들어 의사수렴을 위해 노력해왔다. 참여정부의 민주성 확보 노력은 궁극적으로 학부모·국민의 요구와 이해를 존중하고 반영하려는 특징을 가지고 있다. 하지만 그 과정에서 NEIS, 교원평가제 도입과정에서 전교조 등 교원단체의 '저항'에 의해 너무 많이 주저하였고, 대입제도는 전교조와 일부 학부모 단체 그리고 제한적인 전문가 집단의 입장에 지나치게 경도되었다. 정책과정의 민주성이 효과성을 담보하지는 못하지만, 정책과정의 충분한 민주성은 정책의 효과성 악화를 방지하고 좀 더 효과성을 높일 수 있는 필요조건이라고 할 수 있다.

2) 정책형성과정 참여자 역할 분석[8]

정책과정에서는 다수의 정치 행위자들이 참여하여 일련의 상호조정을 거쳐 정책을 결정하게 된다. 정책과정의 정치성을 이해하기 위해서는 정부정책의 결정이 이루어지는 무대의 구성원(행위자)이 누구이고, 이들 행위자 사이의 상호관계는 어떠하며, 이들이 전체 정책과정에 어떤 방식으로 조화되고 있는지 살펴보는 것이 중요하다(남궁근, 2012: 269). 교육개혁정책 형성과정의 정치성 분석을 위해 참여정부의 교육개혁정책 형성과정의 참여자 역할을 분석하였다. 공식적 참여자로는 국회, 대통령과 대통령비서실, 교육인적자원부, 교육혁신위원회(제1기, 제2기)를, 비공식적 참여자로는 교육전문가, 이익집단(교원단체), 학부모 단체, 대중매체를 분석하였다.

(1) 국회

국회는 직접선거를 통해 선출된 국민의 대표로 구성된 '국민의 대표기관'이다. 국회는 '국민의 대표기관'으로서 민의를 반영하여, 법률을 제정하고, 예산을 심의·의결하며, 헌법기관을 구성하고, 행정부의 구성과 운영을 통제한다. 국회는 특히 법률개정을 통해야 하는 교육개혁정책 형성에서는 결정적 역할을 수행한다. 참여정부 시기에도 국회는 법률개정을 통한 교육개혁정책 결정에서 중요한 역할을 수행하였다. 전술한 정책과정을 바탕으로 그 특징을 분석하면 다음과 같다.

첫째, 국회는 「사립학교법」 개정과정에서 가장 강력한 역할을 수행하였다. 「사립학교법」 개정과정에서는 국회가 의제설정, 정책대안 형성, 정책결정을 모두 주도하였다. 「사립학교법」 개정과정에서의 정치적 논란과 갈등도 모두 국회를 중심으로 이루어졌다.

....

8) 참여정부의 정책형성과정 참여자 역할 분석은 안선회(2004)의 연구를 바탕으로 작성되었다.

둘째, 국회는「지방교육자치에 관한 법률」개정과정에서는 최종 정책결정 단계에서 결정적 역할을 수행하였다.「지방교육자치에 관한 법률」개정이 의원입법으로 이루어졌다고 하더라도, 지방교육자치제도 개선의 의제설정과 정책형성은 대통령자문기구와 정부에서 담당하였고, 정치쟁점이 되었던 부분적인 정책대안 형성과 법률개정을 통한 정책결정을 국회가 담당하였다고 할 수 있다.

셋째, 법률개정 과정에서는 정책결정에 영향을 미치고자 하는 정책과정 참여자들의 모든 행위는 국회의 법안 제출, 심의와 의결을 중심으로 이루어졌다.「사립학교법」개정과「지방교육자치에 관한 법률」개정을 포함한 법률개정 과정에서 공통적으로 나타나는 정치현상이다.

넷째, 합의가 이루어지지 않고 정치적인 갈등이 해소되지 않은 채 표결처리로 법률개정안을 의결하면, 개정 이후 정치 갈등이 지속되고, 합의 처리가 이루어지면 정치적 갈등은 해소 내지 완화된다. 2005년「사립학교법」개정 이후에는 정치갈등이 증폭되었고, 2007년「사립학교법」재개정과 상임위원회의 합의를 거쳐 표결한「지방교육자치에 관한 법률」개정 이후에는 정치갈등이 해소 내지 완화되었다.

다섯째, 법률개정 과정에서는 정책결정을 둘러싼 정책연합은 국회의 주요정당을 중심으로 형성되고, 핵심 활동이 이루어진다. 다만 정책사안에 따라 정책연합의 구성이 달라진다.「사립학교법」개정과정에서는 이념을 기준으로 보수와 진보로 나뉘고, 중도세력이 법 개정을 지지하였다. 지방교육자치제도 개선과정에서는 여야 정치세력과 일반 국민은 대체로 지지하였고, 교육전문가 교원단체들이 이념을 초월하여 반대 정책연합을 구성하였다.

여섯째, 법률개정 과정에서의 국회, 정당의 활동은 대중매체에 형성되는 국민의 여론, 특히 정치적 지지의 변화에 의해 크게 영향을 받는다. 교육개혁 정치과정 중에서도 국회에서의 법률개정 과정은 정치조직인 정당의 활동으로 이루어지며, 가장 정치적인 과정이다. 정당의 목적은 국민의 정치적 지지를 얻어 정치권력을 획득하여 자신들이 원하는 정책을 실현하는 것이다. 이러한 특징은 참여정부 「사립학교법」 재개정 과정에서 가장 두드러지게 나타났다. 일반 국민의 정치적 지지도 변화, 특히 종교계의 지지도 변화에 따라 대통령과 여당 도 「사립학교법」 재개정에 동의하여 여야 합의에 의한 재개정이 이루어졌다.

일곱째, 국회의원의 교육 전문성의 부족과 교육 관련 상임위원회 위원장의 야당의원 배정에 따라 정부와 여당 주도의 교육개혁 법률개정에 어려움이 존 재한다. 「헌법」이 규정한 교육의 정치적 중립성 원칙의 영향에 의해 유·초· 중등 교원의 정치 활동 금지, 교육전문가의 소극적인 정당 가입과 활동, 정당 의 교육전문가 양성과 영입 부족 등의 원인으로 정당과 국회의 교육 전문성 부 족 문제가 심화되고 있다. 이러한 문제는 「사립학교법」 개정과정에서 드러나 재개정 요구를 촉발시키는 원인으로 작용하였다. 1988년 여소야대 국회 구성 이후 교육 관련 상임위원회 위원장에 야당의원이 배정됨에 따라 정부 여당은 교육관계 법률 개정에서의 주도권을 상실하였다. 그에 따라 법률 개정을 통한 교육개혁이 어려워지는 경향이 나타나고 있다.

(2) 대통령과 대통령비서실

우리나라의 대통령은 국가 원수로서의 지위와 행정부 수반으로서의 지위를 함께 가지고 있다. 대통령은 「헌법」과 법령이 보장한 지위와 권한, 자원을 활용 하여 정책형성과정에 결정적 영향력을 행사한다. 특히 참여정부는 대통령의 역 할이 교육개혁정책과정에서 중요한 역할을 수행하였다. 전술한 교육개혁정책 형성과정을 바탕으로 대통령의 역할 수행과 그 특징을 분석하면 다음과 같다.

첫째, 대통령은 교육개혁정책 의제설정에서 결정적 권한을 행사한다. 「사립 학교법」 개정을 제외한 참여정부 교육개혁정책 의제설정은 대부분 대통령의 결정에 의한 것이라고 할 수 있다. 참여정부가 추진한 사교육비 경감정책, 대 입제도 개선, 지방교육자치제도 개선, 교원정책 개선 등이 그러한 사례다. 교과 서 제도 개선도 대통령비서실을 통해 의제로 설정되었기 때문에 실질적으로 대통령의 권한행사에 의한 것이라고 할 수 있다. 특히 방과후학교 정책은 대통령의 직접 지시에 의해 정책의제 설정이 이루어졌다. 다만 「사립학교법」 개정은 국회에서 의제로 설정이 되었고 교육행정정보시스템 수정은 전교조에 의해 쟁점화되어 교육인적자원부에 의해 의제설정이 이루어졌다고 할 수 있다.

둘째, 대통령과 대통령비서실은 구체적인 정책형성을 직접 하지는 않지만, 정책형성 주도기관의 결정과 구성을 통해 간접적으로 영향을 미치고, 주요 교육개혁정책의 정책형성 최종 단계에서 기관 간, 부처 간 이견을 조정함으로써 정책형성을 좌우한다. 대통령과 대통령비서실은 사교육비 경감, 대입제도 개선, 교원정책 개선, 교과서제도 개선 등에서 그러한 역할을 수행하였다. 「사립학교법」 개정에서도 여당의 재개정 검토에 간접적으로 영향을 행사하였고, 교육행정정보시스템 조정과 지방교육자치제도 개선에서는 국무총리에게 권한을 위임하여 국무총리의 정책형성에서의 영향력이 증가하였다.

셋째, 교육개혁정책의 형성과정에서 대통령의 권한 부여의 방향과 정도에 따라 실질적인 교육개혁 방향이 좌우되었다. 대입제도 개선, 교원정책 개선, 교과서제도 개선을 교육인적자원부가 아닌 대통령자문기관에 권한을 부여해 줌으로써 보다 더 혁신적인 개혁이 가능하였다. 특히 지방교육자치제도 개선에서는 교육인적자원부나 교육혁신위원회가 아니라 교육계 인사가 포함되지 않은 정부혁신지방분권위원회에 권한을 부여함으로써 교육계의 요구와는 다른 방향의 개혁안을 도출되도록 하였다.

넷째, 대통령과 대통령비서실은 대통령자문위원회 위원장과 위원, 교육인적자원부 장관·차관, 대통령비서실 인사를 통하여 간접적으로 교육개혁 방향과 효과성을 좌우하였다. 따라서 대통령자문위원회 위원·위원장, 교육인적자원부 장관·차관, 대통령비서실의 긍정적이거나 부정적인 역할 수행은 최종적으로 대통령의 책임으로 귀결된다. 특히 교육 부문에서의 노무현 대통령의 지역편중 인사는 교육개혁의 합리성 확보를 약화시키는 주요한 원인이 되었다고 판단된다. 특히 비서실 인사에서는 초기에 교육비서관을 아예 두지 않았고, 말기에는 교육전문가가 아닌 교육비서관 인선 등을 통해 교육정책의 전문성을 약화시켰다. 중기에는 전교조 출신이며 전교조와 함께 협력하는 교육비서관과 행정관 인선을 통해 전교조 정책이 교육개혁에 반영되는 구조적 통로를 만들었다. 따라서 대통령자문위원회 위원장과 위원, 교육인적자원부 장관·차관, 대통령비서실의 교육개혁에서의 공과(功過)는 대통령의 몫이자 책임이라고 할 수 있다.

다섯째, 대통령과 대통령비서실은 교육개혁정책의 결정 단계에서 교육개혁의 핵심쟁점을 조정하여 최종적으로 교육정책을 결정하였다. 행정부에서 이루어진 주요 교육개혁정책은 대통령과 대통령비서실의 결정이었다고 할 수 있다. 사교육비 경감정책, '2008대입제도', 교원정책, 교과서제도 개선 정책결정이 그러하였다. 이러한 역할은 참여정부에서만이 아니라 대통령과 대통령비서실의 일반적인 권한과 역할이다.

여섯째, 노무현 대통령은 임기 내 총체적인 교육개혁을 기대하지 않았고, 교육에 대한 전문성과 교육개혁 방향에 대한 확신이 부족하였다. 노무현 대통령은 교육혁신위원회를 구성하여 교육개혁을 추진하였지만, 큰 기대를 가지고 있지 않았다. 노무현 대통령은 2003년 6월 20일, 중앙부처 실장·국장급 회의에서 그런 생각을 표현하였다. "교육혁신위원회를 만들긴 만들지만 너무 기대하지 마십시오. 교육문제에 대해 머리를 싸매고 지혜를 모아야 할 사람들은 교육 주체들입니다. 학부모들도 마찬가지고, 선생님들입니다. 그런데 교단 내부에서 싸움이 나서 누구하고 대화를 하기가 어려운 상황입니다."(대통령자문정책기획위원회, 2008d: 66) 이러한 판단은 인수위 단계에서의 인수위 참여 교육세력 간 갈등, NEIS 파동에서의 상황 인식에 의한 것으로 보인다. 특히 노무현 대통령은 NEIS 사태에서 인권이 쟁점화되고 있지만 사실 문제의 본질은 인권이 아니라 교육현장에 뿌리 깊게 자리잡고 있는 '교단갈등'이 그 핵심이라고 규정하고 있다(대통령자문정책기획위원회, 2008d: 68). 교육에 대한 전문성과 교육개혁 방향에 대한 확신 부족은 교육 분야 비전문가인 역대 대통령들의 일반적인 특징이라고 할 수 있다.

일곱째, 노무현 대통령은 임기 내 총체적인 교육개혁을 기대하지 않았으나 중장기적인 교육개혁 비전 수립에 대한 강한 의지를 가지고 있었다. 노무현 대통령은 2006년 3월 '동반성장과 양극화 극복을 위한 워크숍'에서 "5·31 교육개혁 방안과 같이 10년 이상을 내다보는 장기적인 교육비전을 마련할 필요가 있음."을 지적하였다. 이후 대통령비서실은 교육혁신위원회에서 주관하는 것으로 최종 결정되었다(이종각 외, 2007: 209). 청와대 사회정책수석비서관실은 교육개혁 비전 수립과정에서 교육현안에 초점을 두고 미래 발전 방안을 개발할 것을 주문하였다. 노무현 대통령은 교육개혁의 방향으로 교육경쟁력 향상과 사회통합을 함께 강조하였다. 이러한 정책조정과정을 통하여 2007년 8월에 '학습사회 비전 2030'을 확정하였다.

(3) 교육혁신위원회

앞서 언급하였듯이, 제1기교육혁신위원회는 참여정부 출범 직후에 만들어져 활동해 오던 교육혁신위원회 준비 팀을 해산시키고, 교육혁신위원회 인선에서 완전히 배제하였다. 제1기교육혁신위원회의 위원과 전문위원은 전성은 위원장이 주도하였다. 위원장이 제시한 자격조건은 다음과 같다. 첫째, 현 정부의 각료나 교육관료, 교육 관련 단체나 조직의 대표성을 띤 사람은 배제되어야 한다. 둘째, 중앙에서 교육 관련 일을 했던 사람들, 특히 권력의 주변에 있었던 사람들이 중심이 되어서는 안 되며, 널리 전국적으로 각 방면에서 한 가지 일에 오래 종사했던 사람이어야 한다. 셋째, 절대로 위원회가 정계나 관계로 진출하려는 교두보로 이용되어서는 안 되며, 위원직이 끝나면 본직으로 돌아가야 한다. 넷째, 특수한 분야나 문제에 대해서는 외국에서 전문가를 초빙할 수 있다. 다섯째, 위원 인선에는 반드시 위원장의 의지가 우선 반영되어야 한다(박도순, 최원혜 외, 2005: 32). 제1기 위원에는 지방의 교수, 교사의 참여는 확대되었고, 이러한 명분으로 전교조 등 교육단체 속이었던 준비 팀을 배제하였고, 준비 팀의 일원이었으며 교육공약 작성에 깊게 참여했던 이종태 박사까

지 정계 진출 가능성을 이유로 배제하였다.[8]

제1기교육혁신위원회는 '2008대입제도' 정책형성을 주도하였다. 대통령의 권한 부여에 따라 정책대안 형성을 주도하였다. 하지만 대입제도에 관한 정책 형성이 단기간에, 전문적·현실적 검토·분석이 충분하지 않은 상태로, 비공개적·폐쇄적, 하향식으로 이루어졌으며, 최종 정책대안에 대해 교육인적자원부와 갈등을 빚었다. 제1기교육혁신위원회는 교육개혁 방향에 대한 지나친 확신을 가지고 있었다. 수능시험을 약화시키고 교육이력철의 대입 반영비율을 실질적으로 높이고, 입학사정관이 이를 근거로 학생을 선발하는 정책방향에 대해 확신이 강하여 최종 정책결정 단계에서 교육인적자원부와 갈등을 해소하지 못하였다. 제1기교육혁신위원회는 최종 정책결정 단계에서 교육인적자원부의 요구대로 정책이 결정된 후 실질적으로 그 기능을 상실하였다. 교육인적자원부의 최종 조정에도 불구하고 제1기교육혁신위원회 대입제도 개선 정책방향은 참여정부 내내 정책 집행에 관철되어 교육계의 갈등과 학생의 학습 부담 확대, 학부모의 사교육비 부담 증가의 원인으로 작용하였다.

제1기교육혁신위원회는 대입제도 외에 여타 교육개혁정책에 대해서는 주도권을 가지지 못하였다. 교육개혁 의제로 설정하였던 교육복지, 직업교육체제, 교육과정·교과서 현대화 정책에 대해서는 정책 제안 수준에 그쳤고, 그것이 정책결정으로 이어지지 못하였다. 특히 대통령이 사교육비 경감 방안으로 강력하게 추진했던 '방과후학교' 정책에 대해서는 아예 관여하지 않는 태도로 일관하였다. 결국 대입제도 개선안을 제외한 제1기교육혁신위원회의 전반적인 교육개혁 방향과 방안은 대통령과 대통령비서실의 동의와 지원을 얻지 못한 것으로 해석된다.

. . . .

8) 그러나 이후 위원과 전문위원 인선을 보면, 유상덕, 김진경, 김성근 등 중앙에서 활동한 전교조 관련 인사들과 역시 중앙의 학부모·시민 단체 출신 인사들의 참여는 이루어졌다. 따라서 일관되게 지켜지지 않았던 인사 기준임을 알 수 있다. 이러한 기준 제시는 인사에서의 주도권 확보와 이를 통한 교육개혁의 주도권 확보를 위한 의도로 판단된다.

여러 가지 요인이 종합된 결과 제1기교육혁신위원회 위원이 임기 종료 후 제2기교육혁신위원회의 인선에서 전원 배제되는 이례적인 상황이 발생하였다. 다만 제1기교육혁신위원회 전문위원으로 활동하던 김진경, 김성근 전문위원이 각각 교육비서관과 행정관으로 대통령비서실에 배치됨으로써 제1기교육혁신위원회의 대입제도 개선 정책방향이 승계되는 정치구조가 만들어졌다.

제2기교육혁신위원회는 참여정부 후반기인 2005년 10월 11일 공식 출범하였다. 출범 직후 설정한 교육개혁 의제는 교육격차 해소, 방과후학교 발전 방안, 고등학교 체제 모색, 교원정책 개선(승진·임용, 양성, 연수체제 개선), 학교혁신, 그리고 미래교육을 위한 학제 개편, '학습사회 비전 2030' 수립이었다. 이 중 정책형성으로만 그친 것은 교육격차 해소, 방과후학교 발전 방안, 학교혁신, 학제 개편 방안이었고, 정책형성에서 정책결정으로까지 연결된 것은 교원정책 개선과 '학습사회 비전 2030'이었다. 정책의제였지만 추진하지 못한 것은 고교체제 개편이었고, 정책의제로 설정되지 않았으나 정책형성과 정책결정을 주도한 것은 대입 수시제도 개편과 교과서제도 개편이었다. 방과후학교 발전 방안은 대통령의 강력한 요구가 있었으나 실효성 있는 내실화 방안을 마련하는 데는 한계가 있었다.

참여정부 후반기에 출범한 제2기교육혁신위원회는 근본 제약을 안고 있었다. 정권 초기가 아니기 때문에 종합적·총체적 교육개혁을 주도할 수가 없었다. 교원정책 개선, 학교혁신, 교육격차 해소, 방과후학교 발전 방안 등 부분적인 교육개혁의제와 '학습사회 비전 2030' 수립으로 그 역할이 한정되었다. '학습사회 비전 2030'의 개혁정책 추진은 차기 정부의 실천과제가 되기 때문에 임기 내 실현 가능성을 담보할 수 없었다.

모든 대통령자문기구는 대통령의 권한 부여와 정치적 지지, 자원 제공으로 그 권한과 역할이 규정된다. 교육혁신위원회도 이 범주를 벗어나지 못한다. 다만 참여정부 교육혁신위원회는 총제적인 교육개혁 방안에 대한 대통령의 충분한 권한 부여와 정치적 지지, 자원 제공을 받지 못하였다. 이것은 일차적으로는 교육혁신위원회 구성과 운영 권한과 책임을 가진 대통령의 책임이다. 특히 제1기교육혁신위원회 위원장 인선이 이후 교육혁신위원회의 구성과 역할 수행을 좌우하였다. 하지만 정권 초기의 대통령의 기대와 권한 부여에도 그러한 역할을 수행하지 못한 제1기교육혁신위원회 자체의 한계도 문제의 원인이라고 할 수 있다.

교육혁신위원회의 교육개혁 의제설정과 정책방향은 대통령과 대통령비서실의 정치세력이 설정하는 개혁방향에 의해 제약되었다. 대통령과 대통령비서실의 요구와 협의를 거쳐 의제가 설정되고 정책방향이 수정되며, 교육인적자원부와 이견이 있을 경우 대통령과 대통령비서실의 의도에 따라 정책 방안이 조정되기 때문이다.

(4) 교육인적자원부

참여정부에서 교육개혁정책의 형성과정에서 교육인적자원부는 이전 시기보다 권한과 역할이 감소하였지만 여전히 주도적인 역할을 수행하였다고 할 수 있다. 앞서 언급한 교육개혁정책 형성과정을 바탕으로 교육인적자원부의 역할 수행과 그 특징을 분석하면 다음과 같다.

첫째, 교육인적자원부 장관의 정책리더십이 부족한 경우 교육인적자원부 역시 정책리더십을 상실하고 역할 수행은 약화되었다. 노무현 대통령은 NEIS와 관련된 협상 주체들에 대해 비판하면서 의사결정 및 타협과정의 혼선에 대해서 "교육부 직원 문제가 아니라 당과 청와대 장관 수준에서의 문제점이었다고 생각한다."(대통령자문정책기획위원회, 2008d: 67)고 밝혔다. 윤덕홍 장관이 취임 직전의 인터뷰에서 "문제가 있는 것 같다."며 부작용을 인정하는 발언으로 인해 사태가 악화되고, 이후 전교조에 끌려다니는 정책과정을 거친 점을 지적한 것으로 보인다. 정책기획위원회(2008d: 67)는 이를 "NEIS를 둘러싼 대립과정에서 교육부 수장의 리더십의 한계를 적나라하게 드러낸 사례"로 지적하고 있다.

둘째, 사회적 쟁점화된 교육개혁의제, 특히 대통령이 관심을 가지고 추진해 온 개혁의제에 관해서는 교육인적자원부의 권한과 역할이 일부 축소 · 약화되었다. '2008대입제도' 개선, 지방교육자치제도 개선, 교원정책 개선, 교과서 제도 개선, 미래교육 비전 수립에 대해 교육인적자원부의 권한과 역할이 일부 축소 · 약화되었다. 특히 「사립학교법」 개정과정에서는 국회에서 여당이 주도하면서 당 · 정 협의도 제대로 가지지 못할 정도로 역할을 수행하지 못하였다.

셋째, 일상적인 교육정책 추진과 일부 전문성이 요구되는 교육개혁정책에 대해서는 대통령과 대통령비서실의 정책 추가와 조정이 있었으나 전반적인 정책형성과 정책결정을 주도하였다. 대표적으로 2 · 17 사교육비 경감대책 수립과정에서는 교육인적자원부가 정책형성과 정책결정을 주도하였다. 교원정책에 대해서는 초기 정책대안 형성을 주도했으나 최종 정책대안 형성은 교육혁신위원회가 주도하였다.

넷째, 대통령자문기구의 교육개혁정책 형성에 대해 최종적인 결정 단계에서 정책 조정안을 내고, 대통령과 대통령비서실의 정책조정을 통해 정책 방안을 관철시켰다. 대표적으로 '2008대입제도' 개선과정에서의 역할 수행이 그러했으며, 특히 안병영 교육부총리의 전문성과 정치적 수완에 기인하여 교육인적자원부의 정책 방안이 관철되었다. 안병영 교육부총리는 당시 교육혁신위원회 방안을 요구하던 청와대와 당의 인사들에 대해 "교육의 전문성과 민심의 저변을 이해하지 못하고, 이념에 집착하는 그들이 정말 안쓰러웠다."(대통령자문정책기획위원회, 2007b: 34)고 하였다. 이러한 안병영 교육부총리 예견은 참여정부 후반기의 심각한 부작용으로 현실화된다. 다만 안병영 교육부총리의 노력으로도 그 이전의 쟁점들에 대해서는 교육인적자원부의 입장을 크게 관철하지는 못하여 교육혁신위원회의 대입제도 개선정책의 방향은 유지되었다.

다섯째, 참여정부에서는 초 · 중등 교육개혁과 대입제도 개혁을 제외한 고등교육과 평생 · 직업 교육개혁에 대해서는 정책 의제설정, 정책대안 형성, 정책결정을 주도하였다. 이러한 특징은 교육혁신위원회의 역할에 대한 대통령의 사전 조정 그리고 고등교육과 평생직업교육에 대해 교육인적자원부가 축적해 온 전문성에 기안한다.

(5) 이익집단(교원단체)

참여정부에는 교육계 이익집단, 특히 교원단체의 정책과정에서의 권한과 역할이 크게 증가하였다. 앞서 언급한 교육개혁정책 형성과정을 바탕으로 교원단체의 역할 수행과 그 특징을 분석하면 다음과 같다.

첫째, 역대 어느 정부 시기보다 참여정부 시기에 이르러 교원단체의 정책과정에서의 권한과 역할이 크게 확대되었다. 신현석의 '문민정부 교육개혁의 정치학' 분석에 따르면, 문민정부 이전에는 교원단체를 포함하여 교육계가 교육개혁의 형성과정에서 영향력을 발휘할 수 있는 여지는 상당히 제한되어 있었다(안기성 외, 1998: 181). 하지만 전교조 합법화와 참여정부의 정책과정에서의 참여 확대 이후 교원단체의 정책과정에서의 권한과 역할이 비약적으로 확대되었다. 참여정부는 국민의 참여를 표방하였지만, 사실상 교원단체, 특히 전교조의 참여에 의해 교육개혁의 방향이 좌우되거나 지연되었다.

둘째, 문민정부 이전에는 교육개혁정책 형성과정에서 한국교총의 영향력이 컸으나, 참여정부 시기에는 한국교총의 영향력은 축소되고 전교조의 영향력이 급격히 증가하였다. 참여정부의 교육개혁정책 형성과정은 교원단체, 특히 전교조와의 갈등 및 협력 과정을 거쳐 이루어졌다고 해도 과언이 아니다.

셋째, 사회적 쟁점화된 교육개혁정책의 형성과정에서 교원단체를 중심으로 한 정책연합이 형성되었다. 노무현 정부 전반기의 정책연합 간 갈등은 주로 이념을 중심으로 한 갈등이었다. 자유주의와 평등주의, 우파와 좌파 간 정책갈등이었다. 특히 이념 대립은 정당, 국회 및 교육시민 단체가 모두 정책갈등에 휩싸였던 「사립학교법」 개정에서 대표적으로 나타난다.

넷째, 한국교총과 전교조의 관계는 그 이전 정책과정에서 주로 갈등관계를 표출하였으나, 참여정부 시기에는 이해관계에 따라 갈등관계 혹은 협력관계를 형성하는 유동적 관계로 변화되었다. 이해관계에 따른 갈등은 교원정책 개선

중 교장공모제와 수석교사제 도입과정, 교육감 선거과정에서 극명하게 드러
났으며, 이해관계에 따른 협력은 교원평가제 반대와 지방교육자치제 개선 반
대 투쟁과정에서 극명하게 나타났다. 교육개혁정책과정에서의 정책연합 간 갈
등은 교원능력 개발평가와 부적격교원대책을 둘러싼 정책갈등부터 중요한 변
화를 겪게 된다(안선회, 2012). 참여정부 중반 이후, 교원능력 개발평가를 중심
으로 교원정책이 핵심쟁점이 된 이후부터는 대립전선, 정책연합이 달리 형성
되기 시작하였다. 교원능력 개발평가를 추진하는 과정에서 나타난 정책연합의
구성과 변화는 조흥순(2008, 2009)에 상세하게 분석되어 있다. 〈표 10-1〉에서
보여 주듯이, 일반 국민, 학부모의 교육적 요구를 반영한 교육정책에 대해 교
원단체는 결국 '반대연합'을 구성하고, 다수의 학부모 및 시민 단체가 '지지연
합'을 결성하여 서로 대립하면서, 교원능력 개발평가 도입을 요구하여 관철시
켰다.

　다섯째, 참여정부 교육개혁 과정에서 교사의 이해관계에 근거하여 정부의
교육개혁에 좀 더 저항한 것은 '진보'를 자처하는 전교조였다. 조흥순(2008,
2009)의 연구에서도 드러나듯이, 한국교총은 일반 국민과 학부모가 요구하는
교원평가제에 대해 상대적으로 유연한 입장을 보였으나, 전교조는 더욱 완강
하게 조직적으로 저항하였다. 특히 NEIS의 반대투쟁 과정에서는 초기 교사 업
무 부담, 이후 인권침해, 최종적으로는 비용 부담 등으로 쟁점을 변경해 가며
반대로 일관하였다. 당시 노무현 대통령은 적어도 교육갈등 사태의 본질을 파
악하고 있었다. 노무현 대통령은 정책기획위원회에서 "교육계의 강력한 기득
권 그리고 그 교육개혁의 흐름을 개혁하겠다고 나섰던 전교조 조직, 이 양쪽
다 이미 강력한 기득권 세력과 이 사이의 갈등, 전교조는 이미 이런저런 전략
적 과오로 말미암아 교육계의 도덕적 리더십을 못 갖고 있지 않습니까? 싸움
판이 되었지 않습니까? 교육개혁의 모든 과제가 선생님들의 기득권과 다 관계
되어 있습니다."(정책기획위원회, 2008d: 68)라고 지적하였다.

　여섯째, 전교조는 참여정부 교육개혁 단계에서부터 자신들의 이해가 걸린

표 10-1 교원능력 개발평가 정책 단계별 옹호연합 참여자

구 분	정책의제설정과정	정책대안형성과정	정책대안채택과정
지지 연합	교육부, 한국교육개발원, 인간교육실현학부모연대, 학교를 사랑하는 학부모모임(학사모), 학교사랑실천연대, 좋은 교사운동, 다수의 교육학자, 대부분의 언론 등	〈추가〉 3개 학회(한국교육학회, 한국교육행정학회, 한국교육평가학회), 초·중·고 교장회, 교육공동체시민연합, 기독교 윤리실천운동, 교육과시민사회 등	〈추가〉 16개 단체가 교평연대 결성참여
보완 연합	한국교총, 한교조, 초·중·고 교장협의회 등		한국교총, 한교조
폐지 연합	전교조, 교선봉녀대, 교육개혁시민운동연대, 범국민교육연대 등	〈보완연합과 폐지연합이 합쳐 반대연합 결성〉 한국교총, 전교조, 한교조 등 중심(교장회 이탈)	전교조, 민주노총, 문화연대, WTO 교육개방 저지와 교육공공성 실현을 위한 범국민교육연대, 사회진보연대, 전국장애인교육권연대, 학벌 없는 사회, 학교급식전국네트워크 등

출처: 조흥순(2009). p. 161.

정책사안에 대해서는 진보가 아닌 보수적 태도를 강하게 보이기 시작했다. 정치학적으로는 일부 정책사안에 대해 나타나는 전교조의 정치적 성향을 평교사 기득권을 중시하는 '보수적 좌파'라고 규정할 수 있다.[9] 이러한 경향은 교원정책만이 아니라 교육자치제도 개선 등에서도 나타나고 있다. 교사들의 이해관계, 기득권이 위협받지 않는 교육개혁 사안에 대해서는 소극적 수준의 진보적 좌파 성향을 드러내고 있다. 학생·학부모의 이해와 교사의 이해관계가 일치하

9) 다만 전교조의 '보수적 좌파' 성향은 모든 정책사안에 나타나지 않으며, 모든 전교조 조합원의 정치적 성향을 대표하는 것도 아니다. 그 당시 일부 정책사안에 대해 전교조 조직에서 드러나는 정치적 성향이다.

는 정책사안, 예컨대 교육여건 개선, 교육기회 확대, 교육부패 혁신, 고교등급제 폐지 등과 같은 사안에 대해서는 적극적으로 진보적 좌파 성향을 강하게 유지하고 있다.

일곱째, 교원단체는 교육의 정치적 중립성을 표방하고 요구하면서, 정책과정에서의 정치적 행태를 확대하며 정치화되고 있다. 특히 전교조는 당시 민주노총을 매개로 민주노동당의 정치적 지분을 가지고 민주노동당과 정책적 유대를 가지며 열린우리당과 참여정부를 비판하며 투쟁을 확대하였다. 이러한 행태는 NEIS 구축,「사립학교법」개정과정에서 가장 분명하게 드러났다. 하지만 참여정부 시기 전교조 조직은 정부를 비판하면서도 전교조 소속 일부 교사들은 정부의 교육정책결정구조에 참여하기 위해 노력하였다.

(6) 학부모 단체

참여정부 교육개혁정책과정에서 학부모 단체의 권한과 역할이 비약적으로 증가하였다. 전술한 교육개혁정책 형성과정을 바탕으로 학부모 단체의 역할 수행과 그 특징을 분석하면 다음과 같다.

첫째, 역대 어느 정부 시기보다 참여정부 시기에 이르러 학부모 단체의 정책과정에서의 영향력이 크게 확대되었다. 참여정부가 국민의 참여에 의한 정치를 표방하면서 학부모 단체의 역할과 영향력이 크게 확대되었다. 학부모 단체의 참여가 가능한 각종 위원회 구조를 활용하였다.

둘째, 학부모 단체의 교육개혁 관련 정책 활동은 주로 교원단체와 협력을 통해 유지·확대되고 있다.「사립학교법」개정, 사교육비 경감대책, 대입제도 개선, 교원정책 등에서 그러한 경향이 유지되고 있다.

셋째, 교원단체와 협력을 통해 유지, 확대되는 학부모 단체의 교육개혁 관련 활동은 주로 이념 문제와 연관이 있는 정책사안이었다. 특히 대통령선거, 국회의원총선거, 지방선거(교육감, 교육위원선거)에서는 그러한 이념 대립으로의 전환 경향이 강하게 나타난다(안선회, 2012).

넷째, 학부모 단체는 교원정책과 지방교육자치제도 개선을 중심으로 교원단체와 다른 교육개혁 방향을 모색하며 정책연합 경험을 확대하고 있다. 특히 이 과정에서 이념적으로 중도 성향을 가진 학부모 단체와 시민단체는 정책사안에 따라 이념보다 학생과 학부모의 이해와 요구에 근거한 정책연대 경향을 보여 주고 있다.

다섯째, 학부모 단체는 정책연합 경험을 통해 교원단체의 조직적 반대를 극복하고 학부모의 요구를 교육개혁정책결정에 반영시켰다. 학생 · 학부모가 참여하는 교원평가제 시범 도입과 지방교육자치제도 개선과정에서 학부모 중심 정책연합은 자신들의 요구를 여론과 정치권을 통하여 참여정부 교육개혁정책에 관철시켰다.

여섯째, 학부모 요구를 교육개혁정책결정에 반영시키는 경험과 교육감 · 교육위원 주민직선제 도입 등의 영향으로 학부모와 일반 국민이 교육정책결정의 주체, 즉 교육주권자라는 교육주권 의식이 나타나고 확산되기 시작하였다. 이러한 과정을 거쳐 더욱 많은 학부모와 학부모 단체가 학생 · 학부모 중심의 정체성을 확보해 가기 시작하였다고 판단된다.

일곱째, 학부모는 선거를 통해 교육정책의 방향을 변화시키고, 정책과정에의 참여를 통해 정책수단을 자신들의 이해와 요구에 부합하도록 변화시켜 간다. 결국 참여정부의 절차적 민주주의 확보 노력을 통하여 일반 국민과 학부모의 이해와 요구가 교육개혁정책에 반영되는 실질적 민주주의 실현을 촉진하고 있다.

(7) 교육전문가

신현석(1996)은 그동안의 교육개혁안의 형성과정에서 대학 개인교수들이나 집단들은 그들이 가지고 있는 전문적 기술을 바탕으로 교육개혁안의 합리적 구성에 직간접적으로 영향을 미쳤다고 분석하였다(안기성 외, 1998: 184). 전술한 교육개혁정책 형성과정을 바탕으로 교육전문가들의 역할 수행과 그 특징을 분석하면 다음과 같다.

첫째, 참여정부의 교육개혁정책 형성과정, 특히 의제설정과 정책결정 단계에서 각종 위원회 참여 비율은 증가하였으나 교육전문가의 권한과 역할은 이전과 비슷하게 유지되었다. 이러한 결과는 교육개혁정책 형성과정에서 교원단체와 학부모 단체의 권한과 역할이 증대되는 현상과 관계가 있다. 특히「사립학교법」 개정은 국회와 정당이 주도하면서 교육전문가의 참여가 제한되었다.

둘째, 참여정부의 정책대안 형성과정에서는 의제설정과 정책결정 단계에 비해서는 교육전문가의 활동이 좀 더 확대되었다. 교육전문가들은 교원평가제 도입과정과 종합적인 교원정책 개선에서의 교육학계의 정책대안 형성과 '2·17 사교육비 경감대책' '2008대입제도' 개선, '학습사회 비전 2030' 마련 과정에서 정책대안 형성을 주도하였다. 교육전문가의 역할은 정치적 판단보다 합리성·전문성이 요구되는 정책사안에서 좀 더 확대된다고 할 수 있다. 다만 지방교육자치제도 개선과정에서는 자문위원 등으로 형식적인 참여는 있었지만 정책대안 형성에 대한 영향력은 제한되었다.

셋째, '합의기구형' 정책기구에서보다 '자문기구형' 정책기구에서 교육전문가의 권한과 역할이 좀 더 확대된다. '합의기구형' 정책기구에서 일정한 수준의 대표성을 가진 교원단체와 학부모 단체 구성원들의 영향력이 좀 더 커지기 때문이다. 상대적으로 자문기구에서 정치적 부담이 적은 상태에서 교육전문가의 정책연구와 정책판단을 반영할 가능성이 커진다.

넷째, 참여정부의 교육개혁정책 형성과정에서의 교육전문가의 정책연구 활동은 주로 대통령과 대통령비서실 그리고 교육인적자원부의 요구하는 정책방향을 크게 벗어나지 못한 상태로 이루어졌다. 교육전문가의 정책연구, 정책 활동이 순수하게 합리성에 근거하여 이루어지는 것만은 아니다. 교육전문가의 정치 편향성은 보다 합리적인 정책형성을 저해할 수 있다.

다섯째, 참여정부만이 아니라 정부의 교육개혁정책 형성과정에 참여하는 교육전문가의 성향은 정부 주도세력의 정치적 성향과 유사하거나 교육인적자원부의 요구를 잘 수용하여 반영하는 교육전문가를 중심으로 이루어진다. 정치적으로 중립적이고 객관적이고 공정한 연구 태도와 정책방향을 견지하는 교육전문가는 교육인적자원부에 의해 경계되고 배제될 가능성이 커진다.

5. 참여정부 교육개혁정책 집행과정 분석

1) 정책 집행과정 특성 분석

(1) 집행 내용의 적합성 분석

정책 집행은 결정된 정책의 내용을 실현시키는 과정이다. 정책 내용은 크게 보아 정책목표와 정책수단으로 구성되는 데에서 정책수단의 실현이 핵심이며, 정책 집행이란 정책수단을 실현하여 소기의 정책목표를 달성하고자 하는 과정을 말한다(정정길 외, 2003: 565). 이 연구에서 정책 집행과정의 특징은 집행계획의 적합성과 집행과정의 대응성 진단을 중심으로 진행하였다. 참여정부 교육개혁정책 집행과정 분석은 정책 집행과정에서 가장 많은 갈등과 부작용을 초래하였던 '2·17 사교육비 경감대책'과 '2008대입제도' 개선 정책 집행과정을 주요 대상으로 하였다.[10]

정책 집행 내용의 적합성은 "정책 집행 내용이 명확하며, 정책 집행 내용과 집행체계가 정책목표를 달성하기에 얼마나 적합한가 하는 정도"를 의미한다. 정책 집행 내용이 정책목표를 달성하기에 얼마나 적합한가 하는 정도를 평가하기 위하여 '사교육비 경감'이라는 최종 목표와 정책 집행에서 계획된 정책성과지표 간의 인과관계의 적합성을 평가한다. 지면의 제약으로 논란이 되었던

....

정책 집행 사안을 중심으로 분석하였다.

'2·17 사교육비 경감대책'의 '사교육비 경감'이라는 최종 목표와 정책 집행에서 계획된 정책성과지표 간의 인과관계의 적합성을 평가하면 다음과 같다. 우선 단기대책 중 방과후학교 정책의 정책성과지표와 '사교육비 경감'이라는 최종 목표의 인과관계의 적합성을 평가하면, 인과관계는 적합하다고 할 수 있다. 교육인적자원부 업무계획에 제시된 방과후학교 정책의 정책성과지표를 총괄하면, 방과후학교 참여율과 만족도 및 사교육비 감소 효과성이었다. 구체적으로는 초등 방과후 보육, 특기적성교육, 수준별 보충학습 참여율과 만족도 및 방과후학교 참여학생의 사교육비 감소액이었다. 방과후학교 참여율과 만족도가 증가하고, 방과후학교 참여학생의 사교육비가 감소하면, 방과후학교가 확대되었을 때 전체 사교육비가 감소할 것이라는 논리적 추론이 타당하기 때문이다. 또한 방과후학교와 자율학습이 이루어지는 시간대에는 아예 사교육을 받을 수 없다는 현실도 고려될 수 있다.

EBS 수능인터넷방송 시행과 사이버가정학습 체제 구축의 정책성과지표와 '사교육비 경감'이라는 최종 목표의 인과관계의 적합성을 평가하면, 방과후학교 정책의 경우와 적합성이 유사하되 대체로 더 높다고 할 수 있다. 교육인적자원부 업무계획에 제시된 EBS 수능인터넷방송 시행과 사이버가정학습체제 구축 정책의 정책성과지표를 총괄하면, EBS 수능인터넷방송 시행과 사이버가정학습체제 활용도(참여율), 만족도 및 EBS 시청학생의 사교육비 감소액과 사이버가정학습 참여학생 사교육비 감소액이라고 할 수 있다. EBS 수능인터넷방송과 사이버가정학습 참여율 및 만족도가 증가하고, 참여학생의 사교육비가 감소하면, EBS 수능인터넷방송과 사이버가정학습이 확대되었을 때 전체 사교육비가 감소할 것이라는 논리적 추론이 타당하기 때문에 방과후학교 정책의 정책성과지표와 '사교육비 경감'이라는 최종 목표의 인과관계는 적합하다고 할 수 있다. 다만 EBS 수능인터넷방송과 사이버가정학습 참여에 따른 학부모의 정보통신비용, 교재비용 증가와 방과후학교 참여학생의 사교육비 감소액을 종합하여야 '사교육비 경감'이라는 최종 목표가 달성되며, 사이버가정학습은 사교육 대체재보다는 학교 정규수업 보완재로 활용될 가능성이 있다고 할 때 인과관계는 적합성이 제한적이라고 할 수 있다.

'2·17 사교육비 경감대책'의 중기대책 중 고교평준화제도 보완 정책의 정책 성과지표와 '사교육비 경감'이라는 최종 목표의 인과관계의 적합성을 평가하면, 적합성이 전혀 없거나 오히려 사교육비를 증가시키는 인과관계를 가진다고 할 수 있다. 고교평준화제도 보완 정책의 정책성과지표는 수준별 이동수업 운영비율(실천학교수), 영재교육 대상자 수(특목고생 포함), 학교 경영 주체의 다양화(특목고, 특성화고, 자율학교, 자립형 사립고, 영재학교 학교 수 확대) 등이다. 하지만 현실적으로 수준별 이동수업의 확대는 일부 학생과 학부모에게 과목별 우열반으로 인식되어, 오히려 성적 경쟁을 심화시켜 사교육비를 증대시키는 결과를 가져올 수 있다. 특목고생을 포함한 영재교육 대상자 수 확대 역시 사교육 경쟁을 증대시킬 우려가 있으며, 자립형 사립고와 특목고의 운영도 사교육비 증가의 원인이 되고 있다(학교정책추진단, 2006. 9. 27: 6). 2007년에 발표된 '3·20 사교육대책'은 특목고, 특히 외고 설립 확대를 사교육 촉발요인으로 인정하고 있다(교육인적자원부, 2007. 3. 20: 4-5). 김희삼(2009: 11)의 실증분석에서도 중3 학생 중 특목고나 자립형 사립고에 진학할 예정인 학생들은 사교육비 지출이 많다는 결과가 나왔다. 따라서 수준별 이동수업 운영비율(실천학교 수), 영재교육 대상자 수(특목고생 포함), 학교 경영 주체의 다양화(특목고, 특성화고, 자율학교, 자립형 사립고, 영재학교 학교 수 확대)라는 정책성과지표는 오히려 사교육비를 증가시킬 수 있는 요인이라고 할 수 있다.

'2008대입제도' 개선의 정책목표와 정책 집행에서 계획된 정책 집행지표 간의 인과관계의 적합성을 평가하면 다음과 같다. '2008대입제도' 개선 정책의 주요 과제인 학생부 반영 비중 확대, 내신 9등급 상대평가제 도입, 수능 등급제 등 수능제도 개선 방안과 '3·20 사교육대책'에 제시된 고입 내신반영 확대 정책의 정책성과지표와 '사교육비 경감'이라는 최종 목표의 인과관계의 적합성을 평가하면 적합성이 없다고 할 수 있다. 이 정책의 성과지표는 '2008대입제도'에서의 학생부 실질 반영비율, 성적 부풀리기 감소 인식률, 고등학교 교사 수능출제 참여비율 등이라고 할 수 있다. 교육인적자원부는 이러한 정책 내용과 성과지표에 따라 대학입학전형과 특목고 입학전형에서 내신 반영비율을 증가시켰다. 문제는 학생부 실질 반영비율, 성적 부풀리기 감소 인식률이며, 이 두 지표는 상호 연관성을 가지고 있다. 내신 9등급 상대평가제도의 적용에 따라 성적 부풀리기가 감소했다고 인식되면, 학생부에 대한 신뢰가 높아져 대입전형에서 학생부 실질 반영비율이 증가할 수 있기 때문이다. 핵심적인 인과관계는 대입에서나 고입에서나 학생부(내신) 반영비율이 증가가 사교육비 감소를 가져오는 인과관계의 적합성 문제다. 여기에 관해서는 일단 2007년에 발표된 '3·20 사교육대책'에서 대입제도 변경을 사교육 촉발요인으로 인정하고 있어(교육인적자원부, 2007. 3. 20: 5), 사교육비를 경감시키기보다 오히려 증가시키는 요인이었다는 것을 교육인적자원부 스스로 인정하고 있음을 알 수 있다.

특히 교육인적자원부(2008. 2. 22)는 '2007년 사교육 의식조사 결과 발표'에서도 대학입시 관련 사교육 원인이 '학원수업이 수능에 더 효과적이기 때문(학부모 : 일반고 3.74, 특목고 3.79; 학생 : 일반고 3.66, 특목고 3.66)'이기보다 '내신을 더 잘 받아야 대학진학에 유리하기 때문(학부모: 일반고 4.24, 특목고 4.22; 학생: 일반고 4.21, 특목고 4.13)'이라는 설문조사 결과가 나타났음을 볼 때 대입에서나 고입에서나 학생부(내신) 반영비율 증가가 사교육비 감소를 가져올 것이라는 인과가설은 전혀 적합하지 않다. 오히려 사교육비 증가를 유발한다고 보는 것이 더 적합한 인과관계 분석이라고 하겠다. 따라서 모든 형태의 상급학교 입학전형에서 학생부(내신) 실질 반영비율을 높이는 정책은 결국 사교육비 증가를 가져올 위험이 있기 때문에 사교육비 경감이라는 정책목표의 정책수단 또는 정책 집행계획, 성과지표로는 적합하지 않았다고 평가할 수 있다.

하지만 '2008대입제도' 개선정책의 주요 과제와 정책성과지표를 '학교교육정상화'라는 정책목표를 중심으로 인과관계의 적합성을 평가하면 부분적인 적합성을 갖추고 있으나 교사의 수업과 학생의 학습 향상에는 이르지 못하였다고 진단할 수 있다. 우선 대입전형에서의 학생부 내신의 비중 확대에 따라 학생들을 학교수업에 충실하도록 강제하는 효과는 있다. 하지만 서경화(2008)는 학교 사례연구를 통해 2008학년도 대입의 내신제도가 학교 현장에 미치는 영향을 분석한 결과, 새 내신제도가 수업 방식의 질적 변화와 수업 태도 향상에 영향을 주지 못하고 있고, 학습과정보다는 평가라는 학습결과에 치중하도록 하며, 내신 외에 수능과 논술이라는 3중 부담을 겪게 하고, 교사와 학생, 학생과 학생 간의 관계에도 부정적인 영향을 미치고 있다고 분석하였다. 또한 고교 교육과정과 프로그램은 여전히 획일적이라는 비판을 받고 있다. 고교 교육의 정상화가 나타나지 않은 이유는 내신 9등급 상대평가제와 대학의 노력 부족이 함께 작용한 결과다. 학교단위 평가인 9등급 상대평가제의 결과, 학교는 본질적인 업무인 가르치는 일에 소홀히 한 채 학생을 판정하는 일에 치중하게 될 가능성이 높고, 수업의 질적 변화에 영향을 미치지 못하고 있다(백순근, 2006: 73). 내신 등급제가 변별력이 있음을 강조하고 있으나, 비교과 영역의 변별력이 부족한 상태에서 내신 등급제가 변별력을 갖기 위해서는 대학이 여러 교과목의 성적을 조합해야 가능하고, 그 가운데 국어 · 영어 · 수학은 반드시 포함하기 때문에 내신 반영도 국 · 영 · 수 중심으로 이루어져 모집 단위별 전형 특성화, 고교 교육과정 특성화라는 기대효과를 달성하기 어렵게 만들었다. 수능 등급제와 연계될 경우 이러한 현상은 더욱 심화될 수밖에 없다.

(2) 집행과정의 대응성 분석

정책 집행과정의 대응성은 "정부의 정책이 사회의 선호, 결핍, 요구 등에 반응하는 정도"(류지성, 2007: 287)다. 이 연구에서는 정부의 정책 집행에 대한 정책 대상집단들(대학, 학생 · 학부모)의 반응 파악과 수렴의 충실성과 정책 집행의 유연성과 적응 정도를 진단하였다.

먼저 참여정부는 2004년에 '2·17 사교육비 경감대책'을 발표한 이후 주요 사업별로 정책을 집행하면서 2년 이상 '2·17 사교육비 경감대책' 전반에 대한 의견 수렴이나 반응 파악은 하지 않았다. 주요 정책 별로 담당부서에서 연도별 계획을 세우는 과정에서 정책 대상자들의 반응 파악과 의견 수렴이 이루어졌다. 우선 EBS 인터넷수능방송에 대한 정책 대상자들의 반응 파악과 의견 수렴은 EBS의 연구 용역 형태로 이루어졌다. 이희수 등(2005: 57-62)은 "EBS 인터넷수능강의의 사교육비 경감이라는 정책효과에도 불구하고, 2005년에 사교육비가 다시 증가하고 있다는 보도에 대하여 이는 '2008대입제도 개선안'에 따른 내신 및 논술 대비 사교육비 증가로 인한 것으로서 EBS 인터넷수능강의와는 상관이 없다는 것을 분명히 할 필요가 있다."고 지적하였다. 이러한 분석은 2007년의 연구(정영식 외, 2007: 184-187)에서도 드러난다. '2008 대입제도'에 따라 수능 부담은 여전하고, 내신과 논술에 대한 대비 요구가 증가하여 이에 대한 적극적 대비를 주문하고 있다.

'2008대입제도' 정책 집행과정에서 정책 대상집단들의 반응 파악과 의견 수렴은 대통령비서실의 여론조사, 한국교육개발원의 연구 등을 통하여 이루어졌다. 2005년 학생집회 이후 대통령비서실은 여론조사를 통하여 '2008대입제도'에 대한 비판적 여론을 확인하였다. 이 조사 결과, 교원의 2/3가 '2008대입제도'를 지지하고 있는데, 이는 내신 비중 확대를 통한 학교 정상화, 교사의 권한 강화가 주요 이유였다. 하지만 학부모의 70%가 '2008대입제도'를 반대하였으며, 사교육비 감소 효과에 대해 부정적인 응답이 65%, 학생부담 감소 효과에 대한 부정적인 응답이 78%, 본고사 가까운 논술·면접 필요성에 찬성하는 응답이 58%, '촛불시위는 공부부담 증가 때문'이라는 문항에 찬성하는 응답이 77%에 달하였다. 한국교육개발원에서도 정책 대상집단들의 반응 파악과 의견 수렴을 위한 관련 연구를 진행하였다.

한국교육개발원의 '입시산업의 규모 및 추이 분석: 대입정책과 사교육의 관계분석을 위한 기초 연구'(김미숙 외, 2006: 126-131)에서는 "2008대입제도는 입시산업을 위축시키기보다 학원계의 대응 양식을 변화시켰을 뿐이며, 내신 강화가 학교시험에 대한 학생의 관심과 교사의 권위를 강화하는 데 기여할 수는 있으나 그것이 학원의존도를 낮추는 효과를 보이지는 않았다.”고 정리하였다. 하지만 이러한 정책 대상집단들의 반응 파악과 의견 수렴에도 불구하고 한국교육개발원 연구진은 '2008 대입제도' 조정·변경 필요성이 아니라, "대학 입학사정은 '가르친 자가 평가한다.'는 원칙에 따라 고교 내신 성적을 중심으로 이루어져야 한다."는 연구결과를 제시하였다. 이러한 연구결과는 오히려 정부의 '2008대입제도 개선안'을 지지하는 결과를 가져왔다. 대통령비서실과 교육인적자원부는 이러한 학생·학부모의 반발과 사교육비 증가 우려를 여론조사로 파악하고 있었음에도 불구하고, 한국교육개발원의 연구결과 등을 근거로 학생부(내신) 반영비율 비중 확대, 내신 9등급 상대평가, 수능등급제 정책을 일관되고, 더욱 강력하게 집행하였다. 이상의 논의를 근거로 정리하면, '2008대입제도 개선안' 정책 집행과정에서 정책 대상자들의 반응 파악은 제대로 이루어졌으나, 의견 수렴과 정책 반영에까지는 이르지 못하였다고 할 수 있다. 결국 정책 집행에서의 대응성, 즉 정책 대상자들의 의견과 요구를 수렴한 정책 조정은 실현되지 못하였다.

참여정부의 정책 집행 유연성과 적응 정도를 알 수 있는 정부의 '2008대입제도 개선안' 정책 집행과정은 2007년 3월에 발표된 '3·20 사교육대책'에서 확인할 수 있다. '3·20 사교육대책'은 사교육 촉발요인으로 '대입제도 변동'을 들고 있으면서도, 대책으로 '학생부 실질 반영률 증대 등 '2008대입제도'의 안정적 정착을 위하여 대학과 협력을 강화'하였다. 나아가 특목고 진학에서도 '내신 위주의 선발을 권장'하였다(교육인적자원부, 2007. 3. 20: 5-8). 결국 발표된 내용에만 근거하여 추론하면, 교육인적자원부는 '대입제도 변동' 자체가 사교육비 촉발 요인이므로, 앞으로는 '2008대입제도'를 안정적으로 정착시켜 사교육비 증가를 방지하겠다는 매우 비과학적인 기대를 하고 있다는 것을 알 수 있다.[11] 사교육비 경감정책의 정책 집행 유연성과 적응은 거의 나타나지 않고,

오히려 경직성이 두드러졌다고 할 수 있다. 나아가 정책 집행의 결과 나타난 사교육비 증가라는 '사실'과 핵심적인 정책 대상집단인 학생·학부모의 불만과 요구를 파악하였음에도 불구하고, 정책수단의 적합성을 다시 평가·분석하고, 정책이론모형을 수정하며, 정책수단을 재설계하여, 정책목표 달성에 기여할 수 있도록 정책 집행의 유연성을 발휘하여 정책현장에 적응하려는 노력을 제대로 하지 않았다고 평가할 수 있다.[12] 종합적으로 판단한다면, '2008대입제도' 개선 정책의 집행과정에서의 대응성이 아주 미흡하였다고 진단할 수 있다. 이러한 대응성 부족으로 정책의 부작용을 축소시키지 못하였고 오히려 확대되었다.

2) 참여자 역할 분석

교육개혁정책 집행과정에서 가장 많은 갈등과 부작용을 초래하였던 '2·17 사교육비 경감대책'과 '2008대입제도' 개선 정책 집행과정을 대상으로 주요 참여자들의 역할을 분석하였다(안선회, 2004). '2·17 사교육비 경감대책'과

....

11) 실제로는 교육인적자원부도 '2008대입제도' 발표 후 사교육비가 증가하고 있는 동향을 파악하고 있었다. 교육인적자원부는 "2008대입제도 개선안 발표 이후, 새 제도 시행에 따른 불안, 모든 학생이 학생부·수능·대학별 고사를 모두 준비해야 한다는 부담감 등으로 사교육 수요가 증가"하였고, "내신 사교육의 경우, 2005년부터 학생부 교과성적 기재 방식이 상대평가로 전환됨에 따라 중간고사 및 기말고사 기간을 중심으로 단기간에 집중적으로 실시되는 것으로 파악"하고 있었다. 또한 "논술고사에 대한 불안감, 공교육에 대한 불신, 학부모의 경쟁심리 등으로 인해 당분간 논술 사교육 확대 예상"도 하고 있었다(대학학무과, 2006. 9. 27: 2-4).

12) 정책 집행 유연성과 적응 노력이 전혀 없지는 않았다. 2006년 9월부터 대통령비서실 교육문화비서관 주도로 '사교육비 점검 및 대책 수립을 위한 회의'가 진행되었다. 연구자는 이 회의에서 '사교육비 증가 실태와 사교육비 경감 후속 보완대책'을 발제하였다. 특히 "내신 비중을 50% 이상 높이는 대입제도의 정책 집행 방향은 내신 사교육을 증가시키고, 대학의 논술 비중 확대를 함께 가져와 오히려 내신과 논술 사교육비를 더 증가시킬 수 있다."고 지적하며, '2008대입제도'의 '보완'을 주장하였다. 하지만 그 이후 2007년 3월에 발표된 '3·20 사교육대책'은 '2008대입제도'의 학생부 실질 반영률 확대 방침이 더욱 강화되었다.

'2008대입제도' 개선 정책 집행과정의 주요 참여자는 대통령과 대통령비서실, 교육인적자원부, 교육혁신위원회, 교원단체, 대학, 학부모 단체, 대중매체 및 교육전문가라고 할 수 있다.

(1) 대통령과 대통령비서실

대통령은 행정부의 수반으로서 행정기관을 지휘하여 모든 정책의 집행을 감독하는 권한과 책임을 가지고 있다. 정책의 집행권이야말로 대통령의 전속적 권한에 해당되며 실질적 정책 집행을 할 수 있는 기반이 된다(권기헌, 2008: 114). '2·17 사교육비 경감대책'과 '2008대입제도' 개선 정책 집행과정에서 대통령은 매우 적극적으로 개입하여 정책 집행을 감독하였다. 대통령과 대통령비서실 역할 수행의 특징을 분석하면 다음과 같다.

첫째, 대통령은 '2·17 사교육비 경감대책'을 중시하고 그 집행을 관리 감독하였다. '2·17 사교육비 경감대책' 정책 집행 단계에서는 방과후학교 정책을 특히 강조하고 집행을 감독하였다. 방과후학교 정책은 '2·17 사교육비 경감대책'에서는 구체화되지 못하였다. '2·17 사교육비 경감대책' 집행과정에서 대통령의 지시로 정책 방안이 마련되고 시범 운영을 통해 확산된 것이다. 방과후학교 정책은 대부분의 교육계 인사들의 반대와 소극적 태도를 극복하고 이루어 낸 대통령의 성과라고 할 수 있다.

둘째, 대통령과 대통령비서실은 어떤 교육개혁정책보다도 '2008대입제도' 개선 정책을 중시하고 그 집행을 관리·감독하였다. '2008대입제도' 집행과정에서 학생부 내신의 실질 반영비율 50% 이상을 적극적으로 요구하였다. 그 계기는 2007년 6월 연세대학교와 이화여자대학교 입학 담당자들이 정시모집에서 9등급 중 4등급을 만점을 줘 동점으로 처리하고, 수능의 영향력을 높이는 방안을 검토하겠다는 입장이 발표되고, 타 대학까지 확산되려는 기미를 보이는 상황이었다. 결국 노무현 대통령이 직접 나서 '2008대입제도' 개선 정책 방안에는 실질 반영비율은 구체화되지 않았으나 대통령이 실질 반영비율 50%

이상을 강력하게 요구하면서 대학을 압박하였다.

셋째, 대통령과 대통령비서실은 정책 집행의 수단으로서 대학 재정지원 중단 등 강력한 제재 방안을 추진하였다. 6월 14일 열린 청와대 내부 회의에서 노무현 대통령도 "내신 무력화는 고교 등급제로 가는 길이다. 최근 몇몇 대학의 조치는 학생들을 혼란에 빠뜨릴 우려가 있다."면서 범정부적인 대처 방안을 마련하라고 지시하였다. 이에 따라 2007년 6월 15일 정부는 교육부 차원을 넘어 총리 주재로 긴급 대학입시 관련 부처 장관회의를 열어 내신 실질 반영률을 축소하는 대학에 대해 재정지원 중단 등 강력한 제재를 하기로 방침을 정하였다(대통령자문정책기획위원회, 2007b: 56). 6월 26일 청와대의 대학총장 토론회에서는 노무현 대통령이 대학 총장들을 모아 놓고 대학 사회를 집단이기주의자로 매도하고 '윽박지르기'를 하여 교수 사회의 자존심을 결정적으로 자극했다(대통령자문정책기획위원회, 2007b: 59).

넷째, 대통령의 정책 집행 방향이 대해 전반기에는 대통령자문기구가 후반기에는 대통령비서실이 매우 중요한 역할을 수행하였다. 앞서 언급하였듯이, '2008대입제도 개선안'의 정책결정은 대통령자문기구인 제1기교육혁신위원회가 구성·운영한 '대학입학제도개혁 특별위원회'가 주도하였으며, 정책 집행은 교육인적자원부가 주도한 것이다. 하지만 참여정부 후반기에 '2008대입제도 개선안'의 정책 집행에서 핵심적 주도권을 행사한 것은 대통령비서실이었다. 제1기교육혁신위원회의 '2008대입제도 개선안' 정책결정에 전문위원으로 참여하였던 교육문화비서관(김진경)과 행정관(김성근)이 '2008대입제도 개선안'의 정책 집행에 직접적이고 중요한 영향을 미쳤다.

다섯째, 대통령의 학생부 내신의 실질 반영비율 50% 이상 확대 요구는 의도하지 않은 정책효과, 즉 학생의 학습 부담 확대와 학부모의 사교육비 증가를 확대시켰다. 학생을 학교교육에 몰두하게 하는 부분적인 효과가 있었으나 학교교육 정상화의 핵심인 교수-학습 개선이라는 효과는 부족하였으며, 오히려 내신 성적경쟁을 심화시키고, 변별력 확보를 위한 대학의 논술 비중 확대를 촉진하여 그에 따라 사교육비 증가를 초래하였다.

여섯째, 대통령비서실은 대입제도의 부작용이 확인된 이후 대입제도 정책조정 요청을 수용하지 않고, '2008대입제도의 안정적인 정착'을 추진하였다. 대입제도에 의한 사교육비 증가가 다시 사회 문제로 대두된 2006년 후반에는 당시 김성환 정책조정비서관이 정무 측면에서 대입제도의 조정 필요성을 건의하였다. 대통령자문기구인 교육혁신위원회에서도 대입제도의 부작용과 조정 필요성에 대한 실무보고가 진행되었다. 그에 따라 2006년 9월에 대통령비서실 교육문화비서관이 주관한 '사교육비 점검 및 대책 수립을 위한 회의'가 조직되고, 여기에서 2007년 사교육비 경감대책의 정책평가와 점검이 이루어졌다.[13] 또한 정책실 차원에서 대입제도의 부작용과 조정 필요성에 대한 논의가 진행되었다. 이 과정에서 정책조정비서관은 '2008대입제도'의 조정을, 교육문화비서관실과 교육인적자원부는 '2008대입제도'의 지속과 정착을 추진하였다. 하지만 2007년의 '3·20 사교육대책'에서 나타난 바와 같이 "2008대입제도의 안정적 정착을 위하여, 학생부 실질반영률 증대 등 대학과 협력을 강화"하겠다는 정책방향을 채택하였다. 결국 사교육비 점검 및 대책 수립과 '2008대입제도'의 정책조정 관련 논의가 이루어진 것도, '2008대입제도' 정책방향의 강력한 추진을 결정한 것도 대통령비서실이었다.

일곱째, 대통령과 대통령비서실은 '2008대입제도'에 대한 비판여론을 '3불정책' 담론을 통해 극복하려고 시도하였다. 일부 대학관계자들이 3불정책 폐지를 언급하는 것을 계기로 3불정책 존폐를 내건 이념논쟁을 확대하였다. 2007년 4월 6일 노무현 대통령은 EBS에서 '본고사가 대학 자율인가'라는 주

....

13) 대통령비서실 교육문화비서관이 주관한 '사교육비 점검 및 대책 수립을 위한 회의'의 참석 대상은 청와대의 교육문화비서관과 담당 행정관, 정책조정·교육문화·국정상황 행정관, 한국교육개발원의 교육정책연구본부장, 입시제도연구실장, 교육통계담당자, 통계청 사회통계국장, 교육혁신위원회 전문위원(안선회), 교육인적자원부의 학교정책추진단장, 평생학습국장, 평생학습과장, 대학학무과장, 방과후학교기획팀장 등이었다.

제로 특강을 하며 지금의 교육위기에 대한 원인을 잘못 진단하는 것이 위기라며 3불정책 고수 방침을 재확인하였다. 이어서 김신일 교육부총리는 전국을 돌며 시·도 교육감회의를 통해 3불정책 유지에 적극 협조해 줄 것을 당부하는 '3불 투어'를 5월까지 20여 차례에 걸쳐 진행하였다(대통령자문정책기획위원회, 2007b: 53-54). 여기에는 '2008대입제도'의 학습 부담과 사교육비 증가 쟁점을 피하고 3불정책 관련 이념논쟁을 통해 정치적 지지를 회복하려는 정치적 의도가 작용하였을 것이라고 추정된다.

여덟째, 대통령은 '2·17 사교육비 경감대책'과 '2008대입제도' 개선 정책 집행에도 불구하고 사교육비가 급격하게 증가하는 원인을 몰랐을 것으로 추정되고, 대통령비서실은 대입제도가 원인이라는 것을 알고도 내신 중심 대입제도를 유지하고자 정책조정을 하지 않았다고 판단된다. 앞서 언급하였듯이, 2006년 9월 '사교육비 점검 및 대책 수립을 위한 회의'에서 교육혁신위원회와 정책조정비서관(김성환)은 내신, 수능, 논술의 3중 부담 해소를, 교육문화비서관실과 교육인적자원부는 '2008대입제도' 지속과 정착을 주장하였다. 당시 대통령비서실의 정책실장 차원에서 '2008대입제도' 유지를 결정하면서 참여정부 내의 대입제도 정책조정은 불가능해졌다. 참여정부를 계승한 민주당의 대입정책 방안 수정은 2012년에야 이루어졌다.[14]

(2) 교육인적자원부

'2·17 사교육비 경감대책'과 '2008대입제도' 개선 정책 집행과정은 교육인적자원부가 담당하였다. 교육인적자원부 역할 수행의 특징을 분석하면 다음과 같다.

....

14) 참여정부의 정책을 계승하고 있는 민주당 문재인 후보는 "교육공약으로 복잡한 대학입시전형을 네 가지 트랙으로 단순화하겠다. 국민제안에서 가장 절실히 요구했던 트랙별 인원할당제, 즉 수능만으로 선발, 내신만으로 선발, 특기적성 선발, 기회균형 선발(사회균형 선발 포함)로 전형을 단순화하겠다."고 공약하였다.

우선 '2·17 사교육비 경감대책'의 정책결정과 정책 집행까지 교육인적자원부가 주도하였다. 교육인적자원부는 정책결정과정에서부터 자체 내에 '사교육비대책 팀'을 조직하여 정책결정과 집행을 주도하였다. 그러나 '2·17 사교육비 경감대책'의 핵심 정책이었던 EBS 인터넷수능방송과 방과후학교 사업의 정책결정은 대통령이 주도하였다. 그중에서 방과후학교 정책은 교육인적자원부의 정책 집행을 대통령이 직접 감독하였다고 할 수 있다.

둘째, '2·17 사교육비 경감대책' 이후 학교 현장에서 다양한 방과후 교육활동이 수행되었으나 그 성과는 만족스럽지 못한 상태에서 노무현 대통령이 새로운 성격의 방과후학교를 제안하고 지시함으로써 적극적으로 도입되고, 성과 있는 정책 집행이 이루어지게 되었다. 2003년 말부터 노무현 대통령은 기존 방과후 교육활동을 대체하는 '방과후학교'의 개념, 성격 및 방향과 관련한 제안을 하였다. '방과후학교'라는 용어가 공식적으로 사용된 것은 2004년 4월 21일 '보충자율학습'이라는 명칭을 '방과후학교'로 바꿀 것을 지시한 이후였다(김홍원 외, 2007: 12-13). 이후 방과후학교 사업은 대통령의 강력한 실행의지를 바탕으로 교육인적자원부가 2006년 시범사업을 거쳐 2007년부터 일반학교에서도 실시되기 시작하였다.

셋째, '2008대입제도' 정책 집행도 교육인적자원부가 주무 부서로서 총괄하였다. 2005년 12월 서울시내 7개 대학은 2008 대입전형 기본 계획 발표에서 정시모집에서의 학생부 반영 비율을 40% 정도로 하는 방안을 제시하였다. 7개 대학이 2008대입전형 기본 계획을 발표하자, 교육부는 2005년 12월 27일 학생부 반영 비중을 높여 줄 것을 대학에 촉구하였다. 2006년 3월 하순 인터넷에 광범위하게 유포된 '죽음의 트라이앵글—누가 우리를 미치게 만드는가'라는 제목의 동영상은 사회적으로 큰 파장을 일으켰다. 이 동영상은 '2008대입제도' 개선안의 정책적 타당성과는 별개로 국민들의 정서에 '엄청난 충격'을 가져다 주었다(대통령자문정책기획위원회, 2007b: 47-50). 2006년 5월에는 '2008대입제도 정착 추진단'(단장: 차관)을 구성하여 운영하기 시작하였다. 하

지만 연구자도 위원으로 참여한 이 회의는 단 두 번의 형식적인 회의로 끝나고 말았다.[15)

넷째, '2008대입제도' 정책 집행과정에서 교육인적자원부와 대학 간의 갈등의 핵심 원인은 내신 실질 반영률에 대한 명료하지 않은 태도와 해석 때문이었다. 대학들의 입장에서는 학생부 비중 50% 이상 반영을 결의했을 때 이는 '실질 반영비율'을 의미한 것이 아니었다고 주장하며 청와대, 교육인적자원부가 이를 국민과의 약속이라고 규정하고 대학들이 약속을 지킬 것을 강력하게 요구한 데 대해 불만을 표하였다. 교육인적자원부는 "대학들이 2008학년도 대입에서 내신에서 기본 점수를 주지 말고 실질적인 내신 반영 비율을 50%로 끌어올리도록" 요구하였다.[16) 이러한 경우 대입에서 논술이나 수능의 영향력은 거의 없어지고, 내신만으로 학생을 뽑으라는 것이나 다름없다. 대학들의 입장에서 보면 최소한 단기적인 측면에서는 도저히 수용하기 곤란한 방안이었다(대통령자문정책기획위원회, 2007b: 64).

'2008대입제도' 집행과정을 분석한 노명순(2008)은 '대입정책에서 나타난 정책 비일관성의 원인 분석'에서 '2008대입정책' 집행에서 교육인적자원부는 내신 강화와 대학 자율 선발이라는 상징화된 대안 간의 충돌, 평등과 자유의 가치 대립, 대통령과 집단 응집력이 높은 주요 대학 간의 첨예한 갈등으로 인하여 어느 한 가지 입장만을 선택할 수 없는 딜레마 상황에 처하게 되어 정책결정과 집행과정에서 비일관성을 드러냈다고 분석하였다. 정책결정과 정책 집행에서 명료한 집행계획과 명료한 의사소통이 얼마나 중요한지 보여 주는 정책사례라고 할 수 있다.

....

15) 당시 회의를 더 확대하여 추가적인 협의를 통해 이견과 갈등을 해소하자는 연구자의 제안에 대해 교육인적자원부와 대학측 인사 모두 동의하지 않았다. 결국 언론에 '보여 주기' 위한 형식적인 행사에 그치고 말았다.

16) 내신에서 기본 점수를 주지 말고 실질적인 내신 반영 비율을 50%로 올리라는 정책수단은 '2008대입제도 개선안'에 포함되지 않은 내용이다. 연구자는 이 기준을 설정하고 요구한 것은 교육인적자원부보다 대통령비서실로 추정하고 있다.

다섯째, '2·17 사교육비 경감정책'과 '2008대입제도' 집행과정에서, 교육인적자원부는 정책의 부정적인 효과, 즉 사교육비 증가 현상에 대한 모니터링을 제대로 수행하지 못하였다. '2008대입제도'의 내신비중 확대 방침이 추진되고 그 내용이 알려지며, '2008대입제도'의 적용을 받는 학생들이 고등학교에 입학하여 중간고사를 치른 시기인 2005년 2/4분기 이후에, 2006년 계속하여 사교육비가 급속하게 증가하고 있다. 그럼에도 불구하고 제2기교육혁신위원회의 문제제기로 대통령비서실에서 2006년 9월 '사교육비 점검 및 대책 수립을 위한 회의'를 개최하기 전까지 교육인적자원부에서는 이에 대한 대책이 전무하였다.

여섯째, 교육인적자원부는 대통령 업무보고 시 사교육비 증가가 나타나는 통계는 보고하지 않고, 학원매출액 감소라는 유리한 통계자료만 보고하여 사태의 심각성을 은폐하였다. 이러한 잘못된 보고는 객관적인 모니터링과 대책 수립을 지연시키는 결과를 가져왔다. 통계청의 전국 가구당 월평균 교육비 지출 규모에서는 2005년 2/4분기 이후 사교육비 증가가 분명하게 확인되는데, 통계청의 2004~2006년 학원 매출액 변동 현황에서는 〈표 10-2〉와 같이 2006년 1월까지 학원 매출액이 계속 감소하였기 때문이다. 물론 2006년 2월부터 학원 매출액도 증가하게 된다. 그 뒤부터는 교육인적자원부도 이 통계를 활용하지 않았다.

표 10-2 | 2004~2006년 학원업 매출액 변동 현황

(불변지수, 전년동월대비, %)

구 분	1월	2월	3월	4월	5월	6월	7월	8월	9월	10월	11월	12월	연간
2004	2.0	2.8	-0.1	-7.8	-4.7	-4.7	-12.2	-13.0	-14.9	-15.3	-7.5	-7.0	-7.2
2005	-7.6	-7.3	-1.8	-3.4	-0.5	-5.2	-2.1	-0.4	-3.3	-9.0	-4.5	-3.7	-4.1
2006	-7.2	5.9	6.5	7.2	4.2	7.1	8.3						

주: 일반교습학원(입시, 언어, 방문 및 통신), 예술학원(음악, 미술, 무용 등), 기타학원(웅변, 속독, 체육)만을 포함. 사무ㆍ기술 및 직업훈련 학원은 제외
출처: 학교정책추진단(2006). p. 4.

학원 매출액 변동은 사교육비 변동의 일부만을 반영하고 있으며, 그것도 왜곡하여 반영하기 때문에 사교육비 증감의 주요 지표로 삼기에 적절하지 않다. 즉, 학원 매출액에는 개인교습비, 매출 미신고액이 제외된다. 또한 사교육비 변동을 왜곡하여 반영한다. 즉, 수능사교육을 위주로 하는 대형학원들은 대부분 관할청의 통제나 강사와의 수입 배분 문제 등으로 하여 매출액의 대부분을 신고하는 반면, 내신이나 논술을 지도하는 그룹지도형 보습학원은 매출신고 비율이 크게 낮은 것이 현실이다. 따라서 수능사교육을 주로 하는 대형학원 매출액 감소는 거의 그대로 반영되지만, 내신이나 논술을 지도하는 보습학원의 매출액 증대는 대폭 축소 반영되고, 역시 내신이나 논술을 대비하는 개인교습비는 아예 반영되지 않게 된다. 따라서 정부가 대통령 보고나 대국민 홍보에 지속적으로 매출액 감소를 근거로 사교육비가 경감되었다고 보고·홍보한 것은 착오이자, 사실 왜곡이라고 할 수 있다(안선회, 2009b: 151).

일곱째, 교육인적자원부는 대통령비서실이 주관한 2006년 9월 '사교육비 점검 및 대책 수립을 위한 회의'에서 '2008대입제도'의 유지·정착을 주장하였다. 교육인적자원부는 집행부의 특성상 '2008대입제도'의 정책조정보다 정책의 유지·존속을 지향하는 특성을 가진다. 교육인적자원부의 이러한 태도는 청와대 정책실과 교육문화비서관실이 '2008대입제도' 지속과 정착을 주장하는 상황과 연계되어 있다고 판단된다. 교육인적자원부의 정책주장 결과, 교육혁신위원회 전문위원과 정책조정비서관이 제기한 내신, 수능, 논술별 트랙으로 '희망의 트라이앵글'을 만들자는 주장은 배제되고, '3중 부담'을 가져온 '2008대입제도'가 유지·강화되었다.

여덟째, 대통령의 행보에 맞추어 교육인적자원부 역시 '3불정책' 담론에 가세하였다. 2007년 4월 6일 노무현 대통령의 EBS 특강에 이어서 김신일 교육부총리는 전국을 돌며 시·도 교육감회의를 통해 3불정책 유지에 적극 협조해 줄 것을 당부하는 '3불 투어'를 5월까지 20여 차례에 걸쳐 진행하였다(대통령자문정책기획위원회, 2007b: 53-54). 교육인적자원부가 '3불정책' 담론이라는 이

넘논쟁에 치중하며 '2008대입제도'의 부작용 시정을 외면하면서 '2008대입제도' 개선 가능성은 완전히 사라졌다. 그 결과 '2008대입제도'에 의한 학습 부담과 사교육비 고통은 온전히 학생·학부모의 몫이 되고 말았다.

(3) 교육혁신위원회

'2·17 사교육비 경감대책'과 '2008대입제도' 개선 정책 집행과정에서 제2기 교육혁신위원회에서는 교육제도전문위원회, 이어 교육현안전문위원회를 만들어 교육정책 현안 문제해결을 모색하였다. 특히 '2008대입제도'에 의한 사교육비 증가 문제에 주목하고 대입제도 조정을 위해 노력하였으나 일부 위원들의 반대로 공식적인 정책 제안은 하지 못하였다. 제1기교육혁신위원회의 정책을 제2기교육혁신위원회가 수정 요구하는 것에 대한 정치적 부담도 작용하였다.

하지만 제2기교육혁신위원회는 비공식적으로 대통령비서실 정책조정비서관과 협력하여 '3중 부담'을 초래한 '2008대입제도'를 내신, 수능, 논술별 트랙으로 수정하여 '희망의 트라이앵글'을 만들자는 조정 방안을 제안하였다. 하지만 이러한 제안은 수용되지 않았다. 교육문화비서관실과 교육인적자원부가 '2008대입제도' 지속과 정착을 주장하였기 때문이다. 앞서 언급하였듯이, 대통령비서실의 정책실장 차원에서 '2008대입제도' 유지를 결정하면서 참여정부 내의 대입제도 정책조정은 불가능해졌다.

(4) 교원단체, 학원단체

'2·17 사교육비 경감대책'과 '2008대입제도' 개선 정책 집행과정에서는 전교조의 영향력이 강하게 유지되었다. 우선 전교조는 사교육비 경감대책 형성 및 집행 과정에서 EBS 수능인터넷방송, 방과후학교에 대한 비판적 견해를 피력하였다.

전교조는 민주노동당 의원과 연대하여 '2·17 사교육비 경감대책'을 비판하였다. 2006년 5월 전교조는 "방과후학교에 교과학습을 전면 허용하면서 전국의 학교가 정상교육의 파행 운행, 보충수업 전면화와 경쟁 교육 강화로 몸살을 앓고 있다."고 비판하였다. "현행과 같은 방과후학교로는 결코 사교육 문제를 해결할 수 없다. 저소득층이나 맞벌이 부부의 자녀 보육에 대하여 공적 책임을 지며, 정규수업이나 가정에서 제공할 수 없는 다양한 문화·예술 체험 활동을 제공하는 것이 중심이어야 한다."(전교조, 2006. 5. 16 ; 2006. 7. 6)는 것이다.

한편 '방과후학교' 정책에 대해 가장 부정적인 입장을 표명하고 있는 이해 당사자는 바로 학원 관계자들이었다. 학원총연합회 측은 '방과후학교' 정책을 법으로 규정하는 것은 학교의 학원화를 초래하여 학교교육의 파행을 부추기고 오히려 전체 사교육비 부담을 증가시킬 것이라고 주장한다. 이 중에서도 학원 관계자들이 가장 민감하게 받아들이는 내용은 외부기관이 학교 내부로 진입할 수 있도록 법적 근거를 마련해 두고 있는 비영리단체 및 비영리법인에의 위탁 및 운영 관련 조항이었다(대통령자문정책기획위원회, 2007a: 18).[17]

전교조는 '2008대입제도' 형성과 집행에 가장 강한 영향력을 행사한 이익 집단이었다. 전교조는 정책형성 단계에서부터 수능의 약화를 위해 수능 5등급과 교사별평가제, 1등급 7% 방안을 강하게 주장하여 교육혁신위원회와 일정한 수준에서 보조를 맞추었다. 손지희 전교조 정책국장은 "당분간 내신의 상대 평가는 불가피하고, 내신의 실질 반영률을 50% 이상으로 대폭 확대하고 수능은 자격고사로 돌리거나 아예 폐지해야 한다."(서울신문, 2004. 10. 18)고 주장하였다. 집행과정에서는 고교등급제 반대 투쟁을 전개하여 정부로 하여금 대학의 변화를 요구하여 관철시키기도 하였다. 정부의 내신의 실질 반영률을 50% 이상 요구를 견인하고 있었다.[18]

....

17) 이러한 전교조의 주장과 학원 단체의 주장의 유사성을 확인하면 보습학원 관계자들이 교육감 선거에서 친전교조 성향의 후보를 지원하는지 그 이유를 파악할 수 있다. 하지만 특목고 대비 학원들은 특목고, 자사고 지향하는 보수 성향의 후보를 선호하는 경향이 있다. 학원 단체들도 제공하는 사교육서비스의 형태와 내용에 따라 정치적으로 지지하는 후보와 정책이 다른 것이다.

18) 연구자는 참여정부의 대입제도를 전교조 등 '교육좌파의 실패'로 판단하고 있다. 수능은 학부모의 사회

다만 한국교총의 이원희 회장은 2007년에 회장 당선 직후 "이념적 발상에 기초해 내신 실질 반영률을 50%로 고집하다 보면 입시의 다른 두 축인 수능과 논술이 의미가 없어진다. 내신 비중을 높이면 학생들의 부담이 줄어들 것 같지만 역차별받는 학생도 생긴다. 올해 입시에서의 내신 실질 반영률은 15%가 적당하고 향후 단계적으로 늘려나가는 것이 바람직하다."(경향신문, 2007. 7. 12)라고 언급하며 상대적으로 유연한 자세를 보였다.

....

경제적 지위, 계층격차를 더 많이 반영하고, 내신에는 계층격차가 적게 반영된다는 판단은 내신이 절대평가로 반영되는 2004년 이전에나 해당되는 주장이다. 내신의 변별력을 높이기 위해서는 내신에 상대평가가 도입되어야 하고, 상대평가가 도입되면 학부모의 사회경제적 지위 격차가 내신에서도 확대될 수밖에 없다. 따라서 그 부작용을 막기 위해서는 내신 비중을 확대하더라도, 지나치지 않아야 하며, 내신 외에도 수능과 논술로도 진학할 수 있는 통로를 열어 두는 것이 바람직하다. 그렇지 않고 수시와 정시 모든 전형에서 내신 실질 반영률 50% 이상을 요구할 경우, 대학의 변별력 확보를 위한 논술 비중 확대와 맞물려 '죽음의 트라이앵글'을 초래할 수밖에 없는 것이다. 계층격차도 더 확대되는 결과가 나타난다.

또한 모든 학교의 내신성적을 동일하게 평가하기 때문에 교사의 수업혁신을 통한 학생들의 학업성취 향상보다 가르친 뒤 등급 나누기 평가와 비교과 평가자료 만들어 주기에 치중할 가능성이 크다. 전교조의 주장은 학교교육에서 내신평가권을 가진 교사의 권한 강화라는 결과를 의도한 것은 아닌지 우려된다.

2005년 프랑스 대입제도 개편 파동 당시, 3학년 때 1회만 치르는 바칼로레아 체제를 바꿔 2007년부터는 총점 중 20%를 연중 실시하는 평가점수로 결정하는 우파정부의 방안에 대해 저소득층 학생들은 연중 수시로 시험을 볼 경우 교육 여건이 열악한 자신들에게 불리한 결과가 초래돼 또 다른 인종 차별이 파생될 것이라고 주장하였다. 사교육 기회가 적고 생활비를 벌기 위해 아르바이트를 해야 하는 저소득층 학생들의 점수가 상대적으로 낮을 수밖에 없다는 것이다. 학생들은 또 200년 전통의 바칼로레아가 지닌 권위와 평등 정신이 실추될 것이라고 강조하였다. 이들의 주장에 교원노조와 야당인 사회당이 적극 동조하고 나섰다(세계일보, 2005. 2. 11).

그럼에도 불구하고, 2007년 당시 민주당의 정동영 후보, 이후 민노당과 진보당 계열의 정치세력은 수능과 논술을 없애고 1년에 네 번씩, 3학년 두 번 등 총 10번의 시험결과 등이 반영되는 학생부로 대입전형을 시행할 것을 주장하고 있다. 하지만 이러한 정책은 내신경쟁을 강화하고, 사교육 효과가 가장 높은 내신 교과성적과 상류층이 훨씬 유리한 비교과로 인해 계층 간 격차가 더 벌어질 것이기 때문에, 결코 좌파가 주장하고 추진할 정책이 될 수 없다. 마치 '입학사정관제 100%'와 본질적으로 동일한 주장인 것이다.

그럼에도 불구하고, 여전히 그러한 주장을 펴는 것은 '좌파의 무능'을 드러내는 것이다. 현재 수능 대비 EBS 강좌가 누구에게나 공평하게 제공되고 있어 오히려 수능에서의 계층격차는 더 줄어들 수 있다. 논술도 대학별 논술이 아니라 한국교육과정평가원 방식의 공동 논술이 도입되고 학교와 EBS를 통해 평등하게 교육기회를 제공하면 계층격차가 내신보다 크지 않을 것으로 판단된다. 대입에 대한 잘못된 학생부(내신) 중심 패러다임을 이제는 떨칠 필요가 있다고 판단한다. 이러한 측면에서 한국교총 이원희 회장의 주장은 비교적 합리성을 지니고 있다.

(5) 대학

'2008대입제도' 정책 집행과정에서 갈등의 핵심 주체는 정부와 대학이었다. '2008대입제도' 정책과정에서 발생한 갈등을 살펴보면 다음과 같이 구분할 수 있다.

표 10-3 참여정부 시기 '2008대입제도' 추진을 둘러싼 갈등

구 분	시 기	핵심쟁점	국가 권력 진보 언론 · 단체	주요 대학 보수 언론 · 단체	학생 · 학부모
1단계	2004 말~ 2005 초	고교등급제	고교등급제 금지	일부 대학 고교등급제 찬성 · 적용	대체로 고교등급제 비판 · 반대
2단계	2005년 5월 학생집회 전후	내신 강화 통합논술 3불정책	본고사형 논술 반대, 3불 옹호 및 쟁점화, 내신 강화 옹호 · 정당화	서울대 통합형 논술 추진, 주요 대학 3불 정책 법제화 반대	내신 확대 반대, 내신경쟁 강화 반대 입장 확산, 사교육비 증가 호소
3단계	2006년	내신 · 수능 · 논술 3중 부담	정시 · 수시 모두 학생부 반영률 50% 요구, 사교육비 증가 불구 내신 강화 강행	정부 요청으로 대교협 · 24개 대학 학생부 반영률 50% 이상으로 확대 발표, 논술 비중 확대	'죽음의 트라이앵글' 호소, 내신 · 수능 · 논술 3중 부담, 특히 내신 강화 반대 사교육비 증가 호소
4단계	2007년 상반기	3불정책	청와대 주도 3불정책 쟁점화, 3불 옹호로 정치적 지지 획득 시도	대학 인사 3불정책 폐지 주장, 일부 대학 수능우선선발 도입	내신 · 수능 · 논술 3중 부담 고통 지속, 사교육비 증가 호소
5단계	2007년 중 · 후반기	내신 실질 반영률 50%	내신 실질 반영률 50% 이상 요구, 불이행 시 제재 천명, 전교조 등 단체 지지	자율성 침해라며 반발하면서도 내신 비중 확대 추진, 그 결과 내신 · 수능 · 논술 3중 부담 확대	내신 · 수능 · 논술 3중 부담 반대 확산, 내신과 논술 사교육비 대폭 증가 참여정부 비판 증가
6단계	2007년 말 대선 시기	내신 중심 대입제도 수능등급제	수능등급제 옹호, 열린우리당은 수능 · 대학별고사 폐지, 학생부(내신) 100% 전형 공약	한나라당은 수능등급제 비판, 내신 비율 자율화 수능과목 축소, 대입 3단계 자율화	내신 · 수능 · 논술 3중 부담 반대 확산, 특히 학생부(내신) 100% 전형 공약에 부정적

출처: 안선회(2009b). p. 159.

정책 집행 초반에 발생한 대학의 고교등급제 시도는 교육적 정당성이 없는 행태였다. 하지만 정책 집행 후반에 나타난 대입 관련 갈등의 핵심쟁점은 내신 실질 반영률 50% 문제였다. '2008대입제도 개선안' 확정안에는 '내신 실질 반영률 50%'는 아예 존재하지 않았다. 다만 '학생부의 반영 비중 확대'(교육인적자원부, 2004. 10. 28: 9)라는 제목만 있을 뿐이었다. 그러나 정책 집행 단계에서 더욱 강화된 지표가 요구되어 대학 측은 쉽게 수용하기 어려웠을 것이다. 연구자의 판단으로는 정책 방안에도 없었던 '내신 실질 반영률 50%'에 대한 정부의 강압적 요구가 참여정부 후반기 대입제도 관련 갈등의 핵심 원인이었다고 본다. '2008대입제도 개선안' 확정안에도 없는 대통령과 정부의 지나친 요구가 '내신 실질 반영률'에 관한 불필요한 갈등과 혼란을 초래하였으며, 오히려 정책의 부작용을 더 확대하였다. 참여정부 말기에는 정부의 강력한 대입 규제에 대한 반작용으로 여론과 대학을 중심으로 대입자율화 주장이 확대되는 정책환경을 만들어 주었다.

　대학은 정부와의 갈등과정에서, 내신 실질 반영률을 높이면서 동시에 논술 반영률도 높여 수능등급제에 의한 변별력 약화를 보완하려 하였다. 그 결과 정부와 전교조가 요구하여 확대시킨 학생부 반영률, 대학이 축소 유지한 수능 반영률, 대학이 증가시킨 논술 반영률이 함께 중첩되어 요구되는 일명 '죽음의 트라이앵글'이 완성된 것이다. 따라서 '삼중 부담'에 의한 학생·학부모의 부담과 고통 증가는 정부와 대학의 합작품이며, 이는 내신 실질 반영률 50% 확대를 줄기차게 요구한 전교조 등 '교육좌파' 진영의 정치적인 영향력이 작용한 결과라고 할 수 있다.

(6) 언론
〈표 10-3〉에 보여 주듯이, 언론도 대입제도와 사교육비를 둘러싼 갈등의 핵심축이었다. 특히 보수성향의 언론은 참여정부의 정책 실패를 묵과하지 않았다. 이러한 현상은 2005년 언론 보도에서 나타났다. 2005년 당시 고교 1학년

부터 학교생활기록부 교과평가가 절대평가에서 상대평가로 바뀌는 등 대입에서 내신 비중이 커지면서 학생들에게 '내신 과외' 열풍이 몰아치고 있다고 보도하였다. 공교육을 정상화하기 위해 내신 비중을 강화한 '2008대입제도'가 발표됐지만 실제 교육현장에서는 사교육 의존이 더욱 심해지고 있다고 보도되었다. 고1 응답자의 94.7%는 '내신 부담이 크다.'고 대답해 새 대입제도의 첫 당사자들이 느끼는 중압감이 상당한 것으로 나타났다. 이런 분위기를 반영하듯, 일선 고교에서는 내신에 대한 관심 때문에 학부모들의 학교 방문이 급증하는가 하면 학원가에서는 내신을 집중 관리해 주는 강좌가 인기를 끌었다. 서울 강남의 한 탐구과목 학원장은 "수능 출제 방식 변화로 문을 닫는 탐구과목 학원들이 많았는데 새 대입제도의 내신 비중 강화 때문에 숨통이 트였다."며 "2008학년도 대입제도가 학원에는 전혀 불리하지 않다."고 말했다. 새 대입제도의 적용을 받는 고교 1학년을 대상으로 하는 내신종합반 학원들은 벌써부터 수강생이 넘쳐날 정도라고 보도하고 있다(동아일보, 2005. 3. 23). 이러한 보도는 매우 사실적 보도로서 이후 내신 사교육비 증가의 실태를 보여 주고 있다. '2008대입제도'가 오히려 사교육비를 증가시키고, 교과 지식 중심의 문제풀이식 반복학습의 폐해는 증가하였고, 비인간적 입시경쟁은 더 심화되었다는 비판이 제기되고 있다(YTN, 2006. 9. 30; 동아일보, 2007. 4. 12)는 보도가 이어졌다.

또한 언론은 대입제도 하에서 괴로운 학생의 처지와 입장을 부각시켰다. 당시 고교 1학년 학생은 "얼마 전 교육부는 기존의 내신 절대평가에서 상대평가로 교육제도를 바꾼다고 했다. 학생들을 성적순으로 세워 놓고 돼지고기 등급 매기듯 아홉 가지 등급을 매기는 것이다. 언뜻 듣기에는 '내신 부풀리기'라는 모순된 현상을 막는다는 것이 좋아 보이지만, 사실 학생들 사이의 지나친 경쟁을 부추기는 것이다. 지금 학생들은 서로 돕는 것이 아니라 친구들을 '적'으로 인식하고 있다. 친구의 노트를 훔치고, 책을 빌려주지 않는 것이 '배틀 로얄'에 던져진 학생들의 행동과 무엇이 다른가? 이런 식으로 경쟁이 과열되면 교육부의 의도와는 달리 사교육비가 더욱 증가할 것이다."(한겨레신문, 2005. 5. 12)라고 하였다. '2008대입제도'의 적용을 받는 고등학생들이 첫 중간고사를 치른 2005년 봄부터 반발이 나타났다. 즉, 상대평가가 적용되는 학생부 반영 비중 확대 정책은 학생들의 고통을 충분히 고려하지 못한 것이었다.

수능등급제의 부작용으로 논술·면접 관련 사교육비가 증가할 것이라는 보도도 증가하였다. 2005년 6월 30일 "'논술형 본고사' 사실상 부활(중앙일보, 2005. 6. 30)"이라는 보도를 시작으로 통합교과형 논술고사 도입이 시도되었다. 수능등급제가 실시된 2007년 말에 '수능등급제 후폭풍…… 느닷없는 사교육 시장 활황' 보도가 이어졌다. 언론은 "사교육 억제를 위해 도입된 수능등급제가 사교육 열풍을 조장하고 있는 셈"(한국일보, 2007. 11. 25)이라고 지적하였다. 학생·학부모는 변화된 입학경쟁제도에 가장 적합한 대응 전략을 구사하고 있는 것이다(안선회, 2009a: 188).

언론의 결정적인 보도는 2006년 3월 하순 한 고등학생이 대입에 찌든 교육 현실을 비판하며 만든 '죽음의 트라이앵글―누가 우리를 미치게 만드는가'라는 제목의 동영상은 사회적으로 큰 파장을 일으켰다. 성적을 비관해 자살한 학생들을 다룬 언론 보도로 시작하는 동영상은 7분여 동안 내신-수능-논술, 세 가지 요소가 만드는 '죽음의 트라이앵글' 속에서 학생들이 고통받고 있다고 지적하면서 '2008대입제도 개선안'을 비판하였다. "학생들을 입시지옥으로 내몬 교육당국과 대학, 학원, 교사들에게도 경고한다. 명심하십시오. 우리 가슴 속의 분노와 피해의식, 그 모든 것은 바로 당신들이 키웠습니다."라고 절규하고 있는 모습은 '2008대입제도 개선안'의 정책적 타당성과는 별개로 국민의 정서에 엄청난 충격을 가져다 주었다(대통령자문정책기획위원회, 2007b: 48).

전반적으로 본다면, 언론은 참여정부에 우호적이지 않았다. 언론은 참여정부 교육개혁에 대한 보도에서 정치이념 지향적 보도 태도도 나타났다. 느슨한 정책연합이라고 할 정도로 보수적인 언론은 야당과 보조를 맞추며 참여정부의 교육개혁에 대한 비판적 태도를 드러냈고, 일부 좌파 성향의 언론 역시 전교조 등 좌파정치세력과 보조를 맞추어 참여정부를 비판하였다. 일부 언론만이 객관적이거나 우호적인 태도를 보여 주었다. 하지만 이념 지향적 보도 태도가 있다고 해도 그들이 보도한 내용이 사실이란 것을 부정할 수는 없다. 따라서 정부는 언론을 탓하기 이전에 정책을 재점검하여 보완했어야 했다.

정부와 대학 간의 갈등과 혼란 보도, 학생의 고통 증가 보도, 사교육비 증가 보도가 확대되면서 참여정부에 대한 학부모와 일반 국민의 지지는 약화되고 불만은 확대·증가되었다. 일부 언론은 정부의 대입정책, 특히 3불정책을 옹호하는 이념적 보도 성향을 보였지만, 참여정부 대입제도 집행 이전보다 갈등과 혼란, 학생의 고통, 사교육비가 증가한 객관적인 사실을 뒤바꾸지는 못하였다. 결국 참여정부의 대입정책의 실패는 언론을 통해 드러나고, 언론을 통해 일반 국민에게 전파되어 정치적 지지를 약화시키고 참여정부에게 정치적인 부담을 안겼다.

참여정부와 노무현 대통령의 정치적 지지도 하락이 모두 교육개혁정책의 실패 탓이라고 볼 수는 없다. 하지만 그중에서도 사교육비 경감에 실패하고 오히려 증가시켰을 뿐만 아니라 잘못 설계된 대입제도를 통해 학생과 학부모, 일반 국민에게 고통과 부담을 안겼다. 핵심적으로는 '2008대입제도'의 실패에 따라 여타 교육개혁정책의 성과가 제대로 드러나지 않았고, 국민의 정치적 지지로 연계되지도 않았다.

6. 맺음말

이 글은 참여정부 교육개혁정책의 정책과정을 정치학적으로 분석하고자 하였다. 이를 위해 먼저 참여정부의 정치구조와 교육구조에 대해 분석하였고, 교육개혁의 전개과정을 교육공약 작성, 인수위 국정의제 설정, 참여정부 전반기의 교육개혁 전개과정, 후반기의 교육개혁 전개과정을 분석하였다. 이러한 전개과정 분석을 바탕으로 참여정부 교육개혁정책 형성 및 집행 과정의 특징을 분석하였다. 교육개혁정책 형성과정의 특징은 정책 내용의 적합성과 형성과정의 민주성을 중심으로, 집행과정의 특징은 집행계획의 적합성과 집행과정의 대응성을 중심으로 분석하였다. 그리고 참여정부 교육개혁정책 형성과정과 집행과정에서의 참여자의 역할을 분석하였다. 이러한 분석을 바탕으로 결론을 제시하면 다음과 같다.

첫째, 참여정부의 교육개혁 이념과 방향에는 일관성이 없었다. 대통령 선거에서의 교육공약의 방향과 인수위 국정의제의 방향이 달랐으며, 제1기교육혁신위원회와 제2기교육혁신위원회의 교육개혁 이념과 방향이 달랐다. 이에 대해 '제2기교육혁신위원회 백서'는 다음과 같이 서술하고 있다. "교육공약에서는 학습자·수요자를 위한 '자율과 다양성의 교육'이 강조되었으나 인수위 의제에서는 자율과 다양성은 일부 약화되고, 학습자·수요자 중심 논리는 신자유주의 중심 논리로 규정되었다. 상대적으로 평등주의적 방향이 좀 더 강조되었으며, 교육자 중심의 교육개혁 추진이 중시되었다. 제1기교육혁신위원회가 상대적으로 교사 중심 교육혁신을 추진했다면, 제2기교육혁신위원회의 교육혁신 방안은 교사에 대한 신뢰와 비판을 모두 고려하여 교사에 대한 지원 및 자율권 확대와 함께 교사에 대한 평가 및 사회적 요구를 교원정책 개선 방안에 담아냈다."(이종각 외, 2007: 242-244)

둘째, 참여정부의 교육개혁 이념과 방향에서 나타나는 일관성 부재는 참여정부 시기 교육개혁 주체세력의 형성 실패와 대통령의 교육정책 책임자에 대한 인사 실패에 기인하고 있다. 참여정부의 교육개혁 이념과 방향이 단계별로 변화한 것은 참여정부 시기 교육개혁 주도세력을 대통령과 대통령비서실이 계속 교체하였기 때문이다. 이는 직접적으로 대통령의 인사실패에 기인하지만, 우리나라 정당에 교육전문성을 갖춘 인재를 효과적으로 양성하지 못하는 데 기인하기도 한다. 또한 교육의 정치적 중립성 명분에 따라 교육전문가들의 정치권 거리두기에 기인한 면도 있다. 달리 표현하면, 대통령의 교육개혁에 대한 열망을 실현해 줄 정책리더십을 갖춘 교육개혁 전문가를 양성하지도, 영입하지도 못하였다는 것이다. 참여정부의 이러한 한계는 총체적·종합적 교육개혁 추진을 어렵게 하는 요인으로 작용하였다.

셋째, 참여정부의 교육개혁은 교원단체, 학부모 단체, 일반 국민의 참여를 확대하는 정치구조, 교육구조 형성을 그 특징으로 하고 있으나, 이 교육구조를 활용하여 가장 정치적 영향력을 확대한 것은 전교조였다. 국민의 정부에서 합법화된 전교조는 NEIS 반대, 「사립학교법」 개정, 교원평가제 반대, 지방교육자치제도 반대, 방과후학교 반대, '2008대입제도'에서의 내신 비중 확대 요구 등 주요 정책에 대한 반대 투쟁 혹은 찬성 혹은 정책방향 요구 등 다양한 방향과 수단으로 참여정부 교육개혁 전반에 걸쳐 가장 큰 영향력을 행사하였다. 참여정부 교육개혁정책과정은 전교조와의 갈등과 협력에 의해 그 방향이 크게 좌우되었다. 이러한 현상은 당시 여당인 열린우리당과 전교조의 정치적 관계에 기인한 측면이 있다. 운동권 출신의 열린우리당과 청와대 주요 인사들은 전교조를 우호세력·지원세력으로 생각하고 협력하고자 하였으나, 참여정부 당시 전교조의 주요한 정책협력자는 사실상 민주노동당이었다.

넷째, 참여를 확대하는 정치구조, 교육구조에서 학부모와 일반 국민의 참여가 확대되기보다 조직력을 갖춘 전교조와 친전교조 성향의 학부모 단체, 시민단체의 참여와 영향력 확대가 이루어졌다. 정책과정 전반에서 친전교조 성향의 학부모 단체, 시민단체는 대체로 전교조의 교육개혁 패러다임과 영향력을 크게 벗어나지 못하였다. 정치적으로 좌파 성향의 언론 역시 전교조의 교육개혁 패러다임과 영향력을 크게 벗어나지 못하였다.

다섯째, 참여정부 교원정책과 지방교육자치제도, 미래 교육비전에서는 참여정부의 교육개혁 이념과 방향에서는 교사에 대한 사회와 학부모의 요구도 함께 강조하였으며, 점차 학습사회 실현을 강조하는 경향이 있었다. 참여정부 후반기로 갈수록 대입제도 외에는 전교조의 영향력이 점차 약화되고 있었다. 이는 대통령과 여당의 전교조의 대정부 투쟁에 대한 학습효과에 기인하였다고 볼 수 있다. 특히 학생·학부모가 참여하는 교원평가제와 일반 국민의 교육정책 영향력을 확대하는 지방자치제도에서는 일반 국민과 학부모 단체는 지지하였지만, 이전에 갈등관계에 있던 교원단체가 강력하게 연대하는 정책연합의 변동이 처음으로 나타났다. 이 정책과정을 통해 기득권을 지닌 집단으로서의 전교조의 보수화된 양태가 드러나기 시작하였다.

여섯째, 참여정부의 교육개혁의 핵심적인 실패는 '2008대입제도' 개선이고 그에 의한 학생 · 학부모의 고통과 부담, 사교육비 증가 문제였다. 참여정부의 교육개혁정책 추진의 결과, 학생 · 학부모 · 국민의 교육에 대한 요구와 이해는 충분히 반영되지 못하였고 또한 학생 · 학부모 · 국민의 이익과 행복은 크게 증진되지 못하였다. 그 핵심 원인이 '2008대입제도'의 실패에 기인한다. 대입과 고입 정책을 제외한 교육개혁, 즉 교원정책, 방과후학교정책, 지방교육자치제도 개선, 교과서제도 개선, 사립학교 운영 개선, 교육격차 해소 노력은 학생 · 학부모 · 국민의 교육과 학습을 보다 향상시켰다고 할 수 있으나, 대입제도와 고입제도의 실패는 다른 정책의 긍정적인 성과보다 부정적인 영향을 더 많이 가져왔다.

일곱째, '2008대입제도'의 실패는 참여정부의 실패이자, 동시에 우리나라 '교육좌파의 실패'이며, 연구자를 비롯하여 참여정부의 교육개혁에 참여했던 인사들의 한계를 의미한다. '교육좌파'가 앞으로도 대입제도와 고입제도 개선에서 지나친 내신(학생부) 중심 패러다임을 극복하지 못하는 한 참여정부의 정통성을 승계한 민주당의 대입정책 또한 그 영향력을 벗어나기 힘들 것으로 추정된다. 그러한 의미에서 2012년 민주당 대통령 후보인 문재인 후보의 트랙별 대입 방안은 개선되었으나, "중장기적으로 '수능의 자격고사화와 내신 중심 선발'을 기조로 하는 대학입시제도"(문재인, 2012) 추진을 제시하고 있어 그 한계를 드러내었다.

여덟째, 참여정부의 대입정책 형성과정과 집행과정에서 정책 문제에 대한 합리적인 인과분석이 이루어지지 못하였고, 정책목표와 정책수단 간의 인과관계에 대한 가설도 충분히 검증되지 못하였다. 그 결과 '2008대입제도'와 같이 잘못된 정책인과가설이 형성되고 집행되어 정책의 부작용을 초래하였다. 학생부 내신 중심의 입학전형정책은 대입만이 아니라 특목고 입학전형에도 그대로 반영되어 중학생의 내신성적 경쟁과 사교육비 증가의 핵심 원인이 되었다 (김선애, 2012; 김선애, 안선회 2012, 2013).

아홉째, 참여정부는 대입정책의 실패에 따른 고통과 사교육비 증가, 여론 악화를 3불정책이라는 이념담론으로 호도하려고 하였으나, 이는 올바른 교육적 판단이 아니라 정치적 의도에 의한 정치 행위에 그치고 말았다. 정치적 이념공세, 홍보와 선전으로 객관적인 고통을 감출 수는 없다. 정권 교체 후에도 3불정책은 유지되고 있는 것으로 볼 때 마치 3불정책이 곧 무너질 것 같은 반응은 일종의 정치적인 담론에 불과했다는 것을 알 수 있다.

열째, 참여정부의 대입정책의 실패는 언론을 통해 드러나고, 언론을 통해 일반 국민에게 전파되어 정치적 지지를 약화시키고 정권교체의 부분적인 원인으로 악용하였다. 참여정부와 노무현 대통령의 정치적 지지도 하락이 모두 교육개혁정책의 실패 탓이라고 볼 수는 없지만, 교육개혁정책의 추진 결과 그 성과보다 부작용이 더 드러났고 그로 인하여 국민들의 정치적 지지는 약화되었고, 참여정부의 정치적인 부담은 더 커졌다.

이러한 분석을 바탕으로 성공적인 교육개혁 추진을 위한 시사점을 제언하면 다음과 같다.

첫째, 교육개혁의 이념과 방향에 타당성과 일관성이 있어야 한다. 그리고 교육개혁의 이념과 방향은 가능하면 대통령 후보들의 토론과 학습, 공약 형성을 위한 여론 수렴 노력 속에서 도출되고 유지되어야 한다. 교육개혁은 학습자의 맞춤형 학습을 지원 촉진하여 교육과 학습을 통한 자아실현과 행복을 실현할 수 있어야 한다. 교육개혁은 형식적인 교육기회 균등이 아니라 실질적인 학업성취의 균등을 추구하여야 하고 이를 위한 교육 책무성을 중시해야 한다.

둘째, 정당과 정부는 정권 초기부터 교육개혁 주체세력을 분명하게 형성하고 대통령은 교육개혁 주체세력을 중심으로 총체적이고 종합적인 교육개혁을 추진할 필요가 있다. 모든 정당의 기본적인 역할과 책무이며, 대통령과 교육감 후보들의 필수적인 역할과 책무이기도 하다.

셋째, 교육개혁의 성공을 위해서는 최대한 참여를 확대하는 정치구조와 정책과정을 운영하되, 일반 국민의 대표성을 반영한 민주적인 구성과 운영이 보장되어야 한다. "대한민국은 민주공화국이다." "대한민국의 주권은 국민에게 있다." 따라서 강한 조직력을 갖춘 일부 교원단체가 교육주권을 보유해서도 안 되고 독보적으로 행사해서도 안 된다. 교육개혁은 근본적으로 일반 국민과 학생·학부모의 이해와 요구를 반영하되, 전문가인 교원의 의사를 존중하여 이루어져야 한다. 정부와 교육개혁 주체세력은 일반 국민과 학생·학부모의 요구와 이해를 찾고, 듣고, 이를 정책에 반영하기 위해 노력해야 한다.

넷째, 올바른 교육개혁을 위해서는 일반 국민과 학부모의 교육주권 의식과 함께 교육개혁에 대한 올바른 인식과 학부모의 정체성이 확립되어야 한다. 일반 국민과 학부모(단체)는 교원단체와의 협력도 필요하지만, 교원단체의 교육인식과 정책 패러다임보다는 학생·학부모 중심의, 학생·학부모에 의한, 학생·학부모를 위한 교육개혁 방향과 정책을 개발하고 요구해야 한다.

다섯째, 정부와 교육개혁 주체로서의 교육전문가는 교육과 학습, 교육개혁에 대한 총체적인 안목과 통찰력과 함께 정책리더십을 갖추어야 한다. 학생·학부모·일반 국민의 요구와 이해를 기본으로 하되, 교원단체와 시민단체, 학부모 단체의 요구와 그 요구의 의도와 맥락을 읽어 내야 한다. 교원단체의 교육적인 주장에 최대한 귀 기울이되, 기득권에 입각한 집단이기주의를 극복할 수도 있어야 한다. 또한 설사 교원단체가 자신들의 이해와 권리를 주장한다고 하더라도, 그것은 자연스러운 현상이므로 그것을 이유로 협력을 거부하는 태도도 극복해야 한다. 그리고 가능하면 교육개혁에 대한 최대한 많은 국민, 단체 및 인사의 정치적 지지와 지원을 끌어낼 수 있어야 한다. 이를 위해서는 교육개혁가의 정무적 판단 능력도 중요한 필요조건이 된다.

여섯째, 우리나라의 교육현실에서 교육개혁의 핵심은 대입제도 개선이기 때문에 타당하고 효과적인 대입제도 형성을 위해 최선을 다해야 한다. 이를 위해서는 정치적 조급성을 이겨 내야 한다. 정책에 대한 자신의 지나친 신념을 극복해야 한다. 정책에 대한 '확신범'이 흔히 범하는 독단적 정책 추진, 정치적 조급성 등의 과오를 범하지 말아야 한다. 특히 올바른 정책 문제의 인과관계 분석에 근거하여 보다 타당한 정책목표와 정책수단을 도출해야 한다.

일곱째, 올바른 교육개혁을 위해서는 정당의 지나친 이념 중심 접근, 정치 중심 접근을 경계해야 하고, 모든 국민의 교육과 학습을 중심으로 '교육적이고 합리적인 접근' 그리고 사실에 근거하는 현실적 접근이 우선되어야 한다. 우파 성향의 정당은 지나친 경쟁과 자율화 패러다임이 교육경쟁, 사교육, 교육격차를 확대할 수 있음을 알아야 하고, 좌파 성향의 정당은 이미 보수화된 전교조의 정책적 한계를 극복해야 한다. 정당은 특정 교원단체의 지지가 아니라, 국민의 직접선거를 통해 국민 다수의 지지를 얻어 집권한다는 것을 자각해야 한다. 이념에 치우쳐, 당위에 치우쳐 또는 학생·학부모·국민의 고통과 요구를 외면하면, 학생·학부모·국민의 고통은 더욱 커지고, 정당, 정치세력은 국민으로부터 외면당할 것이다.

여덟째, 정책형성과정에서는 정책 내용의 적합성을, 정책 집행과정에서는 집행계획의 적합성을 갖추어야 하고, 정책의 효과성 제고를 위해 집행과정을 통해 끊임없이 모니터링과 의견을 수렴하여야 하며, 그에 근거한 정책조정 노력을 계속해야 한다. 특히 정책 집행과정과 정책 종류 후에는 객관성과 공정성을 갖춘 정책평가를 통해 보다 효과적인 환류와 정책학습 그리고 타당한 정책조정이 이루어질 수 있도록 해야 한다. 적합성 평가 및 환류의 핵심은 정책목표와 정책수단 사이의 인과관계임을 분명히 인식해야 한다.

아홉째, 올바른 교육개혁을 위해서는 정당, 대통령, 교육전문가는 최소한 교육개혁을 하겠다는 사실을 외면하지 말고, 거짓으로 국민을 속이지 말고, 사실을 직시하고, 진실로 국민을 대해야 한다. 자신의 이익을 위해 소위 '진영논리' 실제로는 '패거리 논리'에 빠져 사실을 외면하고, 거짓으로 국민을 속이려는 자는 교육개혁을 외쳐서는 안 된다. 교육개혁을 하기 전에 자신을 먼저 개혁할 일이다. 이념에 치우쳐, 당위에 치우쳐 또는 '패거리 논리'로 학생·학부모·국민의 고통과 요구라는 '사실' '현실'을 외면하고 속이려 하면, 학생·학부모·국민의 고통은 더욱 커지고 그런 행위를 하는 정당, 정치세력은 국민으로부터 외면당할 것이다.

열째, 자신이 지지하는 정부이든 아니든 정부의 정책적 오류가 있다면 이를 지적하고 시정하기 위해 최선의 노력을 다해야 한다. 권력이나 이념, 진영논리, 책임 문제를 두려워 해 정책의 오류를 시정하지 않는다면 당사자는 책임을 회피할 수 있겠지만 학생과 학부모, 국민은 고통스럽다. 안병영 교육부총리가 '2008대입제도' 확정 직전에 던졌던 질문과 소회를 돌이켜볼 필요가 있다. "정작 이 정권을 사랑하는 사람이 당신인지, 나인지 알 수 없군요. 왜 묘혈을 파려고 이 야단입니까?" "교육의 전문성과 민심의 저변을 이해하지 못하고, 이념에 집착하는 그들이 정말 안쓰러웠던 기억입니다."(대통령자문정책기획위원회, 2007b: 37)

열한째, 올바른 교육개혁을 위해서는 학교 교사의 수업과 학생의 학습 그리고 인성과 생활이 발전적으로 변화되고 행복이 증진될 수 있도록 학습자 중심의 교육개혁을 추구해야 한다. 국가나 교육청의 교육정책으로 학교의 수업과 학습 그리고 인성과 생활이 바로 바뀔 것이라는 환상을 버려야 한다. 학교 교사의 수업과 학생의 학습 그리고 인성과 생활의 변화를 촉진하기 위해서는 항상 교육현장과 교사를 존중하고, 학생·학습자의 학습과 행복을 중심으로 사고하고 정책을 수립하고 정책을 추진해야 한다. 그런 맥락에서 평생학습에 대한 관심과 개선 노력이 더 필요하다.

필자는 참여정부와 이후 정부의 교육개혁에 직·간접적인 형태로 관여하였다. 정책사안에 따라 주장하기도, 지지하기도, 비판하기도 하였으며, 때로는 침묵하기도 하였다. 과거를 돌이켜 스스로 반성하는 점은 필자 자신이 항상 학생의 학습과 행복을 중심으로 사고하고, 교육현장과 교사를 존중하며, 교육적으로 타당한 정책을 수립하여 추진하였는가 하는 것이다. 필자가 열린 사고를 하고 있고, 많은 현장의 소리를 자주 들으며, 스스로 반성하고 있는지, 나 자신부터 정책 확신범은 아닌지 그리고 정책 확신범이 되지 않기 위해 지금 이 순간도 열린 자세로 탐구하며 학습하고 있는지 묻고 있다.

돌이켜 보건대, 가장 아쉬움 점은 정권 초기의 대입제도 개선을 제대로 이루어내지 못한 것이다. 대입제도는 수많은 이해관계가 얽힌 제도이며, 이념 대립의 장이기 때문에 올바른 접근이 쉽지 않은 것을 절감하고 있다. 역량의 부족도 절감하고 있다.

교육발전과 학습혁신, 교육과 학습을 통한 학습자의 성장과 행복을 고민하고 기원하는 소위 '교육전문가'로서, 스스로 제기한 질문에 대해 만족스러운 답변은 할 수 없다고 하더라도, 좀 더 향상되고 있다는 답변을 할 수 있도록, 좀 더 노력하는 자세가 필요할 것이다.

제11장

이명박 정부 교육개혁의 정치학[1]

1. 들어가는 말

국가 경쟁력을 강화하기 위하여 정부가 정책적으로 대학을 변화시키는 전략이 바로 교육개혁정책이었다. 우리나라 역대 정부에서 교육혁신의 필요성이 지속적으로 강조되고, 이에 따른 다양한 교육개혁정책이 끊임없이 수립되고 집행되어 왔다. 교육정책은 교육에 관한 정책이기 때문에 교육에 대한 중요한 결정이나 권위적 결정 혹은 교육목표 달성을 위해 정부가 공익과 국민의 동의를 바탕으로 강제하는 체계적인 활동들로 구성된 교육지침이다(윤정일 외, 2004). 따라서 교육정책은 정치적 과정의 결과로서 그 개념에는 국가의 교육이념과 국가행정에 대한 기본 지침이 내제되어 있다고 할 수 있다(신현석 외, 2011).

----

1) 이 글은 이석열(2013). 이명박 정부의 고등교육 개혁정책에 대한 정치학적 분석. **교육정치학 연구**, 20(4). pp. 213-240의 내용과 일부 중복되는 부분이 있음.

그동안 역대 정부의 교육개혁정책의 공과에 대한 논의가 대통령의 임기 중이거나 임기가 끝난 뒤에 다양한 형태로 있어 왔다. 이제 이명박 정부가 끝난 시점에서 여기서는 이명박 정부의 고등교육정책을 정치학적으로 분석하고자 한다. 기본적으로 정책은 다양한 이해집단 간의 역동적 관계 속에서 진행되기 때문에 정치적 현상으로 이해할 수 있다(신현석, 2010). 따라서 고등교육정책도 대학이라는 교육기관을 대상으로 이루어진 일종의 교육정치적 현상이다. 이러한 정치학적인 분석을 위해서는 정책결정을 수행하는 정치적 구조가 어떠했는가, 어떠한 정책들이 추진되었으며, 이러한 정책들의 형성, 집행 및 평가 과정에서 어떤 특징을 보였는가를 분석해 보고자 한다.[2]

첫째, 이명박 정부의 정책결정을 수행하는 정치적 구조를 분석하기 위해서 고등교육정책 추진의 근거는 무엇이었는가를 알아보고, 고등교육정책 추진의 정치구조상으로 강력한 영향은 어디에 있었는가 그리고 고등교육정책 추진을 위한 전략을 무엇이었는가를 알아보고자 한다.

둘째, 정책의 정치학적 분석을 위하여 이명박 정부의 주요 고등교육정책에 대한 내용을 살펴보고자 한다. 다양한 교육정책의 내용을 영역으로 구분하고, 영역별 내용을 검토하고자 한다.

셋째, 정책의 분석을 함에 있어서 과정론의 입장에서 정책의 형성, 집행 및 평가 과정으로 구분하여 정책의 내용을 분석한다.

....

2) 신현석(1999)은 고등교육 개혁에 대한 정치학적인 분석은 고등교육정책의 내용에 대한 정태적 고찰보다는 고등교육개혁의 형성, 결정, 집행되는 과정에서 관련된 다양한 이해집단들의 권력관계와 갈등에 대한 분석에 초점을 맞추는 것이 고등교육개혁의 정치적 현상을 보다 정확하게 이해하는 데 유용하다고 했다.

2. 이명박 정부의 정치구조와 교육구조

1) 이명박 정부의 정치구조의 특성

우리나라에서 교육개혁은 범국가적인 차원에서, 대통령의 통치권 차원에서 비롯되는 경향이 있다(신현석, 1996). 이명박 정부에서도 예외가 아니어서 이명박 정부가 초기에 추진했던 고등교육정책은 대통령 취임 초반부터 의도적으로 청와대비서실에서 주요 정책대안을 제시하고, 이에 대한 실천 전략을 교육과학기술부(이하 교과부)에 제시했던 것이다. 정치구조에서 청와대는 대통령의 의지를 가장 밀접하게 반영하여 추진하며, 정책형성과 집행에서 가장 강력한 영향력을 행사하며 주도적 역할을 하였다. 이와 같이 이명박 정부의 고등교육정책 정책형성에서 초기에 청와대비서실이 가장 큰 영향력을 발휘했다는 점에 대해서는 이의가 없을 것이다. 고등교육정책의 정치구조에서 대통령 교육과학문화 비서관들의 정책참여가 이명박 정부에 들어서 더욱 심화된 이유는 국민의 정부와 참여정부와는 차별화된 정책형성을 시도했으며, 그러한 정책형성을 통해서 정권교체에 대한 이미지를 각인시키고자 했기 때문이다. 이명박 정부는 국민의 정부와 참여정부의 시기를 잃어버린 10년이라고 규정할 정도로 정권교체를 강조하면서 집권 초기부터 새롭고 강력한 이미지를 갖고자 했다.

이와 같이 이명박 정부 초기에는 청와대의 비서실을 중심으로 정책을 결정하였고, 이를 시행하는 과정에서 교과부가 대학에 내용을 전달하기 위해 회의나 지침 시달, 자료 배포의 활동을 주로 하였다. 이런 점에 비추어볼 때, 이명박 정부의 고등교육정책의 형성과정은 대통령의 국정 운영 방향과 밀접한 관련이 있었고, 정부 관료조직인 교과부의 합리적인 의사결정 권한은 상대적으로 축소될 수밖에 없었다.

결국 집권 초기 의사결정의 형태를 보면 청와대비서실을 중심으로 하는 엘리트 집단의 정치구조였다. 그리고 집권 후반기에는 교과부에서 직접 주도하는 형식으로 바뀌었는데, 그 이유는 바로 집권 초반에 청와대비서실에서 교육관련 정책을 주도한 엘리트가 바로 교과부의 장관이 되었기 때문이었다. 이명박 정부의 고등교육정책에 대해 대학의 반발이 있었지만, 정부는 국민의 여론을 반영했다는 전제하에 정치구조적 상황을 유지하면서 지속적으로 정책구조 형태를 엘리트 방식으로 이루어 나갔다.

2) 이명박 정부의 교육구조 및 정책 추진의 특성

교육에 대한 국가권력의 작용이 교육정책에 따라 제도화되면서 정부의 정책에 대한 정치적 논쟁은 계속 되어 왔다. 특히 교육제도와 정책에 대한 근본적이고도 광범위한 변화를 추구하는 고등교육정책의 경우는 자율성 여부를 놓고 정권이 바뀔 때마다 정치적 논의를 더욱 가중시키고 있다. 이명박 대통령은 취임사에서 "대학의 자율화는 국가 경쟁력뿐 아니라 한국 사회 선진화의 관건"이라고 보고, "교육과 연구역량을 늘려서 세계의 대학들과 치열하게 경쟁해야 한다."고 하였다.[3] 우리나라가 처한 상황 분석을 통해 교육의 질적 향상을 위하여 모든 행정력을 결집하여야 하며, 그렇지 않으면 국제경쟁에서 탈락할 위기에 처해 있다고 진단하였다. 이러한 이명박 정부의 대학자율화 정책의 기본 방향은 표면적으로는 역대 정부와 크게 다를 것이 없는 것처럼 보이지만, 뚜렷한 시장주의 철학에 바탕하여 보다 체계적이고 광범위한 접근을 취하고 있는 점이 주목할 만하다(변기용, 2009). 이와 같이 이명박 정부는 대학교육을 통하여 국가 경쟁력을 신장시키고, 국가 및 지역 발전의 기반을 조성한다는 차원에서 신자유주의 관점과 실용주의 논리를 가지고 고등교육정책을 추진하

---

3) 여기서 '대학자율화'의 개념은 학자 개인이 자신의 교육연구와 관련하여 갖는 '학문적 자유'와는 달리 하나의 조직으로서의 대학이 상위의 의사결정자(중앙정부)에 의해 구속을 받음이 없이 자유롭게 의사결정을 할 수 있는 권한을 말한다(변기용, 2009).

였다.[4] 고등교육에서 자율, 경쟁, 세계화 등 신자유주의의 경향에 따른 대학의 자율성 강화는 세계적 추세로 나타나고 있다.[5] 이명박 정부의 고등교육개혁 정책은 초창기에는 대학의 자율성을 강조했지만, 후반기에 들어서면서 대학의 자율보다는 책무성과 효율성을 더욱 강조하면서 대학 사회 전반에 구조개혁을 강하게 추진하였다(이석열, 2012).

역대 정부는 교육개혁을 효과적으로 추진하기 위해서 교육개혁안을 형성하고 집행을 지원하는 대통령자문 교육개혁기구를 명칭은 다르지만 비슷한 성격을 띤 채 설치하여 왔다. 1980년대 이후부터 설치되기 시작한 대통령자문 교육개혁기구는 제5공화국의 '교육개혁심의회', 제6공화국의 '대통령교육정책자문회의', 문민정부의 '교육개혁위원회', 국민의 정부의 '새교육공동체위원회'와 '교육인적자원정책위원회'가 있었고, 참여정부에서는 '교육혁신위원회'가 설치되었다. 이러한 교육개혁기구의 역할은 교육개혁 과제들을 건의하고 정부정책으로 집행되도록 지원하면서 지속적으로 교육정책을 평가하고 환류시키는 것이었다(양정호, 김지희, 2012). 하지만 이명박 정부는 대통령 직속기구 혹은 별도의 전담기구를 두어 교육개혁의 청사진을 형성하거나 집행을 지원하지 않았다. 다만 이명박 정부에서는 이전의 교육개혁기구와 다른 성격을 지니면서 교육과 과학기술 분야가 합쳐진 '국가교육과학기술자문회의'가 운영되었다. 이는 「헌법」 제127조 및 「국가교육과학기술자문회의법」에 의거하여 우리나라의 교육 · 인재 정책 및 과학기술 분야의 중장기 정책방향 설정과 주요 정책에 대한 대통령 자문기능을 수행할 목적으로 설치되었다. 이명박 정부는 '교육개혁(안)'을 발표하지 않고, 매년 초 대통령 업무보고를 중심으로 고등교육정책을 추진하였다. 이와 같이 별도로 교육개혁을 강조하지 않고 정책을 형성

....

4) 이명박 정부는 경쟁과 수요자 중심에서 나온 시장원리를 고등교육 부분에 계속 적용하려 한다는 점에서 그 성격을 신자유주의로 규정할 수 있다.

5) 이명박 정부의 정책 추진논리는 5·31 교육개혁의 기본 원칙을 토대로 신자유주의와 새롭게 실용주의를 강조하면서 추진했고, 고등교육정책에서 강조되었던 것은 대학 자율화였다(이석열 외, 2013).

하고 집행했다는 점에서 역대 정권과는 차이를 보이고 있다. 하지만 이명박 정부에서는 실제 고등교육정책이 역대 그 어느 정부보다도 강력하게 추진되었는데, 그만큼 역대 정부와는 다른 정책 추진 전략이 사용되었다.

일반적으로 정책 추진에서 중요한 핵심 포인트는 정책형성, 정책결정 및 정책 집행의 단계의 연계가 어떻게 이루어지느냐에 있다. 정책형성과 정책결정 또는 정책결정과 정책 집행 단계에서 나타나는 간극을 어떻게 줄일 것인가가 정책 추진 전략에서 중요한 문제다.[6] 정책 집행의 핵심 주체인 일선 관료는 행정과정에서 단순한 정책 집행자의 단계를 벗어나 독자적 판단과 의사결정을 통하여 정책 내용을 실제 구현하고 있는 것으로 인정되고 있다(Lipsky, 1980). 경우에 따라서 결정된 정책이 집행되는 과정에서 정책 집행자에 따라 변형됨으로써 정책결정과 정책 집행 간의 간극이 발생하기도 한다. 따라서 정책 추진 과정에서 정책결정자와 결정된 정책을 집행하는 주체인 일선 관료와의 복합적 상호관계를 이해하는 것은 정책분석에서 중요하다는 점이 제기되었다.

이명박 정부는 정책결정과 정책 집행 사이의 간극을 철저하게 배제시키는 정책 추진 전략을 사용했다. 별도의 교육개혁을 전담하는 기구나 구체적으로 교육개혁(안)을 발표하지 않는 대신, 정책결정자와 정책 집행자를 일치시킴으로써 정책결정과 정책 집행 단계의 간극을 없애 버린 것이다. 정책결정자와 결정된 정책을 집행하는 주체를 동일 인물으로 유지시킨 것이다. 구체적으로 보면, 이명박 정부의 제17대 대통령직 인수위원회 간사를 맡았던 이주호는 이명박 정부의 출범과 동시에 청와대 교육과학문화 수석비서관으로 발탁되었다. 이때부터 이명박 정부의 고등교육정책의 형성과 결정을 주도하였다. 그리고 이러한 정책을 집행하는 과정에서 이주호는 다시 교과부 차관으로 입성하였다. 이주호 차관의 교과부 입성은 이명박 정부의 초기 교육개혁에 대한 의지를 지

....

6) 오세윤 등(2007)은 1990년대 이전에는 권위주의적 환경에서 정책결정 계층과 정책 집행 계층이 일체감을 가지고 있었으나 현재에는 집행 계층과 수립 계층 간의 간극을 인정하여야 한다고 주장하고 있다.

속적으로 추진하겠다는 의미를 내포하고 있었다. 일부 사람들은 이주호 차관의 교과부 입성에 대해서 의구심을 갖기도 했지만, 이주호는 교과부 제1차관(2009. 1~2010. 8)을 수행하였고, 이어서 교과부 장관(2010. 8~2013. 3)까지 맡아서 약 2년 6개월 간의 장수한 장관으로 남았다.[7] 결국 이명박 정부는 '이주호'라는 한 사람이 중심이 되어서 교육정책의 형성과 집행이 이루어졌다고 볼수 있다. 역대 어느 정부에서도 교육정책이 이와 같이 어느 한 사람을 중심으로 지속적으로 추진된 사례가 없었다.

3. 이명박 정부의 교육정책의 전개과정과 주요 내용: 고등교육개혁을 중심으로

1) 이명박 정부 고등교육정책의 전개과정

정권교체라는 의미를 부여하면서 출발하는 이명박 정부의 고등교육정책 기본 방향이 가장 잘 드러나 있는 곳은 '제17대 대통령직 인수위원회 백서'다.[8] 이명박 정부는 집권 초반부터 국가 각 분야의 정책을 새롭게 접근하고자 하였으며, 교육 분야도 초반기에 세운 정책들을 후반기까지 지속적으로 추진하고자 했다.

─────────────────────

7) 이주호는 1995년 김영삼 정부의 교육개혁위원회 전문위원으로 활동했으며, 제17대 대통령직인수위원회 사회교육문화분과위원회 간사, 대통령 교육과학문화수석비서관(2008. 3. 1~6. 22), 교육과학기술부 제1차관(2009. 1. 20~2010. 8. 29), 교육과학기술부 장관(2010. 8. 30~2013. 3. 10)을 지냈다.

8) 이명박 정부의 국정철학과 핵심 정책과제를 담고 있는 인수위원회 백서에서는 '선진일류국가'라는 '국가비전' 아래 ① 섬기는 정부, ② 활기찬 시장경제, ③ 능동적 복지, ④ 인재대국, ⑤ 성숙한 세계국가라는 5대 국정지표를 설정하였고, 이 5대 국정지표 중 교육 영역의 국정지표인 네 번째의 '인재대국'이라는 국정지표 아래 ① 수요자 중심의 교육경쟁력 강화, ② 핵심 인재양성과 과학한국 건설 그리고 ③ 평생학습의 생활화라는 3개의 전략목표를 설정하였다(제17대 대통령직인수위원회, 2008)

인수위원회 백서에 나타나 있는 교육정책 기본 방향은 '교육과학기술부 2008년 대통령 업무보고서'에 구체화되어 나타난다. 참여정부가 끝나고 이명박 정부가 출범한 첫 해인 만큼 2008년 업무보고서에는 새 정부 5년간의 고등교육정책의 방향이 담겨져 있다. 이 보고서에서 교과부는 정권 인수위원회에서 설정한 국정지표를 수용하여 '선진일류국가 건설'을 내세우고, 교육 살리기와 과학기술 강국 건설을 교과부의 정책지표로 삼았다. 주요 고등교육정책을 보면 다음가 같다. 첫째, 자율화·다양화된 교육체제 구축에서 대학입시 3단계 자율화가 발표되었다. 둘째, 교육복지 확충 차원에서 맞춤형 국가장학제도 구축으로 소득 수준에 따른 맞춤형 학자금 대출 및 장학금 지원과 장학금·학자금의 효율적 관리 및 정보 제공체계를 마련하고자 했다. 셋째, 대학·연구기관 핵심 역량 강화 차원에서 대학·연구기관 역량 강화, 기초 원천 연구 진흥, 세계적 과학기술인재를 양성·유치하고자 했다. 넷째, 연구지원 하부 구조 강화 차원에서 과학기술인 사기 진작, 연구비 배분체계 개선, 과학기술문화 확산, 국제과학기술비즈니스벨트를 조성하겠다는 계획 등이 담겨져 있었다.

2009년도에 이명박 정부는 집권 2년차를 맞아 본격적인 개혁 가속화의 해로 설정하고 국가 경제난국을 극복하기 위한 교육정책을 추진하는 데 행정력을 집중하겠다는 강한 의지를 밝혔다. 이와 관련하여 고등교육정책의 기본 방향으로 '교육과학기술의 미래 경쟁력 강화'라고 명시하였다. 2009년 주요업무계획의 사항을 보면, 대학의 교육역량 강화 사업 확대, 대입 전형 선진화를 위한 입학사정관제 확대, 대학 정보공개 및 평가·인증제 정착, 세계 수준의 연구중심대학(WCU) 육성, 한국연구재단 및 한국장학재단 설립 등이 주요 내용이다.

2010년도 업무계획의 특징은 대학 부분의 업무계획을 별도의 제목으로 명시하여 강조했다는 점이다. 어떻게 보면 제도적으로나 정치적인 측면에서 볼때, 교과부가 정책적인 관심을 초·중등 교육 분야뿐만 아니라 대학에도 확대하여 추진하겠다는 의미를 담았다. 이러한 구상에 따라 2010년도 대학 부분

업무 추진계획은 대학지원 정책을 경쟁을 통한 우수대학을 중점 육성하는 한편 대학 구조조정을 통한 대학 측의 자구노력을 유도하고자 한 것이다.

2011년도 업무계획은 입학사정관제의 질적 내실화를 유도하고, 대학교육역량 강화 사업을 지속적으로 지원하되, 지원대학 수를 축소하여 선택과 집중을 강화하고자 했으며, '학부교육 선도대학' 모델을 육성·확산(2011년, 450억 원)하고자 했다. 또한 질 관리체제 구축으로 대학의 책무성 확보를 위해 학자금 대출한도 제한 정책과 대학 구조조정 정책을 연계하고자 했다. 또한 국립대학 법인 서울대학교 출범을 통해 법인화 선도모델을 창출하고 단계적으로 법인화를 추진하며, 국립대학 재정·회계법 제정, 학장직선제 폐지, 성과급적 연봉제 시행, 경영정보공시제 등을 시행하고자 했다.

2012년도는 이명박 정부의 마지막 해로서, 업무계획 보고는 지난 4년간의 이명박 정부 업무추진에 대한 성과와 반성과 더불어 2011년 마련한 구조개혁의 틀을 기반으로 각 대학이 스스로 강점 있는 분야를 선택하여 기능별·분야별로 특성화를 추진하고자 했다. 국립대학의 책무성 강화를 위해 지배구조 개선·재정운영의 투명성 제고 등으로 법인대학(서울대학교, 4대 과기대)은 이사회를 중심으로 책임운영체제를 확립하도록 했으며, 일반대학은 총장 직선제 개선을 유도했다. 그 외에 기성회계 운영 개선, 성과급적 연봉제 개선, 학교규정 정비 및 사무국장 역할 재정립을 모색했다. 또한 사립대학에 대해서도 구조 개혁을 정책의제로 지속적으로 추진하고자 했다.

2) 이명박 정부 고등교육정책의 주요 내용

(1) 고등교육정책의 영역과 내용

정부의 주요 고등교육정책 내용은 크게 대학입시 정책, 대학평가 정책, 대학 구조조정 정책, 등록금 정책, 재정지원 사업 등 5개 영역으로 구분하였다.[9] 각 영역별 세부 정책은 총 27가지이며, 구체적인 내용은 〈표 11-1〉과 같다.

표 11-1 이명박 정부의 고등교육정책의 영역과 내용

구 분	세부 정책
대학입시	① 학생의 수능등급 뿐만 아니라 표준점수 및 백분위를 함께 대학에 제공, ② 대학입시에서 학생부 반영비율을 자율화, ③ 입시 업무를 정부에서 대학교육협의회로 이관, ④ 수능과목을 2014학년도부터 A, B 유형으로 세분화(A형은 현재보다 쉽게, B형은 현재 수준), ⑤ 대학 입학사정관제도
대학평가	⑥ 대학기관 평가 인증제, ⑦ 대학 자체평가, ⑧ 대학정보공시제, ⑨ 포뮬러 방식에 의한 대학평가
구조조정 주요 정책	⑩ 국립대학 법인화, ⑪ 국립대학 통폐합, ⑫ 총장 직선제 폐지, ⑬ 교원 성과 연봉제, ⑭ 사립대학의 구조개혁, ⑮ 정부 재정지원 및 학자금 대출 제한 대학 지정, ⑯ 전임강사 폐지, 강사 직급 신설, ⑰ 지방대학 육성정책
대학 등록금 정책	⑱ 취업 후 학자금 대출제도(ICL), ⑲ 등록금 인하정책, ⑳ 등록금 상한제, ㉑ 등록금 인하를 위한 신규 국가장학 사업(2012년 예산 1조 7,500억 원)
주요 재정 지원사업	㉒ 대학 교육역량 강화지원 사업, ㉓ 학부교육 선진화 선도대학(ACE) 지원 사업, ㉔ 세계 수준의 연구중심대학 육성사업(WCU), ㉕ 제2단계 두뇌한국(BK) 21사업, ㉖ 산학협력 선도대학(LINC) 육성사업, ㉗ 글로벌 박사 펠로우십(Global PhD. Fellowship) 지원사업

출처: 이석열 외(2013), p. 80.

(2) 대학입시

이명박 정부는 대통령직 인수위를 구성하던 시점부터 대입 3단계 자율화 방안을 발표하였으며, 주요 내용은 대입업무를 한국대학교육협의회와 한국전문대학교육협의회에 이양하고 입학사정관제 지원을 확대한다는 계획이었다. 대입 3단계 자율화 방안은 대학의 학생 선발의 자율성, 학생의 대입 선택의 다양성, 그리고 사교육 절감 등 대학입시로부터 파생되는 다양한 고등교육의 문제

9) 교육과학기술부 구조개혁위원회(2012)는 주요 고등교육정책과제로 ① 입학사정관제 도입·추진, ② 대학의 질 관리체제 구축 및 대학 경쟁력 강화를 위한 국립대 선진화 및 사립대 구조조정, ③ 포뮬러 펀딩 제도에 의한 대학 교육역량 강화와 정부재정지원 확대, ④ 전문대 교육 내실화 및 경쟁력 강화, ⑤ 지역 대학과 지역산업의 동반성장 지원, 그리고 ⑥ 연구중심대학과 대학원 중심대학 집중육성으로 보았다.

점들을 해결하는 데 목적을 두고 있었다. 특히 입학사정관제도는 대학입시 문제의 해결책으로 재정지원 사업을 통해 지속적으로 강조되었고, 대부분의 대학에서 도입하도록 확대시켰다.

(3) 대학평가

이명박 정부는 참여정부에서 제정한 「교육 관련 기관의 정보공개에 관한 특례법」을 유지하면서 2008년 6월, 동법 시행령을 제정하고, 충원율, 취업률, 교원확보율, 예결산, 교육여건 등 총 13개 영역의 51개 항목에 대해 수시로 혹은 연 1회에 걸쳐 각 대학 홈페이지 및 정부에서 운영하는 별도 사이트를 통해 공개하도록 했다.

또한 2009년 1월부터 대학이 2년에 1번 이상 자체평가를 하고 그 결과를 홈페이지 등에 공개하도록 「고등교육기관의 자체평가에 관한 규칙」을 제정했다. 더불어 대학이 정부로부터 인정받은 외부기관의 평가·인증을 받을 수 있도록 「고등교육기관의 평가·인증 등에 관한 규정」을 제정하고, 정부가 대학에 행정적·재정적 지원을 할 때 이를 활용할 수 있도록 했다.

(4) 구조조정의 주요 정책

이명박 정부의 대학 구조조정은 대학의 통폐합을 지속적으로 추진하는 한편 취업률, 재학생 충원률, 국제화, 등록금 인상 수준 등의 지표를 활용·평가를 통해 우수대학을 재정지원하고 하위 15% 대학을 컨설팅 등을 통해 자발적 구조조정을 유도하였다. 사립대학도 부실 범위와 정도에 따라 구조개혁 우선 대상 대학을 ① 정부재정지원 제한 대학, ② 학자금대출 제한 대학, ③ 경영부실대학으로 개념화하고, 감사결과 이행 여부 등에 따라 마지막으로 ④ 퇴출 절차를 추진한다는 전략을 추진하였다.

국립대학 선진화 방안 1단계를 통해 「국립대학법인 서울대학교 설립·운영에 관한 법률」 제정, 학장직선제 폐지, 성과급적 연봉제 도입 등이 이루어졌다.[10] 또한 2단계 선진화 방안은 1단계 선진화 방안의 후속과제 형태로 ① 총장 직선제 개선, ② 총장의 대학운영 성과목표제 도입, ③ 단과대학 학장 공모제 시범 도입, ④ 학부 교양교육 활성화, ⑤ 학사운영 선진화, ⑥ 기성회계(비국고회계) 제도 개선 및 운영 선진화, 그리고 ⑦ 성과급적 연봉제 정착을 위한 세부 방안 마련이 포함되었다.

(5) 대학등록금 정책

이명박 정부는 국가장학제도에 대한 계획을 마련하여 소득 수준에 따른 맞춤형 장학금 지원을 확대하고, 장학금의 효율적 관리 및 원스톱 서비스를 위한 한국장학재단을 설립하여 운영하였다. 대학등록금 정책과 관련해서는 대학등록금 부담을 완화하고자 대학의 등록금 인하를 유도하는 한편, 대학의 등록금 인상률과 적정선을 규제하기 위한 대학등록금 상한제를 시행하였고, 장학금 지원을 확대하는 정책을 추진하였다. 2008년 기초생활수급자를 대상으로 장학금 지원을 시작하였으며, 2009년에는 차상위계층을 대상으로 한 장학금인 '희망드림', 2010년에는 등록금 전액에 대한 학자금을 대출해 주는 '든든학자금'을 도입하였다. '든든학자금'은 부모의 등록금 마련 부담을 경감시키고 학생들의 자립심을 고취시키고자 하는 취지에서 취업 후 소득과 연계하여 상환하도록 한 제도로, 대출원리금 미상환에 의한 신용불량자가 양산되지 않도록 소득에 비례하여 연간 의무상환액을 결정하여 저소득층의 상환 부담을 경감시켜 주도록 하고 있다.

(6) 주요 재정지원 사업

주요 재정지원 사업 중에 하나인 대학교육역량 강화 사업은 재정지원 사업

---

10) 실제 이명박 정부 출범 후 가장 역점적으로 추진해 온 가장 대표적인 국립대학 법인화는 일부 성과를 거두어서 지난 2010년 12월 「국립대학법인 서울대학교 설립 · 운영에 관한 법률」이 국회를 통과하였고, 2011년 9월에는 시행령이 제정되어 2012년부터 서울대학교는 법인으로 전환되어 운영되고 있다.

수행에 있어서 지표에 근거한 포뮬러 방식을 도입, 활용하여 대학 별로 차등 지원하여 대학 발전을 위해 필요한 사업에 자율적으로 집행하되 교육역량 강화의 취지에 부합하는 사업에 집행할 수 있도록 하였다. 즉, 지원예산은 기관(대학총장)에 총액(block grant)으로 교부하여 대학 발전을 위해 필요한 사업에 자율적으로 집행하되 교육역량 강화의 취지에 부합하는 사업에 집행할 수 있도록 하였으며, 사업성과는 대학이 자유롭게 제출하도록 하여 대학의 자율성과 책무성을 강조한 사업이었다(이석열, 주희정, 2012). 또한 이명박 정부에서는 세계적 수준의 연구중심 대학원 육성을 위하여 연구역량이 우수한 해외학자를 유치 · 활용하여 분야별로 세계 10위권 연구중심대학을 선정하여 키운다는 비전을 갖고 WCU(World Class University)사업을 2008년부터 시행했다. 또한 산학협력중심대학 육성사업은 1단계로 2004년부터 2008년까지 총 5년간 실시되었으며, 2009년부터 2013년까지 2단계 사업이 시행될 예정이다.

4. 이명박 정부 교육개혁정책의 특성

1) 고등교육정책 형성과정 분석

■ 정책결정형성의 특성 분석

정책결정형성의 특성을 분석하기 위해서 정책형성을 주도한 주체는 누구인가, 그리고 이러한 정책형성과 관련된 이해관계자들은 누구이며, 어떻게 정책형성에 참여했는가를 중심으로 분석하고자 한다.[11]

....

11) 신현석(1999)은 정책 형성과정에서 탐구해야 할 주제로 ① 고등교육 개혁정책은 어떻게 결정되었는가, ② 고등교육 개혁정책의 목표(의도)는 무엇인가 ③ 고등교육 개혁정책에 대한 사회적 요구는 무엇인가, 그리고 ④ 고등교육 개혁정책에 대한 사회의 지지는 충분히 확보되었는가 등을 검토하였다.

(1) 정책형성의 주체

이명박 정부는 정부 조직직제 개편에 따른 기존의 교육인적자원부와 과학기술부가 합쳐진 교육과학기술부(교과부)를 신설하고 교육과 과학기술을 함께 국가전략으로 수립하였다. 기존의 정부와 차이를 두고자 신설된 교과부에 대해서 당초 우려도 있었으나 교과부는 국가 연구개발투자를 확대하면서 대학·연구기관 핵심역량 강화를 시도하였다.

하지만 이명박 정부의 초창기 고등교육정책을 형성하고 주도한 곳은 바로 청와대 교육과학문화 비서관들이었다. 새롭게 신설된 교과부는 정책형성과 집행과정에서 청와대와의 의견 조율이라는 명목하에 정책형성 지침과 전략을 전달받았다.[12] 결국 이명박 정부의 초기 고등교육정책은 청와대 교육과학문화 비서관들이 구안하고, 실행 전략을 제안하는 전문적인 엘리트 방식이었다.

집권 후반기에는 기존의 청와대비서실 중심에서 교과부 중심으로 정책형성이 이루어졌으며, 대부분 정책형성에서 대학이 동의하도록 하는 정책결정의 형태를 지녔다.

(2) 정책형성의 이해관계자

정책형성과정에서는 누가 정책형성에 참여하며 어떻게 영향을 미치고 있느냐를 분석한다. 정책형성과정에 참여하는 사람이 소수의 특정 사람이냐 아니면 여론을 통한 다수의 사람들이냐에 따라 정책형성과정이 달라진다. 여론을 통한 다수의 사람들이 정책결정에 영향을 행사하는 경우는 다수의 개인과 집단, 정당이 개입하는 경우가 많다. 많은 사람이 주체가 되어 교육정책 형성이 이루어지는 과정은 어려울 수도 있지만 실제 정책을 집행하는 과정에서는 보다 용이하게 집행될 수 있다. 반면에 정책형성과정에서 소수가 주가 된다면 주

---

12) 교육역량 강화 사업도 당초 교과부에서는 교육역량을 높이기 위해 대학의 계획서를 평가하여 재정지원 사업을 모색하였지만, 청와대비서실의 강력한 지침으로 인하여 포뮬러 펀딩식으로 정부의 재정지원 사업이 이루어졌다.

로 일반적으로 정책결정이 이루어지고, 정책 집행과정에서 다소 진통이 예상 되기도 한다.

이명박 정부의 정책형성에서 대학은 직접적으로 참여하여 영향력을 행사할 수 있는 분위기가 형성되기 어려웠다. 주로 대학에 있는 일부 교수들이 정책형 성과정에 참여하지만 이것도 객관성과 합리성을 뒷받침하기 위해서 전문적 연 구기능을 발휘하도록 요구되는 참여 방식이기 때문에 실질적인 영향력을 행사 했다고 말할 수 없다. 다만 대학교수들은 학회의 학술대회를 통하여 정책형성 이나 집행과정에 목소리를 낼 수 있었다.

이명박 정부의 정책형성에서는 매스컴의 역할이 주요했다. 매스컴은 정책 형성과정에 보도할 사건의 선별, 그에 대한 해설, 나아가 정보제공 및 여론형 성과 정부에의 요구 투입을 담당하는 여론 지도자(opinion leader)로서 사회 문제를 집결하여 표명하는 대표적 장치다(안해균, 1987).

■ 개별 고등교육정책의 형성과정 분석

(1) 대학입시

대입정책은 다른 어떤 정부정책보다 정책을 구성하는 요소들 간에 서로 잘 부합해야 할 뿐만 아니라 정책의 목표와 수단을 시간적 흐름 속에서 지속적으 로 관리할 수 있는 전략과 관심 그리고 세심한 배려가 요구된다(장덕호, 2009). 이명박 정부도 대학입시와 관련한 정책형성은 대입 자율화 정책을 내세우면서 정부가 정책형성의 주체가 되었다. 이명박 정부는 대통령직 인수위원회를 구 성하던 시점부터 대입 3단계 자율화 방안을 발표했다.

이러한 대학입시의 정책형성에서 이해관계자인 학생, 학부모 대학 등은 정 부가 추진하고자 하는 대학입시 자율화에 대해서 기대감을 갖게 되었다. 대학 은 대학입시 자율화의 내용에 대학이 교과부의 규제에서 벗어나 대학 고유의 전형 방식을 채택하여 자율적으로 인재를 선발할 수 있도록 한다고 했기 때문이다. 즉, 대학의 학생선발 재량권 확대를 통해 잠재성이 있는 우수한 학생들을 발굴, 육성하여 대학의 사회적 책무성을 제고하고 궁극적으로는 대학의 교육경쟁력을 강화할 수 있을 것으로 기대하였다(대통령직인수위원회. 2008). 학생과 학부모도 학생의 대입 선택의 다양성과 사교육 절감 등, 대학입시로부터 파생되는 다양한 문제점들이 해결되기를 기대했다.

(2) 대학평가

이명박 정부에서 대학평가와 관련한 정책형성은 2008년부터 전면 시행된 대학정보공시제와 2009년부터 시행된 대학자체평가 및 평가 결과 공개의 의무화라는 '제도'를 통해서 이루어졌다. 「교육 관련 기관의 정보공개에 관한 특별법」 제6조 제1항에 따라 대학은 정보공시항목을 공개하도록 되었고, 대학자체평가는 「고등교육법」 개정(일부 개정 2008. 3. 28, 법률 제8988호)에 따라 동법 제11조의 2(평가 등) 제1항에 명문화되어 있다. 「고등교육기관의 자체평가에 관한 규칙」(2009. 1. 1)에 의거하여, 각 대학은 학교의 운영 전반에 대하여 2년에 1회 이상 자체평가를 실시하고 홈페이지 등을 통하여 결과를 공시해야 한다.

2009년부터 시행된 대학자체평가는 과거 대학종합평가인증제와 같이 외부평가에 대비하기 위한 것이 아니다. 대학자체평가는 대학이 스스로 설정한 발전방향과 목적 및 목표가 잘 추진되고 있는가를 대학 자체적으로 진단·평가함으로써 문제점을 해결하고 대학발전의 방안을 도모하기 위한 것이다. 또한 고등교육의 질 관리 및 책무성 강화 요구에 따라 대학의 질을 제고하기 위해서 대학기관평가인증제가 추진되었다. 교과부 장관의 인정을 받은 기관(인정기관)이 대학의 신청에 따라 대학의 운영 전반(기관평가) 또는 교육과정 운영(프로그램 평가)을 인증(accreditation)하는 시스템을 구축하게 되었다.

대학평가의 대상이 되는 대학은 이해관계자로서 예전부터 있던 정부 주도의 대학평가와 대교협 주관의 대학종합평가인증제 등에 익숙해 있었기 때문에 수긍하는 분위기였다. 다만 과거와 달리 대학은 정보공개를 통해 드러나는 각종 지표 결과가 그 대학의 수준을 가늠하는 척도로 평가되는 만큼 대학자체평가를 새롭게 받아들이게 되었다. 반면 수요자인 학생·학부모는 대학에서 제공하는 정보를 통해 이전보다 큰 폭의 선택권을 갖게 되며, 대학에 대한 요구 또한 확대되고 다양해졌다(이석열 외, 2012).

(3) 구조조정

이명박 정부의 구조조정에 대한 정책형성은 과거 정부에서부터 강조되었던 사회전반적 여론을 수용한 정치적·정책적 판단이 작용한 것이었다고 볼 수 있다. 우선 대학 학령인구 감소 추세에 따라 2018년 이후 고등학교 졸업자 수가 대학입학정원보다 많아지게 됨에 따라 급격한 상황 변화에 선제적으로 대비할 필요가 있었다. 또한 정부가 대학에 재정지원을 하더라도 최소한의 교육의 질을 보장하지 못하는 한계 또는 부실대학에까지 재정지원이 이루어져서는 안 된다는 사회적 요구와 여론에 의해서 이루어졌다. 결국 이명박 정부는 체계적인 대학구조조정 방안을 마련하여 국립대학의 구조조정과 부실 사립대학 퇴출을 강력하게 추진해야 한다고 판단했다.

(4) 등록금 정책

등록금 정책에 대한 본격적 시동은 여당 원내대표의 '반값 등록금' 발언으로 촉진되어 정치권에서부터 일어났다. 정치권에서 이와 같은 정책형성이 일어나도록 이해관계자인 학생과 학부모가 그 영향력을 행사했다. 이익집단은 교육정책의 형성 및 집행과정에서 자신들의 의도와 관심을 관철시키기 위한 뚜렷한 목적을 가지고 정치적 행동을 한다. 경기 불황으로 대학등록금의 가계 부담이 늘어나 방학이면 등록비 마련을 위해 아르바이트에 나서는 대학생들이 늘어나게 되었다. 결국 학부모와 학생이 이익집단으로서 정책형성 및 집행과정에서 자신들의 의견을 관철시킨 대표적인 정책이 바로 등록금 정책이다. 여기에는 매스컴도 이익집단으로서 중요한 역할을 수행했다. 등록금과 관련한 공청회, 세미나 등을 개최한 결과 등이 매스컴을 통해 등록금에 대한 국민여론을 조성하는 데 기여함으로써 등록금 정책의 형성과정에서 영향력을 행사하였다.

(5) 재정지원 사업

재정지원 사업은 재정을 지원하는 주체가 정부이므로 정책형성의 주체도 정부가 될 수밖에 없다. 이명박 정부는 기존의 재정연계 지원 사업(예, NURI, 수도권 특성화 사업 등)에 포함된 정책 유도가 규제요소로 작용하여, 대학의 자율적 노력을 억압해 왔다는 기본 인식하에 재정지원 방식을 전면적으로 수정했다. 정부주도의 평가에서 사전에 예고된 성과지표에 기반한 포뮬러 펀딩 방식으로 정부의 재정지원 방식을 전면적으로 전환하고, 예산 교부 방식도 총액으로 하여 대학의 예산 운용의 자율성을 높였다(변기용, 2009). 즉, 대학 총장의 자율적·전략적 투자를 촉진하여 대학 스스로 발전 전략을 세우고 이를 실천할 수 있도록 정부가 재정지원을 함으로써 대학 간 경쟁풍토를 조성하여 대학교육역량 강화를 유도하고자 했다.

재정지원의 대상이 되는 이해관계자인 대학의 입장에서도 평가를 통한 재정지원 방식에 대한 회의적인 반감과 각종 보고서 작성에 대한 피곤함을 토로하는 대학교수들의 요구가 반영되었다고 보았다. 다만 교육역량 강화 사업에 대한 정책적 추진 결정은 교과부의 의도이기보다는 대통령 교육과학문화 비서실에서 성과 중심의 정책형성이 필요하다는 판단이 작용했다.

■ 정책형성과정의 논의

이명박 정부의 고등교육정책에 대한 정치적 요소를 분석한 결과 정책형성 과정에서 초기에는 청와대비서실을 중심으로 한 엘리트주의적인 정책결정을 시도하였다. 심지어 새로 조직 개편된 교과부조차도 청와대비서실의 영향을 받을 정도였다.

이러한 정치적 구조와 엘리트 중심의 정책결정은 사회로부터 공론화의 과정을 거치고 여기서 얻은 정보를 바탕으로 하는 형성과정은 아니었다. 이러한 현상은 이명박 정부에서만이 아니라 역대 정부에서 이루어졌으며, 이명박 정부의 경우는 행정부 수반의 관료들이기보다는 청와대 특정 관료에 의해서 이루어졌다는 점에서 차이를 둘 수 있다. 다만 등록금 정책은 사회의 요구와 지지로부터 투입된 정보를 바탕으로 정치권의 요구에 의해 공론화 과정을 거쳐 마련하는 형태를 취한 대표적 정책이다. 등록금 정책에 대해서는 정책결정을 하는 과정에서 국민에게 지지를 구하는 형태로 이루어졌다고 볼 수 있다.

2) 고등교육정책 집행과정 분석

■ 고등교육정책 집행과정 특성 분석

고등교육정책 집행과정에서는 정책의 명료성, 정책 집행자의 의지, 정책 관련자의 호응도를 중심으로 보고자 한다.[13)]

(1) 정책의 명료성

정책의 명료성은 집행되는 정책이 비교적 구체적으로 명료화되어 있는가, 정책 집행의 산출이 분명한가의 정도를 말한다. 정책의 명료성은 정책이 소기의 목적을 달성하기 위해서는 우선 결정된 정책과 그 세부적 실천과제가 명료해야 정책의 집행과정에서 혼란이 발생하지 않는다. 결정된 정책이 추상적일수록 집행과정에서 다의적인 해석에 따라 정책 혼란이 야기되고 급기야는 정책 실패로 귀결되기도 한다. 정책이 명료한 경우 이를 실행할 때 정책 관련자들이 어떻게 정책을 추진해 나가야 할지를 분명히 알기 때문에 시행착오를 줄일 수 있으며, 이는 결국 정책 집행의 산출에 대해서도 어느 정도 합의를 할

....

13) 신현석(1999)은 정책 집행과정에서 탐구해야 할 주제로 ① 고등교육 개혁정책은 명료한가, ② 고등교육 개혁정책을 추진하기 위한 실천 의지는 견고한가, ③ 고등교육 개혁정책에 대한 대학의 대응은 어떠했는가, 그리고 ④ 고등교육 개혁정책의 집행으로 대학에서 어떤 변화가 초래되었는가를 설정했다.

수 있으므로 정책 집행의 산출도 분명하게 인식하고 추진하게 된다. 이러한 정책 집행에 대한 명료성이 없거나 부족한 상태에서 집행과정의 의지를 강조하여 추진될 경우 정책 집행 관련자들의 호응도가 떨어지고, 정책 집행과정에서 문제가 발생하게 된다. 이러한 상황을 정확하게 분석하기는 쉽지 않지만, 정책 집행과정에서 표출된 상황을 미루어 판단할 수 있다.

(2) 정책 집행자의 의지

정책 집행자는 대통령이지만 실제적인 고등교육정책은 교과부 장관이나 주요 관료에 의해서 이루어진다. 이명박 정부는 초창기의 고등교육정책을 집행하기 위한 전략으로 대통령 교육과학문화부의 수석비서관이었던 이주호가 교과부의 제1차관으로 발탁되고, 이후 교과부 장관으로 임용된 이후에 이명박 정부의 정권이 끝날 때까지 무려 2년 6개월을 장관직을 수행했다. 교과부 장관의 평균 재임기간을 고려해 볼 때, 오랫동안 장관직을 유지한 대표적인 경우가 될 것이다.[14)]

다만 정책의 성공적 집행을 위하여 요구되는 또 하나의 중요한 조건은 바로 정부의 개혁 정책에 대한 실천 의지다. 여기서 정책당국의 실천 의지는 정책 추진에 필요한 행정적 · 재정적 요인까지를 의미하며, 그러한 기반 조성이 없으면 그 정책은 실패하기 쉽다. 정책 집행과정은 정책형성의 단계에서 결정된 정책이 정책 집행자는 누구이며, 정책의 목표나 정책가치 또는 정책과제를 의도된 대로, 즉 정책 내용에 따라서 이를 추진했는지를 확인하는 것이 정책 집행과정 분석의 중요한 과제다(김재웅, 2002; 이해영, 2004: 132; 이시원, 하상근, 2002).

....

14) 이주호는 1995년 5·31 교육개혁에 참여했고, 이명박 정부 초대 청와대 교육과학문화수석비서관을 역임했고, 몇 개월이 지나지 않아 교과부 차관으로 복귀하면서 '실제' 차관이란 별칭까지 얻었다. 결국 이주호는 5·31 교육개혁에 담긴 신자유주의를 그대로 실현했다고 볼 수 있다.

(3) 정책 관련자의 호응도

정부의 정책이 명료하고 실천 의지가 견고하더라도 정책 대상의 대응 방식이 비협조적이고 부정적이어서 거부적인 태도를 갖게 된다면 바람직한 정책 결과를 기대하기 어렵다. 정책목표와 수단이 아무리 규범적 정당성을 갖추고 내용 및 절차적 합리성을 가지고 있다고 하더라도 정책실행과정에서 정책 관련자의 이해와 동의를 구하지 못한다면 정책의 실효성을 기대하기 어렵다. 교육정책의 성공은 교육현장에서의 정책 착근에 달려 있고, 정책 관련자의 정책 순응이 핵심적 성공요인이다. 정부의 정책이 명료하고 실천 의지가 견고하더라도 정책 대상인 대학의 대응 방식이 비협조적이고 부정적이어서 거부적인 태도를 갖게 된다면 바람직한 정책결과를 기대하기 어렵다. 일반적으로 순응(compliance)이란 특정한 규칙과 규정에 대한 행위자의 반응적 행동을 의미하며, 정책 순응이란 정책 집행을 담당하고 있는 사람의 행동이 정책목표의 달성을 위하여 설정된 지시와 규정과 같은 정책 내용과의 일치성을 의미한다(윤태섭, 2005).

■ 개별 고등교육정책의 집행과정 분석

(1) 대학입시

이명박 정부의 대학입시에 대한 정책의 명분과 내용은 분명했다. 대학의 입시 자율화를 통한 고등교육 경쟁력 강화의 정책기조가 정부 초기부터 정책 집행의 의지가 강조되었다. 대학입시 3단계 자율화는 수능, 내신 및 논술 삼중고에 학생과 학부모가 지쳐 가는 상황에서 입시 및 학습 부담을 줄이고자 했으며, 정부의 대입전형에 개입하지 않기 위해서 대교협 등에서 정한 원칙과 일정 등을 준수하도록 관련 법령인 「고등교육법 시행령」을 개정하였다. 대입 3단계 자율화 방안의 일환으로 추진된 입학사정관제도도 정부의 재정지원에 따라 빠르게 확산되었다. 정부는 2007년 입학사정관제 시범대학 10개교를, 2008년에는 40개 대학을 선정하여 지원하였으며, 총 218명의 입학사정관이 채용되어 총 4,401명의 학생을 선발하였다(한국대학교육협의회, 2012). 그리고 2009년에는 47개 대학을 선정·지원하였고, 입학사정관 전문훈련양성 프로그램 지원사업으로 5개 대학을 지원하였다. 그리고 2010과 2011년에는 60개교, 9개 입학사정관 전문양성 훈련 프로그램을 지원하였다. 입학사정관제 지원을 통해 대학이 줄세우기식 선발에서 벗어나 창의성과 인성을 갖춘 인재를 보다 적극적으로 선발하도록 유도하여 선발학생 수를 2009년 4,476명에서 2012학년도에는 41,762명(교육과학기술부, 2012. 10. 5)으로 대폭 늘렸다. 이와 같이 입학사정관제에 대해 호응도는 학생, 학부모, 대학 모두에게 높았다고 볼 수 있다.

(2) 대학평가

이명박 정부의 대학평가 정책은 대학의 책무성을 확보하고자 하는 차원에서 정책집행의 명확성이 확보되어 있었다. 정부는 대학들이 자체평가를 시행하도록 대교협을 통해서 방법적인 노하우를 제공하면서 2009년과 2011년에 대학자체평가 결과를 공개하도록 했다. 2009년에 이어 2011년에 실시한 자체평가에서 대학·산업대학·교육대학·원격대학·대학원대학 등 268개교가 스스로 교육·연구, 조직, 시설 등 학교 운영의 전반을 자체적으로 개발한 평가지표에 따라 종합적으로 점검·분석·평가하고 그 결과를 공시하였다.

또한 정부 인정기관으로 지정받은 대교협을 통해서 외부 인증심사를 받도록 하였다. 이러한 정부의 정책에 대해서 대교협에서 2011년 처음으로 인증심사를 실시하였으며, 신청 대학 31개교 중 30개교가 인증(조건부인증 포함)을 받았다. 교과부는 대학평가인증제의 정착을 위한 정책 집행 의지를 반영하기 위해서 2013년까지 모든 대학에 대해 인증심사 기회를 부여하고, 인증심사가 마무리되는 2014년부터 정부의 행정·재정 지원평가 시 동 인증심사 결과를 반영할 계획을 갖고 있다. 현재 대학자체평가는 모든 대학들이 시행을 하고 있으며, 대부분은 대학들이 대학평가인증심사를 통과하고자 대학 여건과 질적 개선을 노력함으로써 정책에 대한 호응도가 높은 편이다.

(3) 구조조정

이명박 정부는 대학구조조정 정책은 역대 어느 정부보다 정책이 지나치게 명료하고, 집행자의 의지도 확고했다. 이명박 정부는 대학구조조정을 100대 국정과제로 선정하고, 부실대학을 선정하여 재정지원 및 학자금 대출 제한, 대학 폐쇄명령 등의 강력한 조치를 취하였다. 실제 대학구조조정 정책에 대한 정책집행의 의지를 반영하여 교과부는 대학구조개혁의 중추적 역할을 담당할 '대학구조개혁위원회(이하 구조위)'를 「행정기관 소속위원회의 설치 · 운영에 관한 법률」 제3조 및 제5조에 따라 장관 자문기구로 2011년 7월 1일 설치하였다.[15] 여기서 정책의 기본 방향은 대학평가 결과 하위 15% 내외 대학에 대해 정부재정지원을 제한하고, 이 중 부실대학을 다시 선정하여 대출 제한, 이 중 경영부실대학을 선정하여 대학컨설팅을 추진하며, 이 중 감사를 통해 이행명령 및 폐쇄 계고를 통한 퇴출까지 유도하는 강력한 정책수단을 사용하였다.[16] 또한 정부 재정지원 사업의 평가에서 구조조정 정책을 반영한 지표를 사용하여 구조조정 정책의 집행 의지를 보였다. 예를 들어, 교육역량 강화 사업의 포뮬러 펀딩 지표에 국립대학의 선진화 지표를 추가하여 총장 직선제 개선[17]과 기성회비 건전성을 유도하였다.

....

15) 구조위의 설립 목적은 "사립대학 구조조정과 관련하여 경영부실대학 판정 기준, 판정 절차, 인수 · 합병 및 퇴출 등 구조개혁 계획 및 이행계획을 심의하고, 국립대학 선진화 및 통합 · 폐합 등 구조개혁 계획 등을 심의 · 자문하는 것"이다.

16) 정부가 부실 사립대 구조조정이란 칼을 빼들었지만 얼마나 성과를 낼지 회의적으로 보는 시각이 많다. '대학자율'을 외치던 정부가 직접 나서 '살생부'를 작성하는 데 대한 반발이 생각보다 크다. 법인이 해산할 때 남은 재산을 어떻게 처리할지에 대한 현실적 해법도 찾아야 한다(교수신문, 2009. 5. 25).

17) 교육역량 강화 사업평가에서 개선대학 100점(1912. 3월 이내 학칙 개정 완료는 만점의 100%, 1912. 3월 이내 MOU만 체결은 만점의 80%), 미개선대학 0점을 부여하는 등 총장직전제 개선을 위해서 이명박 정부는 총장 직선제 개선으로 직선제를 자율적으로 개선한 대학에 대해서는 재정지원, 교수 정원 우선 배정 등 인센티브를 제공으로써 총장 직선제 폐지를 유도하였다.

이러한 대학 구조조정 정책은 정책수단이 강력한 강제력을 동원한 전략을 사용하고 있어 다양한 이익집단의 이해가 상충하는 정책으로 많은 갈등과 반대를 유발하였다. 서울대학교법인화나 국립대학의 총액인건비제, 교원성과급적 연봉제 실시[18], 총장 직선제 개선 등에서 국립대학의 반발과 갈등이 계속 이어졌다. 국공립대학교수협의회(이하 국교련)에서는 "국립대학 선진화를 빙자한 구조개혁 즉각 중단하라."라는 목소리를 내면서 교과부의 국립대학 구조조정 정책에 반대를 하였다.[19] 국교련에서 교원성과급적 연봉제에 대한 반발로 헌법소원까지 제출하고, 총장 직선제 강요와 국립대학 구조개혁에 추진에 대해 이주호 장관의 불신임 투표까지 추진했다.[20]

사립대학의 구조조정 차원에서 교과부는 2011년 9월초에 2012학년도 정부재정지원 제한대학 43개교, 학자금대출 제한대학 17개교를 선정·발표하였다. 한편, 교과부는 2011년 1월에 13개 대학을 부실대학으로 판정하였는데, 2012년에는 학자금대출 제한대학 17개교 중 12개교가 여기에 포함되었다. 이런 과정에서 대학들은 내부적 진통을 겪으면서 구조개혁 정책에 순응과 반발을 함께 일으켰으며, 경우에 따라서는 정치권에서도 이에 대한 논의 등이 함께 이루어졌다. 대학들이 대학의 구조조정 정책을 반발하기도 했지만 이명박 정부는 역대 어느 정부보다도 강력하고 지속적으로 구조조정 정책을 추진하였다.

....

18) 정부는 「공무원보수규정」(대통령령 제22617호, 2011. 1. 10.)을 개정하여 2011년부터 단계적으로 국립대학 교원에 대하여 성과급적 연봉제를 시행하였다.

19) 교과부의 탈법적인 총장 직선제 폐지 강요에 반대하고, 국립대학의 구조개혁 중점 추진 지정 철회를 요구하는 전국국공립대학교수회연합회의 기자회견이 민주당 등 야당 교육과학기술위원들의 주체로 국회 정론관에서 열렸다(2011. 9. 27).

20) 국교련이 집계한 불신임투표의 결과에 따르면, 이주호 교과부 장관의 불신임투표에 참여한 교수들은 전체 투표권자의 72.5%(투표율)에 이르는 9,473명이며, 이 중에서 불신임에 찬성한 교수들은 8,592명으로 전체 유효 투표수의 93.0%(찬성률)에 달했다.

(4) 등록금 정책

대학등록금 문제를 둘러싼 마찰 속에서 '반값 등록금'은 정치적 이슈로 빠르게 확산되어 논의되었다. 더욱이 등록금과 관련해서 대통령까지 직접 챙기는 사안이 되자[21] 교과부는 대학등록금 부담을 완화하고 장학금 지원을 확대하는 방향으로 정책 방안을 제시하였다. 이러한 등록금 정책에 대한 집행 의지를 반영하여 두 가지 측면에서 이루어졌다. 우선 직접적인 방안으로 재정을 확보하여 지원하는 방안이었다. 2010년 1학기 4,404억 원, 2학기 4,050억 원을 지원하였으며, 학생들의 대출이자 부담을 줄이기 위하여 2008년 2학기 7.8%였던 것을 2011년 1학기 4.9%대까지 낮추었다(기획재정부, 2011). 간접적인 방안으로 정부는 2011년 9월 개정된 「고등교육법」(11조)에 따라 등록금 인상률이 직전 3개 연도 평균 소비자 물가상승률의 1.5배를 초과해서는 안 되도록 등록금 인상을 제한하는 제도적 접근을 하였다. 또한 대학교육역량 강화 사업, 학부교육선진화선도대학지원 사업, BK21 사업, WCU, 산학협력중심대학육성 사업, 광역경제권 선도 사업 중 인재양성 사업 등의 평가지표로 장학금지급률 또는 등록금인상율을 재원배분 포뮬러 지표로 활용하였다.[22]

대학에서도 이러한 대학등록금 정책에 대해서 동조를 하고자 노력하였다.[23] 학생과 학부모는 정치권과 정부 및 대학에서 대학등록금 인하와 장학금 확대에 대해서 공감을 하면서도 '반값 등록금' 실현에 대한 촉구가 지속적으로 이루어졌다.

....

21) 대통령과 야당 대표의 만남에서도 등록금 문제는 여야가 따로 없는 핵심적 의제였다.

22) 예를 들어, 교육역량 강화 사업의 지표 중에 '등록금 부담 완화 지수'를 포함시켜 전체의 9% 비중을 차지하게 했다.

23) 국가장학금 제Ⅱ유형 연계 자체노력계획서 접수현황(2012. 2. 1 기준)을 보면, 총 대상대학 337개 중 284개 대학(84.2%)이 접수하였으며, 인하를 결정한 대학은 219개(5% 이상 인하 대학은 146개)이었다.

(5) 재정지원 사업

교과부는 그동안 정부 재정지원 사업이 관치 수단으로 이용되어 대학 경쟁력 강화의 발목을 잡았다며 객관적 지표에 의해 이른바 '포뮬러 펀딩(formula funding)'으로 지원하는 교육역량 강화 사업을 도입했다. 이와 같이 재정지원 사업의 취지에 대해서 정부는 새로운 방식으로 명확하게 정책을 접근하고자 했다. 재정지원이 이루어진 내용을 보면, 2008년 500억 원 규모로 시작한 사업은 2009년 그 규모가 2,649억 원으로 확대됐다. 2010년에는 '교육역량 강화 지원 사업'과 '학부교육 선진화 선도대학 지원 사업'으로 사업을 이원화해 각각 2,600억 원과 300억 원의 예산을 지원하였다(교육과학기술부, 2010). WCU 사업은 우수한 해외 연구진을 유치하여 기존의 국내 연구 사업과 차별화된 요소를 가지고 있으며 5년 간 약 8,250억 원에 달하는 대형국책 사업으로 추진되었다.

대학에서는 정부의 재정지원 사업에서 다루는 주요 지표를 중심으로 교육 여건 개선 및 성과를 달성하기 위해서 노력함으로써 정책에 대한 호응도를 보여 주었다. 이는 대학의 입장에서 보면 대학의 재정적 측면과 대학 이미지 관리 차원에서 그만큼 정부의 재정지원 사업이 중요했기 때문이다. 하지만 대학의 입장에서 보면 빈익빈 부익부 차원에서 정책의 역기능도 제기되었다.[24]

■ 정책 집행과정의 논의

어느 정책이든 그것의 소기 목적을 달성하기 위해서는 대상집단의 지지가 필수적이다. 왜냐하면 정책은 그 대상집단이 그 정책에 대하여 순응(compliance), 즉, 그 정책을 지지하고 따라야만 집행될 수 있고 그 목적이 실현될 수 있기 때문이다. 즉, 정책은 대상집단의 순응을 얻기 위하여 정책결정과정에서

....

[24] 교육역량 강화 사업의 지원 대학 선정결과를 살펴보면, 2008년에는 151개 대학 중 42.4%(64곳)만이 선정됐으며, 2009년에는 197개 대학 가운데 절반이 넘는 109개 대학이 한 푼도 지원받지 못했다(이석열 외, 2013).

부터 일반에게 공개되고, 관련 집단들의 요구를 충분히 반영하고, 그것에 대한 지지를 확보해야 한다. 그럼에도 불구하고 이명박 정부는 정책의 대상집단을 설득하고 지지를 획득하거나 여론을 수렴하기보다는 폐쇄적인 정책결정체제 속에서 특정 정부 관료들 또는 소수 전문가들만이 주도권을 가지고 결정을 했다고 볼 수 있다. 이런 경우는 이명박 정부뿐만 아니라 이미 역대 정권의 현상으로 지적되고 있었다(윤정일, 1999; 반상진, 2003; 신현석, 2005).

이명박 정부의 초창기에는 대학의 자율화를 강조하였지만 정책의 집행과정에서 정책 입안자의 관점을 대학현장에 관철시키고자 하는 의지가 결국은 대학에 대한 소통의 부재로 이어졌다. 정보공시제와 대학평가를 통한 대학의 질적 개선을 유도하고자 했던 구조조정의 근본 취지보다는 단순히 양적인 수치의 판단에 모든 대학이 획일화되고, 교육 본질적인 부분에서 멀어졌다고 볼 수 있다. 재정지원 사업을 집행하면서도 초창기에 자율성을 강조하던 방식에서 사업계획서를 통한 재정지원 방식으로 전환하면서 결국 '관치'를 배제하겠다던 당초의 기조가 바뀌었다.[25]

이명박 정부의 고등교육개혁은 신자유주의 이념이 일관성과 연속성을 유지하고 있음을 알 수 있다. 그럼에도 불구하고 정책 추진과정에서 정책 추진에 대한 대학 내부의 공감대 형성 미흡과 갈등 유발, 여러 정책과제를 압박적으로 추진함으로써 나타난 교육개혁에 대한 부담 증대, 일부 정책 방안의 현장 부적합성과 대학의 집단적인 반발과 갈등 유발 현상을 초래하였다. 특히 국공립대학에 대한 정책들은 대학정책 추진의 적합성 부재로 국공립대학으로부터 정책의 불신을 야기하였으며, 정책 추진에 대한 대학구성원의 피로감을 가중시키는 결과를 초래하였다.

이명박 정부는 국민의 여론과 매스컴의 논리에 지나치게 의존하여 고등교

....

25) 교육역량 강화 사업은 참여정부와는 달리 계획서를 제출하지 않고 포뮬러 펀딩식으로 재정지원을 했지만, 학부 중심 선도대학 사업이나 입학사정관제 지원 사업의 경우는 선도대학이라는 명목하에 계획서를 받고, 이를 평가하여 지원함으로써 지난 정부와 같은 방식을 취하였다.

육정책의 형성과정에서 충분한 합리성을 고려하지 않고 정치적 대세 판단에 의하여 교육정책을 수립함으로써 집행 단계에서 정부 관료조직들 간 그리고 교육계와 각 이해집단들 간에 심각한 갈등을 수반하기도 했다. 예를 들어, 강사제도는 최종 형성 단계에서 이를 추진하기 위한 재정확보 등의 문제가 해결되지 않은 상황에서 정책이 법제화됨으로써 실제 적용하기도 전에 유예를 하는 상태가 발생하였다.

3) 고등교육정책 평가과정 분석

■ 고등교육정책 평가과정 특성 분석 개요

교육정책의 평가과정은 정책이 성공적으로 실현되었는가를 파악하는 것이다. 하지만 교육에 관련된 성과를 평가하는 것이 용이하지 않다. 교육이 갖는 장기적인 측면 때문이기도 하지만 교육의 결과를 계량적으로 측정하기 어렵기 때문이다. 그렇다고 단순히 교육정책에 대한 평가가 자칫 정책의 집행 여부만을 평가한다면 의미는 있지만 정책평가의 본질이라고 볼 수는 없다. 정책평가는 실제 평가의 본질인 정책이 소기의 목적을 달성했는지를 평가하는 활동이 되어야 하지만 쉬운 일은 아니다.

이명박 정부의 고등교육정책의 성과를 평가하는 데에는 정책에 대한 상황적 변수를 포함한 영향요인들을 체계적이고 종합적으로 고려해야만 정확한 정책의 성과평가를 할 수 있다. 이런 점에서 이명박 정부가 끝난 지 1년도 지나지 않은 시점에서 그동안 이루어진 고등교육정책에 대한 성과를 상황적 변수를 고려해서 판단하는 것은 무리이며, 여기서는 진단 차원에서 논의를 하고자 한다.

■ 고등교육정책의 성과 평가

(1) 대학입시

대학입시 정책은 그 어떤 정책 영역보다도 장기적인 관점에서 기획되어야 하고, 시간을 두고 지속적으로 관리되어야 한다. 우리 사회에서 대입제도 개선이 정권마다 되풀이 되는 이유는 바로 이러한 시차적 관점이 정책의 과정에서 고려되지 못했다는 점을 지적할 수 있다(장덕호, 2009).

입학사정관제도는 획일적인 정량적 평가에서 벗어나 대학이 학생의 소질, 학업성취 정도, 잠재력, 사회봉사활동 참여 정도 등 질적 요소들도 종합적으로 고려하여 자율적으로 학생을 선발한다는 취지를 살렸다. 하지만 입학사정관제도는 2011년도 121개 대학이 운영하면서 대입선발 방식의 한 부분으로 폭넓게 채택되고 있으나 아직까지 제도의 안정적인 운영과 활성화를 위해서는 개선되어야 할 과제들이 남아 있다. 객관적인 평가에 익숙한 우리나라의 입시 풍토에서는 공정성과 신뢰성의 논란은 끊이지 않고 있어 이에 대한 시급한 보안책들이 요청된다(손희권, 주휘정, 2009). 또한 이명박 정부의 입시정책이 과도한 대학입시 경쟁을 막고, 사교육비를 경감시켰는가라는 반문과 비판에 자유롭지 못하였다. 이명박 정부에서 강조되었던 입학사정관제가 이미 박근혜 정부에서도 정책적 이슈가 되고 있다.

(2) 대학평가

이명박 정부는 교육수요자의 알 권리 충족과 학교선택권 보장을 위해 대학 정보공시제 도입과 더불어 대학의 자체평가 실시 및 결과 공개를 의무화하고 외부 평가·인증을 활성화하고자 했다. 정보공시제 도입 초기에는 자료의 신뢰성에 대한 우려도 많았으나, 점차 안정적으로 정착되어 대학자체평가 뿐만 아니라 재정지원 사업이나 각종 평가에도 정보공시제의 지표가 활용되고 있다.

하지만 정보공시제는 대학에 요구하는 정보공시 항목이 점차 늘어나는 것도 문제이며,[26] 공개된 정보시스템을 통하여 대학에 대한 정보를 용이하게 수집할 수 있도록 하는 시스템이 부재하였다. 대학들은 경쟁에서 탈락하지 않기 위해 수치를 조작하거나 뻥튀기해 감사원 감사에서 적발되는 등 많은 부작용도 낳기도 했다. 앞으로 대학정보공시제는 통합정보관리시스템의 통합 개발이 필요하고, 대학에서의 공시정보의 활용도를 높일 수 있도록 자료 이용 방법에 대한 보완이 필요하다.

대학자체평가는 2009년과 2011년 두 차례의 시행과정을 거쳐 대학의 특성에 맞는 평가가 정착되어 가고 있다. 다만 대학평가인증제의 경우, 많은 대학들이 인증 기준을 충족하기 위한 준비 시기에 따라서 2013년 하반기에 집중적으로 인증을 받고자 하는 쏠림 현상이 일어나 대교협에서 이에 대한 평가를 제대로 수행할지에 대한 우려를 갖게 되었다.

(3) 구조조정

이명박 정부는 어느 정부보다도 대학의 구조개혁을 강력히 추진하였다. 하지만 이명박 정부의 고등교육개혁의 정책적 노력에도 불구하고 구조개혁 사업이 대학통합 및 인수합병 등의 실적이 저조하고 외형적 통합에 머물렀다. 즉, 재정지원의 인센티브를 통한 국공립대학의 통합이 가시적으로 이루어져 물리적인 통합은 성공했지만 실제 대학 경영 및 학사 운영까지 내실 있게 통합하는 화학적 통합은 이루어지지 못했다. 이는 대학들의 구조개혁 사업 참여가 대학 자체의 요구와 필요에 의해서라기보다 구조조정에 수반되는 재정지원 등 인센티브 때문에 형식적으로 이루어졌기 때문이다. 또한 대학과 정부가 충분한 협상과정을 거치지 못하였고, 개별 대학의 특성과 요구를 충분히 반영한 구조개혁이 미흡하였다.

....

26) 2008년 도입된 대학정보공시 항목도 확대되어 2010년 64항목에 95세부 항목이 2012년에는 71항목에 112세부 항목으로 늘어났다.

(4) 등록금 정책

대학등록금에 대한 사회적 신뢰와 불신은 남아 있는 상태다(반상진, 2011). 등록금상한제는 일종의 가격상한제(price ceiling)인데, 일반적으로 가격상한제가 당초의 정책목표를 달성하기는 쉽지 않다는 점은 널리 알려져 있다(이준구, 1998; 송기창, 2010). 이명박 정부가 추진한 든든장학금(취업 후 상환제도: ICL) 제도는 신입생의 경우 내신 또는 수능 6등급 이상 그리고 재학생은 B학점 이상에게만 신청자격을 부여하고, 이자율이 높고, 복리를 적용했으며, 저소득층 지원을 축소하는 등 문제를 안고 있었다. 이에 따라 2010년 학자금 대출을 받은 학생은 39만 5,387명이고, 이 가운데 든든장학금 대출자는 10만 9,426명으로 4명 가운데 1명밖에 안 된다. 정부는 당초 약 70만 명이 든든장학금을 이용할 것이라 전망했으나, 실제 이용한 학생은 정부 예상의 1/7에 불과했다(이석열 외, 2013). 등록금 정책에 대해 학생 및 학부모와 시민단체에서는 정부의 장학금의 지원을 통한 노력[27]에도 불구하고 아직까지 '반값 등록금'의 실현이 이루어지지 않았다는 점에서 현 박근혜 정부에도 이에 대한 실현을 요구하고 있다.

(5) 재정지원 사업

정부의 재정지원 사업은 사업 고유의 목표보다는 정부의 정책적 의지를 강조하여 지속적으로 대학에 대해서 정치적 영향력을 행사하는 수단이 되었다. 예를 들어, 교육역량 강화 사업의 경우도 포뮬러 펀딩 지표에 대입전형, 대학등록금 인하, 거버넌스 전환 등 정책적 지표를 포뮬러 펀딩 지표로 추가함에 따라 당초 대학 경쟁력을 높이려는 정책 취지에 혼란을 주었다. 오히려 재정지원 사업마다 구체적으로 정책에서 추구하고자 하는 목표가 명백히 제시되어 있지 않아 혼선을 겪기도 했다. 그리고 '교육역량'에 대해서 광범위하게 포괄성을 제

....

27) 2010년 학자금 대출 총 인원은 761,335명, 규모는 27,660억 원으로 2007년 615,063명에 21,295억 원 대비 각각 약 24%와 약 30%가 증가하였다(국가교육과학기술자문회의, 2011).

시함으로써 사업 초기에는 대학마다 시행착오를 겪기도 했다. 또한 재정지원 대학으로 선정되기 위해 대학들이 포퓰러 지표 관리와 여건개선에 치중하여 교육 · 연구 · 봉사의 균형 있는 발전에 걸림돌이 되는 문제 등은 해결해야 할 과제다(주영효, 박균열, 2012). 이는 대학교육역량 강화 정책이 대학서열화의 사회 구조 속에서 취업률을 중심으로 한 포퓰러 지표 방식의 강조가 대학교육역량 강화 정책에 부합하지 못하고 일부 대학에 편중하여 재정지원이 이루어졌으며, 성과 중심의 평가가 제대로 이루어지고 있지 못했다(김명수, 2011). WCU 사업도 졸속 추진에 따른 대학선정과정의 불공정성, 함량 미달의 해외학자 유치, 재정낭비 의혹 등의 문제가 국정감사와 언론을 통해 계속 지적되었다.

■ 고등교육정책의 성과평가에 대한 논의

이명박 정부의 고등교육정책은 대학 내부의 공감대 형성 미흡과 지나친 무한경쟁 중심의 여러 정책의 동시다발적인 추진에 따른 대학의 피로감 극대화, 일부 고등교육정책의 현장 부적합성과 대학 구성원들의 반발 등이 정책의 추진과정에서 나타났다. 예를 들어, 취업률 중심의 대학지원 사업 등은 또 다른 형태의 '관치'를 하게 되었고, 정책성과 관점에서 사업의 본래 취지를 제대로 살리지 못했다는 비판적 시각도 존재한다. 아울러 평가과정이 충실하게 이루어지지 못하고, 새로운 것을 추구해서 그 성과를 강조하고자 하는 정치적 의도가 결국은 정책의 실패를 초래할 수 있다는 점을 보여 주었다.

고등교육정책의 지속적 추진과 확산을 위해서는 사회적 합의와 공감대 형성에 지속적인 노력과 관심을 기울여야 할 것이다. 또 대학 사회에 '창조적 긴장(creative tension)'을 불어 넣어 대학의 교육역량 강화를 위한 자율 의지를 강화하고 건전하고 발전적인 대학 간 경쟁구도를 조성할 필요성이 있다(백승수, 2012).

향후 정부에서도 대학의 자율성과 대학에 대한 책무성이 강조될 것이다. 이에 따라 대학의 구조조정을 포함한 다양한 고등교육정책이 추진될 것이다. 하지만 이러한 고등교육정책에 의해 오히려 대학교육체제의 획일화와 대학의 자율 조정 기능을 약화시키는 역기능을 초래하지 않아야 한다. 그러기 위해서 지나친 특정 관료 중심의 고등교육정책의 추진이 집행과정의 융통성을 살리지 못하고 오히려 경직적인 입장만을 고수하던 패턴에서 벗어나야 할 것이다. 고등교육정책이 대학의 반발과 구성원들의 피로감을 가중시킨다면 고등교육정책의 성과는 성공적으로 매듭지을 수 없다.

5. 맺음말

이 장에서는 이명박 정부의 고등교육정책에 대한 정치적 요소를 분석하였고, 정책결정의 형성, 집행 및 평가 과정을 중심으로 살펴보았다. 정책형성과정에서는 정책형성의 주체와 이해관계자를 검토하였고, 정책 집행과정에서는 정책의 명료성과 정책 집행의 의지, 정책 관련자들의 호응도를 중심으로 논의를 하였으며, 정책평가과정에서는 개별정책에 대한 진단 차원에서 논의하였다. 이와 같은 내용을 토대로 이명박 정부의 고등교육정책에 대한 정치적 분석을 통한 특징을 제시하면 다음과 같다.

첫째, 이명박 정부의 고등교육정책의 추진논리와 전략은 역대 정부와는 차이를 두고 있다. 일반적으로 역대 정부에서 고등교육 전반에 걸친 교육개혁(안)을 발표하고 추진한 것에 비해 이명박 정부는 이러한 발표 없이 추진해 왔다. 그러면서도 교육정책이 연속성과 지속성을 가지고 추진되었던 근거는 이명박 정부의 고등교육개혁에 대한 정치적 기초가 특정한 소수 엘리트 집단에 의해서 주도적으로 추진되었기 때문이다. 이명박 정부의 초기의 고등교육정책을 주도했던 부서는 교과부이기보다는 청와대 교육과학문화비서실이었다. 이명박 정부의 초기의 정책결정을 주도했던 인물이 바로 청와대 교육과학문화수석비서관인 '이주호'였고, 나중에 정책을 집행하는 교과부의 차관과 장관을 역임하면서 정책 추진의 일관성과 지속성을 유지시키는 전략을 사용하였다.

둘째, 이명박 정부의 교육개혁은 경쟁과 효율성을 강조하는 경제논리에 입각한 이른바 신자유주의와 실용주의를 강조하였다. 교육정책은 자율과 책임이라는 두 가지 가치 속에서 추진되면서 국가경쟁력 확보 차원에서 성과에 따른 차등지원 등으로 '경쟁'을 강조하였다. 이에 따라 이명박 정부는 교육개혁을 추진하는 과정에서 자유시장 경제논리에 의존하고 있다는 비판과 교육논리와의 갈등이 지속적으로 일어났다.

특히 이명박 정부에서는 대학의 수월성 강화와 경쟁력 강화를 지나치게 강조한 나머지 참여정부에서 강조했던 지역적 균형발전을 위한 평등성에서는 거의 관심을 기울이지 못했다고 할 수 있다. 즉, 이명박 정부는 지나친 대학 간의 경쟁을 촉발하도록 유도하고, 대학의 책무성에 대한 압박을 강조함으로써 대학의 서열화를 더욱 조장하였다. 오히려 정부 초기의 다양성과 자율성이라는 교육 철학이 후반부에는 상실되었다.

셋째, 이명박 정부의 초창기 정책결정은 정부의 정책결정부터 국민의 의견을 수렴해서 정책을 결정하는 대중주의적 입장이 아니라 소수 엘리트 집단을 중심으로 국가의 교육정책을 결정하고 이를 국민에게 홍보하는 방식이었다. 다만 등록금 정책은 정치권의 이슈와 국민의 의견을 반영하기 위한 대중주의적 정책결정과 집행이 이루어졌다. 이 과정에서 대학의 입장이나 대학의 목소리를 반영하기보다는 사회적 인식이나 정치적 판단 등의 상황적 논의에 의해서 정책이 추진되었다.

넷째, 이명박 정부의 고등교육개혁정책은 참여정부에서부터 단절을 외치면서도 부분적으로 참여정부에서 추진되었던 정책들이 변화된 환경에 맞게 일부 수정·보완되면서 추진되었다. 예를 들어, 새롭게 개혁안을 만든 대표적인 정책이 교육역량 강화 사업으로 주요 지표를 설정하고 지표에 따라서 재정지원 예산을 배분하였다. 반면에 참여정부 시기에 다양성이 강조되는 학생선발정책으로 입학사정관제의 시행이 거론되었는데, 이를 정부 출범 첫해인 2008년부터 대학입시제도 개선안에 반영하여 확대 실시하고자 했다.

다섯째, 이명박 정부가 마지막까지 강력하게 추진했던 고등교육정책에 대해서 대학들은 내면적 수용(accpetance)이 아닌 단순히 수동적으로 받아들이는 순응(compliance)과 반발로 특징지을 수 있다. 이명박 정부의 고등교육정책은 정책집행기관인 교과부의 집행의지 및 태도, 강력한 집행수단으로 인해서 대부분 당초 계획대로 추진되었다. 이 과정에서 교과부는 대학과의 갈등요소를 사전에 파악하고 대학의 의견을 조정하기보다는 정책집행의 일관성을 강조하였다.

정부의 고등교육정책의 집행은 정책 집행에 대한 교육계의 바람과 요구를 봉쇄하면서 교과부의 일방적인 추진으로 진행되었다. 정책 집행과정에서는 정책이 분명하지 않아 여러 가지 사업을 추진하였으나, 구체적으로 어떤 방향으로 얼마만큼 목표를 달성했으며 교육정책에 성과가 있는지가 확실하지 않다. 그럼에도 정부는 지표 중심으로 사업의 효과성을 강조한 측면을 부인할 수 없고, 대학은 그런 지표를 중심으로 순응하는 입장이었다.

이와 같은 내용을 종합해 볼 때, 이명박 정부의 고등교육정책에 대한 정치적 특성은 엘리트주의적 정책결정과 대중주의적 정책결정이 혼합되었다. 이 과정에서 대학과의 갈등과 반발에도 불구하고 강력하게 추진하여 형식적으로 소기의 성과를 얻었다고 볼 수 있지만, 그와 더불어 대학에 남긴 상처도 크다고 할 수 있다. 우리나라에서 많은 교육개혁정책들이 대부분 실패로 끝날 수밖에 없었던 주된 이유가 바로 정책집행과정에서 정부와 정책 대상자인 교육현장이 상호작용하는 가운데 유기적 협력체제가 구축되지 못했기 때문이다(신현석, 1999). 고등교육정책의 형성과정에서와 마찬가지로 집행과정에서도 정부의 정책을 일방적으로 대학에 강요하는 형태가 아니라 대학의 대응 여부에 따라서 정책과제를 수정·보완해 나가는 정부의 수용적이고도 상보적인 정책 채널이 가동되어야 정부가 의도하는 대학의 변화를 기대할 수 있다.

이명박 정부의 고등교육정책 추진과정에서 보면 그동안 교육개혁의 일관성

에 대한 문제가 제시된 반면 오히려 지나치게 특정 관료 중심의 교육정책 추진
이 또 다른 병폐를 불러올 수도 있다는 새로운 교훈을 안게 되었다. 특히 정책
추진과정에서 개혁의지만큼 개혁에 대한 성과에 대해 '조급증'을 갖게 되면 교
육정책 추진이 상황적으로 융통성을 갖기보다는 경직적으로 추진되어 오히려
역기능을 초래할 수도 있다는 점을 볼 수 있다. 따라서 향후 정권의 교체마다
새로운 대통령의 교육개혁이나 정책에 대한 새로운 자문기구가 세워지기보다
는 국가적인 차원에서 지속적이고 체계적인 정책 관리를 위한 거버넌스 기구
가 필요하다고 볼 수 있다. 왜냐하면 고등교육정책이 명료하지 않을 경우 이에
대한 집행이나 평가가 용이하지 않아 교육정책의 연속성을 흐리게 하기 때문
이다. 앞으로 고등교육정책은 정책의 형성, 집행 및 평가 과정에 대한 정책관
리를 보다 확실히 하여 고등교육정책이 다음 정책에 대한 환류를 제공하도록
정책의 지속성을 살려야 할 것이다.

참고문헌

강경근(2005). 사립학교 관계법 개정안의 위헌성 연구. 헌법학연구, 11(2), 243-275.

강길수(1980). 한국 교육행정사 연구초. 서울: 재동문화사.

강내희(2003). 교육개혁의 학문전략: 신자유주의 지식생산을 넘어서. 서울: 문화과학사.

강무섭 외(1995). 교육의 세계화 구상. 서울: 한국교육개발원.

강무섭(1994). 교육정치학적 관점에서 본 한국교육정책. 교육정치학연구, 1, 79-87.

강무섭, 김재웅, 민무숙(1986). 고등교육 정원정책 연구. 서울: 한국교육개발원.

곽병선, 조용환, 김재춘, 윤여각, 한보명(2001). 국민기초교육단계 인적 자원의 기초소양 증진을 위한 방안. 대통령자문 교육인적자원정책위원회.

교육개혁위원회(1995). 신교육체제 수립을 위한 교육개혁 방안(Ⅰ). 제2차 대통령보고서.

교육개혁위원회(1996). 신교육체제 수립을 위한 교육개혁 방안(Ⅱ). 제3차 대통령보고서.

교육과학기술부(2012). 2011년 대학구조개혁 백서.

교육과학기술부(2012). 2012년 국정감사 주요 업무 보고.

교육부(1992). 제7차 경제 사회 발전 5개년 계획: 교육부문 계획.

교육부(1995). 교육통계연보.

교육부(1998). 교육 50년사.

교육부, 한국교육개발원(1997). 통계로 본 한국교육의 발자취.

교육신문사(2001). 한국교육 100년사.

교육인적자원부(2004). 공교육 정상화를 통한 사교육비 경감대책.

교육인적자원부(2004). 학교교육 정상화를 위한 2008학년도 이후 대학입학제도 개선안.

교육인적자원부(2005). 2005년 주요 업무계획.

교육인적자원부(2006). '2008대입제도' 안정적 정착을 위한 정책방향과 추진과제(시안).

교육인적자원부(2007). 교육을 바꾸면 국가의 미래가 달라진다(교육혁신정책보고서).

교육인적자원부(2007a). 수월성 제고를 위한 고등학교 운영 개선 및 체제 개편 방안.

교육인적자원부(2007b). 함께 가는 학습복지사회 건설을 위한 2007년 주요 업무계획.

교육인적자원부(2007c). 사교육 실태 및 대책.

교육인적자원부(2008). 2007년 사교육 의식조사 결과 발표.

교육인적자원부, 한국교육개발원(2006). 교육백서.

교육정책반(1996). 차세대 성장 잠재력인 인적 자원의 확보. 21세기 경제 장기 구상 자료.

교육정책자문회의(1992). 21세기 한국교육의 선택.

구영록(1987). 정치학개론. 서울: 박영사.

국가교육과학기술자문회의(2011). 현 정부 핵심교육정책 진단 및 대책.

국무조정실 정책평가위원회(2003). 국민의 정부 5년 정책평가 결과(종합 보고서).

국민교육협의회(1973). 국민교육헌장의 자료의 총람. 서울: 한국경영개발협의회.

권기헌(2008). 정책학. 서울: 박영사.

권영설(2000). 이승만 연구: 독립운동과 대한민국 건국. 서울: 연세대학교 출판부.

권인숙(2008). 1950~1970년대 청소년의 남성성 형성과 국민 만들기의 성별화 과정: 청소년 잡지 분석을 중심으로. 한민족운동사연구, 56, 281-321.

김경미(2001). 보통교육정책의 전개와 그 평가. 한국교육사학, 23(2), 37-64.

김계숙(1954). 새 교육과 교육철학. 교육, 1. 서울: 서울대학교 사범대학 교육회

김기석, 강일국(2004). 1950년대 한국교육. 서울: 선인.

김기수, 정재걸(1994). 교육개혁논의의 철학적 역사적 터잡기. 서울: 한국교육개발원.

김남식(1988). 남로당연구(자료 편). 서울: 돌베개.

김두수(2009). 노무현 정부의 평가-완전한 실패에서 새로운 희망까지. 사회디자인연구소 홈페이지.

김두정(1994). 교육과정의 정치학. 교육정치학연구, 1, 89-110.

김명수(2011). 대학교육역량 강화 정책의 쟁점 분석. 2011년 한국고등교육정책학회 연차학술대회 자료집, 57-80.

김미숙, 강영혜, 박소영, 황여정, 이희숙(2006). 입시산업의 규모 및 추이분석: 대입정책과 사교육의 관계분석을 위한 기초 연구. 서울: 한국교육개발원.

김보엽(2007). 한국 사학정책의 변동 요인 및 과정 분석: 국민의 정부 및 참여정부의 사립학교법 개정 사례를 중심으로. 고려대학교 대학원 박사학위논문.

김선아(2001). 한국 고등교육정책 변천과정에 관한 연구. 연세대학교 교육대학원 석사학위논문.

김선애(2012). 참여정부 이후 특목고 정책 영향평가 연구. 중부대학교 대학원 박사학위논문.

김선애, 안선회(2013). 이명박 정부 중기 특목고 정책 영향평가 연구. **교육정치학연구,** 20(1), 23-52.

김선애, 안선회(2013). 이명박 정부 중기 특목고 정책 인과가설 분석. **교육정치학연구,** 20(3), 129-157.

김성근(2012). **교육, 끊어진 길 되짚으며 새 길을 내기 위하여.** 서울: 한국미래발전연구원.

김성열(1994). 교원인사의 정치학: 교육통치과정에서의 교사의 지위 변화의 역동. **교육정치학연구,** 1, 143-173.

김성열(1994). **교육행정 및 교육경영.** 서울: 과학과 예술.

김성주, 김의곤, 김기우, 김창희, 박준영(2010). **정치학.** 서울: 박영사.

김세균 외(2002). **정치학의 이해.** 서울: 박영사.

김수자(2004). 대한민국 초기 이승만의 권력기반 강화과정 연구. 이화여자대학교 대학원 박사학위논문.

김신일(1995). **시민의 교육학.** 서울: 한길사.

김영삼(1992). **2000 신한국.** 서울: 동광출판사.

김영우(1989). **한국중등교원양성교육사.** 서울: 교육과학사.

김영철 외(1981). **학교교육 정상화를 위한 과열과외 해소 대책.** 서울: 한국교육개발원.

김영철 외(1992). **대학교육체제 개혁구상연구.** 서울: 한국교육개발원.

김영철(1979). 한국 고등교육에 대한 학생수요 분석. 한국교육, 6(1), 37-49.

김영평(1993). 우리나라 정책결정체제의 개혁. 한국정책학회보, 2(1), 27-45.

김영화, 박인종(1990). 한국경제 및 노동시장 구조 변화에 대한 학교 교육체제의 대응: 한국 산업화 과정을 중심으로. 서울: 한국교육개발원.

김용일(1994). 미군정기 조선교육심의회에 관한 교육정치학적 고찰. 교육문제연구, 6, 313-345.

김용일(1994). 미군정하의 교육정책연구: 교육정치학적 접근. 고려대학교 대학원 박사학위논문.

김용일(1995). 교육에서 '비정치의 신화'에 관한 고찰. **교육정치학연구,** 2(1), 78-97.

김용일(2000). **위험한 실험: 교육개혁의 정치학.** 서울: 문음사.

김운태(1976). **한국정치론.** 서울: 박영사.

김윤태(1993). 교육개혁이 성공하려면. **교육개발**, 85, 6-8.

김인회(1992). 용재 백낙준의 교육사상 연구. **교육철학**, 10, 7-22.

김재웅(1993). 교육정책분석의 역할 재고. 한국교육행정학회 소식지 제39호.

김재웅(1994). 교육선발의 정치학. 교육정치학연구, 1, 111-141.

김재웅(2007). 정책집행과정 분석모형을 통한 열린교육 실행과정 분석. **열린교육연구**, 15(3), 1-25.

김정원(1984a). 분단한국사. 서울: 동녘.

김정원(1984b). 군정과 제3공화국: 1961~1971. (김성환 외 편). 1960년대. 서울: 거름.

김종철(1967). 한국의 교육제도와 교육행정에 미친 미국문화의 영향. 아세아연구, 10(2), 91-106.

김종철(1979). 6-3-3-4제 논의: 발전사회와 교육의 제문제. 정경문화, 175, 170-185.

김종철(1990). **한국교육정책연구**. 서울: 교육과학사.

김준엽(1969). **북한연구자료집 제1집**. 서울: 고려대학교 아세아문제연구소.

김지연(2012). 전후 미국의 한국 교육원조, 1956-1962: 피바디프로젝트 사례 분석. 서울대학교 대학원 석사학위논문.

김창곤(1990). 교육정책 집행에 영향을 미치는 요인. **교육학연구**, 28(2), 37-49.

김천기(1992). 진보주의 교육이 한국 교육정책에 미친 영향에 관한 수정주의적 분석: 미군정기를 중심으로. **교육학연구**, 30(2), 45-69.

김형찬(1988). **북한교육발달사**. 서울: 한백사.

김호정(2007). 사립학교 관계법 개정안의 위헌성. **외법논집**, 25, 323-355.

김홍원, 진미경(2007). **2006년 방과후학교 성과분석: 2006년도 사업을 중심으로**. 서울: 한국교육개발원.

김희삼(2009). 사교육비 지출이 영향을 주는 학교 특성과 정책적 시사점. **제3회 한국교육종단연구 학술대회 자료집**.

나라정책연구회(1995). **소비자 주권의 교육 대개혁론**. 서울: 길벗.

남궁근(2012). **정책학**. 서울: 법문사.

남기석(1980). 한국해방 이후 사학정책 변천에 관한 연구. 동국대학교 대학원 석사학위논문.

남정옥(2010). **한국보수세력 연구**. 경기: 나남.

내무부(1980). 새마을 운동 10년사.

노명순(2008). 대입정책에서 나타난 정책 비일관성의 원인 분석: 2008학년도 이후 대학입학제도 개선안 집행을 중심으로. **한국교육학연구**, 14(1), 129-152.

노화준(2010). 기획과 결정을 위한 정책분석론. 서울: 박영사.

대입제도 개선 T/F(2004). 2008학년도 이후의 대학입학전형제도 개선방안, 교육인적자원부.

대통령자문정책기획위원회(2007a). 교육격차 해소: 공정한 게임, 모두에게 기회를, 참여정부 정책보고서 2-34.

대통령자문정책기획위원회(2007b). 2008년 대입제도 개선안: 모든 것을 교실로, 참여정부 정책보고서 2-38.

대통령자문정책기획위원회(2008a). 교육자치정책: 참여정부의 새로운 접근과 선택, 참여정부 정책보고서 3-17.

대통령자문정책기획위원회(2008b). 교원평가제: 노력하는 선생님, 질 높은 교육, 참여정부 정책보고서 2-35.

대통령자문정책기획위원회(2008c). 사립학교법 개정: '그들'의 학교에서 '우리들'의 학교로, 참여정부 정책보고서 2-36.

대통령자문정책기획위원회(2008d). 교육행정정보시스템(NEIS): 갈등을 넘어 교육정보화의 새로운 총아로, 참여정부 정책보고서 2-37.

대통령직인수위원회 교육개혁과 지식문화강국 실현 T/F팀(2003). 교육개혁과 지식문화강국 실현. 대통령직인수위원회 보고서.

대학학무과(2006). 사교육비 실태 점검 및 대책 수립 회의 자료: 2008입시제도와 사교육비 관계 분석 및 대응방안.

대한교연연구부(1969). 중학교 무시험 진학에 관한 추후 연구. 새교육, 21(8), 63-73.

류지성(2007). 정책학. 서울: 대영문화사.

문교부(1958). 문교개관. 서울: 대한문교서적.

문교부(1961. 12. 20). 혁명과업 완수를 위한 향토학교 교과과정 임시 운영요강(중학교).

문교부(1980. 8. 7). 교육의 정상화를 위한 과외단속 시행지침(교연 1011-621).

문교부(1983). 1980년대의 한국 교육개혁.

문교부(1988). 문교 40년사. 서울: 대학교과서.

문명호(1986). 졸업정원제, 폐기해야 한다. 신동아, 318, 446-461.

문미경(2006). 한국 교원 수급정책의 변천과정과 경향분석: 중등교원 수급정책 중심으로. 경기대학교 교육대학원 석사학위논문.

문재인(2012). '국민명령 1호' 교육 부문 제안에 대한 대답, 문재인 대통령후보의 교육정책 발표문(2012. 11. 5).

문정인, 김세중(2004). 1950년대 한국사의 재조명. 서울: 선인.

민경배(2008). 백낙준 대한민국의 교육이념을 정립하다. **한국사시민강좌**, 43, 235-246.

민주자유당(1992). 신한국 창조를 위한 김영삼의 실천약속.

민주주의민족전선(1946). **조선해방연보**. 경성부: 문우인서관.

박도순, 최원해 외(2005). **교육혁신위원회 2년 활동백서**. 대통령자문교육혁신위원회.

박성탁(1971). **국민교육헌장의 사상적 배경과 그 실천**. 서울: 교육출판사.

박세길(1988). **다시 쓰는 한국현대사 1**. 서울: 돌베개.

박승령(1968). 국정감사 2일 4화. **새교육**, 11.

박응수(2010). 참여정부의 성격. **평화연구**, 18(1), 95-118.

박정이(2012). 6 · 25 전쟁과 한국의 국가건설. 경기대학교 대학원 박사학위논문.

박호근(1996). 한국 고등교육정책의 변천과정에 관한 연구: 1945-1987. 고려대학교 대학원 석사학위논문.

박호근(2000). 한국교육정책과 그 유형에 관한 연구. 고려대학교 대학원 박사학위논문.

반상진(1995). 교육의 정치성에 따른 발전적 교육통치체제의 구도. **교육정치학연구**, 2(1), 121-151.

반상진(2003). 새 정부의 고등교육 개혁과제. **교육행정학연구**, 21(1), 169-191.

반상진(2005). 한국 교육개혁의 공과 분석. 한국교육연구네트워크 창립기념 학술대회 (2005.4.1.).

반상진(2011). 대학 등록금 정책의 쟁점 분석. **2011년 한국고등교육정책학회 연차학술대회 자료집**, 83-103.

반연호(2006). **논문으로 읽는 교육사**. 서울: 문음사.

백낙준(1977). **한국의 현실과 이상**. 서울: 연세대학교 출판부.

백순근(2006). 학생평가에 대한 교사들의 인식 및 학교생활기록부 신뢰 제고 방안. 교육혁신위원회, 한국교육평가학회 공동개최 학술세미나(2006. 6. 3).

변기용(2009). 대학자율화 정책의 쟁점과 대안: 5 · 31 교육개혁 이후의 '시장적' 대학자율화 논의를 중심으로. **교육정치학연구**, 16(1), 135-164.

북한연구소(1977). **북한교육론**. 서울: 북한연구소.

새천년민주당 정책선거특별본부(2002). 4대 비전. 20대 기본 정책. 150대 핵심과제.

새한민보사(1947). 임시정부수립대강: 미소공위자문답신집. 현대사자료총서 10권.

서경화(2008). 2008학년도 대학입학전형 내신제도 변화 이후의 교수-학습 양태에 관한 연구: 2008학년도 대학입학전형제도를 중심으로. 서울대학교 대학원 석사학위논문.

서주원(1983). 고등교육 수요 결정 요인 및 탄력치 분석. 성균관대학교 대학원 석사학위논문.

서중석(1997). 이승만 정부 초기의 일민주의. 진단학보, 83, 155-183.

성경륭(2009). 참여정부의 국정성과와 미래과제. 광장, 4, 132-171.

손인수(1986). 일제 식민지 교육정책의 성격. 한국정신문화연구원(편). 일제하의 교육이념과 그 운동. 경기: 한국정신문화연구원.

손인수(1993). 한국 군정교육의 역사적 평가. 한국교육학회 교육사연구회(편). 한국현대 교육의 재평가. 서울: 집문당.

손인수(1994). 한국교육운동사. 서울: 문음사.

손인수(1995). 한국동란중 전시연합대학에 관한 연구. 교육연구, 29, 49-62.

손인수(1998). 한국교육사연구(하). 서울: 문음사.

손준종(1996). 1990년대 교육개혁의 사회적 성격에 대한 논의. 교육학연구, 34(1), 149-167.

손진태(1949). 민주주의 민족교육의 이념. 새교육, 5(1).

송기창(2010). 대학재정 확보 방향과 과제. 한국대학교육협의회 하계대학총장세미나 (2010. 6. 23).

송병순(1996). 졸업정원제의 득과 실. 대학교육, 19, 18-22.

신세호(1992). 한국교육의 나아갈 길: 21세기를 맞이하는 교육전략. 서울: 한국교육개발원.

신세호, 강무섭, 임연기, 김홍주, 김재웅(1991). 과외수업 실태분석 연구. 서울: 한국교육개발원.

신승우(2004). 대통령의 시정연설과 예산배분의 관계. 고려대학교 대학원 박사학위논문.

신재철(2007). 정부의 고등교육개혁을 위한 재정지원 정책의 정치학. 교육정치학연구, 14(1), 7-27.

신현석(1996). 현 정부의 교육개혁의 정치학: 5·31 교육개혁안의 형성과정을 중심으로. 교육정치학연구, 3(1), 92-122.

신현석(1999). 한국 고등교육 개혁의 정치학. 교육정치학연구, 6(1), 73-109.

신현석(2000). 한국의 교육개혁정책. 서울: 학지사.

신현석(2003). 「국민의 정부」 교육개혁평가. 교육문제연구, 18, 35-78.

신현석(2005). 한국의 고등교육 개혁정책. 서울: 학지사.

신현석(2010). 교육거버넌스 갈등의 쟁점과 과제. 교육행정학연구, 28(4), 351-380.

신현석, 안선회 외(2011). 학습사회의 교육행정 및 교육경영. 서울: 학지사.

신현석, 이석열(2009). 사립대학 구조개혁 지원정책의 정치학적 분석. 제27차 한국교육정치학회 정기학술대회(2009. 12. 4). 35-74.

심지연(1982). 한국민주당연구 Ⅰ. 서울: 풀빛.

심지연(1984). 한국민주당연구 Ⅱ. 서울: 창작과 비평사.

심지연(1986). 해방정국 논쟁사 Ⅰ. 서울: 한울.

심지연(1987). 해방정국 논쟁사 Ⅱ. 서울: 실천문학사.

심지연(1988). 민족주의 논쟁과 통일정책: 해방직후 정치적 대립과 갈등과정을 중심으로. 서울: 한울.

심지연(1989). 미-소공동위원회연구. 서울: 청계연구소.

안기성 외(1998). 한국 교육개혁의 정치학. 서울: 학지사.

안기성(1984). 한국근대교육법제연구. 서울: 고대민족문화연구소.

안기성(1992). 왜국식민지 교원양성법제와 그 전개. 교육법학연구, 3(1), 3-70.

안기성(1993). 왜국식민지 남자중등교육법제와 그 전개. 서울: 고려대학교 사범대학.

안기성(1993). 왜국식민지 초등교육법제와 그 전개. 민족문화연구, 26, 27-77.

안기성(1993). 조선조의 교육법제와 교육행정. 민족문화연구, 27, 85-153.

안기성(1994). 근대교육법제 100년과 고등교육법제. 고등교육연구, 6(2), 137-180.

안기성(1994). 왜국식민지 여자중등교육법제와 그 전개. 서울: 고려대학교 사범대학.

안기성(1994). 한국 교육정치학의 과제. 교육정치학연구, 1, 55-77.

안기성(1994). 한국근대교육법제 100년과 한국교육의 변천. 교육법학연구, 5(1), 1-49.

안기성(1995). 왜국식민기 대학법제 연구(1). 서울: 고려대학교 교육대학원.

안기성(1995). 왜국식민기 전문학교법제 연구(1). 서울: 고려대학교 사범대학.

안선회(2004). 참여정부 교육정책 결정체제에 관한 연구. 고려대학교 대학원 석사학위 논문.

안선회(2009a). 2008대입제도 정책주장에 관한 실제적 타당성 분석. 교육정치학연구, 16(1), 165-196.

안선회(2009b). 사교육비 경감정책 평가 연구: 참여정부를 중심으로. 고려대학교 대학원 박사학위논문.

안선회(2012). 시민사회권력과 교육. 제32차 한국교육정치학회 학술대회(2012. 5. 25).

안선회(2013). 대입제도 개선정책의 정책인과가설 분석: 노무현 정부, 이명박 정부 대입정책을 중심으로. 교육문제연구, 49, 45-78.

안항옥(1975). 정치학대사전. 서울: 박영사.

안해균(1987). 정책학원론. 서울: 다산출판사.

안호상(1950). 일민주의의 본바탕: 일민주의의 본질. 서울: 일민주의연구원.

양우정(1949). 이대통령건국정치이념: 일민주의의 이론적 전개. 서울: 연합신문사.

양정호, 김지희(2012). 대통령 자문 교육개혁위원에 관한 연구. 교육정치학연구, 19(2), 23-48.

역사문제연구소(1989). 해방삼십년사 연구입문. 서울: 까치.

오세윤, 박희서, 노시평, 신문주, 홍진이, 김찬녕, 김찬영(2007). 정책집행관료의 순응제고를 위한 감성변수에 관한 연구. 한국행정학보, 14(1), 71-92.

오욱환, 최정실(1993). 미군 점령시대의 한국교육. 서울: 지식산업사.

오천균(1992). 한국임시정부의 민족교육운동사. 서울: 집문당.

오천석(1964). 한국신교육사. 서울: 현대도서출판사.

오천석(1975). 한국신교육사(상). 서울: 광명출판사.

오천석(1975). 한국신교육사(하). 서울: 광명출판사.

오태진(2001). 한국 교원정책의 전개과정에 관한 고찰. 한국교육사학, 23(2), 81-113.

월추산인(1945). 조선동포에게 고함: 자주독립과 우리의 진로. 현대사자료총서 10권.

유영옥(2012). 이승만의 업적에 대한 기호학적 해석: 긍정적 평가를 중심으로. 한국동북아논총, 63, 257-282.

유영익(2008). 이승만, 건국대통령. 한국사시민강좌, 43, 1-24.

유영익(2013). (건국대통령) 이승만: 생애, 사상, 업적의 새로운 조명. 서울: 일조각.

유종선(1995). 한권으로 보는 미국사 100장면. 서울: 가람기획.

윤정일 외(1986). 2000년을 향한 국가 장기발전 구상: 교육부문 보고서. 서울: 한국교육개발원.

윤정일 외(2004). 교육행정학원론. 서울: 학지사.

윤정일(1999). 교육개혁 추진과정의 쟁점. 제38회 한국교육학회 춘계학술대회(1999.5.14).

윤종건(1994). 교원자격제도 개선방안. 제23회 한국교원단체총연합회 정책토론회(1994.4.22).

윤종건(1994). 제6공화국 교육개혁의 실상과 허상. 교육행정학연구, 12(2), 145-162.

윤태섭(2005). 정책집행주체의 정책집행태도에 관한 연구. 한국공공관리학보, 19(1), 135-137.

이규호(1977). 정치적 과제로서의 교육개혁. 사학.

이극찬(1999). 정치학(제9전정판). 서울: 법문사.

이남주(2008). 잘못된 정치전략과 지지기반의 와해, 한반도사회경제연구회(편). 노무현 시대의 좌절: 진보의 재구성을 위한 비판적 진단. 경기: 창비.

이내영(1995). 세계화와 한국정치. 계간사상, 24, 111-144.

이돈희 외(1996). 열린교육, 펼쳐지는 꿈. 서울: 미래미디어.

이만규(1947). 임정수립과 교육정책. 개벽, 75. 현대사료총서 6권.

이만규(1949). **조선교육사(상 · 하)**. 서울: 을유문화사.

이봉규(2013). 이승만정권기 행정분야 기술원조 도입과 행정개혁론의 성격. 연세대학교 대학원 석사학위논문.

이석열(2012). 이명박 정부의 고등교육정책과 자율화에 대한 논의. **교육종합연구**, 10(3), 165-186.

이석열(2013). 이명박 정부의 고등교육 개정정책에 대한 정치학적 분석. **교육정치학 연구**, 20(4). 213-240.

이석열, 이호섭, 박영미(2012). 2011년도 대학 자체평가 분석. 한국대학교육협의회 정책 연구보고서.

이석열, 장선영, 한미희, 허영주, 이상돈(2013). 고등교육정책에 관한 대학교원들의 인식 및 유형화에 관한 연구. **교육정치학 연구**, 20(1).

이석열, 장선영, 허영주, 한미희, 이상돈(2013). 고등교육정책에 관한 대학 교원들의 인식 및 유형화에 관한 연구. **교육정치학연구**, 20(1), 73-94.

이석열, 주희정(2012). 이명박 정부의 고등교육정책의 성과와 과제. 한국고등교육정책학 회 춘계학술대회(2012. 6. 9), 3-26.

이선근(1954). **교육주보 111집**. 교육주보사.

이선근(1954). **문교월보 20집**. 문교부.

이숙경(1982). 미군정기 민주화의 성격과 민주주의 교육이념의 한계. 이화여자대학교 대 학원 석사학위논문.

이시원, 하상근(2002). 정책대상집단의 불응에 관한 경험적 연구. **한국행정학보**, 36(4), 187-204.

이영범, 신승권(1986). **정치학**. 서울: 박영사.

이영신(1993). **격동 30년**. 서울: 고려원.

이영훈(2013). 이영훈 교수의 「새로운 대한민국사(史)」 7. **한국논단**, 288, 100-129.

이유리(2007). 1950년대 '도의교육'의 형성과정과 성격. 고려대학교 대학원 석사학위논문.

이윤환(2006). 개정사립학교법에 관한 헌법적 검토. **법학연구**, 22, 47-67.

이일용(1994). 문민정부 교육개혁의 실상과 허상. **교육행정학연구**, 12(2), 163-186.

이종각 외(2007). **제2기 교육혁신위원회 활동백서**. 대통령자문교육혁신위원회.

이종각(1994). 제5공화국 교육개혁의 실상과 허상. 한국교육행정학회 하계학술대회 (1994. 7. 1).

이종재(1985). 과외부활론과 그 대책. (서정화, 김태곤 편). 학교교육 정상화 보완대책 연구.

　　　　서울: 한국교육개발원.

이종찬(1994). 6공 경제개혁의 정치경제: 시장주도 산업조정의 환상과 실태. 사회비평, 12.

이준구(1998). 미시경제학. 서울: 법문사.

이해영(2004). 정책학신론(2판). 서울: 학현사.

이현희(1982). 대한민국임시정부사. 서울: 집문당.

이홍직(1979). 국사대사전. 산청: 일중당.

이희수, 박정하, 정미영, 신기왕(2005). EBS 수능강의 발전방안 연구. 서울: 한국교육방송
　　　　공사.

장덕호(2009). 교육정책의 정합성 관점에서 본 2008학년도 대학입학제도 개선안 사례분
　　　　석 연구. 교육정치학연구, 16(3), 53-82.

장상호(1986). 교육학의 비본질성. 교육이론, 1(1), 5-53.

장상호(1990). 교육의 정체혼미와 교육학의 과제. 교육이론, 5(1), 21-64.

장상호(1991). 교육학 탐구 영역의 재개념화. 서울: 서울대학교 사범대학 교육연구소.

장상호(1994). 또 하나의 교육관. 운주 정범모 박사 고희기념 세미나 논문집.

장상호(2003). 교육발전의 도해. 교육원리연구, 8(1), 77-123.

장수경(2009). 1950년대 학원에 나타난 현실인식과 계몽의 이중성. 한민족문화연구, 31,
　　　　435-462.

재미한족연합위원회(1948). 해방조선. 현대사자료총서 10권.

전국교직원노동조합(2006. 5. 16). 민주노동당의 '방과후활동 법안 발의' 및 전교조의 현
　　　　행 방과후학교 문제점 지적 공동기자회견.

전국교직원노동조합(2006. 7. 6). 파행 방과후학교 즉각 중단하고 올바른 방과후활동 계
　　　　획 수립하라.

정광호(2008). 대통령비서실 조직 개편. (최병선, 최종원 편). 국가운영 시스템 과제와 전략.
　　　　경기: 나남.

정광호, 최종원(2008). 대통령 소속 위원회의 개편, 국가운영 시스템 과제와 전략. 경기: 나남.

정범모(1989). 미래의 선택. 경기: 나남.

정범모(1991). 교육난국의 해부: 한국교육의 진단과 전망. 경기: 나남.

정영수(1987). 한국 교육정책의 이념(Ⅱ): 국가발전과 교육(1960~1979). 서울: 한국교육
　　　　개발원.

정영수, 한만길, 정재걸(1987). 한국교육정책의 이념(Ⅲ): 교육개혁과 의식개혁(1980~
　　　　1986). 서울: 한국교육개발원.

정영식, 정미영, 최정희(2007). 2007년 EBS 수능강의 발전방안 연구. 서울: 한국교육개발원.

정일환(1994.4). 교육개혁위원회의 운영도 개혁되어야 한다. 교육부 교육월보.

정일환(1996a). **교육행정학: 이론과 적용.** 서울: 중앙적성출판사.

정일환(1996b). 풍요로운 삶: 교육, 문화 측면의 삶의 질. 한국행정연구, 5(1), 1-21.

정일환(2000). **교육정책론.** 서울: 원미사.

정일환, 박노보(1996). 경쟁력 있는 지역 인재육성 방안. (지역발전연구센터 편). **자치시대
    대구, 경북의 공동발전 전략.** 대구: 지역발전연구센터 출판부.

정일환, 최외출(1996.8). 교육개혁안에 대한 교육 관련 집단의 인지도와 교육개혁의 과제.
    교육정치학연구, 3(1), 123-151.

정재걸(1991). 현대 한국 군정교육의 역사적 평가: 5.16 군정의 교육이념, 교육내용의 분
    석을 중심으로. 한국교육사학, 13, 147-168.

정재걸(2010). **오래된 미래교육.** 서울: 살림터.

정정길, 최종원, 이시원, 정준금, 정광호(2003). **정책학원론.** 서울: 대명출판사.

정태수(1991). **7 · 30 교육개혁.** 서울: 예지각.

정태수(1995). 한국의 교육개혁과 교육제도의 변천. 교육법학연구, 7(1), 1-17.

제16대통령직인수위원회(2003). **대통령직인수위원회 백서.**

제17대통령직인수위원회(2008). 제17대통령직인수위원회 백서-성공 그리고 나눔.

조경(1946). 조선건국과 교육. 신세대, 현대사자료총권 7권.

조병옥(1955). 민족의식을 새롭게 하자.

조형제, 김양희(2008). 노무현 정부 평가: 예견된 실패? (한반도사회경제연구회 편). 노무
    현 시대의 좌절: 진보의 재구성을 위한 비판적 진단. 경기: 창비.

조흥순(2008). 한국 교원평가정책의 변동 분석: 옹호연합과정모형(ACPF)의 적용. 고려대
    학교 박사학위논문.

조흥순(2009). 한국 교원평가정책의 변동 분석: 옹호연합과정모형의 적용. **교육행정학연구,**
    27(2), 151-176.

주영효, 박균열(2012). 이명박 정부의 교육정책 공약 이행도 분석. **교육행정학연구,** 30(4),
    379-408.

중앙대학교 부설 한국교육문제연구소(1974). 문교사 1945-1973. 서울: 중앙대학교 출판국.

진덕규(1993). **현대정치학.** 서울: 학문과 사상사.

차상철(2009). 이승만과 미국 그리고 대한민국 정부수립. 미국사연구, 29, 97-121.

최석태(1999). 한국교육 100년사. 서울: 교육신문사.

최성욱(1997). 교육발전론 재검토. 교육원리연구, 2(1), 213-244.

최운실 외(1995). 한국 사회교육의 과거, 현재, 미래 탐구. 서울: 한국교육개발원.

최종철(1985). 교육 제도의 개편과 국가의 사회 통제: 7·30 교육개혁조치를 중심으로. 서울대학교 대학원 석사학위논문.

최준렬(1994). 교육재정의 정치학. 교육정치학연구, 1, 175-194.

통계청(1993). **통계로 본 광복전후의 경제, 사회.** 서울: 통계청.

표시열(2006). 개정사립학교법의 헌법적 주요쟁점. 교육법학연구, 18(1), 175-204.

하유식(2003). 안호상의 일민주의 연구. 한국민족운동사연구, 34, 307-342.

학교정책추진단(2006. 9. 27). 사교육비 실태 점검 및 대책 수립 회의자료.

한국교원단체총연합회(1996). 교육개혁 방안에 관한 교원 인식조사. 정책자료 제59집.

한국교육개발원(1977). **교육발전의 전망과 과제: 1978~1991.** 서울: 한국교육개발원.

한국교육개발원(1994, 1995). **한국의 교육지표.** 서울: 한국교육개발원.

한국교육십년사간행회(1960). 한국교육 10년사. 서울: 풍문사.

한국교육정치학회(1994). **교육정치학론.** 서울: 학지사.

한국교육학회 교육사연구회(1993). 현대 한국 군정교육의 역사적 평가. 서울: 집문당.

한국교육행정학회(1995). **교육정책론.** 강원: 하우.

한국교육행정학회(2003). **교육개혁론.** 강원: 하우.

한국대학교육협의회(2012). 입학사정관제. http://uao.kcae.or.kr/index.jsp.

한국청년문화연구소(1983). 한국교육 2000년사. 서울: 민우출판사.

한길리서치연구소(2006. 5. 30). 교장임용제도 관련 설문조사 통계분석표. 교육혁신위원회 보고용.

한만길(1990). 과외정책 변화의 정치, 경제적 의미. (한국교육연구소 편), 교육비평.

한만길, 박상철, 이차영, 엄기형, 박영숙(2004). **교원정책 혁신 방안 연구: 교원인사제도를 중심으로.** 서울: 한국교육개발원.

한유동(2013). 이승만 정부의 반공 국민형성 과정에 대한 연구. 서강대학교 대학원 석사학위논문.

한준상(1995). **한국교육개혁론.** 서울: 학지사.

한준상, 정미숙(1985). 1948~1953년 문교정책의 이념과 특성. 서울: 한길사.

함일돈(1946). 당면의 문교정책. 과학전선(4월호, 제2호), 현대사자료총서 제6권.

함종한, 허경희(1992). 한국교육의 새로운 선택. 서울: 21세기 정책연구원.

허범(1993). 문민정부의 개혁기조와 정책방향. 한국정책학회보, 2(1), 9-26.

헌법재판소(2013. 11. 28a). 2007헌마1189.

헌법재판소(2013. 11. 28b). 2009헌바206.

헌법재판소(2013. 11. 28c). 2011헌바136.

홍웅선(1989). 해방 후 진보주의 교육 사조의 수용 과정. 정신문화연구, 12(2), 153-170.

황영희(1991). 한국 사학의 고등교육 변천과 이념연구. 원광대학교 대학원 박사학위논문.

Adler, L. & Gardner, S. (1994). *The Politics of Linking Schools and Social Services: 1993 Yearbook of the Politics of Education Association*. PA: The Falmer Press.

Allen, R. (1960). *Korea's Syngman Rhee: An Unauthorized Portrait*. VM: Charles E. Tuttle Company.

Almond, G. & Coleman, J. (1960). *The Politics of the Developing Areas*. NJ: Princeton University Press.

Almond, G. & Powell, G. (1966). *Comparative Politics: A Developmental Approach*. London: Little, Brown, and Company.

Almond, G. & Powell, G. (1978). (An) *Analytic study Comparative Politics: A Developmental Approach* (2nd ed.). New Delhi: Oxford & IBH Publishing Company.

Almond, G. & Verba, S. (1965). *Civic Culture*. London: Little, Brown, and Company.

Anderson, J. (1984). *Public Policy-making* (3nd ed.). NY: Holt Rinehart.

Bacharach, S. (1990). *Education Reform: Making Sense of It All*. MA: Allyn & Bacon.

Ball, S. (1990). *Politics and Policy Making in Education: Exploration in Policy Sociology*. NY: Routledge.

Ball, S. (1994). *Education Reform: Critical and Post-structural Approach*. PA: Open University Press.

Bardach, E. (1977). *The Implementation Game: What happens after a bill becomes a law*. MA: M.I.T. Press.

Chester, E., Finn, Jr., & Theodor R. (1992). *Education Reform in the 1990s*. NY: Macmillan Publishing Company.

Coombs, F. (1980). The Bases of Noncompliance with a Policy, *Policy Studies Journal, 8*(6), 885-892.

Easton, D. (1953). *The political System: An Inquiry into the state of Political Science*. Galeutta: Scientific Book Agency.

Edelman, M. (1964). *The Symbolic Uses of Politics*. IL: University of Illinois Press.

Edelman, M. (1971). *Politics as Symbolic Action: mass arousal and quiescence*. NY: Academic.

Frederic, M. & Michael, W. (1972). *Political and Social Foundation of Education*. CA: McCutchan Publishing Corporation.

Frey, F. (1970). *Political Science, Education and Development*. In Fisher, J. (Ed.). The social Sciences and the Comparative Study of Educational System. Scranton. PA: International Textbook.

Halpin, D. & Troyna, B. (1994). *Researching Education Policy: Ethical and Methodological Issues*. London: Falmer Press.

Hargrove, E. (1975). *The Missing Link: The Study of the Implementation of Social Policy*. WA: Urban Institute.

Layton, D. & Scribner, J. (1995). *The Study of Educational Politics: 1994 Commemorative Yearbook of the Politics of Education Association* (1969-1994). PA: The Falmer Press.

Lipsky, M. (1980). *Street-level bureaucracy: Dilemmas of the Individual in Public Services*. NY: Russell Sage Foundation.

Pai, Y. (1990). *Cultural Foundation of Education*. NY: Merrill Publishing Company.

Peter Bachrach (1967). *The Theory of Democratic Elitism: A Critique, Little*. Brown and Company.

Popkewitz, T. (1991). *A Political Sociology of Educational Reform: Power/ Knowledge in Teaching, Teacher Education, and Research*. NY: Teachers College Press.

Pye, L. (1966). *Aspects of Political Development: An Analytic Study*. London: Little, Brown, and Company.

Sabatier, P. & Mazmanian, D. (1981). *The Implementation of Public Policy: A Framework of Analysis*. In Mazmanian, D. & Sabatier, P. (Eds.). Effective Policy Implementation. MA: Lexington Books.

Shor, I. (1992). *Empowering Education: Critical Teaching for Social Change*. IL: The University of Chicago Press.

Spring, J. (1988). *Conflict of Interests: The Politics of American Education*. MA: McGraw-Hill.

Tapper, T. (1976). *Political Education and Stability: elite responses to political conflict.* NY: Wiley.

Thomas, R. (1983). *Politics and Education: Cases from Eleven Nations.* NY: Pergmon Press.

Westoby, A. (1988). *Culture and Power in Educational Organizations: A reader.* PA: Open University Press.

YTN(2006. 9. 30). 2008학년도 입시안… "사교육비 증가".

경향신문(2007. 7. 12). 교총 회장 당선 이원희 씨 "내신 반영률 단계 확대 바람직".

교수신문(2009). 잔여재산 환원 여부에 촉각…. "정부 역할은 퇴출 경로 마련에 그쳐야." 부실 사립대 퇴출, 쟁점과 전망.

교육과학기술부(2010. 2. 17). "대학교육의 질 제고를 위해 2,900억 원 투자" 보도 자료.

국민일보(1993. 7. 8). "국민교육헌장 유감".

내일신문(2005. 7. 5). "사립학교법은 언제 개정될 것인가?"

동아일보(2003. 1. 10). "교육분야 인수위원 선정 논란".

동아일보(2003. 1. 17). "교육단체의 흑백논리".

동아일보(2007. 4. 12). "수험생 3중고 심화… 언론 과장 아니다."

서울신문(2004. 10. 18). [고교등급제 어떻게 풀 것인가-해법] "대학 자율 맡겨야." vs "법으로 규제해야."

서울신문(2006. 3. 8). 盧대통령 "교사들이 사회 변화에 가장 저항…".

오마이뉴스(2003. 1. 23) "개혁과 거리 먼 인물이 인수위원이라니… 노무현 정부, 교육개혁 단추 잘못 꿰나?"

인터넷 브리태니커 백과사전. 교육자치제의 역사.

중앙일보(2005. 6. 30). '논술형 본고사' 사실상 부활.

한겨레(1996. 4. 2). "박정희 시대 연구: 쟁점과 과제".

한겨레(2005. 5. 12). '배틀 로얄' 재현되는 고1 교실 상대평가 보완제도 마련해 주길.

한국대학신문(2012. 10. 5). 근로장학금, 지원자 '늘고' 예산은 '줄고'.

한국일보(2005. 11. 9). "정치권, 교원평가제 찬성 한 목소리… 교원평가 수용 여야도 촉구".

한국일보(2007. 11. 25). "수능등급제 후폭풍… 느닷없는 사교육 시장 활황".

〈인 명〉

강무섭 160

고재욱 118

고황경 118

고흥문 118

권근 32

권부 32

권오병 116, 118, 125, 133

권오익 118

길재 32

길재호 118

김굉국 32

김굉필 32

김동욱 116

김민남 288

김성근 314

김성수 57

김성환 292, 333

김성희 118

김수환 118

김숙자 32

김신일 334

김신조 134

김영삼 136, 199

김영철 143, 159

김영화 154

김옥길 118

김원태 118

김정국 32

김종빈 116

김종직 32

김종필 115, 131, 227

김진경 314

김진표 293

김팔용 118

김활란 57

김흥주 160

노명순 336

문재인 349

박근혜 11, 295, 383

박도순 289

박두병 118

박부권 284

박상희 131

박성탁 116

박순천 118

박연호 117

박융수 271

박인종 154
박정희 111
박제가 33
박종홍 118
박종화 118
박지원 33
박충훈 118
박희범 118
백남억 118
백현기 118
법흥왕 30

성경륭 271
성내운 119
세조 31
세종 31
소수림왕 30
송기숙 119
신경준 33
신세호 160
신현석 263
심성보 284

안병영 288
안선회 275
안승문 284
안정복 33
안호상 74, 118
양순직 133
엄경섭 118
엄기형 282
오병문 119
오자복 142
오천석 52
우탁 32
원효 30

유상덕 284
유억겸 57
유형진 118
육인수 118
윤보선 133
윤제술 118
은용기 116
이광수 136
이규호 146
이덕무 33
이동원 136
이명박 355
이병도 118
이색 32
이석제 118
이선근 78, 118
이은상 118
이이 33
이인기 118
이장곤 32
이정우 288
이제현 32
이종우 118
이종태 282
이주호 360
이차돈 30
이청담 118
이해찬 284
이황 33
이회창 208
이효상 118
임연기 160
임영신 118

장기영 118
장태화 118

전두환 141, 175

전성은 276, 285, 312

정광호 274

정도전 32

정몽주 32

정범모 118

정봉주 289

정약용 33

정여창 32

정일권 118, 133

정태수 144

조광조 32

최규하 145

최덕신 118

최문환 118

최복현 128

최석채 118

충렬왕 32

침류왕 30

한경직 118

한만중 284

혜초 30

호법왕 31

홍대용 33

홍재선 118

홍종철 118

〈내 용〉

1차적 효과 195

2 · 17 사교육비 경감대책 287

2008대입제도 288

2차 효과 27

3불정책 297, 333

4 · 19 학생의거 109, 113

5 · 31 교육개혁안 200

7 · 15 개혁 127

7 · 15 입시개혁 126

EBS 수능인터넷방송 324, 339

NEIS 285

WCU 362

갑오경장 35, 43

개방화 148

고등여학교 37

과열과외 126, 141

과외금지정책 19, 148

교과부 357

교과서 제도 혁신 294

교사자격증 92, 211

교원능력 개발평가 278, 318

교원단체 317, 339

교육 관련 집단 20, 82, 213

교육개혁기구 285, 359

교육개혁위원회 198

교육계 14

교육공약 183, 280

교육과 시민사회 293

교육력 제고를 위한 교원정책 개선 방안 294

교육복지국가 200

교육예산 205

교육을 위한 정치 17, 166

교육이력철 288, 313

교육인적자원부 2234

교육자치제 102

교육재정 72

교육전문가 14, 215

교육정보화위원회 276, 286, 306
교육정책자문회의 176
교육제도전문위원회 339
교육좌파 343
교육주권 214, 278, 321, 351
교육행정 102
교육혁신위원회 268
교육혁신위원회 2년활동백서 289
교육현안전문위원회 297, 339
교육환경 101
교회개혁 169
구조조정 371, 377, 384
국가보위비상대책위원회 141
국민교육헌장 115
국회 307
권력의 획득 171, 263
권위 관련 불순응 151
근대학교 제도 36

내면적 수용 389
내신 과외 344
내신 부풀리기 344
내신 사교육비 344
내신 실질 반영률 332

다양화 201
다원주의 26
단선형 학제 54
대응성 327
대중주의 24, 179
대중참여 모델 23
대통령 309, 331
대통령비서실 309, 331
대통령자문교육혁신위원회 266
대학교육 90, 104
대학교육심의회 176

대학교육역량 366, 379, 386
대학등록금 366
대학입시 369, 375, 383
대학입시 제도 200
대학입학제도개혁 특별위원회 276, 332
대학자율화 358
대학평가 365, 370, 376, 383
대한교련 94, 135
등록금 사전 납부제 127
등록금 정책 366, 371, 379, 385

문민정부 197
문화정책 40
미시적 교육활동 197
민심 142, 316
민주노동당 320
민주성 83, 109, 302

바칼로레아 341
방과후학교 287, 298
배제학당 34
복선형 학제 54
부적격 교원대책 293
북로당 48
분권화 229
분단교육체제 66
비교기술 모델 23

사교육비 경감정책 266, 309
사교육비경감대책위원회 287
사회교육 60, 182
사회주의 49, 66
상대평가 344
상대평가제 325
새마을 교육 123
새마을 운동 121

새마을 지도자 연수원 124
새천년민주당 280
생산교육 49
생산적 인간 52, 66
선비의 교육 136
성과 평가 383
성인 문맹자 대책 60
세계화 200
수능등급제 289
순응 375, 380, 389
신교육개혁안 200
신교육체제 200

언론 343
엘리트 이론 13
엘리트 중심 181, 372
엘리트주의 23, 179
엘리트주의 모델 23
여론 지도자 217, 369
열린우리당 273
우익진영 45
유신이념 117
육영공원 34
의무교육 제도 86
의사소통 관련 불순응 151, 161
이념태 45
이상적 모델 23
이익 집단 340
이해 집단 23
이화학당 34
인간개조 136
인간교육실현학부모연대 177
인과관계 300, 323
인과분석 349
인수위 270
일관성 83, 109, 347

일반체제 모델 23
임시핵심정책기구 276
입학사정관제 299
입학정원제 149

자문기구형 322
자본주의 66
자원 관련 불순응 151, 161
자율화 151
재건국민 운동 122
재건국민 운동본부 121
재정지원 사업 363, 372, 380, 385
적합성 298
전교조 178, 268
절대평가 344
점진주의 이론 12, 141
정부혁신지방분권위원회 277
정책 관련 불순응 151
정책 관련자 375
정책 문제 298, 349
정책 입안자 381
정책 집행자 360, 374
정책 추진 전략 360
정책리더십 291, 351
정책의 명료성 27, 182, 373
정책의 명료성 27, 182, 373
정책인과가설 350
정책평가 27
정책학습 266, 352
정책형성 357
정책형성과정 372
정책형성과정 24, 217
정치구조 357
정치를 위한 교육 17, 165
정치적 각축장 22
정치적 구조 175, 197

정치적 삶 172, 264
정치적 요소 23, 171
정치적 중립성 17, 309
정치체제 이론 13
제1기교육혁신위원회 275
제2기교육혁신위원회 275
제2기교육혁신위원회 백서 347
제도주의 이론 13
조선교육령 39
조선교육심의회 50
졸업정원제 19, 139
종교개혁 168
종교계 사립학교 129
종합기술교육 52
좌익진영 45
주요 정치집단 22, 221
죽음의 트라이앵글 335, 343
중앙교육심의회 176, 195
중학교의 평준화 문제 127
지방교육자치제도 266, 278, 290
지방교육재정 206
진보적 민주주의 52
진영논리 352
진학지도 126
집단 이론 13

차세대 과학교과서 294
참교육을 위한 전국 학부모회 216
참여자 307
참여정부 263
창조적 긴장 143, 386
책무성 201, 247
천연동 모임 57
청와대 357
체제적 효과 27

코퍼러티즘 26, 195

통계청 337

패거리 논리 352
평가과정 382
평생학습 353

학교 내 차이 128
학교 간 차이 128
학무아문 36
학부모 단체 215, 320
학습사회 비전 2030 312, 322
학습사회 실현을 위한 미래교육 비전과 전략
    269, 296
학습자 215, 263
학원 매출 337
학원단체 339
한국교원단체총연합회 176
한국교육개발원 143, 176, 287
한국교육평가학회 292
한국교육학회 72, 116
한국교육행정학회 292
한국대학교육협의회 177, 364
한국사학법인연합회 176
합리성 15, 150, 298
합리적 종합이론 12
합의기구형 322
핵심정책기구 276
행위 관련 불순응 151
향토예비군 134
현실태 45
홍익인간 50
희망의 트라이앵글 339

저자 소개

김용일(Kim Yong-Il)　　고려대학교 교육학과 졸업
　　　　　　　　　　　　고려대학교 대학원 교육학과 졸업
　　　　　　　　　　　　현 한국해양대학교 교양과정부 교수

김재웅(Kim Jae-Woong)　서울대학교 교육학과 졸업
　　　　　　　　　　　　서울대학교 대학원 교육학과 졸업
　　　　　　　　　　　　미국 일리노이 대학교 대학원 교육정책학과 졸업
　　　　　　　　　　　　현 서강대학교 교육대학원 교수

신현석(Shin Hyun-Seok)　고려대학교 교육학과 졸업
　　　　　　　　　　　　미국 위스콘신 대학교 대학원 교육행정학과 졸업
　　　　　　　　　　　　현 고려대학교 교육학과 교수

안기성(An Ki-Sung)　　고려대학교 철학과 졸업
　　　　　　　　　　　　일본 규슈 대학교 대학원 교육학과 졸업
　　　　　　　　　　　　미국 이스턴 미시간 대학교 대학원 수학
　　　　　　　　　　　　현 고려대학교 교육학과 명예교수

안선회(An Sun-Hoi)　　고려대학교 교육학과 졸업
　　　　　　　　　　　　고려대학교 대학원 교육학과 졸업
　　　　　　　　　　　　현 중부대학교 교육대학원 교수

윤여각(Yoon Yeo-Gak) 서울대학교 교육학과 졸업
서울대학교 대학원 교육학과 졸업
현 한국방송통신대학교 교수

이석열(Lee Seok-Yeol) 충남대학교 교육학과 졸업
충남대학교 대학원 교육학과 졸업
현 남서울대학교 교양학부 교수

정재걸(Jung Jae-Geol) 서울대학교 교육학과 졸업
서울대학교 대학원 교육학과 졸업
현 대구교육대학교 교육학과 교수

최준렬(Choi Jun-Ryul) 전남대학교 교육학과 졸업
전북대학교 대학원 교육학과 졸업
미국 아이오와 대학교 대학원 교육행정학과 졸업
현 공주대학교 교육학과 교수

한국교육정치학회 연서(YEARBOOK) 제1권

한국 교육개혁 정치학
Politics of Korean Education Reform

2014년 8월 20일 1판 1쇄 인쇄
2014년 8월 25일 1판 1쇄 발행

지은이 • 김용일 · 김재웅 · 신현석 · 안기성 · 안선회
　　　　윤여각 · 이석열 · 정재걸 · 최준렬
펴낸이 • 김진환
펴낸곳 • (주)**학지사**
　　　　121-838 서울특별시 마포구 양화로 15길 20 마인드월드빌딩
대표전화 • 02)330-5114　　팩스 • 02)324-2345
등록번호 • 제313-2006-000265호

홈페이지 • http://www.hakjisa.co.kr
커뮤니티 • http://cafe.naver.com/hakjisa

ISBN 978-89-997-0413-0 93370

Copyright ⓒ 2014 by Hakjisa Publisher, Inc.

정가 18,000원

인터넷 학술논문 원문 서비스 **뉴논문** www.newnonmun.com

이 도서의 국립중앙도서관 출판시도서목록(CIP)은 서지정보유통지
원시스템 홈페이지(http://seoji.nl.go.kr)와 국가자료공동목록시스템
(http://www.nl.go.kr/kolisnet)에서 이용하실 수 있습니다.
(CIP제어번호: CIP2014017596)